# 普通话

## 训练与测试

（修订版）

陈爱梅　王盛苗　谢忠凤　主　编

復旦大學出版社

# 目 录

## 上编 普通话训练

**第一章 普通话语音训练** / 003
  第一节 普通话概说 / 003
  第二节 普通话语音 / 004
  第三节 普通话声调 / 010
  第四节 普通话声母 / 017
  第五节 普通话韵母 / 051
  第六节 音节 / 072
  第七节 掌握普通话的语流音变 / 075

**第二章 方言词语和语法辨正训练** / 095
  第一节 湖北方言与普通话词汇对照 / 095
  第二节 湖北方言与普通话语法的差异 / 112

## 下编 普通话水平测试

**第三章 普通话水平测试概说** / 125
  第一节 普通话水平测试的意义和等级标准 / 125
  第二节 普通话水平测试大纲 / 126
  第三节 考生应试指南 / 130
  第四节 湖北省普通话水平测试评分细则 / 136
  第五节 普通话水平测试的应试对策 / 140
  第六节 普通话水平测试规程 / 146

## 第四章 单音节字词、多音节词语训练 / 151
### 第一节 训练指导 / 151
### 第二节 测试样卷 25 套 / 152

## 第五章 朗读训练 / 178
### 第一节 朗读的作用 / 178
### 第二节 朗读的要求 / 179
### 第三节 朗读训练与指导 / 184
### 第四节 朗读作品及提示 / 191

## 第六章 说话训练 / 226
### 第一节 说话训练的意义和要求 / 226
### 第二节 说话训练指导 / 232

## 附录 / 253
1. 普通话水平测试用必读轻声词语表 / 253
2. 普通话水平测试用儿化词语表 / 259
3. 难读易错的字 / 261
4. 常用多音字表 / 288
5. 普通话异读词审音表 / 296
6. 现代常用汉字表 / 313
7. 湖北常见语音错误、语音缺陷举例 / 327

## 后记 / 329

# 上编　普通话训练

# 第一章 普通话语音训练

**教学目标**

练好普通话声、韵、调和语流音变;掌握3 755个常用汉字的正确读音,达到普通话语音检测标准。

## 第一节 普通话概说

### 一、普通话的定义和特点

(一)普通话的定义

普通话是以北京语音为标准音,以北方话为基础方言,以典范的现代白话文著作为语法规范的现代汉民族共同语。

(二)普通话的特点

从有声语言的角度看,普通话有鲜明的特点。

第一,声调变化高低分明,高、扬、转、降区分明显,调值高音成分多,没有短促的入声调,只有四个调类。

第二,音节响亮。音节中元音占优势,音节结尾是元音或有鼻腔共鸣的韵尾n、ng。清音声母多,发音清脆。

第三,节奏感强。普通话的音节界限分明,搭配和谐,富有节奏感和韵律感。轻重音、儿化韵突出,语气活泼。

第四,语汇丰富精密,句式灵活多样,能适应交际和社会发展的需要。

### 二、推广普通话的重要意义

推广普通话是提高全民族素质的重要途径。语言是文化的主要载体,也是一种重要的文化现象。语言的规范化、标准化程度是一个国家文化发达的重要标志之一。同时,语言的规范化、标准化也是社会主义精神文明建设的基础和重要组成部分,培养有理想、有道德、有文化、有纪律的社会主义公民,提高全民族的思想道德和科学文化素质,都离不开语言的规范化、标准化。因此,要加强社会主义精神文明建设,提高国民素质,就必须大力推广普通话。

推广普通话,对维护国家统一、促进社会交往、增强中华民族的凝聚力,都具有十分重要的意义。

## 第二节　普通话语音

语音是语言的表现形式,是语义的依托。学好一种语言,首先要学好语音。

### 一、语音是怎样发出来的

(一) 发音器官

严格地说,人体专门用来发音的器官只有"声带"。人能发出各种不同的声音,还要靠人体各种器官多种活动的配合。从这个意义上说,人的发音器官大致可分为三个部分:① 喉下;② 喉部;③ 喉上。喉下有用来呼吸并作为发音能源的各器官,包括气管、肺、胸廓、横膈膜和腹肌。喉部是声源器官,包括喉头、声带。喉上是用共鸣作用或阻碍作用来调节声音的各器官,包括口腔中各部位及鼻腔(见图1-1)。

(二) 发音原理

口腔有三部分:① 口壁,包括双唇、上下齿、齿龈、硬腭、软腭、小舌;② 舌,分舌尖、舌叶、舌面和舌根;③ 咽,包括咽头、咽壁。口壁中从上齿到软腭基本上是不动的器官。舌是活动器官,它的动作最灵敏,能做前后上下等运动,与不动的器官靠近或接触而调节出各种音色。软腭的终端是小舌,它好像一个阀门。在发口音时,软腭抬高,抵住上咽壁,关闭鼻腔通道而成口音。在发鼻音时,软腭下垂,打开鼻腔通道,同时口腔中的某部闭塞而成鼻音(见图1-2)。

肺是供给发音能源的主要器官。它呼气和吸气的动作主要受胸腔内的腹肌和横膈膜的控制。发音时声带先闭拢,由肺送来的气流在一定压力下冲开声门,这时声带又因本身的弹性而重新闭合。由肺送来的气流因压力增大而再度冲开声门,这一开一闭为一个周期。这股气流就作为使声带颤动或冲破声腔中各种阻碍,产生爆发或摩擦的动力。气流通过声门以后,再经过咽腔、口腔或鼻腔等共鸣腔体,从唇部或鼻孔发出我们所听到的声音(见图1-3、图1-4)。

# 第一章 普通话语音训练

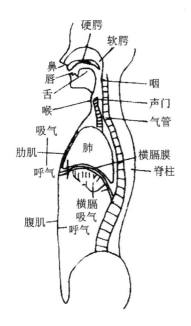

图1-1 发音器官

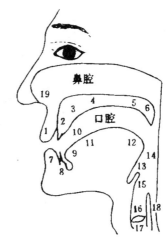

1. 上唇　2. 上齿　3. 齿龈　4. 硬腭　5. 软腭
6. 小舌　7. 下唇　8. 下齿　9. 舌尖　10. 舌叶
11. 舌面　12. 舌根　13. 咽头　14. 咽壁　15. 会厌
16. 声带　17. 气管　18. 食道　19. 鼻孔

图1-2 发音器官

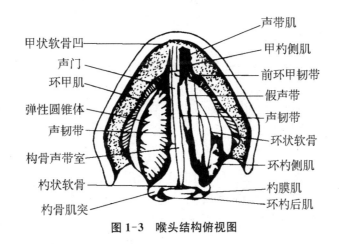

图1-3 喉头结构俯视图

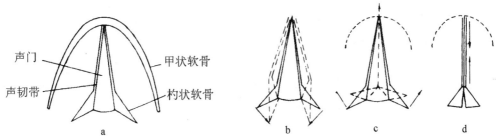

a 正常呼吸时状态　b 用力呼吸的外作用　c 低嗓及耳语时中央压紧状态　d 说话时全部关闭状态

图1-4 声带动作示意图

## 二、语音概说

(一) 什么是语音

语音是人的发音器官发出来的有一定意义的声音。它不同于自然界的各种声音，也区别于其他动物的声音。语音是语言的三要素（语音、语汇、语法）之一，是语言的物质外壳。

(二) 语音的属性

1. 生理性

语音是人的发音器官发出的，是发音器官协调运动的产物，因而具有生理性。

2. 物理性

语音的高低、强弱、长短，以及一个声音不同于另一个声音的音色，都是一种物理现象。

（1）音高是声音的高低。这是由物体振动频率的不同而决定的。声带每开闭一次为一个周期，每秒钟的周期次数就是这个音的频率数。声带窄、短而薄的，因为它振动的频率高，一般声音较高；声带长而厚的，因为它振动的频率低，则声音较低。

（2）音强是声音的强弱。这是由发音体振动幅度的大小决定的。发音体声带振动幅度大，声音就强；反之，声音就弱。

（3）音长是声音的长短。这是由发音体振动时间的长短决定的（通常以毫秒计算）。声带振动的持续时间长，声音就长；声带振动的持续时间短，声音就短。

（4）音色是声音的个性和特色。区分不同音色主要取决于发音体、共鸣器和振动方法的不同。因为声带、口腔构造有细微差别，所以不同的人声音也不相同。

3. 社会性

语言是人们约定俗成的。一种事物的指称意义用什么声音表达，必须得到社会成员的共同确认，才会起到交际作用。例如 mǎi 和 mài，jìn 和 chū，分别表示两种相反的意义，都是人们承认才得以理解的。某一方言区的一种语音现象，只有该方言区的人才能理解和使用，也是那个小社会区域的人们约定俗成的。因此，社会性是语音的根本属性。

(三) 语音的概念

为便于后面的学习，这里先介绍几个常用的语音单位。

1. 音节

汉语音节是汉语语音的自然单位。人们说话吐音都是以音节为单位的。例如 Xuéxí Pǔtōnghuà 是 5 个音节，写出汉字来就是"学习普通话"，也可以说一个汉字的读音就是一个音节。

2. 音素

音素是语音的最小单位。汉语的音节有由一个音素充当的，如 ā yí（阿姨）、è yú（鳄鱼);也有由两个、三个、四个音素充当的,如 Shíjiāzhuāng(石家庄)。根据音素的发音性质,可把音素分为两类,一类叫元音,一类叫辅音。普通话语音共有 32 个音素。

3. 元音

元音也叫母音,是响亮的音,是乐音。元音发音时声带颤动,声音响亮,气流在口腔中不受明显阻碍,各发音部位保持均衡紧张。普通话共有 10 个元音音素。

4. 辅音

辅音也叫子音。同元音相比,辅音大多不响亮,是噪音。发辅音时,多数声带不颤动,气流在口鼻腔中受到这样或那样的阻碍,发音部位局部紧张。普通话有 22 个辅音音素。

5. 声母

声母是汉语音节开头的辅音。普通话的 21 个声母都由辅音充当。普通话 22 个辅音中,只有 ng 不作声母,只作韵尾;n 既作声母又作韵尾。因此,汉语辅音不等于声母,声母的范围比辅音大。普通话里还有一类没有辅音声母的音节,即由韵母自成音节,这样的音节称为零声母音节。

6. 韵母

韵母是指音节中除去声母之后的部分。韵母可以由单元音充当,可以由元音和元音构成,也可以由元音与鼻音组成,如 wū yā(乌鸦)、ān yuán(安源)、guāng míng(光明)。可见,元音不等于韵母,韵母的范围比元音大。

声母、韵母是从音节的结构特点来分析的。

> **思考与练习**
> 1. 说出口腔内各发音器官的名称。
> 2. 语音的本质属性是什么?结合实际语言现象,谈谈你的理解。
> 3. 常用汉字读音练习(略)。

## 三、《汉语拼音方案》

《汉语拼音方案》是用拉丁字母来记录普通话语音系统的法定方案。它是由中国文字改革委员会(现改名为国家语言文字工作委员会)制定,1958 年 2 月 11 日由第一届全国人民代表大会第五次会议批准公布。

### (一)《汉语拼音方案》的用途

《汉语拼音方案》的主要用途,是给汉字注音和作为教学普通话的工具。

1. 给汉字注音

1958 年《汉语拼音方案》公布后,中国的字典、词典、小学语文课本等都用拼音字母注音,只要学好拼音方案,掌握了声母、韵母和声调的发音,认读汉字就不成问题。这给全国人民的文化学习和对外国人的汉语教学,提供了极大的方便。过去,从宋代的《广韵》到清代的

《康熙字典》,都是采用反切法给汉字注音。反切是用两个汉字来注一个汉字的读音:上字取声(母),下字取韵和调。例如,"冬,都宗切"就是取"都"的声母和"宗"的韵母与声调切出"冬"字的读音。过去也有用直音法的,直音就是用同音字注音。反切和直音都是用汉字注汉字,如果碰到用来注音的汉字不认识,那注音就不能起作用。1918 年公布了一套注音符号,这套符号有 24 个声母、16 个韵母。在拼音方案公布以前,中国的字典、词典都用这套符号注音。这比起古代的反切前进了一大步,但注音符号不是音素字母,同时它所采用的形体也不便连写。

2. 作为教学普通话的工具

《汉语拼音方案》是根据北京音系制定的,它能准确地拼写普通话,按拼音读出的音就是普通话语音。因此,它是教学普通话的良好工具。我们可以用它来编写普通话教材和拼音读物,这对我们的小学教育、成人识字教育和教外国人学习汉语等都带来很大的益处。

3. 其他方面的应用

《汉语拼音方案》可以用来音译人名、地名和科学术语,可以用作计算机的汉语输入,可以用来编索引、打电报、作工业产品的代号、作商店的招牌等。

(二)《汉语拼音方案》的内容

《汉语拼音方案》包括字母表、声母表、韵母表、声调符号、隔音符号五个部分。

## 一、字 母 表

| 字母 | Aa | Bb | Cc | Dd | Ee | Ff | Gg |
|---|---|---|---|---|---|---|---|
| 名称 | ㄚ | ㄅㄝ | ㄘㄝ | ㄉㄝ | ㄜ | ㄝㄈ | ㄍㄝ |

| | Hh | Ii | Jj | Kk | Ll | Mm | Nn |
|---|---|---|---|---|---|---|---|
| | ㄏㄚ | ㄧ | ㄐㄧㄝ | ㄎㄝ | ㄝㄌ | ㄝㄇ | ㄋㄝ |

| | Oo | Pp | Qq | Rr | Ss | Tt |
|---|---|---|---|---|---|---|
| | ㄛ | ㄆㄝ | ㄑㄧㄡ | ㄚㄦ | ㄝㄙ | ㄊㄝ |

| | Uu | Vv | Ww | Xx | Yy | Zz |
|---|---|---|---|---|---|---|
| | ㄨ | ㄪㄝ | ㄨㄚ | ㄒㄧ | ㄧㄚ | ㄗㄝ |

V 只用来拼写外来语、少数民族语言和方言。
字母的手写体依照拉丁字母的一般书写习惯。

## 二、声母表

| b ㄅ玻 | p ㄆ坡 | m ㄇ摸 | f ㄈ佛 | | d ㄉ得 | t ㄊ特 | n ㄋ讷 | l ㄌ勒 |
|---|---|---|---|---|---|---|---|---|
| g ㄍ哥 | k ㄎ科 | h ㄏ喝 | | | j ㄐ基 | q ㄑ欺 | x ㄒ希 | |
| zh ㄓ知 | ch ㄔ蚩 | sh ㄕ诗 | r ㄖ日 | | z ㄗ资 | c ㄘ雌 | s ㄙ思 | |

在给汉字注音的时候，为了使拼写简短，zh、ch、sh 可以省作 ẑ、ĉ、ŝ。

## 三、韵 母 表

| | i<br>ㅣ衣 | u<br>ㄨ乌 | ü<br>ㄩ迂 |
|---|---|---|---|
| a<br>ㄚ啊 | ia<br>ㄧㄚ呀 | ua<br>ㄨㄚ蛙 | |
| o<br>ㄛ喔 | | uo<br>ㄨㄛ窝 | |
| e<br>ㄜ鹅 | ie<br>ㄧㄝ耶 | | üe<br>ㄩㄝ约 |
| ai<br>ㄞ哀 | | uai<br>ㄨㄞ歪 | |
| ei<br>ㄟ欸 | | uei<br>ㄨㄟ威 | |
| ao<br>ㄠ熬 | iao<br>ㄧㄠ腰 | | |
| ou<br>ㄡ欧 | iou<br>ㄧㄡ忧 | | |
| an<br>ㄢ安 | ian<br>ㄧㄢ烟 | uan<br>ㄨㄢ弯 | üan<br>ㄩㄢ冤 |
| en<br>ㄣ恩 | in<br>ㄧㄣ因 | uen<br>ㄨㄣ温 | ün<br>ㄩㄣ晕 |
| ang<br>ㄤ昂 | iang<br>ㄧㄤ央 | uang<br>ㄨㄤ汪 | |
| eng<br>ㄥ亨的韵母 | ing<br>ㄧㄥ英 | ueng<br>ㄨㄥ翁 | |
| ong<br>（ㄨㄥ）轰的韵母 | iong<br>ㄩㄥ雍 | | |

(1)"知、蚩、诗、日、资、雌、思"七个音节的韵母用 i,即知、蚩、诗、日、资、雌、思字拼作 zhi、chi、shi、ri、zi、ci、si。

(2)韵母"儿"写成 er,用作韵尾的时候写成 r。例如,"儿童"拼作 er'tong,"花儿"拼作 huar。

(3)韵母ㄝ单用的时候写成 ê。

(4)i 行的韵母,前面没有声母的时候,写成:yi(衣),ya(呀),ye(耶),yao(腰),you(忧),yan(烟),yin(因),yang(央),ying(英),yong(雍)。

u 行的韵母,前面没有声母的时候,写成:wu(乌),wa(蛙),wo(窝),wai(歪),wei(威),wan(弯),wen(温),wang(汪),weng(翁)。

ü 行的韵母,前面没有声母的时候,写成:yu(迂),yue(约),yuan(冤),yun(晕)。ü 上的两点省略。

ü 行的韵母跟声母 j、q、x 拼的时候,写成 ju(居)、qu(区)、xu(虚),ü 上两点也省略;但是跟声母 n、l 拼的时候,仍然写成 nü(女)、lü(吕)。

(5)iou、uei、uen 前面加声母的时候,写成:iu、ui、un。例如,niu(牛),gui(归),lun(论)。

(6)在给汉字注音的时候,为了使拼写简短,ng 可以省作 ŋ。

## 四、声 调 符 号

| 阴平 | 阳平 | 上声 | 去声 |
| --- | --- | --- | --- |
| ˉ | ˊ | ˇ | ˋ |

声调符号标在音节的主要母音上。轻声不标。例如:

| 妈 mā | 麻 má | 马 mǎ | 骂 mà | 吗 ma |
| --- | --- | --- | --- | --- |
| (阴平) | (阳平) | (上声) | (去声) | (轻声) |

## 五、隔 音 符 号

a、o、e 开头的音节连接在其他音节后面的时候,如果音节的界限发生混淆,用隔音符号(')隔开,如 pí'ǎo(皮袄)。

# 第三节 普通话声调

**训练目标**

掌握普通话四声的实际读法,能结合本地方言听辨调类、改换调值,大体掌握普通话四声跟本地方言声调的对应关系。

声调是汉语音节中不可缺少的成分,它同声母、韵母共同构成普通话音节。汉语中操不同方言的人对话,声调是最显著的区别性特征,也是不同方言区的人之间理解词义的最大障碍。因此,声调也是学习普通话语音的重点和难点。

## 一、声调及其作用

### (一) 什么是声调

声调是指一个音节发音时能区别意义的音高的高低升降的变化形式。由于汉语一个音节基本上就是一个汉字,所以声调又称字调。汉语在语言分类上,属于汉藏语系。汉藏语系的一个主要特征是有声调。像越南语、缅甸语、泰语,以及中国少数民族的藏语、僮(壮)语、侗语、布依语等,都是有声调的语言。

### (二) 声调的特点

第一,声调的变化取决于音高。不同的声调分别具有或升、或降、或平、或曲的变化特点,这种变化主要取决于音高。在音节的发音过程中,人们控制着声带这一发音体的松紧,声带越紧,振动越快,声调越高;声带越松,振动越慢,声调越低。

第二,声调的音高是相对的音高。由于人们性别、年龄的差异,声带的厚薄、长短不一,再加上说话时内容、心情、语气等变化,因而声音会有高低之分。但是,无论人们的声音高低怎样不同,他们所说的各类声调的高低升降变化形式,也都是调型不变。

> **思考与练习**
>
> 男女同学分别读以下例句,体会"天"、"地"二字在不同人、不同句中音高的不同,但调型不变的特点。
> "天哪,你不分好歹何为天?
> 地呀,你错勘贤愚枉做地!"(《窦娥冤》)
> "黑暗的旧中国,天,是黑沉沉的天;地,是黑沉沉的地。"(音乐舞蹈史诗《东方红》)

### (三) 声调的作用

第一,区别词义。声调和声母、韵母一样,具有区别词义的作用。

> **思考与练习**
>
> 让说普通话和不同方言的同学分别用各种声调读 shishi 两个音节。
> 提示:
> 声母、韵母都相同,但声调不同,词的含义就不一样,如史诗、事实、时事、失实、失势、石狮、誓师、逝世、实施、史实……

第二,增强语言的节奏感和感染力。普通话声调的高低升降、抑扬起伏,赋予汉语独特的音乐美和节奏感,增强了有声语言的感染力。

## 二、调值和调类

### (一) 调值

调值是指声调的实际读音,即音节的高低、升降、曲直、长短的变化形式。

汉语作为一种有声调的语言,标记调值通常用"五度标记法",对调值作具体形象的描写:将声调的音高分为五度,在竖线上标明;竖线左边分别用横线、斜线、曲线来表示不同调值的音高变化,线条左端为音高起点,右端为音高终点。

普通话有四种基本调型:高平调、高升调、降升调、全降调。用五度标记法表示如图 1-5。

图 1-5 五度标记法

### (二) 调类

调类是指声调的种类,是按照声调的实际读音(调值)归纳出来的类别。一种语言或方言中有几种基本调值,也就有几个调类。普通话有四种基本调值,因而有四个调类;传统的汉语音韵学把这四种调类称为阴平、阳平、上声、去声,教学上也称为第一声、第二声、第三声、第四声(见表 1-1)。《汉语拼音方案》规定这四种声调符号为:—(阴平)、/(阳平)、ˇ(上声)、\(去声),这些调号的形状基本上是五度标记法的缩影;调号要标在主要元音(韵腹)上。

表 1-1 普通话调类

| 调类(名) | 调值(实) | 调号 | | 调型 | 例 字 |
|---|---|---|---|---|---|
| | | 拼音标调法 | 记音标调法 | | |
| 阴平 | 55 | — | [˥] | 高平 | 光 guāng |
| 阳平 | 35 | / | [˧˥] | 高升 | 明 míng |
| 上声 | 214 | ˇ | [˨˩˦] | 降升 | 磊 lěi |
| 去声 | 51 | \ | [˥˩] | 全降 | 落 luò |

## 三、声调训练

【技能训练】
训练要领:
阴平调,起音高高一路平;阳平调,由中到高往上升;

上声调，先降后升曲折起；去声调，高起猛降到底层。
**训练方法：**
1. 单音节四声顺序训练

mā(妈)　má(麻)　mǎ(马)　mà(骂)　bā(巴)　bá(拔)　bǎ(把)　bà(爸)
fū(夫)　fú(福)　fǔ(斧)　fù(富)　dī(滴)　dí(笛)　dǐ(底)　dì(帝)
guō(锅)　guó(国)　guǒ(果)　guò(过)　qīn(亲)　qín(秦)　qǐn(寝)　qìn(沁)
shū(书)　shú(熟)　shǔ(鼠)　shù(竖)　cāi(猜)　cái(才)　cǎi(彩)　cài(菜)

2. 双音节练习

① 阴+阴　今天　沙滩　分钟　师专　哀伤　冰川　听说　穿插　出生　参观
② 阳+阳　雷霆　岩石　儿童　学习　才能　仍然　从容　寻求　怀疑　滑翔
③ 去+去　报告　现代　目录　再见　训练　判断　热烈　近代　电话　建树
④ 阴+阳　观察　中国　天堂　山崖　收藏　发言　加强　奔忙　高潮　鲜明
⑤ 阴+上　书法　山谷　千古　艰苦　商场　终点　思想　中午　声母　争取
⑥ 阴+去　听众　膝盖　加入　真正　方面　登记　风暴　拥抱　师范　专业
⑦ 阳+阴　泥沙　雄姿　阳光　黄山　名家　国家　茶花　明天　狂欢　华东
⑧ 阳+上　没有　食品　营养　调理　节选　宏伟　游览　即使　言语　长远
⑨ 阳+去　游历　于是　难道　实际　文化　学校　国策　雄壮　排练　情愿
⑩ 去+阴　汽车　大约　乐观　健康　事先　四川　至今　信息　幸亏　创刊
⑪ 去+阳　测量　适合　数学　暂时　不能　召集　乐园　帝王　大学　动人
⑫ 去+上　号码　会场　大海　木偶　彻骨　汉语　赞美　作品　父母　矿产

3. 四音节练习

① 同调相连音节练习

阴平　居安思危　江山多娇　春天花开　珍惜光阴　息息相关　卑躬屈膝　微风飘香
阳平　儿童文学　严格执行　牛羊成群　闻名全球　轮船航行　和平繁荣　全员团结
去声　爱护备至　变幻莫测　意气用事　胜利闭幕　背信弃义　浴血奋战　废物利用

② 两调重叠音节练习

忧心如焚　悲欢离合　方兴未艾　标新立异　言为心声　临时通知　粮足兵精
原形毕露　来龙去脉　意气风发　弹尽粮绝　暴跳如雷　惩前毖后　义愤填膺

③ 四声顺序音节练习

风调雨顺　高朋满座　英雄好汉　光明磊落　深谋远虑　优柔寡断　妖魔鬼怪
阴谋诡计　兵强马壮　花红柳绿　山穷水尽　精神百倍　飞禽走兽　阴阳上去

④ 四声逆序音节练习

背井离乡　智勇无双　妙手回春　四海为家　万古长青　大显神通　逆水行舟
驷马难追　兔死狐悲　刻骨铭心　热火朝天　破釜沉舟　耀武扬威　大好河山

⑤ 四声交错音节练习

虚怀若谷　轻描淡写　班门弄斧　龙飞凤舞　和风细雨　神通广大　营私舞弊
恬不知耻　草菅人命　揠苗助长　亡羊补牢　狐假虎威　万马奔腾　百炼成钢

4. 夸张四声传递练习

采用游戏法,由一位同学鲜明而夸张地读出某个汉字声调的特点,并传给下一位同学,通过夸张四声传递,纠正声调发音不准的错误。

① 双音节词语传递,如:学生→生命→命运→运输→输赢→赢利→利己→几何……
② 四字词语传递,如:花红柳绿→绿水青山→山穷水尽→尽人皆知→知无不言……

5. 标调口诀练习

a母出现莫放过,没有a母找o、e,iu、ui两调标在后,i上标调去掉点,单个元音头上划,轻声音节不标调。

给下面的古诗标上调号:

Liang ge huangli ming cuiliu, （两个黄鹂鸣翠柳,）
Yi hang bailu shang qingtian. （一行白鹭上青天。）
Chuang han xiling qian qiu xue, （窗含西岭千秋雪,）
Men bo dongwu wanli chuan. （门泊东吴万里船。）

## 四、声调辨正

声调辨正就是辨别方言声调与普通话声调之间的差异,找出它们的对应关系,纠正自己的方音。

方言声调和普通话声调的对应关系,主要有三种情况:① 调类相同,调值不同;② 方言调类多于普通话调类(也有少数方言调类少于普通话调类);③ 古入声保留或归并的情况不同。辨正声调,要注意以下几点。

(一) 调类的分合

【技能训练】

**训练要领:**

在老师的指导下,了解本地方言调类与普通话调类的分合关系,辨类记字。
① 普通话分化而方言合并的调类,说普通话时要注意分化。
② 普通话合并而方言分化的调类,说普通话时要注意合并。
③ 普通话没有而方言有的调类,要注意改换。

**训练方法:**

① 你的家乡话属于哪个方言区?与你的同学们思考并讨论学校所在地的方言调类与普通话调类有无分化或合并的不同。
② 用普通话和自己的家乡话分别读下列各字,逐字记下它们的调类。

刚 开 飞 阵 文 古 口 好 五 是 厚 爱 唱 放 共 害 岸 急 七 黑 百 铁 说 六……

### (二) 调值的改变

【技能训练】

**训练要领:**
① 比较普通话与方言调值首先要"求同正异"。
② 重点训练普通话四声的读音。
③ 了解普通话和方言声调的对应关系,进行有针对性的训练。
④ 练习普通话与本地方言调类相近的字,要注意控制调值的升降幅度。

**训练方法:**
① 用五度标记法记下自己家乡话中各调类字的调值;参照例图所示方式,画出家乡话与普通话调值、调型比较图,并说明学习普通话调值的问题。

例如,普通话与济南话的调值、调型比较如图 1-6 所示。

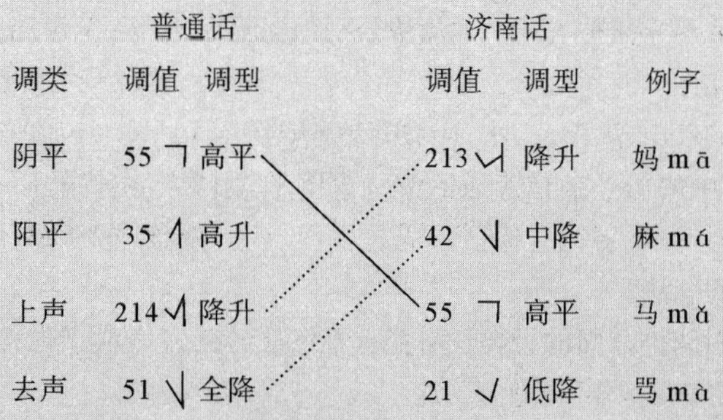

| | 普通话 | | 济南话 | | |
|---|---|---|---|---|---|
| 调类 | 调值 | 调型 | 调值 | 调型 | 例字 |
| 阴平 | 55 ˥ | 高平 | 213 ˅ | 降升 | 妈 mā |
| 阳平 | 35 ˊ | 高升 | 42 ˋ | 中降 | 麻 má |
| 上声 | 214 ˅ | 降升 | 55 ˥ | 高平 | 马 mǎ |
| 去声 | 51 ˋ | 全降 | 21 ˋ | 低降 | 骂 mà |

图 1-6 普通话与济南话的调值、调型比较

② 听老师或同学用普通话读词语或句子,请你重复一遍,并说出各字的调值。

### (三) 湖北方言声调辨正

湖北人学习普通话声调和进行声调训练,主要应解决好辨明调类和掌握调值两个方面的问题。

1. 辨明调类

湖北省境内的汉语方言,就声调来说,有三种情况:多数县市有 4 个声调,极少数几个地方有 5 个声调,还有一些县市有 6 个声调。由于省内各地声调的多少和类别不一样,在如何辨明调类方面需要分别加以说明。

(1) 有 4 个声调的。

武汉、荆州、荆门、宜昌、恩施、十堰、郧阳、襄樊等市或地区,绝大多数方言都有阴平、阳平、上声和去声 4 个声调。这些方言点中除个别地方外,都是阳平调的字比普通话多一些,原因是古代入声字在这些地方几乎都归在阳平调中;相应的,这些地方的阴平字、上声字、去声字比普通话同声调的字略少一点,因为古入声在普通话中该读阴平的字(如"剥、劈、摘、粥、刷、压、缩、屋、失、汁"等)、该读上声的字(如"笔、瘪、匹、法、郝、脊、甲、雪、贴、骨"等)、该读去声的字(如"觅、木、灭、设、硕、色、叶、袜、沃、岳"等),在这些地方都念成阳平。因此,这些地方的人在学习普通话时,要着重记住古入声字在普通话中该读什么声调,这是辨明调类的首要任务。至于古代的非入声(平声、上声、去声字)大体上在方言中和在普通话中的念法是一样的,即在方言中念阴平的,普通话也念阴平(如"他、玻、多、歌、梯、书、刀、滩、刚、天"等);方言念上声的,普通话也念上声(如"马、雅、妥、者、努、凯、水、考、典、广"等);方言念去声的,普通话也念去声(如"大、货、社、市、拜、对、靠、赞、算"等)。

阳新方言在湖北省有4个声调的方言中是比较特别的。阳新县城方言的4个声调是平声、上声、去声和入声,其调类的区分与古代汉语的四声是一致的。阳新人在辨明调类时主要应抓住以下两点。

① 由于今阳新话去声包括古代去声的全部字,包括全浊上声字和古平声清声母字,其范围比普通话去声范围大,所以必须将其去声中从古代平声清声母字合并而来的那部分字(如"天、光、山、春、衣"等)改念成普通话的阴平调,其他去声字则仍读成普通话的去声调。

② 将阳新话的入声字按照普通话的读法分别归到阴平、阳平、上声和去声4个声调中去。

(2) 有5个声调的。

湖北天门、仙桃、京山、洪湖、广水、应城等地,有阴平、阳平、上声、去声和入声5个声调。一般而言,这些方言中的阴平字在普通话中仍念阴平,阳平字在普通话中仍念阳平,上声字在普通话中仍念上声,去声字在普通话中仍念去声,只有少数或个别的例外字,需要专门记住它们在普通话中的念法。

这些地方在辨明调类方面的主要任务是:要将自己读入声的字像普通话那样分别派到阴平、阳平、上声和去声4个声调中去。

(3) 有6个声调的。

湖北省孝感市(原孝感地区)、黄冈市(原黄冈地区)和咸宁市(原咸宁地区),除了应城、广水、阳新、大冶以外,各方言都有阴平、阳平、上声、阴去、阳去和入声6个声调。这些地方的人在辨明调类方面主要应解决以下两个问题。

① 将"阴去"和"阳去"两个声调,合为一个去声。原先在这些地方把"到、试、旦、帝、布、见"等念阴去,"盗"与"到"、"试"与"示"、"蛋"与"旦"、"帝"与"第"、"布"与"步"、"见"与"健"这一类不同调类的字,都跟普通话一样,念成一个去声调。

② 将入声字分别派到阴平、阳平、上声和去声中去,其调类归属应与普通话一致。

2. 掌握调值

湖北方言中大多数地方是阴平、阳平、上声、去声4个声调,其调类与普通话是一致的,但是每个调类的高低升降状况,即调值与普通话同一声调的读法并不一定相同。这样,在学习普通话时就有一个掌握好调值的问题。

(1) 阴平。普通话阴平是高平调,调值是55。湖北省境内西南官话中,大多数地方的阴平也是高平调(55),只有少数地方不念高平,如荆门念45,潜江念25,老河口念成44等。湖北境内江淮官话和赣方言中,大多数方言点的阴平调值偏低,如孝感、咸宁、嘉鱼是44,黄冈、大冶是33,崇阳是22,通山是13,通城是212等,这里不一一列举。湖北人学习普通话声调时,一定要将阴平念成高而平的调子,不能念成半高平、中平、半低平,更不能念成升调或降调。

(2) 阳平。普通话阳平是高升调,调值是 35。湖北省境内方言的阳平调则念得五花八门,其中,武汉、荆州、松滋、恩施等地念降升高 213 或 313。这些地方的人读普通话的阳平调时,受母语的影响,往往把阳平念成拐弯的调子。因此,训练时要特别注意将阳平调往上扬,要一直上升而不能有曲折。另外,赤壁、嘉鱼等地将阳平念成 24,仙桃念成 23,京山念成 13,虽然都是升调,但调值仍比普通话低,所以也得往上提。

(3) 上声。普通话上声是降升调,调值是 214。湖北省境内方言上声多为降调,例如恩施、建始、巴东、秭归、郧阳、沙市、崇阳是 53,孝感是 52,南漳是 51,武汉、宜昌、利川、咸丰、咸宁、通山是 42,京山、松滋、赤壁、嘉鱼、通城是 31,这些地方的人在学习普通话时,一定要把上声读成降调,不能只降不升或只升不降。

(4) 去声。普通话去声是高降调,调值是 51。湖北方言中只有一个去声的地方,去声多半是升调,如武汉、荆州、宜都、五峰、兴山、秭归、巴东、利川、咸丰、来凤等地,去声调值都是 35,也有些地方将去声念成降升调,或读成平调,只有仙桃、公安、钟祥、郧西等少数地方读成降调,念成平调的有京山(44)、阳新、大冶(33)等地。这些地方的人学习普通话声调时,都要注意将去声念成高降调。

湖北省东北部和东南部的一些县市的方言有阴去和阳去两类去声。这些地方的人在学习普通话的去声时,应将两种去声合并为一个去声,并且要按普通话的读法,将去声一律念成高降调 51。

## 第四节 普通话声母

**训练目标**

掌握普通话 21 个声母的发音要领,念准每个声母的本音和呼读音;了解本地方言语音与普通话语音中声母的对应关系。

## 一、声母及其作用

(一) 声母

声母,就是汉语音节中开头部分的辅音。普通话的 21 个声母有两套读音。一套是本音,即声母的本来音值,是根据声母的发音部位、发音方法发出的音;因普通话声母发音时大多声带不颤动,因此,声母本音大多不响亮;当声母和韵母相拼时要用本音。另一套是呼读音,是为了便于呼读和教学,在辅音的本音后面拼上某一个元音构成。

### (二) 声母的作用

第一，区分词。声母的主要作用是区分词。例如，lánlíng-nánníng，shāngyè-sāngyè，shīrén-sīrén，在这三组词中两个音节的韵母与声调都相同，由于声母不同而意思不一样。不同方言区的人如果发不准普通话声母，就有可能造成词的混淆或误解而影响口语交际。

第二，区别音节的清晰度。声母发音部位比较紧张，发音短促、有力，并且在音节的开头，发声干脆利落，在汉语语流中就能使音节界限区别明显，字字清晰可辨。

第三，增强音节的力度和亮度。声母发音时蓄气充足、弹射有力，并与韵头迅速结合，能使整个音节的力度和亮度增强。

## 二、声母的发音训练

辅音的主要特征是发音时气流在口腔中分别受到各种阻碍，因此可以说，声母发音的过程也就是气流受阻和克服阻碍的过程。由于阻碍气流的位置和方式不同，形成了不同的声母。声母的分类就是由气流受阻的位置（发音部位）和阻碍气流的方式（发音方法）这两大因素决定的。

### (一) 掌握发音部位

发音部位，是指发音时气流在发音器官中受到阻碍的部位。上下两个部位接触或接近，就会形成阻碍。上位以上腭为主，是形成阻碍的被动或不动部分；下位以舌头为主，是形成阻碍的主动或活动部分。根据气流在口腔中受阻的部位，可将声母分为7类：双唇音、唇齿音、舌尖中音、舌根音、舌面音、舌尖后音、舌尖前音。

【技能训练】
**训练目标：**
找准发音部位，纠正部位不准的发音习惯；熟记部位名称及相应的上下成阻部位。
**训练要领：**
① 双唇音，上下唇接触。
② 唇齿音 f，上齿与下唇内缘（不是外缘）接近并形成间隙。
③ 舌尖前、中、后这三类音，并不是指把舌尖分为三部分，而是指成阻的上位不同，就是把舌尖分别对准上齿背（前）、上齿龈（中）、硬腭前部（后）三个不同部位形成阻碍。
④ 舌根音，是指与软腭自然相对的舌尖后部（通常叫舌根）上抬，形成阻碍而发出的音。
⑤ 舌面音，是指与硬腭前部自然相对的舌面前部上抬，形成阻碍（舌尖可抵下齿龈）而发出的音。
**训练方法：**
① 按顺序，教师范读声母本音、呼读音及例词，学生跟读。

| | báibù | bǎnbào | bǎobèi | běibiān | bēibāo | biànbié | biāobīng |
|---|---|---|---|---|---|---|---|
| b | 白布 | 板报 | 宝贝 | 北边 | 背包 | 辨别 | 标兵 |

# 第一章 普通话语音训练

| | pápō | pīpíng | pípa | pǐpèi | piānpì | pīnpánr | pīngpāng |
|---|---|---|---|---|---|---|---|
| p | 爬坡 | 批评 | 琵琶 | 匹配 | 偏僻 | 拼盘儿 | 乒乓 |
| | máimò | mǎimai | màimiáo | mángmù | méimao | měimiào | miànmào |
| m | 埋没 | 买卖 | 麦苗 | 盲目 | 眉毛 | 美妙 | 面貌 |
| | fāfàng | fǎnfù | fǎngfú | fēnfāng | fēnfù | fēngfù | fènfā |
| f | 发放 | 反复 | 仿佛 | 芬芳 | 吩咐 | 丰富 | 奋发 |
| | dàdì | dàidòng | dāndāng | dāndú | dàodé | děngdài | dǐngduān |
| d | 大地 | 带动 | 担当 | 单独 | 道德 | 等待 | 顶端 |
| | tàntǎo | tàntīng | tǐtiē | tiàotái | tiětǎ | tuántǐ | tūntǔ |
| t | 探讨 | 探听 | 体贴 | 跳台 | 铁塔 | 团体 | 吞吐 |
| | nánníng | nánnǚ | nǎonù | néngnai | nínìng | niúnǎi | nóngnú |
| n | 南宁 | 男女 | 恼怒 | 能耐 | 泥泞 | 牛奶 | 农奴 |
| | láilì | láolèi | lǎoliàn | lǐlùn | liánluò | liáoliàng | lúnliú |
| l | 来历 | 劳累 | 老练 | 理论 | 联络 | 嘹亮 | 轮流 |
| | gǎigé | gāoguì | gǒnggù | gǔgàn | guàngài | guānguāng | guīgé |
| g | 改革 | 高贵 | 巩固 | 骨干 | 灌溉 | 观光 | 规格 |
| | kāikè | kāngkǎi | kēkè | kěkào | kèkǔ | kōngkuàng | kuānkuò |
| k | 开课 | 慷慨 | 苛刻 | 可靠 | 刻苦 | 空旷 | 宽阔 |
| | hánhùn | hánghǎi | héhuā | hūhuàn | huānhū | huǎnhé | huánghé |
| h | 含混 | 航海 | 荷花 | 呼唤 | 欢呼 | 缓和 | 黄河 |
| | jī jí | jiānjué | jiǎngjiě | jiāojì | jiéjīng | jīngjì | jūnjiàn |
| j | 积极 | 坚决 | 讲解 | 交际 | 结晶 | 经济 | 军舰 |
| | qíqū | qìquán | qiàqiǎo | qiānqiú | qīnqi | qīngqiǎo | qǐngqiú |
| q | 崎岖 | 弃权 | 恰巧 | 铅球 | 亲戚 | 轻巧 | 请求 |
| | xíxìng | xǐxùn | xiàxiāng | xiànxiàng | xiǎngxiàng | xiāngxìn | xíngxīng |
| x | 习性 | 喜讯 | 下乡 | 现象 | 想象 | 相信 | 行星 |
| | zhēnzhèng | zhèngzhì | zhèngzhòng | zhìzhǐ | zhòngzhí | zhuānzhèng | zhuānzhí |
| zh | 真正 | 政治 | 郑重 | 制止 | 种植 | 专政 | 专职 |
| | chāichú | chǎnchú | chángchéng | chāochǎn | chēchuáng | chéngchē | chéngchí |
| ch | 拆除 | 铲除 | 长城 | 超产 | 车床 | 乘车 | 城池 |
| | shāngshì | shàngshān | shēnshuǐ | shénshèng | shēngshì | shǐshī | shìshí |
| sh | 伤势 | 上山 | 深水 | 神圣 | 声势 | 史诗 | 事实 |
| | rěnràng | róngrěn | róngrǔ | róurèn | róuruǎn | róuruò | réngrán |
| r | 忍让 | 容忍 | 荣辱 | 柔韧 | 柔软 | 柔弱 | 仍然 |
| | zāizāng | zàngzú | zìzài | zìzūn | zǒngzé | zǔzōng | zuìzǎo |
| z | 栽赃 | 藏族 | 自在 | 自尊 | 总则 | 祖宗 | 最早 |

|   | cāicè | cāngcù | cǎocóng | cēncī | céngcì | cūcāo | cuīcán |
|---|---|---|---|---|---|---|---|
| c | 猜测 | 仓促 | 草丛 | 参差 | 层次 | 粗糙 | 摧残 |
|   | sǎsǎo | sèsù | sīsuì | sīsuǒ | sōngsǎn | sùsòng | suǒsuì |
| s | 洒扫 | 色素 | 撕碎 | 思索 | 松散 | 诉讼 | 琐碎 |

② 分辨部分声母发音部位的正误，请老师和同学帮你听辨并纠正发音部位不准的声母。例如：

j、q、x
- 正：舌面前上抬成阻，舌尖抵下齿龈。
- 误：舌面前与舌尖同时上抬，发成"尖音"。

zh、ch、sh
- 正：舌身略后缩，舌尖上翘，抵硬腭前（凸出处）。
- 误：舌身未后缩，舌尖翘得不到位，抵上齿龈。
- 误：舌身后缩过多，舌尖卷起，发成"大舌头"、"卷舌音"。

r
- 正：与 sh 同部位，舌尖上翘，与硬腭前接近成阻。
- 误：与 s 同部位，舌尖平伸，抵下齿背。

### （二）掌握发音方法

声母的发音方法可以从三个方面来分析：发音时构成阻碍（成阻）和消除阻碍（除阻）的方式、声带是否振动、除阻后气流的强弱如何。

#### 1. 阻碍的方式

根据成阻和除阻的不同方式，可以将 21 个声母分成 5 类。

① 塞音：发音时，上下发音部位完全闭塞，使气流受阻；然后突然分开，气流迸裂而出，爆破成音。如 b、p、d、t、g、k。

② 擦音：发音时，上下发音部位接近，形成窄缝；然后气流从窄缝中透出，摩擦成音。如 f、h、x、sh、r、s。

③ 塞擦音：发音时，上下发音部位开始完全闭塞，气流把阻碍部位冲开窄缝，然后从窄缝中透出，摩擦成音。如 j、q、zh、ch、z、c。

④ 鼻音：发音时，口腔中形成阻碍的上下部位完全闭合，软腭下垂，打开鼻腔通路，气流振动声带，从鼻腔通过而发出声音。如 m、n。

⑤ 边音：发音时，舌尖抵住上齿龈，舌头两边留有空隙，气流振动声带，从舌头两边通过。如 l。

图 1-7

除鼻音 m、n 外，其他 4 类声母全是口音，即软腭上升，堵塞鼻腔的通路，气流从口腔出来。

鼻音与口音区别试验：取一张硬纸片横放在上唇的上方，用一块玻璃立在硬纸片的前头（如图 1-7 所示）。

图中横线表示硬纸片，竖线表示玻璃。当发 m、n 等鼻音时，玻璃上半部有水汽；当发其他 4 类口音时，玻璃下半部有水汽。

2. 声带是否振动

根据发音时声带是否振动、呼出的气流是否带乐音,可将 21 个声母分为清音和浊音两类。

① 浊音:气流振动的同时振动声带,发出的较响亮声音,有声母 m、n、l、r 4 个。

② 清音:气流受阻时声带不振动,发出的不响亮声音,除上述 4 个浊音外,其余 17 个声母全是清音。

清音与浊音比较试验:以双手的手掌紧捂双耳,连续发本音 sh—r—sh—r…(普通话中唯一的一对同部位的清浊相对的声母)。发浊音 r 时,可听见嗡嗡声,表明声带在颤动;发清音 sh 时,听不见嗡嗡声,表明声带不颤动。

3. 气流的强弱

根据除阻后呼出气流的强弱,可以把塞音、塞擦音这两类 12 个声母再分为送气音和不送气音两种。

① 送气音:除阻后有较强的气流喷吐而出的音。

② 不送气音:除阻后呼出气流短促而微弱的音。

这两类音按发音部位和阻碍方式排列,一一对应:

不送气音:　　b　　d　　g　　j　　zh　　z
　　　　　　　|　　|　　|　　|　　|　　|
送气音：　　　p　　t　　k　　q　　ch　　c

送气音与不送气音比较试验:拿一张一寸见方的薄纸,捏住一角,放在嘴前,发不送气音 b、d、g、j、zh、z,纸片掀动很小;发送气音 p、t、k、q、ch、c,纸片有明显掀动。还可以将手掌心对着嘴部,发送气音时,感觉到一股气流喷出来;发不送气音时,感觉不到有气流出来。

根据以上分类,可以概括出普通话 21 个声母的发音要领,如表 1-2 所示。

表 1-2　普通话声母发音要领

| 发音部位 | | 发音方法 | | | | | | |
|---|---|---|---|---|---|---|---|---|
| | | 塞音 | | 塞擦音 | | 擦音 | 鼻音 | 边音 |
| | | 清音 | | 清音 | | 清音 | 浊音 | 浊音 | 浊音 |
| | | 不送气音 | 送气音 | 不送气音 | 送气音 | | | | |
| 双唇音 | 上唇 | b | p | | | | m | |
| | 下唇 | | | | | | | |
| 唇齿音 | 上齿 | | | | | f | | |
| | 下唇 | | | | | | | |
| 舌尖中音 | 上齿龈 | d | t | | | | n | l |
| | 舌尖 | | | | | | | |
| 舌根音 | 软腭 | g | k | | | h | | |
| | 舌根 | | | | | | | |
| 舌面音 | 硬腭前 | | | j | q | x | | |
| | 舌面前 | | | | | | | |

(续表)

| 发音部位 | | 发音方法 | | | | | | |
|---|---|---|---|---|---|---|---|---|
| | | 塞音 | | 塞擦音 | | 擦音 | | 鼻音 | 边音 |
| | | 清音 | | 清音 | | 清音 | 浊音 | 浊音 | 浊音 |
| | | 不送气音 | 送气音 | 不送气音 | 送气音 | | | | |
| 舌尖后音 | 硬腭前 | | | zh | ch | sh | r | | |
| | 舌尖 | | | | | | | | |
| 舌尖前音 | 上齿背 | | | z | c | s | | | |
| | 舌尖 | | | | | | | | |

## 三、声母辨正

### (一) 平舌音(z、c、s)和翘舌音(zh、ch、sh)

1. 方音辨正

在普通话里,平舌声母 z、c、s 和翘舌声母 zh、ch、sh 是分得很清楚的。例如,"诗"读 shī,"丝"读 sī;"睡"读 shuì,"岁"读 suì;"商"读 shāng,"桑"读 sāng;"主"读 zhǔ,"组"读 zǔ;"摘"读 zhāi,"栽"读 zāi;"出"读 chū,"粗"读 cū;"春"读 chūn,"村"读 cūn 等。但有些方言区,如吴方言、闽方言、客家方言、粤方言及属于北方方言的武汉话却没有翘舌音 zh、ch、sh;北方方言区还有些地方,如天津、银川、西安等地,常把普通话里属 zh、ch、sh 的一部分字念成了 z、c、s。在普通话里,平、翘舌音的常用字约 900 个,其中,平舌音约占百分之三十,翘舌音约占百分之七十。方言区的人学习普通话,除了掌握 zh、ch、sh 的正确发音外,还必须注意辨别自己念成 z、c、s 的字中,哪些应该念成 zh、ch、sh。下面介绍几种辨正平舌音和翘舌音的方法。

(1) 利用形声字声旁类推。

分别记住常用的平舌音或翘舌音的简单字,这些字加上偏旁形成的其他字,大多数也念平舌音或翘舌音(极少数例外),这样可以带出一批平舌音或翘舌音的字。例如,用"子 zǐ"带"孜 zī、仔 zǐ、籽 zǐ","叟 sōu"带"嫂 sǎo、溲 sōu、搜 sōu、嗖 sōu、馊 sōu、艘 sōu"等("瘦"例外,念 shòu),用"中 zhōng"带"忠 zhōng、盅 zhōng、衷 zhōng、钟 zhōng、肿 zhǒng、种 zhǒng、冲 chōng","者 zhě"带"诸 zhū、猪 zhū、煮 zhǔ、渚 zhǔ、著 zhù、箸 zhù、褚 chǔ、储 chǔ、署 shǔ、薯 shǔ、暑 shǔ、曙 shǔ"等。

### 平、翘舌音代表字类推表

#### zh 声母

丈(zhàng)—zhàng 仗、杖

专(zhuān)—zhuān 砖,zhuǎn 转(转身),zhuàn 转(转动)、传(传记)、啭

支(zhī)—zhī 枝、肢、吱(又念 zī,如"吱声")

止(zhǐ)—zhǐ 芷、址、趾

中(zhōng)—zhōng 忠、盅、衷、钟，zhǒng 种(种子)、肿，zhòng 种(种植)、仲；chōng 忡、冲(冲锋)

长(zhǎng)—zhāng 张，zhǎng 涨(涨潮)，zhàng 胀、帐、涨(泡涨)

主(zhǔ)—zhǔ 拄，zhù 住、注、炷、柱、砫、驻、蛀

正(zhèng)—zhēng 怔、征、症(症结)，zhěng 整，zhèng 证、政、症(症状)；chéng 惩

占(zhàn)—zhān 沾、毡、粘(粘贴)，zhàn 战、站；zhēn 砧("钻"例外，念 zuān，如"钻研"；又念 zuàn，如"钻石")

只(zhī)—zhī 织，zhí 职，zhǐ 枳、咫、轵，zhì 帜、识(标识)

召(zhào)—zhāo 招、昭，zhǎo 沼，zhào 诏、照

执(zhí)—zhì 贽、挚、鸷；zhé 蛰

至(zhì)—zhí 侄，zhì 致、窒、蛭、郅、桎、铚

贞(zhēn)—zhēn 侦、祯、桢、帧

朱(zhū)—zhū 诛、侏、洙、茱、珠、铢、蛛；shū 姝、殊

争(zhēng)　zhēng 挣(挣扎)、峥、狰、铮、筝，zhèng 诤、挣(挣脱)

志(zhì)—zhì 痣

折(zhé)—zhé 哲、蜇(海蜇)，zhè 浙（shì 誓）

者(zhě)—zhě 锗、赭；zhū 诸、猪、潴，zhǔ 渚、煮，zhù 著、箸；chǔ 楮、褚(姓)、储；shǔ 暑、署、薯、曙；shē 奢

直(zhí)—zhí 值、植、殖，zhì 置

知(zhī)—zhī 蜘，zhì 智；chī 痴

真(zhēn)—zhěn 缜，zhèn 镇；shèn 慎

章(zhāng)—zhāng 漳、彰、獐、璋、樟、蟑，zhàng 障、嶂、幛、瘴

## z 声母

子(zǐ)—zī 孜，zǐ 仔(仔细)、籽，zì 字

匝(zā)—zá 砸

宗(zōng)—zōng 综(综合)、棕、踪、鬃，zòng 粽；cóng 琮、淙

卒(zú)—zuì 醉；cù 猝，cuì 淬、悴、萃、啐、瘁、粹、翠

责(zé)—zé 啧、帻、箦；zì 渍("债"例外，念 zhài)

兹(zī)—zī 滋、孳；cí 慈、磁、鹚、糍

曾(zēng)—zēng 憎、增、缯，zèng 赠、甑

尊(zūn)—zūn 遵、樽

赞(zàn)—zǎn 攒(积攒)、趱，zàn 瓒、瓒

澡(zǎo)—zǎo 藻

## ch 声母

叉(chā)—chā 杈，chǎ 衩(裤衩)，chà 杈(树杈)、汊、衩(衣衩)；chāi 钗

斥(chì)—chè 坼;chāi 拆(拆信)
出(chū)—chǔ 础,chù 绌、黜
产(chǎn)—chǎn 浐、铲
成(chéng)—chéng 诚、城、盛(盛饭)
辰(chén)—chén 宸、晨;chún 唇
呈(chéng)—chéng 程、酲,chěng 逞
昌(chāng)—chāng 阊、菖、猖、锠、鲳,chàng 倡、唱
垂(chuí)—chuí 陲、捶、棰、锤;shuì 睡
春(chūn)—chūn 椿,chǔn 蠢
朝(cháo)—cháo 潮、嘲
厨(chú)—chú 橱、蹰

## c 声母

才(cái)—cái 材、财("豺"例外,念 chái)
寸(cùn)—cūn 村,cǔn 忖
仓(cāng)—cāng 伧("伧"又念 chen,如"寒伧")、沧、苍、鸧
从(cóng)—cōng 苁、枞(枞树),cóng 丛
此(cǐ)—cī 疵
采(cǎi)—cǎi 彩、睬、踩,cài 菜
参(cān)—cǎn 惨
曹(cáo)—cáo 漕、嘈、槽、螬、艚
崔(cuī)—cuī 催、摧,cuǐ 璀
窜(cuàn)—cuān 撺、蹿

## sh 声母

山(shān)—shān 舢,shàn 讪、汕、疝
少(shǎo)—shā 沙、莎、纱、痧、砂、裟、鲨("娑"例外,念 suō,如"婆娑")
市(shì)—shì 柿、铈
申(shēn)—shēn 伸、呻、绅、珅、砷,shén 神,shěn 审、渖、婶,shèn 胂
生(shēng)—shēng 牲、笙、甥,shèng 胜
召(shào)—sháo 苕、韶,shào 邵、劭、绍
式(shì)—shì 试、拭、轼、弑
师(shī)—shī 狮、狮;shāi 筛("蛳"例外,念 sī,如"螺蛳")
叔(shū)—shū 淑、菽
尚(shàng)—shǎng 赏,shàng 绱,shang 裳(衣裳);cháng 徜(徜徉)
受(shòu)—shòu 授、绶
舍(shè)—shá 啥;shē 猞(猞猁)

刷(shuā)—shuàn 涮

扇(shàn)—shān 煽

孰(shú)—shú 塾、熟

率(shuài)—shuāi 摔，shuài 蟀

善(shàn)—shàn 鄯、缮、膳、蟮、鳝

### s 声母

四(sì)—sì 泗、驷

司(sī)—sì 伺(窥伺)、饲、嗣

孙(sūn)—sūn 荪、狲

松(sōng)—sōng 凇

思(sī)—sāi 腮、鳃；sī 锶、缌、偲

叟(sōu)—sǎo 嫂；sōu 溲、搜、嗖、馊、飕、螋、艘("瘦"例外，念 shòu)

素(sù)—sù 愫、嗉

桑(sāng)—sǎng 搡、嗓、颡

遂(suí)—suì 隧、燧、邃

散(sǎn)—sā 撒(撒手)，sǎ 撒(撒种)；sǎn 馓

斯(sī)—sī 厮、撕、嘶、澌、凘

（2）利用普通话声韵配合规律类推。

① 在普通话里，平舌声母 z、c、s 绝不与韵母 ua、uai、uang 相拼，因此，"抓、爪、拽、妆、装、庄、桩、撞、幢、戆(戆直)、状、壮；揣、踹、窗、疮、床、闯、怆、沧、创；刷、耍、衰、摔、甩、率(率领)、帅、蟀，霜、孀、双、爽"等字都念翘舌音。

② 在普通话里，翘舌声母 sh 绝不与韵母 ong 相拼，因此，"松、淞、忪、嵩、竦、悚、怂、耸、宋、讼、颂、送、诵"等字都念平舌音。

（3）记少不记多(记单边)。

① 方言里的某一类音，在普通话里分为两类音，这两类音经常出现一边字数较少、一边字数较多的情况。例如，韵母 a、e、ou、en、eng、ang 与平舌声母 z、c、s 相拼的字很少，而与翘舌声母 zh、ch、sh 相拼的字较多。我们只记少的一边，其余的自然属于另一边了。

(a) 平舌声母 c 与韵母 a 相拼的字，常用的只有"擦 cā"，其余的"差(差别)、嚓(咔嚓)、插、叉、杈、茬、茶、搽、查(查办)、察、衩、诧、姹、刹(刹那)、岔、汊"等字都念翘舌音。

(b) 平舌声母 s 与韵母 e 相拼的字，常用的只有"色 sè、瑟 sè、塞 sè(塞音)、啬 sè、涩 sè"，其余的"奢、赊、猞、蛇、折(折本)、舌、舍(施舍)、涉、社、设、赦、慑、慑、摄、舍(宿舍)、射、麝"等字都念翘舌音。

(c) 平舌声母 z 与韵母 ou 相拼的字，常用的只有"邹(姓)、走、奏"三个字，其余的"州、洲、诌、舟、周、粥、轴、妯、肘、帚、纣、宙、胄、咒、籀、皱、绉、昼、骤"等字都念翘舌音。

(d) 平舌声母 c 与韵母 ou 相拼的字，常用的只有"凑"("辏、腠不常用)，其余的"抽、畴、踌、筹、酬、愁、仇、惆、稠、绸、瞅、丑、臭"等字都念翘舌音。

（e）平舌声母 z 与韵母 en 相拼的字,常用的只有"怎 zěn"一个字（潜 zèn 不常用）；平舌声母 c 与韵母 en 相拼的字,常用的只有"参 cēn（参差）"（岑 cén、涔 cén 不常用）；平舌声母 s 与韵母 en 相拼的字,常用的只有"森 sēn",其余的"榛、臻、斟、甄、砧、真、贞、侦、针、珍、缜、枕、疹、诊、鸩、震、振、赈、镇、圳、朕、阵；琛、郴、沉、忱、辰、晨、臣、陈、尘、衬、趁、称（称心）、伧（寒伧）；深、申、呻、伸、绅、身、参（人参）、神、什（什么）、沈、审、婶、慎、甚、椹、蜃、肾、渗"等字都念翘舌音。

（f）平舌声母 s 与韵母 eng 相拼的字,只有一个"僧 sēng"字,其余的"声、生、甥、笙、牲、升,绳,省,盛（盛大）,剩、圣、胜"等字都念翘舌音。

（g）平舌声母 z 与韵母 eng 相拼的字,常用的只有"曾 zēng（姓）、憎 zēng、增 zēng、赠 zèng",其余的"正、症、怔、征、争、挣、睁、峥、筝、铮、狰、蒸、整、拯、郑、政、证、诤"等字都念翘舌音。

（h）平舌声母 z 与韵母 ang 相拼的字,常用的只有"赃 zāng、脏 zāng、臧 zāng（藏 zàng）,葬 zàng"几个字,其余的"章、漳、璋、樟、彰、獐、张、掌、长（长辈）、涨、瘴、嶂、幛、障、丈、杖、仗、帐、胀"等 20 多个字都念翘舌音。

（i）平舌声母 c 与韵母 ang 相拼的字,常用的只有"仓 cāng、沧 cāng、舱 cāng、苍 cāng,藏 cáng"几个字,其余的"昌、猖、鲳、娼、伥、尝、偿、常、徜（徜徉）、嫦、长（长短）、肠、场、厂、敞、氅、唱、倡、怅、畅"等 20 多个字都念翘舌音。

（j）平舌声母 s 与韵母 ang 相拼的字,常用的只有"丧 sāng、桑 sāng、嗓 sǎng"三个字,其余的"商、伤、汤（汤汤）、赏、上（上声）、垧、晌、尚、绱、上（上班）、裳（衣裳）"等十多个字都念翘舌音。

② 以"叟 sǒu"作声旁的形声字中,除"瘦 shòu"念翘舌音外,其余的"溲、搜、嗖、馊、螋、艘、飕、馂、瞍；嫂"等字都念平舌音。

③ 以"占 zhàn"作声旁的形声字中,除"钻 zuān、zuàn"念平舌音外,其余的"沾、粘（粘贴）、毡、站、战、觇；苫；砧"等字都念翘舌音。

④ 以"宗 zōng"作声旁的形声字中,除"崇 chóng"念翘舌音外,其余的"踪、棕、综、鬃、粽、琮、淙"等字都念平舌音。

⑤ 以"责 zé"作声旁的形声字中,除"债 zhài"念翘舌音外,其余的"渍、簧、喷、帻、赜"等字都念平舌音。

⑥ 以"师 shī"作声旁的形声字中,除"蛳 sī"（螺蛳）念平舌音外,其余的"鲕、狮、浉；筛"等字都念翘舌音。

⑦ 以"则 zé"作声旁的形声字中,除"铡 zhá"念翘舌音外,其余的"测、厕、恻、侧、贼"等字都念平舌音。

⑧ 以"寺 sì"作声旁的形声字都念翘舌音,如"诗、时、埘、鲥、持、峙、恃、侍、莳、痔"等。

（4）用 d、t 检示法测定翘舌音。

① 在形声字中,声旁用字的声母是 d 或 t 的,大都念翘舌音。例如：

| 声旁 | 声母 | 声旁 | 声母 | 声旁 | 声母 | 声旁 | 声母 | 声旁 | 声母 | 声旁 | 声母 |
|---|---|---|---|---|---|---|---|---|---|---|---|
| 滞 zhì | 带—d | 绽 zhàn | 定—d | 侈 chǐ | 多—d | 蝉 chán | 单—d | 说 shuō | 兑—d |
| 坠 zhuì | 队—d | 澄 chéng | 登—d | 终 zhōng | 冬—d | 召 zhào | 刀—d | 始 shǐ | 台—t |
| 撞 zhuàng | 童—t | 纯 chún | 屯—t | 瞠 chēng | 堂—t | 蛇 shé | 它—t | 社 shè | 土—t |

② 声母是 d 或 t 的形声字的声旁构成的另一些形声字,大都念翘舌音。例如,"也"为声旁的形声字"地 dì","他 tā、拖 tuō"的声母是 d 或 t,那么,我们可以断定用"也"作声旁构成的另一些形声字"池、驰、弛,施"就念翘舌音。以此类推。

```
                    d    t    zhuī  zhuī  zhuī  zhì  zhǔn  shuí cuī  suī
隹(堆、推):         椎、  雅、  锥;    稚;   准;   谁(崔、睢例外)

                    d    t    zhū   zhū   zhǔ   zhǔ   zhù  zhù  zhù  chǔ  shǔ  shǔ  shē
者(都、屠):         诸、  猪,  煮、  渚、  著、  箸、  翥;   褚;  暑、 署;  奢

                    d    t    shī   shì   shì   shì              chí  zhì  zhì
寺(等,特):         诗,  恃、  侍、  峙(繁峙);  持;  痔、  峙(对峙)

                    d    d    zhào  zhuō  chuò
卓(悼、掉):         罩;   桌;   绰

                    d    t    zhù   chóu  chóu  chóu  chóu
寿(祷、涛):         铸;   筹、  畴、  踌、   帱

                    d    t    zhāo  zhāo  zhǎo  zhào  zhào  sháo  shào
召(貂、迢):         招、  昭,  沼、  照、  诏;   苕,   邵

                    d    d    zhěn  chén
忱(耽、眈):         枕;   忱

                    d    t    chuǎi chuài chuān zhuì
湍(端、湍):         揣,   踹;   喘;   惴

                    d         zhāi  zhé
谪(滴):             摘;    谪

                    d    d    chún  chún  chún  chún  zhūn  zhǔn
享(敦、惇):         淳、  醇、  鹑、  錞;   谆,   埻
```

(5) 编口诀。

① 根据普通话声韵配合规律编口诀。

(a) uang、uai、ua,翘舌不用怕。(平舌声母不与韵母 uang、uai、ua 相拼)

(b) sōng(松)、sǒng(耸)、sòng(宋),翘不动。(翘舌声母 sh 不与 ong 相拼)

② 选出最有代表性的翘舌音字编口诀,以此类推(记少不记多)。

少者周中尚,壮者朱召昌,长者章主丈。

以上口诀中的 13 个字的声母都是翘舌音,用这 13 个字作声旁构成的一百多个形声字,其声母也都是翘舌音。

2. 常用字正音训练

z—zh

```
        zā        zá zá zǎ       zāi zāi zǎi zǎi     zài       zài zài zán zǎn         zàn
扎(扎彩)杂 砸 咋(咋办);灾 栽 宰 载(记载)载(装载)再 在;咱 攒(积攒)暂
zàn  zāng zāng      zàng        zàng zàng          zāo zāo záo zǎo zǎo zǎo zǎo zǎo zào
赞;  赃  脏(脏土) 脏(内脏) 葬 藏(宝藏); 糟 遭 凿 枣 早 澡 藻 蚤 灶 燥
zào zào zào zào    zé zé zé zé zéi   zī zī zī zī           zī zī zǐ zǐ zǐ zǐ zǐ zì zì
噪 躁 造 皂;责 则 泽 择;贼;咨 资 姿 兹 吱(吱声)滋 孳 紫 仔 子 滓 姊 籽 字 自
zì   zōng zōng zōng zōng zǒng zòng  zǒu zòu  zū zú zú zú zǔ zǔ zǔ zǔ zuān        zuàn
渍; 宗  棕  踪  综   总  纵; 走 奏;租 卒 族 足 组 祖 阻 诅;钻(钻研)钻(钻
```

zuǐ zuì zuì zuì zūn zūn zuó　　zuó zuǒ zuò zuò zuò zuò zuò　　zhā　　zhā
床);嘴 醉 最 罪;尊 遵;琢(琢磨)昨 左 作 坐 座 做 柞(柞蚕);渣(渣滓)喳(象
zhā　　zhā　　zhá zhá zhá　　zhá　　zhá　　zhǎ zhà　　zhà
声词)咋(咋呼)扎(扎根)闸 铡 炸(炸糕)扎(挣扎)轧(轧钢)眨 栅(栅栏)炸
　　zhà zhà zhāi zhāi zhái zhǎi zhài zhài zhān zhān　　zhān zhān zhān zhǎn
(炸弹)榨(榨菜)乍 诈;摘 斋 宅 窄 寨 债;沾 粘(粘连)毡 詹 瞻 盏
zhǎn zhǎn zhǎn zhàn zhàn zhàn zhàn zhàn zhàn　　zhāng zhāng zhāng zhāng zhǎng
斩 展 崭 占 站 栈 占 蘸 颤(颤栗)绽;章 张 樟 彰 掌
zhǎng　　zhǎng　　zhàng　　zhàng zhàng zhàng zhàng zhàng zhàng zhāo
长(长辈)涨(涨潮)涨(泡涨)障 丈 杖 仗 帐 胀;着(着数)
zhāo zhāo zhāo zhāo zháo　　zhǎo zhǎo zhǎo　　zhào zhào zhào zhào zhào zhē zhē
朝 钊 招 昭 着(着急)找 沼 爪(爪牙)兆 诏 赵 罩 召 照;遮 折
　　zhé　　zhé zhé　　zhé zhě zhè zhè zhè zhe　　zhī zhī zhī zhī zhī zhī zhī
(折腾)折(折叠)哲 蜇(海蜇)辙 者 浙 这 蔗 着(助词);汁 之 芝 支 枝 肢 只(量
　　zhī zhī zhī zhí zhí zhí zhí zhí zhí zhí zhǐ zhǐ zhǐ zhǐ　　zhǐ zhì zhì zhì zhì zhì zhì zhì
词)织 知 蜘 脂 职 直 植 殖 值 执 侄 止 址 趾 只(只管)纸 旨 指 滞 治 志 痔 至 窒
zhì zhì zhì zhì zhì zhì zhì zhì zhì zhì zhì zhōng　　zhōng zhōng zhōng zhōng zhōng zhǒng
致 掷 挚 帜 置 制 秩 智 稚 质 炙;中(中间)衷 钟 忠 盅 终 种(种
zhǒng zhòng　　zhòng　　zhòng zhòng zhòng　　zhōu zhōu zhōu zhōu zhōu zhóu
子)肿 中(中毒)种(种地)众 仲 重(重点);州 洲 舟 周 粥 轴
zhǒu zhǒu zhòu zhòu zhòu zhòu zhòu　　zhū zhū zhū zhū zhū zhū zhū zhú zhú zhú zhǔ zhǔ zhǔ zhǔ
(轴承)肘 帚 宙 咒 皱 昼 骤;朱 株 诛 珠 蛛 诸 猪 烛 逐 竹 主 拄 煮
zhǔ zhǔ zhù zhù zhù zhù zhù zhù zhù zhù zhù zhù zhù zhù zhuā zhuǎ　　　　zhuài zhuān zhuǎn zhuǎn
嘱 瞩 贮 注 柱 蛀 住 驻 祝 著 助 筑 铸;抓 爪(爪子);拽;专 砖 转
　　zhuàn　　zhuàn zhuàn zhuāng zhuāng zhuāng zhuāng zhuàng zhuàng zhuàng zhuàng
(转变)传(传记)赚 撰;妆 装 庄 桩 撞 幢 壮 状;
zhuī zhuī zhuī zhuì zhuì zhūn zhǔn zhuō zhuō zhuō zhuó　　zhuó zhuó zhuó zhuó zhuó zhuó
椎 锥 追 缀 坠;谆 准;捉 拙 桌 着(着落)啄 浊 灼 酌 卓 茁

## c—ch

cā cāi cái cái cái cái cǎi cǎi cǎi cǎi cài cài cān cān　　cán cán cán cǎn càn cāng
擦;猜 裁 才 材 财 采 睬 踩 彩 菜 蔡;餐 参(参观)惭 蚕 残 惨 灿;仓
cāng cāng cāng cáng　　　　cāo cāo cáo cáo cǎo cè cè　　cè cè cè cī　　cí cí
沧 苍 舱 藏(躲藏);糙 操 曹 槽 草 测 厕(厕所)侧 策 册;差(参差)瓷 糍
cí cí cí cí cí cí cǐ cì cì cì　　cì cōng cōng cōng cōng cóng cóng cóng còu cū cù
慈 磁 雌 辞 词 祠 此 次 刺 伺(伺候)赐;囱 聪 匆 葱 从 淙 丛;凑;粗 醋
cù cù cuàn cuàn cuī cuī cuī cuì cuì cuì cuì cūn cún cùn cuō cuō　　cuò cuò cuò cuò chā
促 簇;窜 篡;崔 摧 催 粹 悴 翠 脆;村 存 寸;搓 撮(撮合)错 挫 锉 措;差
　　chā chā　　chā　　chá chá chá chá chá　　chá chǎ　　chà
(差别)插 喳(喳喳)叉(叉子)茶 搽 茬 查 碴(碴儿)察 衩(裤衩)差(差点儿)
chà chà　　chà chà chà　　chāi　　chāi　　chái chái chān chān chán chán
诧 刹(刹那)姹 岔 权(树权);差(差遣)拆(拆散)柴 豺 搀 掺 缠 蝉
chán chǎn chǎn chǎn chàn　　chāng chāng cháng cháng cháng cháng　　cháng
馋 产 铲 阐 颤(颤动);昌 猖 尝 偿 常 倘(倘伴)长(长短)

cháng　　　　cháng chǎng　　chǎng chǎng chàng chàng chàng　chāo chāo chāo cháo
场（场院）肠　场（场地）厂　敞　唱　倡　畅；抄　钞　超　朝（朝代）

cháo cháo cháo chǎo chǎo　chē chě chè chè chè chè　chī chī chī chí chí chí　　chí chí chí chǐ
潮　嘲　巢　炒　吵；车　扯　澈　撤　彻　掣；痴　吃　嗤　迟　持　匙（汤匙）池　驰　弛　耻

chǐ chǐ chǐ chì chì chì　chōng chōng　　chóng chóng chóng　chǒng chòng　　chōu
齿　侈　尺　赤　翅　斥；充　冲（冲锋）虫　崇　重（重复）宠　冲（冲床）；抽

chóu chóu chóu chóu chóu　chóu chóu chǒu chǒu chòu　chū chū chú chú chú chú chǔ chǔ
畴　酬　愁　筹　仇（仇恨）稠　绸　瞅　丑　臭；初　出　厨　雏　橱　除　锄　储　楚

chǔ chǔ　　chù　　　　chù　　　chù chù chuāi　　chuǎi　　chuān chuān chuán
础　处（处理）畜（畜牲）处（处所）触　矗；揣（揣手）揣（揣度）；穿　川　传

chuán chuán chuàn chuāng chuāng chuāng　chuáng chuǎng chuàng　　　chuī
（宣传）船　喘　串；窗　疮　创（创伤）床　闯　创（创业）；炊

chuī chuí chuí chuí　chūn chún chún chún chún chǔn　chuō chuò
吹　垂　捶　锤；春　淳　醇　唇　纯　蠢；戳　绰（绰号）

## s—sh

sā　　　sǎ sǎ　　　sǎ sà sà sāi　　sāi sài　　sài sān sān sǎn　　sǎn
撒（撒手）洒 撒（撒种）洒 飒 萨；塞（瓶塞）腮 塞（边塞）赛；三 叁 散（散漫）伞

sàn　　sāng　　sāng sǎng sàng　　sāo sāo　　sāo sǎo sǎo　　sào
散（散布）；丧（丧事）桑　嗓　丧（丧命）；搔　臊（臊气）骚　嫂　扫（扫地）扫（扫

sè sè　　sè sè　　sī sī sī sī sī sī sǐ sì sì sì　　sì sì　　　sì
帚）；涩 塞（塞音）瑟 色（色彩）；斯 撕 嘶 思 私 司 丝 死 肆 寺 伺（窥伺）四 似（相似）饲；

sōng sǒng sòng sòng sòng sòng sòng　sōu sōu sòu　sū sū sú sù sù sù sù sù sù sù sù　suān
松　耸　宋　颂　讼　送　诵；搜　艘　嗽；苏　酥　俗　宿　塑　诉　素　溯　速　肃　粟；酸

suàn suàn　suī suí suí suí suǐ suì suì suì　suì suì suì suì　sūn sǔn sǔn　suō suō suo suō suō suǒ
蒜　算；虽　绥　隋　随　髓　碎　遂（遂意）岁　隧　崇　穗；孙　损　笋；缩　蓑　嗦　梭　唆　索

suǒ suǒ suǒ　shā shā shā shā shā　　shā　　shá shǎ shà shà　　shà　　shāi
琐　锁　所；沙　纱　砂　杀　刹（刹车）杉（杉木）啥　傻　霎　厦（大厦）煞（煞白）；筛

shāi　shān shān shān shān shān shān shān shǎn shǎn　　shǎn shàn shàn shàn　　shàn
晒；煸　山　舢　衫　珊　删　闪　掺（掺手）陕　擅　善　苫（苫布）单（姓）

shàn shàn shàn　shāng shāng shǎng shǎng shàng shàng shang　　shāo shāo shāo sháo sháo
扇　赡　膳；商　伤　赏　晌　尚　上　裳（衣裳）；烧　梢　稍　勺　芍

sháo shǎo　　shào shào　　shào shē shē shé shé shě　　shè shè shè shè shè shè
韶　少（多少）哨　少（少年）绍；奢　赊　蛇　舌　舍（舍弃）涉　摄　社　设　赦　舍（宿

shè shī shī shī shī shī shī shī shī shī shí shí shí shí　shí shí shí shí shí shí shí shí shí
舍）射；湿　诗　师　狮　失　施　尸　虱　实　识　十　什（什物）石　时　拾　食　蚀　史　使　矢　屎　驶　始

shì shì shì shì shì shì shì shì shì shì shì shì shì shì shì shì shì shì shì　shì shì shi
室　市　柿　视　式　试　拭　示　士　侍　恃　世　事　逝　嗜　势　誓　是　释　适　似（似的）氏　饰　匙（钥

　　shōu shǒu shǒu shǒu shòu shòu shòu shòu shòu shòu shòu　shū shū shū shū shū shū shū shū
匙）；收　守　首　手　兽　寿　受　授　瘦　售；梳　疏　蔬　枢　淑　叔　殊　输　抒　舒

shū shú shú shǔ　　shǔ shǔ shǔ shǔ shǔ shǔ shǔ shǔ shù shù shù shù　　shù shù
书　熟　赎　数（数说）署　暑　薯　曙　蜀　鼠　属　黍　树　竖　墅　漱　庶　数（数目）术　述

shù shù　shuā shuǎ　shuāi shuāi shuǎi shuài　　shuài shuài shuān shuān shuàn　shuāng shuāng
束　恕；刷　耍；衰　摔　甩　率（率领）帅　蟀；栓　拴　涮；霜　双

shuǎng  shuí shuǐ shuì    shuì shuì shùn shùn shuō    shuò shuò
爽 ；谁  水  说（游说） 税 睡；瞬  顺 ；说（说话） 烁 硕

3. 词语正音训练

### z—z

| zōngzú | zǒngzé | zìzūn | zìzài | zuìzé | zuìzǎo |
|---|---|---|---|---|---|
| 宗族 | 总则 | 自尊 | 自在 | 罪责 | 最早 |
| zǒuzú | zàozuò | zàozì | zàizuò | zàngzú | zǔzong |
| 走卒 | 造作 | 造字 | 在座 | 藏族 | 祖宗 |

### c—c

| cāngcuì | cāngcù | cāicè | céngcì | cēncī | cáncún |
|---|---|---|---|---|---|
| 苍翠 | 仓促 | 猜测 | 层次 | 参差 | 残存 |
| cóngcǐ | cóngcóng | cuīcù | cuīcán | cūcāo | cuòcí |
| 从此 | 淙淙 | 催促 | 摧残 | 粗糙 | 措辞 |

### s—s

| sīsuǒ | sīsuì | sìsàn | sǎsǎo | sānsǎo | sānsè |
|---|---|---|---|---|---|
| 思索 | 撕碎 | 四散 | 洒扫 | 三嫂 | 三色 |
| sōngsǎn | sòngsǐ | sèsù | sùsòng | suǒsuì | sōusuǒ |
| 松散 | 送死 | 色素 | 诉讼 | 琐碎 | 搜索 |

### z—c

| zǐcài | zìcóng | zácǎo | zǎocāo | zǎocān | zōngcí |
|---|---|---|---|---|---|
| 紫菜 | 自从 | 杂草 | 早操 | 早餐 | 宗祠 |
| zǒngcān | zǒngcái | zūncóng | zuǒcān | zuòcì | zuòcāo |
| 总参 | 总裁 | 遵从 | 佐餐 | 座次 | 做操 |

### z—s

| zīsè | zǐsūn | zìsī | zásuì | zàngsòng | zèngsòng |
|---|---|---|---|---|---|
| 姿色 | 子孙 | 自私 | 砸碎 | 葬送 | 赠送 |
| zōngsè | zǒngsuàn | zǒusī | zǔsè | zǔsūn | zuòsuì |
| 棕色 | 总算 | 走私 | 阻塞 | 祖孙 | 作祟 |

### c—z

| cízǔ | cāozuò | cāozòng | cáizǐ | càizǐ | cáozá |
|---|---|---|---|---|---|
| 词组 | 操作 | 操纵 | 才子 | 菜籽 | 嘈杂 |

| cánzǐ | còuzú | cèzì | cúnzài | cuōzǎo | cuòzōng |
|---|---|---|---|---|---|
| 蚕子 | 凑足 | 测字 | 存在 | 搓澡 | 错综 |

c—s

| cǎisè | cǎisǐ | càisè | cāngsāng | cánsī | cǎnsǐ |
|---|---|---|---|---|---|
| 彩色 | 踩死 | 菜色 | 沧桑 | 蚕丝 | 惨死 |
| cǎosuān | cūsú | cùsuān | cóngsù | cèsuǒ | císù |
| 草酸 | 粗俗 | 醋酸 | 从速 | 厕所 | 词素 |

s—z

| sèzé | sǎozi | sùzào | súzì | suīzé | sīzì |
|---|---|---|---|---|---|
| 色泽 | 嫂子 | 塑造 | 俗字 | 虽则 | 私自 |
| sǐzuì | sōngzǐ | sòngzàng | suānzǎo | suízàng | suǒzài |
| 死罪 | 松子 | 送葬 | 酸枣 | 随葬 | 所在 |

s—c

| sūcuì | sùcái | sùcān | suícóng | sōngcuì | sòngcí |
|---|---|---|---|---|---|
| 酥脆 | 素材 | 素餐 | 随从 | 松脆 | 颂词 |
| sāngcán | sīcǔn | sīcáng | suāncài | sècǎi | suōcǎo |
| 桑蚕 | 思忖 | 私藏 | 酸菜 | 色彩 | 蓑草 |

zh—zh

| zhēngzhí | zhēngzhá | zhěngzhuāng | zhèngzhòng | zhèngzhí | zhīzhū |
|---|---|---|---|---|---|
| 争执 | 挣扎 | 整装 | 郑重 | 正直 | 蜘蛛 |
| zhīzhù | zhízhèng | zhǐzhāng | zhǐzhèng | zhìzhǐ | zhōngzhǐ |
| 支柱 | 执政 | 纸张 | 指正 | 制止 | 终止 |
| zhōngzhēn | zhǒngzhàng | zhòngzhí | zhōuzhé | zhōuzhī | zhuāngzhì |
| 忠贞 | 肿胀 | 种植 | 周折 | 周知 | 装置 |
| zhuàngzhì | zhuāngzhòng | zhuānzhí | zhuānzhì | zhuǎnzhé | zhuǎnzhèng |
| 壮志 | 庄重 | 专职 | 专制 | 转折 | 转正 |
| zhǔzhāng | zhùzhái | zhǎnzhuǎn | zhànzhēng | zhànzhǎng | zhàizhǔ |
| 主张 | 住宅 | 辗转 | 战争 | 站长 | 债主 |
| zhāozhǎn | zhāozhì | zhēnzhèng | zhěnzhì | zhènzhǎng | zhézhōng |
| 招展 | 招致 | 真正 | 诊治 | 镇长 | 折中 |

## ch—ch

| chángchéng 长城 | chángchù 长处 | chángchuàn 长串 | chángchuān 常川 | chángchuán 长传 | chǎngchē 敞车 |
| --- | --- | --- | --- | --- | --- |
| chéngchù 惩处 | chōngchàng 充畅 | chōngchì 充斥 | chóngchàng 重唱 | chòngchuáng 冲床 | chāchí 差池 |
| cháchí 茶匙 | chāichú 拆除 | chǎnchú 铲除 | chāochǎn 超产 | chāochē 超车 | chāochū 超出 |
| chíchěng 驰骋 | chìchéng 赤诚 | chìchén 赤忱 | chūchǎn 出产 | chūchāi 出差 | chūchǎng 出厂 |
| chūchǎng 出场 | chūchē 出车 | chūchǒu 出丑 | chūchù 出处 | chūchuàng 初创 | chúchén 除尘 |
| chōuchá 抽查 | chōuchù 抽搐 | chóuchú 踌躇 | chóuchàng 惆怅 | chòuchóng 臭虫 | chuānchā 穿插 |
| chuánchāo 传抄 | chuánchū 传出 | chuánchǎng 船厂 | chéngchú 乘除 | chūncháo 春潮 | chuōchuān 戳穿 |

## sh—sh

| shāshāng 杀伤 | shāshì 沙市 | shāshēn 沙参 | shàshí 霎时 | shānshuǐ 山水 | shǎnshè 闪射 |
| --- | --- | --- | --- | --- | --- |
| shǎnshēn 闪身 | shǎnshuò 闪烁 | shànshí 膳食 | shāngshén 伤神 | shāngshì 伤势 | shǎngshí 赏识 |
| shǎngshēng 上声 | shàngshēn 上身 | shàngshì 上市 | shàngshù 上述 | shàngshuǐ 上水 | shàngshuì 上税 |
| shēnshān 深山 | shēnshuǐ 深水 | shēnshì 身世 | shēnshǒu 身手 | shēnshòu 身受 | shénshèng 神圣 |
| shěnshèn 审慎 | shěnshì 审视 | shēngshì 声势 | shēngshuǐ 生水 | shèngshì 盛世 | shīshēng 失声 |
| shīshén 失神 | shīshǒu 失手 | shīshǒu 失守 | shíshì 时事 | shǐshī 史诗 | shǐshū 史书 |
| shìshí 事实 | sháoshān 韶山 | shǎoshù 少数 | shěshēn 舍身 | shèshī 设施 | shèshǒu 射手 |
| shuāngshù 双数 | shǒushì 手势 | shǒushù 手术 | shūshēng 书生 | shùshǒu 束手 | shùnshǒu 顺手 |

## zh—ch

| zhēnchá | zhēnchá | zhǎnchū | zhànchǎng | zhǔchí | zhùchǎn |
| --- | --- | --- | --- | --- | --- |
| 侦察 | 侦查 | 展出 | 战场 | 主持 | 助产 |
| zhāngchéng | zhóuchéng | zhuāncháng | zhuānchē | zhàocháng | zhēchǒu |
| 章程 | 轴承 | 专长 | 专车 | 照常 | 遮丑 |
| zhēngchǎo | zhèngcháng | zhōngchéng | zhōngchǎng | zhōngcháng | zhōngchén |
| 争吵 | 正常 | 忠诚 | 终场 | 衷肠 | 忠臣 |

## zh—sh

| zhāoshēng | zhāoshǒu | zhāoshōu | zhàoshè | zhēnshí | zhènshǒu |
| --- | --- | --- | --- | --- | --- |
| 招生 | 招手 | 招收 | 照射 | 真实 | 镇守 |
| zhǎngshēng | zhànshèng | zhànshù | zhànshì | zhēngshōu | zhēngshuì |
| 掌声 | 战胜 | 战术 | 战士 | 征收 | 征税 |
| zhěngshù | zhèngshū | zhèngshí | zhèngshì | zhíshǒu | zhíshuài |
| 整数 | 证书 | 证实 | 正式 | 职守 | 直率 |
| zhíshuō | shíshù | zhǐshù | zhōngshēng | zhōngshēn | zhōngshū |
| 直说 | 植树 | 指数 | 终生 | 终身 | 中枢 |
| zhòngshì | zhòngshǔ | zhǔnshí | zhǎnshì | zhùshè | zhùshì |
| 重视 | 中暑 | 准时 | 展示 | 注射 | 注释 |

## ch—zh

| cházhèng | chǎnzhí | chángzhēng | chāozhī | cháozhèng | chēzhàn |
| --- | --- | --- | --- | --- | --- |
| 查证 | 产值 | 长征 | 超支 | 朝政 | 车站 |
| chēzhé | chēzhóu | chèzhí | chénzhā | chénzhì | chénzhòng |
| 车辙 | 车轴 | 撤职 | 沉渣 | 沉滞 | 沉重 |
| chénzhuó | chènzhí | chéngzhǎng | chéngzhì | chéngzhèn | chéngzhì |
| 沉着 | 称职 | 成长 | 诚挚 | 城镇 | 惩治 |
| chīzhāi | chízhì | chízhòng | chìzhà | chōngzhuàng | chūzhàn |
| 吃斋 | 迟滞 | 持重 | 叱咤 | 冲撞 | 初战 |
| chūzhěn | chūzhōng | chūzhěn | chūzhēng | chūzhòng | chǔzhì |
| 初诊 | 初中 | 出诊 | 出征 | 出众 | 处治 |
| chǔzhì | chuānzhēn | chuānzhuó | chuánzhēn | chuánzhá | chuánzhǎng |
| 处置 | 穿针 | 穿着 | 传真 | 船闸 | 船长 |
| chuánzhī | chuàngzhì | chuízhí | chūnzhuāng | chúnzhēn | chúnzhèng |
| 船只 | 创制 | 垂直 | 春装 | 纯真 | 纯正 |

## ch—sh

| cháshǒu | cháshè | cháshuǐ | cháshào | cháshōu | chāishǐ |
|---|---|---|---|---|---|
| 插手 | 茶社 | 茶水 | 查哨 | 查收 | 差使 |
| chāishì | chánshī | chǎnshēng | chǎnshù | chángshì | chángshí |
| 差事 | 禅师 | 产生 | 阐述 | 尝试 | 常识 |
| chángshān | chángshòu | chǎngshāng | cháoshuǐ | chénshuì | chénshè |
| 长衫 | 长寿 | 厂商 | 潮水 | 沉睡 | 陈设 |
| chénshèng | chénshù | chènshān | chènshì | chēngshǎng | chéngshì |
| 陈胜 | 陈述 | 衬衫 | 趁势 | 称赏 | 成事 |
| chéngshú | chéngshí | chéngshì | chéngshòu | chìshǒu | chōngshí |
| 成熟 | 诚实 | 城市 | 承受 | 赤手 | 充实 |
| chōngshù | chōngshuā | chóngshēn | chōushēn | chōushuǐ | chóushā |
| 充数 | 冲刷 | 重申 | 抽身 | 抽水 | 仇杀 |
| chóushì | chūshì | chūshēn | chūshén | chūshēng | chūshī |
| 仇视 | 初试 | 出身 | 出神 | 出生 | 出师 |
| chūshǐ | chūshì | chūshǒu | chūshòu | chúshī | chǔshì |
| 出使 | 出世 | 出手 | 出售 | 厨师 | 处世 |
| chǔshǔ | chùsheng | chuánshén | chuánshēng | chuánshì | chuánshòu |
| 处暑 | 畜牲 | 传神 | 传声 | 传世 | 传授 |
| chuánshuō | chuāngshā | chuāngshāng | chuàngshǐ | chuíshǒu | chúnshé |
| 传说 | 窗纱 | 创伤 | 创始 | 垂手 | 唇舌 |

## sh—zh

| shāzhōu | shāzhǐ | shānzhā | shānzhài | shànzhàn | shànzhōng |
|---|---|---|---|---|---|
| 沙洲 | 砂纸 | 山楂 | 山寨 | 善战 | 善终 |
| shàngzhǎng | shàngzhèn | shàngzhī | shàngzhuāng | shàozhuàng | shēzhàng |
| 上涨 | 上阵 | 上肢 | 上装 | 少壮 | 赊账 |
| shézhàn | shèzhì | shēnzhòng | shēnzhǎn | shēnzhāng | shénzhì |
| 舌战 | 设置 | 深重 | 伸展 | 伸张 | 神志 |
| shénzhōu | shènzhòng | shènzhì | shēngzhāng | shēngzhǎng | shēngzhū |
| 神州 | 慎重 | 甚至 | 声张 | 生长 | 生猪 |
| shèngzhàng | shēngzhí | shèngzhuāng | shèngzhàng | shèngzhǐ | shīzhěn |
| 升帐 | 升值 | 盛装 | 胜仗 | 圣旨 | 湿疹 |
| shīzhǎng | shīzhí | shīzhòng | shīzhǔ | shízhàn | shízhèng |
| 师长 | 失职 | 失重 | 失主 | 实战 | 实证 |

| shízhì | shízhù | shízhēn | shízhōng | shízhuāng | shízhǐ |
|---|---|---|---|---|---|
| 实质 | 石柱 | 时针 | 时钟 | 时装 | 食指 |
| shǐzhě | shǐzhōng | shìzhǐ | shìzhōng | shōuzhī | shǒuzhǎng |
| 使者 | 始终 | 试纸 | 适中 | 收支 | 首长 |
| shǒuzhuó | shǒuzhǐ | shǒuzhǎng | shūzhuāng | shūzhǎn | shūzhāi |
| 手镯 | 手指 | 手掌 | 梳妆 | 舒展 | 书斋 |
| shūzhuō | shúzhī | shùzhǒng | shùzhí | shuàizhēn | shuǐzhǔn |
| 书桌 | 熟知 | 树种 | 述职 | 率真 | 水准 |

## sh—ch

| shāchǎng | shāchuāng | shāchóng | shāchē | shānchá | shānchéng |
|---|---|---|---|---|---|
| 沙场 | 纱窗 | 杀虫 | 刹车 | 山茶 | 山城 |
| shānchú | shàncháng | shāngchǎng | shāngchuán | shàngchǎng | shēchǐ |
| 删除 | 擅长 | 商场 | 商船 | 上场 | 奢侈 |
| shèchéng | shēnchén | shēncháng | shěnchá | shēngchēng | shēngchǎn |
| 射程 | 深沉 | 身长 | 审查 | 声称 | 生产 |
| shēngchén | shēngchù | shěngchéng | shèngchǎn | shīcháng | shīchǒng |
| 生辰 | 牲畜 | 省城 | 盛产 | 失常 | 失宠 |
| shīchuán | shíchā | shícháng | shíchen | shìchǎng | shìchá |
| 失传 | 时差 | 时常 | 时辰 | 市场 | 视察 |
| shìchē | shōuchǎng | shōucheng | shǒuchuàng | shòucháo | shūchū |
| 试车 | 收场 | 收成 | 首创 | 受潮 | 输出 |
| shūchàng | shuāngchóng | shuāngchún | shuǐchē | shùnchàng | shuōchàng |
| 舒畅 | 双重 | 双唇 | 水车 | 顺畅 | 说唱 |

## zh—z

| zhāzǐ | zhāngzuǐ | zhǎngzǐ | zhǎozé | zhènzuò | zhènzāi |
|---|---|---|---|---|---|
| 渣滓 | 张嘴 | 长子 | 沼泽 | 振作 | 赈灾 |
| zhēngzuǐ | zhèngzì | zhèngzōng | zhīzú | zhízé | zhǐzé |
| 争嘴 | 正字 | 正宗 | 知足 | 职责 | 指责 |
| zhìzuì | zhìzuò | zhìzǐ | zhǒngzú | zhūzōng | zhǔzǎi |
| 治罪 | 制作 | 质子 | 种族 | 猪鬃 | 主宰 |
| zhùzuò | zhùzào | zhuàngzú | zhuīzāng | zhuīzōng | zhǔnzé |
| 著作 | 铸造 | 壮族 | 追赃 | 追踪 | 准则 |

## z—zh

| zāizhí 栽植 | zāizhòng 栽种 | zàizhòng 载重 | zàizhí 在职 | zànzhù 赞助 | zēngzhǎng 增长 |
| zázhì 杂志 | zēngzhí 增殖 | zīzhì 资质 | zīzhù 资助 | zīzhǎng 滋长 | zǐzhú 紫竹 |
| zìzhǐ 字纸 | zìzhì 自治 | zìzhòng 自重 | zìzhǔ 自主 | zìzhuàn 自传 | zōngzhǐ 宗旨 |
| zǒngzhàng 总账 | zǒngzhī 总之 | zòuzhāng 奏章 | zúzhǎng 族长 | zǔzhǐ 阻止 | zǔzhòu 诅咒 |
| zǔzhī 组织 | zuìzhèng 罪证 | zuìzhuàng 罪状 | zūnzhǎng 尊长 | zūnzhòng 尊重 | zūnzhào 遵照 |
| zuǒzhèng 佐证 | zuòzhèn 坐镇 | zuòzhuāng 坐庄 | zuòzhōng 座钟 | zuòzhǔ 做主 | zuòzhě 作者 |

## ch—c

| chācuò 差错 | chǎngcì 场次 | chàngcí 唱词 | chēcì 车次 | chéncù 陈醋 | chéncí 陈词 |
| chéngcái 成材 | chīcù 吃醋 | chǐcùn 尺寸 | chōngcì 冲刺 | chóucuò 筹措 | chūcì 初次 |
| chūcāo 出操 | chúcǎo 除草 | chǔcí 楚辞 | chǔcáng 储藏 | chǔcún 储存 | chuǎicè 揣测 |
| chuāncì 穿刺 | chuáncāng 船舱 | chūncán 春蚕 | chúncuì 纯粹 | chúncài 莼菜 | chǔncái 蠢材 |

## c—ch

| cáichǔ 裁处 | cáichǎn 财产 | cǎichá 采茶 | cǎichóu 彩绸 | cānchē 餐车 | cánchūn 残春 |
| cánchuǎn 残喘 | cāochǎng 操场 | cāochí 操持 | cǎochóng 草虫 | cǎochuàng 草创 | cíchǎng 磁场 |
| cíchéng 辞呈 | cūchá 粗茶 | cùchéng 促成 | cuīchǎn 催产 | cúnchá 存查 | cuòchu 错处 |

## sh—s

| shàngsè 上色 | shàngsi 上司 | shàngsù 上诉 | shàosuǒ 哨所 | shēnsī 深思 | shēnsuì 深邃 |

| shēnsù | shēnsuō | shénsè | shénsì | shénsù | shénsuàn |
|---|---|---|---|---|---|
| 申诉 | 伸缩 | 神色 | 神似 | 神速 | 神算 |
| shēngsè | shēngsù | shēngsī | shēngsǐ | shéngsuǒ | shèngsuàn |
| 声色 | 声速 | 生丝 | 生死 | 绳索 | 胜算 |
| shèngsù | shèngsì | shīsè | shīsàn | shīsuàn | shísǔn |
| 胜诉 | 胜似 | 失色 | 失散 | 失算 | 石笋 |
| shìsú | shìsǐ | shōusuō | shǒusuì | shūsōng | shūsòng |
| 世俗 | 誓死 | 收缩 | 守岁 | 疏松 | 输送 |

s—sh

| sāshǒu | sàshuǎng | sāngshèn | sàngshī | sǎoshè | sǎoshì |
|---|---|---|---|---|---|
| 撒手 | 飒爽 | 桑葚 | 丧失 | 扫射 | 扫视 |
| sīshì | sīshú | sǐshāng | sǐshuǐ | sìshí | sìshēng |
| 私事 | 私塾 | 死伤 | 死水 | 四十 | 四声 |
| sìshí | sōngshǒu | sōngshǔ | sōushēn | sùshè | sùshuō |
| 四时 | 松手 | 松鼠 | 搜身 | 宿舍 | 诉说 |
| sùshí | suànshì | suànshù | suíshēn | suíshǒu | suíshí |
| 素食 | 算式 | 算术 | 随身 | 随手 | 随时 |
| suìshí | suìshu | sǔnshāng | sǔnshī | suōshuǐ | suǒshì |
| 燧石 | 岁数 | 损伤 | 损失 | 缩水 | 琐事 |

4. 对比辨音训练

| zhájì zájì | zhàojiù zàojiù | zhǎodào zǎodào |
|---|---|---|
| 札记——杂记 | 照旧——造就 | 找到——早稻 |
| zhāihuā zāihuā | zhàngē zàngē | zhànshí zànshí |
| 摘花——栽花 | 战歌——赞歌 | 战时——暂时 |
| zhāngjiā zāngjiā | zhīyuán zīyuán | zhìzào zìzào |
| 张家——臧家 | 支援——资源 | 制造——自造 |
| zhǔlì zǔlì | zhǔfù zǔfù | zhōngzhǐ zōngzhǐ |
| 主力——阻力 | 嘱咐——祖父 | 终止——宗旨 |
| zhǒngzhàng zǒngzhàng | zhèngzhì zhèngzì | zhāngzuǐ zāngzuǐ |
| 肿胀——总账 | 政治——正字 | 张嘴——脏嘴 |
| zhìzhǐ zìzhǐ | zhìyuàn zìyuàn | zhīshi zīshì |
| 制止——字纸 | 志愿——自愿 | 知识——姿势 |
| xīnzhàng xīnzàng | zhēngzhǔ zēngzǔ | zhūzi zūzi |
| 新账——心脏 | 蒸煮——曾祖 | 珠子——租子 |
| duǎnzhàn duǎnzàn | zhàizhòng zàizhòng | zhìchǐ zìcǐ |
| 短站——短暂 | 债重——载重 | 智齿——自此 |

| zhāole zāole | xiǎozhōu xiǎozōu | zhúzi zúzi |
| --- | --- | --- |
| 招了——糟了 | 小周——小邹 | 竹子——卒子 |
| chūcāo cūcāo | chūbù cūbù | xiǎochǎo xiǎocǎo |
| 出操——粗糙 | 初步——粗布 | 小炒——小草 |
| chánshī cánsī | chūnzhuāng cūnzhuāng | liǎngchéng liǎngcéng |
| 禅师——蚕丝 | 春装——村庄 | 两成——两层 |
| chángshēng cángshēn | zhìchóng zìcóng | chāozhòng cāozòng |
| 长生——藏身 | 治虫——自从 | 超重——操纵 |
| chóngchàng cóngchàng | tuīchí tuīcí | yúchì yúcì |
| 重唱——从唱 | 推迟——推辞 | 鱼翅——鱼刺 |
| chángzài cángzài | huìchāi huìcāi | xìngchén xìngcén |
| 常在——藏在 | 会拆——会猜 | 姓陈——姓岑 |
| mùchái mùcái | zuìchū zuìcū | shǎnshè sǎnshè |
| 木柴——木材 | 最初——最粗 | 闪射——散射 |
| shīcháng sīcáng | chénshè chéngsè | shāngyè sāngyè |
| 失常——私藏 | 陈设——成色 | 商业——桑叶 |
| shāngē sāngē | shōují sōují | shìchá sìchá |
| 山歌——三哥 | 收集——搜集 | 视查——四查 |
| shíshì shísì | shīrén sīrén | dǎshǎn dǎsǎn |
| 实事——十四 | 诗人——私人 | 打闪——打伞 |
| shùmiáo sùmiáo | shàngshù shàngsù | wǔshuì wǔsuì |
| 树苗——素描 | 上树——上诉 | 午睡——五岁 |
| shūshì sūshì | shǐzhě sǐzhě | shǐshī sǐshī |
| 舒适——苏轼 | 使者——死者 | 史诗——死尸 |
| shùlì sùlì | shàngsi sàngshī | shēnshù shēnsù |
| 竖立——肃立 | 上司——丧失 | 申述——申诉 |
| chūshì chūsì | chéngshì chéngsì | shīzhǎng sīzhǎng |
| 初试——初四 | 城市——乘四 | 师长——司长 |
| túshū túsū | shǎoshù sǎoshù | dúshù dúsù |
| 图书——屠苏 | 少数——扫数 | 读数——毒素 |
| chūshì chūsì | shìjiè sìjiè | shāizi sāizi |
| 出事——初四 | 世界——四届 | 筛子——塞子 |

5. 绕口令

① 翘舌 声母 zh、ch、sh,平舌 声母 z、c、s。zh、ch、sh 就是 zh、ch、sh,z、c、s 就是 z、c、s。zh、ch、sh 不是 z、c、s,z、c、s 不是 zh、ch、sh。

② 四是四,十是十,十四是十四,四十是四十。要想说对四,舌头碰牙齿;要想说对十,舌头别伸直;要想说对十和四,多多练习四和十。谁说十四是时事,就打谁十四;谁说四十是事实,就打谁四十。

③ 三月三,三月三,小三去登山。上山又下山,下山又上山。登了三次山,跑了三里三。出了一身汗,湿了三件衫。小三山上大声喊:"离天只有三尺三!"

④ 三山撑四水,四水绕三山;三山四水春常在,四水三山好村庄。

⑤ 这是蚕,那是蝉。蚕常在叶里藏,蝉藏在树里唱。

⑥ 山前有个崔粗腿,山后有个苏腿粗,二人山前来比腿,不知是崔粗腿比苏腿粗的腿粗,还是苏腿粗比崔粗腿的腿粗。

⑦ 操场前面有三十三棵桑树,操场后面有四十四棵枣树。张三把三十三棵桑树认作是枣树,赵四把四十四棵枣树认作是桑树。

⑧ 刚往窗上糊字纸,你就隔着窗户撕字纸。一次撕下横字纸,一次撕下竖字纸。横竖两次四十四张湿字纸。是字纸你就撕字纸,不是字纸你就不要胡乱地撕一地纸。

⑨ 史老师,讲时事,常学时事长知识。学时事,看报纸,报纸登的是时事。看报纸,要多思,心中装着天下事。

(二) 鼻音和边音

1. 方音辨正

在普通话里,鼻音 n 和边音 l 分得很清楚。例如,"男"读 nán,"蓝"读 lán;"内"读 nèi,"类"读 lèi;"牛"读 niú,"流"读 liú;"脑"读 nǎo,"老"读 lǎo;"泥"读 ní,"梨"读 lí。但在许多方言里,n 和 l 是不分的(如四川、湖北、湖南、江西、安徽、厦门等地)。有的只会念其中一个,有的两个不加区别,随意使用。像南京就只有 l,没有 n,"男"、"内"、"牛"、"脑"、"泥"等鼻音字,都念成了边音字。方言区的人要想分辨鼻音和边音,首先要学会 n 和 l 的正确发音,其次是分清普通话里哪些字的声母是n,哪些字的声母是l。下面介绍几种辨正鼻音和边音的方法。

（1）利用n、l对照例字表,帮助了解方言区n、l的分合情况。

## 对 照 例 字 表

| nà 那—là 辣 | nè 讷—lè 乐 | nài 奈—lài 赖 | něi 馁—lěi 磊 |
| nèi 内—lèi 类 | náo 硇—láo 捞 | náo 挠—láo 牢 | nǎo 脑—lǎo 老 |
| nào 闹—lào 烙 | nán 南—lán 蓝 | nàn 难—làn 烂 | náng 囊—láng 狼 |
| néng 能—léng 棱 | nóng 农—lóng 龙 | ní 泥—lí 离 | nǐ 你—lǐ 里 |
| nì 逆—lì 立 | niè 聂—liè 裂 | niǎo 鸟—liǎo 了 | niào 尿—liào 料 |
| niū 妞—liū 溜 | niú 牛—liú 刘 | niǔ 扭—liǔ 柳 | nián 年—lián 联 |
| niǎn 碾—liǎn 脸 | niàn 念—liàn 恋 | niáng 娘—liáng 凉 | niàng 酿—liàng 亮 |
| nín 您—lín 林 | níng 宁—líng 菱 | nú 奴—lú 卢 | nǔ 努—lǔ 鲁 |
| nù 怒—lù 路 | nuó 挪—luó 罗 | nuò 糯—luò 洛 | nuǎn 暖—luǎn 卵 |
| nǚ 女—lǚ 吕 | nüè 虐—lüè 略 | | |

（2）利用形声字声旁类推。

分别记住常用的声母是n或l的简单字,这些字加上偏旁形成的其他字,大多数也念n或l(极少数例外)。这样,可以带出一批声母是n或l的字。例如,用"内 nèi"带"讷、呐、纳、衲、钠"等字,用"良 liáng"带"狼、郎、廊、榔、朗、浪"等字("娘、酿"例外,声母是n)。

## n和l代表字类推表

### n 声母

乃(nǎi)—nǎi 奶

奈(nài)—nà 捺

内(nèi)—nè 讷;nà 呐、纳、衲、钠

宁(níng)—níng 拧、咛、狞、柠,nìng 宁(宁可)、泞

尼(ní)—ní 泥、呢(呢子)

奴(nú)—nú 孥、驽,nǔ 努,nù 怒

农(nóng)—nóng 浓、脓

那(nà)—nǎ 哪;nuó 挪、娜(婀娜)

念(niàn)—niǎn 捻

南(nán)—nán 喃、楠,nǎn 蝻、腩("罱"例外,念 lǎn)

聂(niè)—niè 蹑、镊

### l 声母

力(lì)—lì 荔;liè 劣;lèi 肋;lè 勒(勒令)

历(lì)—lì 沥

立(lì)—lì 粒、笠;lā 拉、啦、垃

厉(lì)—lì 励、蛎

里(lǐ)—lí 厘、狸,lǐ 理、鲤;liàng 量

利(lì)—lí 梨、犁、蜊,lì 俐、痢、莉、猁

离(lí)—lí 璃、篱、漓

仑(lún)—lūn 抡,lún 伦、沦、轮、囵、纶、论(论语),lùn 论

兰(lán)—lán 拦、栏,làn 烂

览(lǎn)—lǎn 揽、缆、榄

龙(lóng)—lóng 咙、聋、笼,lǒng 陇、垄、拢

隆(lóng)—lóng 窿、癃

卢(lú)—lú 泸、庐、炉、铲、颅;lǘ 驴

录(lù)—lù 绿(绿林)、禄、碌;lǜ 绿、氯

鹿(lù)—lù 辘

鲁(lǔ)—lǔ 橹

路(lù)—lù 鹭、露

令(lìng)—líng 伶、玲、铃、羚、聆、零、龄、蛉,lǐng 岭、领;lěng 冷;līn 拎,lín 邻;lián 怜

乐(lè)—lì 砾

老(lǎo)—lǎo 姥

劳(láo)—lāo 捞,láo 痨,lào 涝

列(liè)—liě 咧,liè 烈、裂、洌、冽、趔;lì 例

吕(lǚ)—lǚ 侣、铝

虑(lǜ)—lǜ 滤

良(liáng)—liáng 粮;láng 郎、廊、狼、琅、椰、螂,lǎng 朗,làng 浪

两(liǎng)—liǎng 俩(伎俩),liàng 辆;liǎ 俩(咱俩)

连(lián)—lián 莲,liàn 链

廉(lián)—lián 濂、镰

林(lín)—lín 淋、琳、霖;lán 婪

罗(luó)—luō 啰,luó 逻、萝、锣、箩

洛(luò)—luò 落

娄(lóu)—lóu 喽、楼,lǒu 搂(搂抱)、篓;lǚ 缕、屡

剌(là)—lǎ 喇,là 瘌、蜡

留(liú)—liū 溜,liú 馏、榴、瘤

累(lèi)—luó 骡、螺

雷(léi)—léi 镭、擂(擂鼓),lěi 蕾,lèi 擂(擂台,打擂)

(3) 利用普通话声韵配合规律类推。

① 普通话里 n 不与韵母 ia 相拼,因此"俩"是边音。

② 普通话里 l 不与韵母 en 相拼,因此"嫩"是鼻音。

③ 普通话里n不与韵母ou相拼(只有一个不常用的"耨nòu"字),因此,"搂、楼、篓、漏、瘘、露、陋"等字都念边音。

④ 普通话里n不与韵母un相拼(只有一个不常用的"黁nún"字),因此,"抡、仑、囵、埨、沦、轮、伦、论"等字都念边音。

(4) 记少不记多(记单边)。

在普通话里,韵母e、ü、ei、ang、eng、in、iang、üan与鼻音n相拼的字极少,而与边音l相拼的字较多,因此,我们只要记住字少的一边,其余的字就可以放心地念边音了。例如:

ne 呢—le 乐、勒、了

nü 女—lü 驴、旅、屡、缕、褛、吕、铝、履、率、虑、滤、律

nei 馁、内—lei 雷、累、垒、儡、磊、泪、类、勒、肋、擂

nang 囊、曩、攮—lang 郎、狼、螂、朗、浪

neng 能—leng 棱、冷、愣

nin 您—lin 拎、林、淋、琳、临、邻、凛、吝

niang 娘、酿—liang 良、粮、凉、梁、两、辆、亮、量、粱

nuan 暖—luan 孪、挛、恋、卵、乱

(5) 利用形声字声旁相关法。

① 在普通话里,声母念鼻音n的字,它的声旁有一部分和er、r、zh、ch、i(y)有关。例如:

(a) "倪、霓、睨、你(您)、腻、耐、聂(镊、蹑)"等形声字的声旁"儿(倪)、尔、贰、而、耳",以及"糯、懦"的右下部的"而",都念er音,因此,这些字都念鼻音。

(b) "匿、溺、搦、诺"等形声字的声旁"若、弱"的声母都是r("赁"例外,念lìn),因此,这些字都念鼻音。

(c) "妞、扭、钮、纽、忸、拈、鲇、黏、粘(姓)、碾、嫩、淖、啮"等形声字的声旁"丑、占、展、敕、卓、齿"的声母都是zh或ch,因此,这些字都念鼻音。

(d) "挠、蛲、铙、拟、蔫、凝、暖、拗(niù)"等形声字的声旁"尧、以、焉、疑、爱、幼"都用i(y)开头,因此,这些字都念鼻音。

② 在普通话里,读边音的字,它的声旁和g、j、q有关("念"例外,读niàn)。例如:

(a) "烙、酪、络、洛(落)、骆、路(露、鹭)、赂、略、裸"等字的声旁"各、果"的声母都是g,因此,这些字都念边音。

(b) "蓝、篮、滥、褴(览)、廉(镰)、炼、练、凉、晾、谅、掠、绺、敛、脸、硷"等字的声旁"监、兼、京、咎、金"的声母都是j或q,因此,这些字都念边音。

2. 常用字正音训练

n

ná nǎ nà nà nà nà nà nǎi nǎi nài nài nán nán nán　　nàn　　náng náo nǎo nǎo
拿 哪 捺 钠 呐 纳 那;乃 奶 耐 奈;南 男 难(困难) 难(灾难);囊;挠 恼 脑

nào ne　　　　něi nèi ní ní ní ní ní　　　　nǐ nǐ nì nì nì nì niān niān nián nián niǎn
闹;呢(助词);馁 内;霓 倪 尼 泥 呢(呢绒)你 拟 匿 昵 溺 腻;拈 蔫 粘 年 捻

niǎn niǎn niàn niáng niàng niǎo niǎo niào niē niè niè niè niè niū niú niǔ niǔ niǔ niù nóng
捻 碾 念 ; 娘 酿 ; 袅 鸟 尿 ; 捏 聂 孽 蹑 镊 ; 妞 牛 扭 钮 纽 拗（执拗）; 农
nóng nóng nòng　　nú nǔ nǔ nù nǚ nuǎn nüè　　nüè nuó nuó　　nuò nuò nuò
脓 浓 弄（玩弄）; 奴 努 弩 怒 女 ; 暖 ; 疟（疟疾）虐 ; 挪 娜（袅娜）懦 糯 诺

L

lā lā lǎ là là là la　　lái lái lài lài lán lán lán lán lán lán lán lǎn lǎn lǎn lǎn
垃 拉 喇 蜡 腊 辣 啦（助词）; 来 莱 赖 癞 ; 澜 兰 拦 栏 婪 褴 蓝 篮 懒 览 揽 缆
làn làn láng　　láng láng láng láng láng lǎng làng lāo láo láo láo lǎo lǎo lào lào lào lè（快
滥 烂 ; 郎（女郎）廊 螂 榔 狼 琅 朗 浪 ; 捞 劳 牢 唠 老 姥 涝 烙 酪 乐（快
lè）（le　　léi léi　　léi lěi lěi　　lěi lèi lèi lèi　　lèi lèi
乐）勒（勒令）了（助词）; 雷 累（累赘）羸 磊 累（累次）垒 泪 类 擂（擂台）累（劳累）肋 ;
lí lí lí lí lí lí lí lǐ lǐ lǐ lǐ lì lì lì lì lì lì lì lì lì lì lì lì lì
离 篱 璃 漓 厘 梨 犁 狸 礼 李 鲤 里 理 丽 栗 吏 厉 励 利 俐 立 粒 莉 痢 砾 例 隶 力 历
lì lì lì liǎ　　lián lián lián lián lián lián lián lián liǎn liǎn liàn liàn liàn liàn
沥 雳 荔 哩（助词）; 俩（咱俩）; 帘 廉 镰 怜 联 连 鲢 莲 敛 脸 恋 炼 练 链 ;
liáng liáng liáng liáng liáng liáng liǎng liàng liàng liàng liàng liàng liáo liáo liáo
梁 粱 凉 良 粮 量（量杯）两 辆 量（力量）谅 晾 亮 ; 聊 僚 燎
liáo liáo liáo liáo liáo liáo liáo liǎo liào liào liě liè liè liè liè
（燎原）嘹 缭 寥 疗 撩（撩拨）辽 潦（潦草）了（了结）瞭 廖 料 ; 咧 列 烈 冽 裂
liè liè liū liú liú liú liú liú liú liǔ liù liù lóng lóng lóng lóng lóng lóng
（破裂）劣 猎 ; 溜 刘 流 琉 硫 留 榴 馏 瘤 柳 六 遛 ; 龙 咙 聋 龙 笼（笼子）隆
lóng lǒng lǒng lǒng lòng lóu lóu lǒu lòu lòu lòu lù lú
窿 垄 拢 笼（笼罩）弄（弄堂）; 娄 楼 搂（搂抱）篓 漏 瘘 露（露馅儿）陋 ; 庐 炉
lú lú lú lǔ lǔ lù lù lù lù lù lǜ lǚ lǚ lǚ lǚ lǚ lǜ lǜ lǜ
芦 卢 颅 卤 虏 掳 鲁 橹 鹿 露（露天）录 碌 路 陆 驴 屡 偻 旅 吕 铝 履 旅 率（效率）氯
lǜ lǜ lǜ lǜ luán luǎn luàn lüè lüè lūn lún lún lún lún lùn luó luó luó
虑 滤 律 绿（绿色）; 峦 卵 乱 ; 掠 略 ; 抡 仑 沦 轮 伦 纶（涤纶）论（理论）; 罗 螺 骡
luó luó luó luó luǒ luò luò luò luò
逻 萝 箩 锣 裸 骆 洛 络（经络）落（落后）

3. 词语正音训练

n—n

| nǎinai | nǎiniáng | nǎiniú | nánnǚ | nǚnú | niánnián | niūniu |
|---|---|---|---|---|---|---|
| 奶奶 | 奶娘 | 奶牛 | 男女 | 女奴 | 年年 | 妞妞 |
| nínìng | nǎonù | nínán | nánníng | nánnéng | néngnai | niǎonuó |
| 泥泞 | 恼怒 | 呢喃 | 南宁 | 难能 | 能耐 | 袅娜 |
| niǔnie | niúnǎi | nóngnú | | | | |
| 扭捏 | 牛奶 | 农奴 | | | | |

l—l

| lālì | lāliàn | láilì | láilín | láilù | lánlù | lánlǚ |
|---|---|---|---|---|---|---|
| 拉力 | 拉链 | 来历 | 来临 | 来路 | 拦路 | 褴褛 |

| láolóng | láolì | láolèi | láolù | lǎoliǎn | lǎoliàn | lǎolín |
|---|---|---|---|---|---|---|
| 牢笼 | 劳力 | 劳累 | 劳碌 | 老脸 | 老练 | 老林 |
| lǎolù | lěngluò | lǐlòng | lǐliáo | lǐlùn | lìlùn | lìlái |
| 老路 | 冷落 | 里弄 | 理疗 | 理论 | 立论 | 历来 |
| liánlèi | liánlèi | liànglì | liáoliàng | liàolǐ | línlí | lǐnliè |
| 连累 | 连类 | 量力 | 嘹亮 | 料理 | 淋漓 | 凛冽 |
| línglì | língluàn | línglì | línglóng | lǐnglù | lǐnglüè | liúlàng |
| 凌厉 | 凌乱 | 伶俐 | 玲珑 | 领路 | 领略 | 流浪 |
| liúlì | liúlián | liúliàng | liúlù | liúluò | liúliàn | lǒngluò |
| 流利 | 流连 | 流量 | 流露 | 流落 | 留恋 | 笼络 |
| lòuliǎn | lùlín | lùlù | lúnliú | lúnlǐ | lùnlǐ | luóliè |
| 露脸 | 绿林 | 陆路 | 轮流 | 伦理 | 论理 | 罗列 |

n—l

| nǎilào | nàiláo | nǎolì | nèilì | nèiluàn | nèilào | nèilù |
|---|---|---|---|---|---|---|
| 奶酪 | 耐劳 | 脑力 | 内力 | 内乱 | 内涝 | 内陆 |
| núlì | nǔlì | nǚliú | nǚláng | nìliú | nìliào | nílóng |
| 奴隶 | 努力 | 女流 | 女郎 | 逆流 | 逆料 | 尼龙 |
| nènlǜ | nénglì | néngliàng | niánlì | niánlì | niánlún | niánlíng |
| 嫩绿 | 能力 | 能量 | 年历 | 年利 | 年轮 | 年龄 |
| niǔlì | níngliàn | nuǎnlián | nuǎnliú | niǎolèi | nónglì | nónglín |
| 扭力 | 凝练 | 暖帘 | 暖流 | 鸟类 | 农历 | 农林 |

l—n

| lěngnuǎn | liùniǎo | liúniàn | liúnián | lǎonián | lǎonà | lǎoniú |
|---|---|---|---|---|---|---|
| 冷暖 | 遛鸟 | 留念 | 流年 | 老年 | 老衲 | 老牛 |
| lǎonóng | léiniǎo | lìnián | láinián | lànní | liánnián | língniú |
| 老农 | 雷鸟 | 历年 | 来年 | 烂泥 | 连年 | 羚牛 |

4. 对比辨音训练

| nǎonù lǎolù | huángní huánglí | yìnián yìlián | xīnniáng xīnliáng |
|---|---|---|---|
| 恼怒——老路 | 黄泥——黄梨 | 一年——一连 | 新娘——新粮 |
| nánlù lánlù | shuōnǐ shuōlǐ | nǚkè lǚkè | shuǐniú shuǐliú |
| 南路——拦路 | 说你——说理 | 女客——旅客 | 水牛——水流 |
| nǎole lǎole | wúnài wúlài | nánníng lánlíng | nánnǚ lánlǚ |
| 恼了——老了 | 无奈——无赖 | 南宁——兰陵 | 男女——褴褛 |
| lǎoniú lǎoliú | nízi lízi | liúniàn liúliàn | nóngzhòng lóngzhòng |
| 老牛——老刘 | 呢子——梨子 | 留念——留恋 | 浓重——隆重 |

| nántiān lántiān | niányú liányú | níba líba | niánnián liánnián |
|---|---|---|---|
| 南天——蓝天 | 鲇鱼——鲢鱼 | 泥巴——篱笆 | 年年——连年 |
| nánkù lánkù | yǔnnuò yǔnluò | nàozāi làozāi | ménnèi ménlèi |
| 男裤——蓝裤 | 允诺——陨落 | 闹灾——涝灾 | 门内——门类 |
| niǎoquè liǎoquè | niúnián liúnián | lǎonóng lǎolóng | dīngníng dīnglíng |
| 鸟雀——了却 | 牛年——流年 | 老农——老龙 | 叮咛——丁零 |

5. 绕口令

① 念一念，练一练，n、l 的发音要分辨。l 是边音软腭升，n 是鼻音舌靠前。你来练，我来念，不怕累，不怕难，齐努力，攻难关。

② 新脑筋，老脑筋，老脑筋可以学成新脑筋，新脑筋不学习就变成老脑筋。

③ 梁大娘的场两边各有两辆四轮粮车，你爱拉哪两辆就拉哪两辆。

④ 龙年农民去卖梨，半路碰上下大雨，摔了个筋斗砸烂了梨，弄得满脸也是泥。脸上的泥，是黄泥；地上的梨，是黄梨。洗掉泥，卖掉梨，回家过龙年，全家欢迎你。

⑤ 路东住着刘小柳，路南住着牛小妞。刘小柳拿着大石榴，牛小妞抱着大皮球。刘小柳把大石榴送给牛小妞，牛小妞把大皮球送给刘小柳。

⑥ 你能不能把柳树下的那头老奶牛拉到留念山牛奶站挤奶房来挤牛奶，然后把牛奶拿到留恋村送给南边住的刘奶奶。

(三) 唇齿音 f 和舌根音 h

1. 方音辨正

在普通话里，唇齿音 f 和舌根音 h 分得很清楚。例如，"发"读 fā，"花"读 huā；"费"读 fèi，"会"读 huì。然而，有些方言却有 f、h 相混的情况，例如，闽方言多把 f 读成 b、p 或 h，湘方言有些地区把 f 读成 h，粤方言则是读 f 的字较多。有些普通话读 h 的字（大都是与 u 领头的韵母相拼的字），在广州话里都读成了 f；四川、山西等省的某些地区，也有 f、h 不分的现象。这些方言区的人，除了要学会 f、h 的正确发音外，还要花一些气力辨别记忆普通话里哪些是 f 声母字，哪些是 h 声母字。这里介绍几种辨别记忆的方法。

（1）利用形声字声旁类推。

从两组韵母相同的汉字中，分别记住简单的常用字，作为形声字类推的依据。例如，用"非"带"菲、啡、绯、扉、诽、匪、榧、斐、蜚、翡、痱"等，用"胡"带"湖、葫、猢、瑚、糊、蝴"等。

# f 和 h 代表字类推表

## f 声母

凡(fán)—fān 帆，fán 矾、钒

反(fǎn)—fǎn 返，fàn 饭、贩、畈

番(fān)—fān 蕃、幡、藩、翻，fán 燔、璠、墦、蹯、繙

方(fāng)—fāng 芳、坊(牌坊)、钫，fáng 防、妨、房、肪，fǎng 访、仿、纺、舫，fàng 放

夫(fū)—fū 肤、麸，fú 芙、扶

父(fù)—fǔ 斧、釜

付(fù)—fú 符，fǔ 府、俯、腑、腐，fù 附、驸、咐

弗(fú)—fú 拂、佛、氟；fó 佛；fèi 沸、狒、费、镄

伏(fú)—fú 茯、袱

甫(fǔ)—fū 敷，fǔ 辅，fù 傅、缚

孚(fú)—fū 孵，fú 俘、浮

复(fù)—fù 腹、蝮、馥、覆

分(fēn)—fēn 芬、吩、纷、氛，fěn 粉，fèn 份、忿

乏(fá)—fàn 泛

发(fā)—fèi 废

伐(fá)—fá 阀、筏、垡

风(fēng)—fēng 枫、疯，fěng 讽

菲(fēi)—fēi 菲(芳菲)、啡、绯、扉、霏、蜚(蜚声)，fěi 诽、匪、榧、斐、翡，fèi 痱

## h 声母

火(huǒ)—huǒ 伙、钬

禾(hé)—hé 和(连词)

或(huò)—huò 惑

户(hù)—hù 沪、护、戽、扈

乎(hū)—hū 呼、滹

虎(hǔ)—hǔ 唬、琥

忽(hū)—hū 惚、唿

胡(hú)—hú 湖、葫、猢、瑚、糊(糊涂)、蝴，hù 糊(糊弄)

化(huà)—huā 花、哗(哗啦)，huá 华、哗(喧哗)、骅、铧，huà 华(姓)、桦；huò 货

灰(huī)—huī 恢、诙

回(huí)—huí 茴、蛔；huái 徊(徘徊)

会(huì)—huì 绘、烩、荟、桧(秦桧)

奂(huàn)—huàn 涣、换、唤、焕、痪

昏(hūn)—hūn 婚、阍

荒(huāng)—huāng 慌,huǎng 谎

皇(huáng)—huáng 凰、湟、惶、徨、蝗、隍

黄(huáng)—huáng 璜、潢、磺、蟥、簧、癀

(2) 利用普通话声韵配合规律类推。

① 在普通话里,声母 f 绝不与 ai 韵相拼,因此,方言中念"fai"音的字,都应念成 huai 音,如"怀、踝、槐、淮、徊、坏"等。

② 在普通话里,声母 f 和单韵母 o 相拼的字,只有一个"佛"字,因此,方言中念成"fo"音的其他字,都应念成 huo 音,如"豁、活、和(和泥)、火、伙、夥、豁(豁亮)、祸、霍、获、惑、货"等。

(3) 利用 b、p、f 都是唇音,g、k、h 都是舌根音的规律,通过声旁联想辨记 f 和 h。

① 一个字或它的声旁,如果加上或改换其他偏旁,声母能读成 b、p 的,那么,我们就可以判断这个字的声母是 f 而不是 h,即由 b、p 联想 f。例如:

b:拨—f:发、废、酸　　　b:逼—f:富、幅、副　　　p:捧—f:奉、俸
b:板—f:反、返、饭、贩、舨　b:杯—f:否("还、怀、坏"中的　　p:旁—f:方、房、防、访、
b:贬—f:乏、泛　　　　"不"已不是声旁,故　　　　纺、放、妨
b:扮—f:分,芬、氛、粉、　　不能类推)　　　　　　p:蓬—f:逢、蜂、锋、峰
　　汾、份、纷、忿　　　p:沛—f:肺　　　　　　p:喷—f:愤
b:播—f:番、蕃、藩、翻　　p:排—f:非、匪、诽、痱　p:朴—f:赴、讣

② 一个字或它的声旁,如果加上或改换其他偏旁,声母能读成 g、k 的,那么,我们就可以判断这个字的声母是 h 而不是 f,即由 g、k 联想 h。例如:

g:孤—h:狐、弧　　　　g:甘—h:酣、蚶、邯　　　g:告—h:浩、皓、鹄
g:故—h:胡、葫、糊、怙　g:光—h:恍、晃　　　　g:刽—h:会、绘
g:该—h:孩、骇、骸、氦　g:各—h:貉　　　　　　k:盔—h:灰、恢
g:感—h:憾、撼　　　　g:割—h:豁　　　　　　k:昆—h:混、馄
g:鸽—h:颌、盒　　　　k:亢—h:航、沆、杭　　　k:魁—h:槐、魂
g:高—h:蒿、豪、毫、滈、鄗　k:可—h:河、何、呵　　　k:空—h:红、虹、讧

2. 常用字正音训练

fā　　fá fá fá fá fǎ fà　　　　　fān fān fān fán fán fán fǎn fǎn fàn fàn fàn fàn fàn
发(发达) 罚 乏 伐 阀 法 发(理发);帆 番 翻 烦 繁 凡 反 返 泛 范 贩 饭 犯;

fāng fāng fáng fáng fáng fáng fáng fǎng fǎng fǎng fàng　fēi fēi fēi fēi fēi féi fěi fèi fèi fèi fó
方 芳 房 防 坊 妨 肪 访 仿 纺 放;非 菲 飞 啡 妃 肥 匪 肺 沸 费;佛(佛

fǒu fū fū fū fū fú fú fú fú fú fú fú fú fú fú　　　　　　fǔ fǔ fǔ fǔ fǔ fǔ
教);否;夫 肤 敷 孵 芙 扶 福 辐 幅 浮 俘 伏 符 服 弗 拂 佛(仿佛) 府 腐 俯 甫 辅 抚 斧

fù fù fù fù fù fù fù fù fù fù fù fù fù fù　hū hū hū hú hú hú hú hú hú hú
父 傅 缚 富 副 赴 赋 复 覆 腹 付 咐 负 妇;乎 呼 忽 壶 胡 湖 糊(糊涂) 葫 蝴 狐 弧 虎

hù hù hù hù　hù huā huā　huá　huá huá huá　huà huà huà
户 沪 护 糊(糊弄) 互;花 哗(哗啦) 划(划算) 滑 华 哗(哗变) 话 画 划(计划)

huà huà huái huái huái huài　huān huán huán huǎn huàn huàn huàn huàn huàn huàn huàn
化 桦;淮 怀 槐 坏;欢 还 环 缓 宦 患 涣 焕 换 痪 唤 幻;

huāng huāng huáng huáng huáng huáng huáng huáng huǎng huǎng huǎng　　huàng　　huī
荒　慌　黄　簧　皇　惶　煌　凰　谎　恍　晃（虚晃）晃（晃荡）；挥
huī huī huī huī huí huǐ huǐ huì huì huì huì huì huì huì hūn hūn hūn hún hún hún　　hùn
辉 灰 恢 徽 回 悔 毁 汇 慧 惠 卉 贿 会 绘 荤；荤 昏 婚 浑 魂 混（混蛋）混（混
huó huó huǒ huò huò huò huò huò huò
合）；活 火 伙 祸 霍 获 或 惑 货

3. 词语正音练习

f—f

| fāngfǎ | fángfàn | fǎngfú | fǎnfù | fāfèn | fāfàng | fēnfā |
| --- | --- | --- | --- | --- | --- | --- |
| 方法 | 防范 | 仿佛 | 反复 | 发愤 | 发放 | 分发 |
| fēnfán | fùfāng | fāfēng | fēnfāng | fēnfù | fēngfù | fēngfáng |
| 纷繁 | 复方 | 发疯 | 芬芳 | 吩咐 | 丰富 | 蜂房 |
| fēifán | fēifǎ | fèifǔ | fūfù | fānfù | fāngfēi | fàngfēng |
| 非凡 | 非法 | 肺腑 | 夫妇 | 翻覆 | 芳菲 | 放风 |

h—h

| hánghǎi | hánghuà | huánghé | hónghú | hónghuā | huānhū | huīhuáng |
| --- | --- | --- | --- | --- | --- | --- |
| 航海 | 行话 | 黄河 | 洪湖 | 红花 | 欢呼 | 辉煌 |
| huìhuà | húnhòu | héhuā | héhuǎn | héhuǒ | hǎohuà | hàohàn |
| 绘画 | 浑厚 | 荷花 | 和缓 | 合伙 | 好话 | 浩瀚 |
| hènghuò | hūhǎn | hūhuàn | hòuhuǐ | hòuhuàn | hǎohàn | huǒhuā |
| 横祸 | 呼喊 | 呼唤 | 后悔 | 后患 | 好汉 | 火花 |
| huòhài | hǎihán | hānhòu | hánhùn | hǎnhuà | hánghuò | háohuá |
| 祸害 | 海涵 | 憨厚 | 含混 | 喊话 | 行货 | 豪华 |

f—h

| fāhuī | fāhàn | fāhěn | fāhuāng | fāhuǒ | fánghài | fánghù |
| --- | --- | --- | --- | --- | --- | --- |
| 发挥 | 发汗 | 发狠 | 发慌 | 发火 | 妨害 | 防护 |
| fánghóng | fànghuǒ | fánhuá | fǎnháng | fànhé | fénhuǐ | fǎnhuǐ |
| 防洪 | 放火 | 繁华 | 返航 | 饭盒 | 焚毁 | 反悔 |
| fǎnhuà | fēihóng | fēnhào | fēnghán | fēnghòu | fēnghuǒ | fènghuáng |
| 反话 | 绯红 | 分号 | 风寒 | 丰厚 | 烽火 | 凤凰 |

h—f

| hǎifáng | háofàng | hàofèi | héfǎ | héfáng | héngfú | hòufāng |
| --- | --- | --- | --- | --- | --- | --- |
| 海防 | 豪放 | 耗费 | 合法 | 何妨 | 横幅 | 后方 |

| huàféi | huàfēn | huànfā | huīfù | huǒfáng |
|---|---|---|---|---|
| 化肥 | 划分 | 焕发 | 恢复 | 伙房 |

4. 对比辨音练习

| fángkōng hángkōng | fēiyú hēiyú | fúdù húdù |
|---|---|---|
| 防空——航空 | 飞鱼——黑鱼 | 幅度——弧度 |
| fùlì hùlì | fúmiàn húmiàn | fānténg huānténg |
| 富丽——互利 | 浮面——湖面 | 翻腾——欢腾 |
| fùzhù hùzhù | fāngdì huāngdì | fēnluàn hūnluàn |
| 附注——互助 | 方地——荒地 | 纷乱——昏乱 |
| kāifā kāihuā | gōngfèi gōnghuì | fēncài hūncài |
| 开发——开花 | 公费——工会 | 分菜——荤菜 |
| xìngféng xìnghóng | fángxiàn huángxiàn | fóxiàng huóxiàng |
| 姓冯——姓洪 | 防线——黄线 | 佛像——活像 |

5. 绕口令

① 屋前一堆粪,屋后一堆灰。灰混粪,粪混灰,灰粪混成一大堆。东混粪,西混灰,粪灰灰粪都是肥。

② 红饭碗,黄饭碗,红黄饭碗是大饭碗;红饭碗还黄饭碗一碗饭,黄饭碗换红饭碗一碗饭;红饭碗盛满饭碗饭,黄饭碗盛半饭碗饭;黄饭碗再添半饭碗饭,就同红饭碗一样是满饭碗饭。

③ 金凤凰,银凤凰,凤凰山上画凤凰;金凤凰画红凤凰,银凤凰画黄凤凰;金凤凰不让银凤凰画黄凤凰,银凤凰不让金凤凰画红凤凰;金凤凰只好画花凤凰,银凤凰只好画粉凤凰。

# 四、其他

1. 读准零声母

普通话的零声母字,湖北有些方言带上明显的辅音声母。例如:

傲岸　武汉、黄冈、竹山等地读作[ŋau ŋan],沙市、丹江口、郧县等地读作[ɣau ɣan]。

威武　随州、郧西等地读作[vei vu]。

亡文　仙桃、天门等地的一些乡镇读作[maŋ mən]。

在零声母字前加上[ɣ、ʊ、v]等辅音的,发音时,要注意打开发音部位,不让音节开头有辅音成分。至于在零声母字前加 m 或 n 的,则应记住读这些零声母字时,要去掉开头的辅音。

与此相反,湖北有些方言,将普通话的 n 声母与齐、撮两呼相拼的一些字读作零声母字。例如,黄陂、云梦、安陆、宜都、当阳等地将"逆、虐、牛、凝、女"读作 i、io、iou、in、ü。应该记住,读这类字时,前面要加上声母 n。

读准下列词语中的零声母字:

哀愁 āichóu　　哀伤 āishāng　　挨近 āijìn　　爱戴 àidài　　安顿 āndùn
马鞍 mǎ'ān　　案件 ànjiàn　　高昂 gāo'áng　　熬煎 áojiān　　傲岸 ào'àn
奥秘 àomì　　拗口 àokǒu　　峨眉 éméi　　额外 éwài　　鹅黄 éhuáng
邪恶 xié'è　　扼杀 èshā　　恩爱 ēn'ài　　报恩 bào'ēn　　挨饿 ái'è
恶劣 èliè　　海鸥 hǎi'ōu　　殴打 ōudǎ　　莲藕 lián'ǒu　　偶发 ǒufā
耦合 ǒuhé　　怄气 òuqì

2. 读准 r 声母

普通话的舌尖后、浊、擦音 r,有些方言区(比如武汉、襄樊、荆州、郧阳)读作舌尖前的浊擦音 z,即与舌尖前、清、擦音 s 相对的浊擦音。把 r 声母读作 z 的人,应该把 z 改读成 r。发 r 音并不难,保持发 sh 音的舌位不变,气流振动声带就是浊擦音 r 了。

读准下列音节中 r 的声母:

饶恕 ráoshù　　扰攘 rǎorǎng　　惹事 rěshì　　热爱 rè'ài　　蠕动 rúdòng
冉冉 rǎnrǎn　　仍然 réngrán　　日食 rìshí　　容忍 róngrěn　　熔融 róngróng
戎首 róngshǒu　　肉食 ròushí　　儒生 rúshēng　　入手 rùshǒu　　深入 shēnrù
软食 ruǎnshí　　润饰 rùnshì　　柔韧 róurèn

切不可将 r 与 en 相拼的字念成 l 与 en 相拼的字。

有些方言区的人,常把 r 声母与 en 韵相拼的字,念成 l 声母与 en 相拼的字。例如:

人才 réncái 念成 léncái　　仁慈 réncí 念成 léncí　　任命 rènmìng 念成 lènmìng
荏苒 rěnrǎn 念成 lěnrǎn　　丰稔 fēngrěn 念成 fēnglěn　　忍耐 rěnnài 念成 lěnnài
认领 rènlǐng 念成 lènlǐng　　刀刃 dāorèn 念成 dāolèn　　韧带 rèndài 念成 lèndài
万仞 wànrèn 念成 wànlèn　　缝纫 féngrèn 念成 fénglèn　　桑葚儿 sāngrènr 念成 sānglènr

3. 读准"解去鞋"类字

湖北方言有一种较普遍的现象,将普通话舌面音 j、q、x 与齐、撮两呼相拼的一些字读成舌根音 g、k、h 与开口呼相拼的音。例如:

解去鞋读作[kai k'ɯ xai]或[kɛ k'i xɛ]
敲下去读作[k'au xa k'ɯ]或[k'au xa k'i]

这一类主要是来自古见系声母字,在各方言中有消失的倾向。这类字常见的只有几十个:

j　家、架、嫁、皆、阶、价、界、芥、疥、届、戒、械、街、解、间、豇
q　去、敲、掐、嵌、钳
x　虾、下、鞋、解(姓)、懈、蟹、陷、馅、衔、限、苋、瞎、杏

**4. 读准 zh、ch、sh 与 u 相拼的字**

有些方言区的人，常把声母 zh、ch、sh 与韵母 u 相拼的一些字，读成声母 j、q、x 与韵母 ü 相拼的字。湖北方言区的武汉、宜昌、来凤等地就存在这种现象，学习时应注意纠正。例如：

| | | |
|---|---|---|
| 朱德 zhūdé 念成 jūdé | 诛戮 zhūlù 念成 jūlù | 珠算 zhūsuàn 念成 jūsuàn |
| 株距 zhūjù 念成 jūjù | 蜘蛛 zhīzhū 念成 zhījū | 诸侯 zhūhóu 念成 jūhóu |
| 猪鬃 zhūzōng 念成 jūzōng | 主持 zhǔchí 念成 jǔchí | 拄着 zhǔzhe 念成 jǔzhe |
| 煮饭 zhǔfàn 念成 jǔfàn | 苎麻 zhùmá 念成 jùmá | 贮藏 zhùcáng 念成 jùcáng |
| 伫立 zhùlì 念成 jùlì | 注音 zhùyīn 念成 jùyīn | 柱石 zhùshí 念成 jùshí |
| 蛀虫 zhùchóng 念成 jùchóng | 住宿 zhùsù 念成 jùsù | 驻守 zhùshǒu 念成 jùshǒu |
| 著作 zhùzuò 念成 jùzuò | 铸铁 zhùtiě 念成 jùtiě | 出操 chūcāo 念成 qūcāo |
| 厨师 chúshī 念成 qúshī | 踌躇 chóuchú 念成 chóuqú | 除数 chúshù 念成 qúshù |
| 储存 chǔcún 念成 qǔcún | 处境 chǔjìng 念成 qǔjìng | 矗立 chùlì 念成 qùlì |
| 处所 chùsuǒ 念成 qùsuǒ | 枢纽 shūniǔ 念成 xūniǔ | 殊死 shūsǐ 念成 xūsǐ |
| 舒畅 shūchàng 念成 xūchàng | 抒情 shūqíng 念成 xūqíng | 输入 shūrù 念成 xūrù |
| 纾难 shūnàn 念成 xūnàn | 书桌 shūzhuō 念成 xūzhuō | 暑假 shǔjià 念成 xǔjià |
| 部署 bùshǔ 念成 bùxǔ | 甘薯 gānshǔ 念成 gānxǔ | 曙色 shǔsè 念成 xǔsè |
| 黍子 shǔzi 念成 xǔzi | 鼠窜 shǔcuàn 念成 xǔcuàn | 树林 shùlín 念成 xùlín |
| 竖立 shùlì 念成 xùlì | 庶民 shùmín 念成 xùmín | 算术 suànshù 念成 suànxù |
| 述说 shùshuō 念成 xùshuō | 戍守 shùshǒu 念成 xùshǒu | 别墅 biéshù 念成 biéxù |

## 第五节 普通话韵母

> **训练目标**
> 掌握普通话韵母的分类和发音特点，念准每个韵母；了解自己家乡话韵母与普通话韵母的对应关系，学会普通话有而方言没有的韵母的发音。

### 一、韵母及其作用

**（一）韵母**

韵母，就是汉语音节中声母后面的部分。

普通话有 39 个韵母（见表 1-3）。韵母主要由元音构成，有的韵母由单个元音充当，有的由两个或三个元音复合而成，还有的韵母由元音加上鼻辅音 n 或 ng 构成。

韵母是普通话音节中必不可少的成分。普通话一个音节中可以没有声母（零声母音节),如 āyí(阿姨),但不能没有韵母及声调。换言之,汉语音节中不一定全有辅音,但必须有元音(口语中极个别叹词除外,如 m 呣、n 嗯)。韵母大多可以自成零声母音节(-i[ɿ]、[ʅ]ong 等韵母除外)。

表1-3 普通话韵母总表

| 按结构分 | | 按 口 形 分 | | | |
|---|---|---|---|---|---|
| | | 开口呼 | 齐齿呼 | 合口呼 | 撮口呼 |
| 单韵母 | | -i[ɿ] [ʅ] | i [i] | u | ü |
| | | a | ia | ua | |
| | | o | 后响复韵母 | uo | |
| | | e[ɤ] | | | |
| | | ê[ɛ] | ie | | üe |
| | | er[ɚ] | | | |
| 复韵母 | 前响复韵母 | ai | 中响复韵母 | uai | |
| | | ei | | uei | |
| | | ao | | iao | |
| | | ou | | iou | |
| 鼻韵母 | 前鼻韵母 | an | ian | uan | üan |
| | | en | in | uen | ün |
| | 后鼻韵母 | ang | iang | uang | |
| | | eng | ing | ueng | |
| | | | | ong[uŋ] | iong[yŋ] |

(二)韵母的作用

第一,区别词义。韵母的主要作用是区别词义。音节中如果声母、声调都相同,而韵母不同,意思就不一样。不同方言区的人如果发不好普通话的韵母,就有可能混淆词义,影响交际。

> **思考与练习**
>
> 教师读音节,如 mínxīn—míngxīng、gē—guō 等;学生听辨、写出汉字,体会韵母的作用。

第二,使音节饱满响亮。音节中声音最响亮的就是韵母中的主要元音,也叫韵腹。主要元音的开口度较大,共鸣丰满,增加了音节的"拉开立起"之势;韵腹带上声调,使音节充实而响亮、饱满而挺拔,形成抑扬顿挫的音乐美。

## 二、韵母的发音训练

普通话韵母可以从两个不同角度进行分类,一是根据韵母的结构特点,一是根据韵母开头元音的发音口形。

1. 按结构分

根据韵母内部结构成分的不同,可以把韵母分为单韵母、复韵母、鼻韵母三类。

(1) 单韵母:由一个元音音素构成的韵母。普通话有10个元音,都可以充当单韵母。单韵母是学好普通话韵母和音节的基础。

单韵母的发音特点是,发音时舌位、唇形及开口度按发音要求维持发音状态,始终不变,没有动程。单韵母的不同音色是由舌位的前后和高低、唇形的圆扁及开口度的大小不同造成的。根据发音时舌头的部位及状态,又将10个单韵母分为三种。

① 舌面元音韵母:a、o、e、ê、i、u、ü。

发音时舌头的高点在舌面上,是舌面起主要作用的元音韵母。

【示例】

从图1-8中,可以了解每个舌面单元音韵母的名称及发音要领。

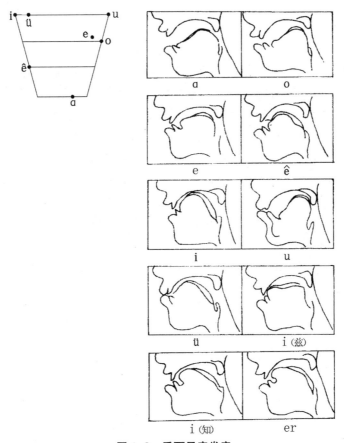

图1-8　舌面元音发音

a—舌头高点在舌面中部，口腔开合位低的不圆唇元音。

o—舌头高点在舌面后部，口腔开合位半高的圆唇元音。

e—舌头高点在舌面中后部，口腔开合位半高的不圆唇元音。

ê—舌头高点在舌面前部，口腔开合位半低的不圆唇元音。

i—舌头高点在舌面前部，口腔开合位高的不圆唇元音。

u—舌头高点在舌面后部，口腔开合位高的圆唇元音。

ü—舌头高点在舌面前，口腔开合位高的圆唇元音。

② 舌尖元音韵母：-i[ɿ]（前）、-i[ʅ]（后）发音时舌尖位置起主要作用的元音韵母。

-i[ɿ]—舌头高点在舌尖前部，口腔开合位高的不圆唇元音。只出现在声母 z、c、s 的后面，如"自私"、"四次"的韵母。

-i[ʅ]—舌头高点在舌尖后部（翘舌），口腔开合位高的不圆唇元音。只出现在声母 zh、ch、sh 后面，如"支持"、"日蚀"的韵母。

这两个韵母不与 z、c、s 或 zh、ch、sh、r 外的其他声母相拼，也不能自成零声母音节。

③ er[ɚ]—卷舌，舌头高点在舌面中部，口腔开合位中的不圆唇元音。er 不与声母相拼，只能自成零声母音节，如"儿、耳"等。符号 r 不代表音素，只表示卷舌动作，因此，er 是由两个字母标写的单韵母。

【技能训练】

**训练要领：**

① 发音时要注意口腔、舌位及唇形的配合。第一，舌位的高低是指发音时舌头隆起部分的最高点同上腭距离的大小。舌位的降低与抬高同口腔的开合有关，舌位越高，开口度越小；舌位越低，开口度越大。第二，舌位的前后是指发音时舌头隆起部分（舌高点）的前后。前元音，发音时舌头略向前平伸，舌尖和下齿背接近，舌高点在舌面的前部；后元音，发音时舌头后缩，舌尖离开下齿背，舌高点在舌面的后部，并与软腭相对；中元音，舌高点在舌面中部，并与硬腭中部相对。

② 舌尖元音韵母-i（前）和-i（后）的发音部位分别与舌尖前音声母 z、c、s 和舌尖后音声母 zh、ch、sh、r 相同，区别在于：元音韵母发音时声带振动，气流通过时不发生摩擦；声母发音时气流摩擦，除浊音 r 外，zh、ch、sh 的声带都不振动。

③ 卷舌元音 er 发音时，口腔半开，舌面中央升到中间高度，同时舌尖向硬腭卷起，唇形自然，不圆。

（2）复韵母：由两个或三个元音复合而成的韵母。普通话有 13 个复韵母。

复韵母的发音特点是，发音时舌位、唇形及开口度有变化，即发音有动程。

复韵母中的几个元音有主有次，可以分为韵头、韵腹、韵尾三部分。韵腹，是韵母的主干，是开口度较大、声音最清晰响亮的主要元音。韵腹前面的元音是韵头（又称"介音"，介于声母与韵腹之间），发音较轻且短，往往只表示发音的起点，由高元音 i、u、ü 充当。韵腹后面是韵尾，元音韵尾由 i、u(o) 充当，音值含混而不固定，往往表示舌位滑动的方向。（鼻韵母韵尾由辅音 n、ng 充当;单韵母没有韵头、韵尾,都作韵腹。)

根据韵腹所处的位置,将复韵母分为三种。

① 前响复韵母:ai、ei、ao、ou。发音时,前面的元音清晰响亮,音值稍长,后面的元音轻短模糊。

② 后响复韵母:ia、ie、ua、uo、üe。发音时,前面的元音轻短模糊,后面的元音清晰响亮。这两种复韵母都是由两个元音复合而成的,又称"二合复韵母"。

③ 中响复韵母:iao、iou、uai、uei。发音时,中间的元音清晰响亮,前后元音轻短模糊。中响复韵母由三个元音复合而成,又称"三合复韵母"。

**【技能训练】**
**训练要领:**

① 复韵母发音时,由一个元音的舌位到另一个元音的舌位,呈直线发展,不是跳动的,而是滑动的,中间有一串过渡音;舌位、唇形要逐渐变动,自然连贯,形成整体。

② 复韵母及鼻韵母中的韵腹由于受前后音素的影响,实际音值与单元音不尽相同,发音时不要机械地拘泥单元音的舌位、唇形。

(3)鼻韵母:由元音和鼻辅音韵尾构成的韵母。普通话有 16 个鼻韵母。

根据鼻辅音韵尾的不同,鼻韵母可分为两种。

① 前鼻韵母:an、en、ian、in、uan、uen、üan、ün。由元音和前鼻辅音(舌尖鼻辅音)韵尾 n 构成。

② 后鼻韵母:ang、eng、ong、iang、ing、iong、uang、ueng。由元音和后鼻辅音(舌根鼻辅音)韵尾 ng 构成。

**【技能训练】**
**训练要领:**

① 发鼻韵母时,由元音向鼻音滑动。

② 鼻辅音韵尾只有成阻和持阻阶段,没有除阻阶段,鼻音一生即收。鼻韵尾成阻时,归音必须到位(不同于元音韵尾),即成阻部位完全闭塞,以形成鼻辅音。

③ 前鼻韵尾 n 与声母 n 发音部位相同,即舌尖抵满上齿龈;区别在于声母 n 要除阻,韵尾 n 不除阻。后鼻韵尾 ng 与声母 g、k、h 发音部位相同,即舌根抵住软腭;区别在于 ng 是浊鼻音,发音时软腭下垂,气流振动声带从鼻腔通过,没有除阻阶段。

2. 按口形分

按照韵母开头元音的发音口形,汉语传统的音韵学还将韵母分为"四呼"。

开口呼:不是 i、u、ü 或不以 i、u、ü 开头的韵母。
齐齿呼:i 或用 i 开头的韵母(韵母表中 i 行韵母)。
合口呼:u 或用 u 开头的韵母(韵母表中 u 行韵母)。

撮口呼：ü 或用 ü 开头的韵母（韵母表中 ü 行韵母）。

学习"四呼"可以帮助我们理解、掌握普通话声韵拼合规律和语音系统，有利于深入了解普通话和方音在语音系统上的异同。

【韵母练习】

| | | | | | | | | | |
|---|---|---|---|---|---|---|---|---|---|
| a | dǎbǎ 打靶 | dǎchà 打岔 | dàshà 大厦 | fādá 发达 | fǎmǎ 砝码 | hǎdá 哈达 | lǎba 喇叭 | làbā 腊八 | shāfā 沙发 |
| o | bómó 薄膜 | mópò 磨破 | fójiào 佛教 | guānmó 观摩 | guǎngbō 广播 | guīmó 规模 | yāpò 压迫 | yuānbó 渊博 | |
| e | géhé 隔阂 | hégé 合格 | hézhé 合辙 | kèchē 客车 | sèzé 色泽 | shěde 舍得 | tèsè 特色 | zhéhé 折合 | zhège 这个 |
| i | bǐjì 笔记 | dìlǐ 地理 | jīdì 基地 | jīqì 机器 | lìyì 利益 | qìdí 汽笛 | qìtǐ 气体 | tǐxì 体系 | yìlì 毅力 |
| u | chūbù 初步 | chūzū 出租 | dúshū 读书 | fúwù 服务 | tūchū 突出 | túshū 图书 | wúgū 无辜 | zhǔfù 嘱咐 | zhùfú 祝福 |
| ü | jùjū 聚居 | lǚjū 旅居 | nǚxu 女婿 | qūyù 区域 | xūyú 须臾 | xùqǔ 序曲 | yǔjù 雨具 | yǔxù 语序 | yùjù 豫剧 |
| -i(前) | cǐcì 此次 | cìzǐ 次子 | zìsī 自私 | ēncì 恩赐 | sìjì 四季 | xiāngsì 相似 | zìyóu 自由 | | |
| -i(后) | shízhì 实质 | shìshī 誓师 | shìshí 事实 | zhīchí 支持 | zhírì 值日 | zhíshǐ 直驶 | zhǐshì 指示 | zhìzhǐ 制止 | |
| er | érgē 儿歌 | érqiě 而且 | értóng 儿童 | ěrduo 耳朵 | èrshí 二十 | nǚ'ér 女儿 | ǒu'ěr 偶尔 | | |
| ai | àidài 爱戴 | báicài 白菜 | bǎikāi 摆开 | cǎipái 彩排 | cǎizhāi 采摘 | hǎidài 海带 | kāicǎi 开采 | mǎimai 买卖 | zāihài 灾害 |
| ei | běifēi 北非 | běiměi 北美 | bèilěi 蓓蕾 | féiměi 肥美 | pèibèi 配备 | hēiméi 黑煤 | | | |
| ao | bàogào 报告 | chǎonào 吵闹 | gāocháo 高潮 | gāoshāo 高烧 | láokào 牢靠 | táopǎo 逃跑 | zāogāo 糟糕 | zǎocāo 早操 | |
| ou | chǒulòu 丑陋 | dōushòu 兜售 | dǒusǒu 抖擞 | kǒutóu 口头 | lòudǒu 漏斗 | shōugòu 收购 | shǒuhòu 守候 | shòuròu 瘦肉 | |
| ia | jiājià 加价 | jiǎyá 假牙 | qiāxià 掐下 | yājià 压价 | fāyá 发芽 | fàqiǎ 发卡 | | | |
| ie | jiéyè 结业 | tiēqiè 贴切 | tiěxiè 铁屑 | xiéjiē 斜街 | xièxie 谢谢 | | | | |
| iao | diàoqiáo 吊桥 | jiàotiáo 教条 | jiàoxiāo 叫嚣 | miǎoxiǎo 渺小 | piāomiǎo 飘渺 | qiǎomiào 巧妙 | xiāoyáo 逍遥 | xiǎoniǎo 小鸟 | |

| | | | | | | |
|---|---|---|---|---|---|---|
| iou | liúqiú 琉球 | niúyóu 牛油 | qiújiù 求救 | xiùqiú 绣球 | yōujiǔ 悠久 | yōuxiù 优秀 |
| ua | huāwà 花袜 | shuǎhuá 耍猾 | kuājiǎng 夸奖 | shuāzi 刷子 | xīguā 西瓜 | zhuājǐn 抓紧 |
| uo | cuōtuó 蹉跎 | guòcuò 过错 | luōsuo 啰唆 | luóguō 罗锅 | luòtuo 骆驼 | nuòruò 懦弱 | tuóluó 陀螺 |
| uai | huáichuāi 怀揣 | shuāihuài 摔坏 | wàikuài 外快 | páihuái 徘徊 | qíguài 奇怪 | tǎnshuài 坦率 |
| uei | cuīhuǐ 摧毁 | guīduì 归队 | huīduī 灰堆 | huíguī 回归 | huìduì 汇兑 | huíwèi 回味 | kuìtuì 溃退 | shuǐwèi 水位 |
| üe | juéxué 绝学 | quèyuè 雀跃 | xuěyuè 雪月 | yuēlüè 约略 | | | |
| an | fǎngǎn 反感 | gǎnlǎn 橄榄 | kāntàn 勘探 | màntán 漫谈 | sǎnmàn 散漫 | tǎnrán 坦然 | zhǎnlǎn 展览 |
| en | běnfèn 本分 | chénmèn 沉闷 | fènhèn 愤恨 | rénshēn 人参 | rènzhēn 认真 | shēnzhèn 深圳 | zhènfèn 振奋 |
| ang | bāngmáng 帮忙 | chángláng 长廊 | chǎngfáng 厂房 | dāngchǎng 当场 | gāngchǎng 钢厂 | mángcháng 盲肠 |
| eng | fēngshēng 风声 | fēngshèng 丰盛 | fēngzheng 风筝 | gēngzhèng 更正 | lěngfēng 冷风 | shēngchéng 生成 | zhěngfēng 整风 |
| ian | biànqiān 变迁 | diànxiàn 电线 | jiǎnbiàn 简便 | jiǎnmiǎn 减免 | liánmián 连绵 | piānjiàn 偏见 | xiǎnyǎn 显眼 |
| in | bīnlín 濒临 | jīnyín 金银 | jìnxīn 尽心 | pīnyīn 拼音 | qīnjìn 亲近 | qīnxìn 亲信 | xīnqín 辛勤 |
| iang | jiàngxiàng 将相 | liàngqiàng 踉跄 | liàngxiàng 亮相 | xiāngjiāng 湘江 | xiǎngliàng 响亮 | xiǎngxiàng 想象 |
| ing | mìnglìng 命令 | níngjìng 宁静 | píngdìng 平定 | qīngmíng 清明 | qīngtīng 倾听 | qīngtíng 蜻蜓 | qīngxǐng 清醒 |
| uan | chuánhuàn 传唤 | guānhuàn 官宦 | guànchuān 贯穿 | suānruǎn 酸软 | wǎnzhuǎn 婉转 | zhuānduàn 专断 | zhuǎnwān 转弯 |
| uen | húntun 馄饨 | hùndùn 混沌 | kūnlún 昆仑 | kùndùn 困顿 | lùnwén 论文 | wēncún 温存 | wēnshùn 温顺 |
| uang | huángzhuāng 黄庄 | kuángwàng 狂妄 | shuānghuáng 双簧 | zhuānghuáng 装潢 | zhuàngkuàng 状况 |
| ong | cóngróng 从容 | dònggōng 动工 | gōngnóng 工农 | gòngtóng 共同 | kōngdòng 空洞 | lóngzhòng 隆重 | tōngróng 通融 |

|  | | | | | | |
|---|---|---|---|---|---|---|
| ueng | lǎowēng 老翁 | shuǐwèng 水瓮 | yúwēng 渔翁 | zhǔrénwēng 主人翁 | | |
| üan | juānjuān 涓涓 | quánquán 全权 | xuānyuán 轩辕 | yuānyuán 渊源 | yuánquān 圆圈 | yuánquán 源泉 |
| ün | jūnxùn 军训 | jūnyún 均匀 | jūnyùn 军运 | gōngxūn 功勋 | qúnzhòng 群众 | yīngjùn 英俊 | yāyùn 押韵 |
| iong | jiǒngjiǒng 炯炯 | xiōngyǒng 汹涌 | dìxiong 弟兄 | gēyǒng 歌咏 | pínqióng 贫穷 | yùnyòng 运用 |

## 三、韵母辨正

（一）前鼻韵母 en(in) 和后鼻韵母 eng(ing)

1. 方音辨正

在普通话里，前鼻韵母和后鼻韵母分得很清楚。例如，"陈"读 chén，"程"读 chéng；"深"读 shēn，"生"读 shēng；"民"读 mín，"名"读 míng；"金"读 jīn，"京"读 jīng。然而，有些方言却不能分清，多数表现为 en 和 eng、in 和 ing 不分。例如，闽北方言只有 eng、ing 韵，没有 en、in 韵；武汉话只有 en、in 韵，没有 eng、ing 韵；吴方言和西南话大都能分别 an 韵和 ang 韵，却不能分别 en(in) 韵和 eng(ing) 韵。分清 en(in) 韵和 eng(ing) 韵，也是学好普通话的关键。下面介绍几种辨正 en(in) 韵和 eng(ing) 韵的方法。

（1）利用形声字声旁类推。

### en 和 eng、in 和 ing 代表字类推表

#### en 韵母

门(mén)—mēn 闷(闷热)，mén 们(图们江)、扪，mèn 闷(闷闷不乐)焖，men 们(我们)

刃(rèn)—rěn 忍、仞、纫、韧、轫

分(fēn)—pén 盆；fēn 芬、吩、纷、氛，fén 汾、焚，fěn 粉，fèn 份、忿

壬(rén)—rén 任(姓)，rěn 荏，rèn 任(任务)、饪、妊、衽

本(běn)—běn 苯，bèn 笨

申(shēn)—shēn 伸、呻、绅、砷，shén 神、钟，shěn 审、沈、婶

贞(zhēn)—zhēn 侦、祯、桢、帧

艮(gèn)—gēn 根、跟，gèn 茛；kěn 垦、恳；hén 痕，hěn 很、狠，hèn 恨

辰(chén)—chén 宸、晨；zhèn 振、震

肯(kěn)—kěn 啃

参(shēn)—shèn 渗

贲(bēn)—pēn 喷(喷泉),pèn 喷(喷香);fèn 愤
甚(shèn)—zhēn 斟;shèn 葚(桑葚);rèn 葚(桑葚儿)
真(zhēn)—zhěn 缜,zhèn 镇;chēn 嗔;shèn 慎

## eng 韵母

风(fēng)—fēng 枫、疯,fěng 讽
正(zhèng)—zhēng 怔、征、症(症结),zhěng 整,zhèng 证、政、症(病症);chéng 惩
生(shēng)—shēng 牲、甥、笙,shèng 胜
成(chéng)—chéng 诚、城、盛(盛饭);shèng 盛(盛会)
争(zhēng)—zhēng 挣(挣扎)、峥、睁、铮、筝,zhèng 诤、挣(挣脱)
丞(chéng)—zhēng 蒸,zhěng 拯
亨(hēng)—pēng 烹;hēng 哼
更(gēng)—gěng 埂、绠、哽、梗、鲠
呈(chéng)—chéng 程、酲,chěng 逞
庚(gēng)—gēng 赓
奉(fèng)—pěng 捧;fèng 俸
朋(péng)—bēng 崩、绷(绷带),běng 绷(绷着脸),bèng 蹦;péng 棚、硼、鹏
孟(mèng)—měng 勐、猛、锰、蜢、艋
乘(chéng)—shèng 剩、嵊
曾(céng)—zēng 憎、增、缯,zèng 赠;céng 层,cèng 蹭;sēng 僧
彭(péng)—péng 澎、膨
登(dēng)—dēng 灯、蹬,dèng 凳、澄(澄浆泥)、磴、镫、瞪;chéng 澄(澄清)
蒙(měng)—méng 濛、檬、曚、朦,měng 蠓

## in 韵母

心(xīn)—qìn 沁;xīn 芯(灯芯),xìn 芯(芯子)
今(jīn)—jīn 衿、矜,jìn 妗;qīn 衾,qín 琴、芩;yín 吟
斤(jīn)—jìn 近、靳;qín 芹;xīn 忻、昕、欣、新、薪
民(mín)—mín 岷,mǐn 抿
因(yīn)—yīn 洇、茵、姻、氤、铟
阴(yīn)—yìn 荫
尽(jìn)—jìn 浕、烬
辛(xīn)—xīn 莘、锌;qīn 亲(又念 qìng,如"亲家")
林(lín)—bīn 彬;lín 淋、琳、霖
宾(bīn)—bīn 傧、滨、缤、槟、镔,bìn 摈、殡、鬓;pín 嫔
禽(qín)—qín 擒、噙
禁(jìn)—jīn 襟,jìn 噤

堇(jǐn)—jǐn 谨、僅、瑾、槿；qín 勤；yín 鄞

### ing 韵母

丁(dīng)—dīng 仃、疔、盯、钉(钉子)、酊(碘酊)，dǐng 顶，dìng 订；tīng 厅、汀

并(bìng)—bǐng 饼、屏(屏除)，bìng 摒(摒挡)；píng 瓶、屏(屏风)("拼"、"姘"例外，念 pīn)

宁(níng)—níng 拧(拧手巾)、咛、狞、柠，nǐng 拧(拧螺丝)，nìng 泞

丙(bǐng)—bǐng 炳、柄，bìng 病

平(píng)—píng 评、苹、坪、枰、萍

令(lìng)—líng 伶、泠、苓、玲、瓴、铃、鸰、聆、蛉、翎、零、龄，lǐng 岭、领("拎"念 līn，"邻"念 lín，例外)

名(míng)—míng 茗、铭，mǐng 酩

廷(tíng)—tíng 庭、蜓、霆，tǐng 挺、梃、铤、艇

京(jīng)—jīng 鲸、猄、惊；qíng 黥、勍

定(dìng)—dìng 腚、碇、锭

英(yīng)—yīng 媖、瑛、鍈

巠(jīng)—jīng 泾、茎、经，jǐng 颈、刭，jìng 劲(刚劲，又念 jìn，如"干劲")、径、胫、痉；qīng 轻、氢

青(qīng)—jīng 菁、睛、精，jìng 靖、静；qīng 清、蜻、鲭，qíng 情、晴、氰、䝼，qǐng 请，qìng 清、箐

冥(míng)—míng 溟、暝、瞑、螟

亭(tíng)—tíng 停、渟、葶、婷

竟(jìng)—jìng 境、镜、獍

婴(yīng)—yīng 樱、嘤、璎、缨、鹦

敬(jìng)—jǐng 儆、警；qíng 擎

景(jǐng)—jǐng 憬、璟；yǐng 影

(2)利用普通话声韵配合规律类推。

① 在普通话里，声母 t 绝不与韵母 en 相拼，因此，方言中念 ten 音的字，都应改念 eng 韵。如"誊 téng、腾 téng、藤 téng、滕 téng、疼 téng"等。

② 在普通话里，声母 d 不与韵母 en 相拼(只有一个不常用的"扽 dèn"字)，因此，方言中念 den 音的字，都应改念 eng 韵。如"灯 dēng、登 dēng、噔 dēng、等 děng、澄 dèng、瞪 dèng、凳 dèng、邓 dèng"等。

③ 在普通话里，声母 f 绝不与韵母 ong 相拼，因此，方言中念成 fong 音的字，都应改念 eng 韵。如"丰 fēng、封 fēng、峰 fēng、锋 fēng、烽 fēng、蜂 fēng、风 fēng、疯 fēng、枫 fēng、逢 féng、缝 féng、讽 fěng、奉 fèng、俸 fèng、凤 fèng、缝 fèng(缝隙)"等。

④ 在普通话里，声母 d、t 绝不与韵母 in 相拼，因此，方言中念 din、tin 音的字，都应改念 ing 韵。如"丁 dīng、疔 dīng、玎 dīng、叮 dīng、盯 dīng、钉 dīng、仃 dīng、顶 dǐng、鼎 dǐng、定

dìng、锭 dìng、订 dìng；厅 tīng、汀 tīng、庭 tíng、蜓 tíng、亭 tíng、停 tíng、婷 tíng、挺 tǐng、艇 tǐng"等。

⑤ 在普通话里，声母 n 与韵母 en 相拼的字，只有一个"嫩 nèn"字（"恁 nèn"不常用）；声母 n 与韵母 eng 相拼的字，只有一个"能 néng"字。

⑥ 在普通话里，声母 l 绝不与韵母 en 相拼，因此，方言中念 len 音的字，都应改念 eng 韵。如"棱 léng，冷 lěng，愣 lèng"等。

⑦ 在普通话里，声母 s 与韵母 en 相拼的字，只有一个"森 sēn"字；声母 s 与韵母 eng 相拼的字，只有一个"僧 sēng"字。

(3) 记少不记多（记单边）。

① 在普通话里，声母 g 与前鼻韵母 en 相拼的字，常用的只有"根 gēn、跟 gēn、亘 gèn"（"哏、艮、茛"不常用）三个字，其余的"庚 gēng、赓 gēng、羹 gēng、耕 gēng、更 gēng（更改）、耿 gěng、埂 gěng、梗 gěng、哽 gěng、颈 gěng（脖颈儿）、更 gèng（更加）"等字都是 eng 韵。

② 在普通话里，声母 z 与前鼻韵母 en 相拼的字，只有一个"怎 zěn"字（"谮 zèn"不常用），其余的"曾 zēng、憎 zēng、增 zēng、甑 zèng（甑子）、赠 zèng"等字都是 eng 韵。

③ 在普通话里，声母 c 与前鼻韵母 en 相拼的字，只有一个"参 cēn（参差）"字（"岑 cén、涔 cén"不常用），其余的"曾 céng、层 céng、蹭 cèng（磨蹭）"等字都是 eng 韵。

④ 在普通话里，声母 r 与后鼻韵母 eng 相拼的字只有"扔 rēng"和"仍 réng"（"礽 réng"不常用）两个字，其余的"人 rén、仁 rén、任 rén、忍 rěn、认 rèn、刃 rèn、韧 rèn、纫 rèn"等字都是 en 韵。

⑤ 在普通话里，声母 n 与前鼻韵母 in 相拼的字，常用的只有一个"您 nín"字，其余的"宁 níng、柠 níng、拧 níng（拧手巾）、咛 níng（叮咛）、狞 níng、凝 níng、拧 nǐng（拧螺丝）、宁 nìng（宁可）、泞 nìng、佞 nìng"等字都是 ing 韵。

⑥ 在普通话里，以"令"作偏旁的字，除"拎 līn、邻 lín"是 in 韵外，其余的"羚 líng、零 líng、玲 líng、龄 líng、蛉 líng、铃 líng、伶 líng、翎 líng、领 lǐng、岭 lǐng"等字都是 ing 韵。

2. 常用字正音训练

en—eng

bēn　　běn bèn bēng bēng bèng bèng bèng cēn　　　céng céng cèng chén chén
奔（奔走）本 笨；崩 绷 迸 泵 蹦；参（参差）；曾 层 蹭；沉 忱
chén chén chén chén chén chèn chèn chèn　　　chēng chēng chēng　　　chéng chéng chéng
辰 晨 臣 尘 陈 衬 趁 称（称职）；撑 瞠 称（名称）成 诚 城
chéng　　chéng chéng chéng chéng chéng　　chéng chéng chéng chěng chěng chèng
盛（盛饭）呈 程 乘 惩 澄（澄清）承 橙 丞 逞 骋 秤；
dēng dēng děng dèng　　　dèng dèng dèng dèng　　　fēn　　　　　fēn fēn fēn fén fén fěn
灯 登 等 澄（澄浆泥）瞪 邓 凳 蹬（蹬蹬）；分（分析）芬 吩 纷 坟 焚 粉
fèn fèn fèn fèn fèn　　fèn fēng fēng fēng fēng fēng fēng fēng fēng féng féng féng
粪 忿 愤 奋 分（水分）份；丰 封 烽 蜂 峰 锋 风 疯 枫 冯 逢 缝（缝纫）
fěng fèng fèng fèng　　　gēn gēn gèn gēng gēng gēng gēng gēng gěng gěng gěng gèng
讽 奉 凤 缝（缝隙）；根 跟 亘；庚 羹 耕 更（更换）耿 梗 埂 更（更

加);痕 很 狠 恨;哼 恒 横(横竖) 衡 横(蛮横);肯 啃 恳 垦;坑 吭(吭声) 铿;棱 冷 愣;闷(闷热) 门 闷(愁闷) 们(我们);蒙(蒙骗) 蒙(蒙哄) 萌 檬 朦 盟 蒙(蒙古) 猛 锰 梦 孟;嫩;能;喷(喷吐) 盆 喷(喷香);怦 砰 抨 烹 彭 澎 膨 蓬 篷 朋 硼 棚 鹏 捧 碰;人 仁 任(姓) 忍 认 刃 韧 纫 任(任务);扔 仍;森;僧;深 申 呻 伸 绅 身 参(人参) 神 什(什么) 沈 审 婶 慎 甚 肾 渗;声 生 笙 甥 牲 升 绳 省(节省) 盛(盛大) 剩 胜 圣;誊 藤 腾 疼;温 瘟 文 蚊 纹 雯 闻 稳 吻 问;翁 嗡 瓮;怎;曾 憎 增 赠;真 贞 侦 榛 针 斟 珍 枕 疹 诊 震 振 镇 阵;正(正月) 症(症结) 征 争 挣(挣扎) 狰 伥 怔(怔营) 睁 筝 蒸 整 拯 郑 正(正确) 症(症状) 证 政 挣(挣脱)

in—ing

宾 缤 滨 濒 斌 彬 殡 鬓;冰 兵 饼 丙 柄 禀 秉 病 并;丁 叮 盯 钉(钉子) 仃 顶 鼎 定 锭 订 钉(钉扣子);津 禁(禁受) 襟 巾 今 金 筋 斤 谨 仅 紧 锦 尽(尽管) 进 晋 禁(禁止) 近 劲(劲头) 浸 尽(尽力);京 惊 鲸 旌 精 晴 荆 兢 晶 茎 经 井 阱 警 景 颈(颈椎) 竟 境 镜 竞 净 靖 静 敬 径 劲(刚劲);拎 林 淋 琳 临 邻 磷 鳞 凛 躏 吝 赁;凌 菱 陵 零 玲 聆 翎 龄 蛉 铃 伶 灵 领 岭 另 令;民 闽 悯 皿 敏;明 鸣 螟 名 铭 命;您;柠 宁(安宁) 狞 凝 拧(拧螺丝) 宁(宁可) 泞;拼 频 贫 品 聘;乒 瓶 屏 平 评 坪 苹 萍 凭;亲(亲自) 钦 侵 秦 勤 芹 禽 擒 琴 寝;青 清 蜻 倾 轻 氢 卿 情 晴 擎 请 顷 亲(亲家) 庆;厅 听 亭 停 廷 庭 蜓 挺 艇;心 芯(灯芯) 辛 锌 新 薪 欣 信 衅;兴(兴旺) 星 腥 猩 刑 型 邢(姓) 形 行 醒 省

（省悟）兴（兴致）幸 杏 性 姓；音 因 姻 茵 殷 阴 淫 吟 银 饮（饮料）引 蚓 隐
瘾 印 饮（饮马）荫；应（应当）鹰 英 莺 婴 鹦 樱 缨 赢 荧 莹 萤 营
蝇 盈 迎 影 颖 应（应变）硬 映

3.词语正音训练

en—en

| ēnrén | fēnshēn | fēnshén | fēnwén | fěnchén | rénshēn | rènzhēn |
|---|---|---|---|---|---|---|
| 恩人 | 分身 | 分神 | 分文 | 粉尘 | 人身 | 认真 |
| běnfèn | běnshēn | ménzhěn | chénmèn | zhènfèn | fènhèn | shēnchén |
| 本分 | 本身 | 门诊 | 沉闷 | 振奋 | 愤恨 | 深沉 |
| shěnshèn | shěnwèn | gēnběn | zhēnrén | | | |
| 审慎 | 审问 | 根本 | 真人 | | | |

eng—eng

| fēngshèng | fēngdēng | fēngzheng | fēngshēng | fèngcheng | gēngzhèng | gēngshēng |
|---|---|---|---|---|---|---|
| 丰盛 | 丰登 | 风筝 | 风声 | 奉承 | 更正 | 更生 |
| dēngchéng | zhěngfēng | chéngfēng | chéngméng | shēngchēng | shēngchéng | shěngchéng |
| 登程 | 整风 | 乘风 | 承蒙 | 声称 | 生成 | 省城 |
| chěngnéng | héngshēng | méngshēng | zhēngchéng | kēngshēng | léngfèng | lěngfēng |
| 逞能 | 横生 | 萌生 | 征程 | 吭声 | 棱缝 | 冷风 |

en—eng

| rénchēng | rénshēng | rénzhèng | shēncéng | shēngēng | shénshèng | bēnténg |
|---|---|---|---|---|---|---|
| 人称 | 人生 | 人证 | 深层 | 深耕 | 神圣 | 奔腾 |
| běnnéng | fēnzhēng | fènkēng | pēndēng | wénfēng | zhēnchéng | zhēnzhèng |
| 本能 | 纷争 | 粪坑 | 喷灯 | 文风 | 真诚 | 真正 |

eng—en

| lěngmén | pēngrèn | néngrén | shèngrèn | shèngrén | chéngfèn | chéngběn |
|---|---|---|---|---|---|---|
| 冷门 | 烹饪 | 能人 | 胜任 | 圣人 | 成分 | 成本 |
| chéngrén | chéngkěn | chéngmén | chéngrèn | shěngfèn | zhèngrén | féngrèn |
| 成人 | 诚恳 | 城门 | 承认 | 省份 | 证人 | 缝纫 |
| dēngmén | zhēngwén | děngfèn | fēngchén | | | |
| 登门 | 征文 | 等份 | 风尘 | | | |

## in—in

| xìnxīn | qīnjìn | qīnxìn | xīnqín | línjìn | jīnyín | xīnjīn |
|---|---|---|---|---|---|---|
| 信心 | 亲近 | 亲信 | 辛勤 | 邻近 | 金银 | 薪金 |
| yīnxìn | yǐnjìn | yīnqín | pīnyīn | bīnlín | jìnqīn | jìnxīn |
| 音信 | 引进 | 殷勤 | 拼音 | 濒临 | 近亲 | 尽心 |
| jǐnlín | mínxīn | pínmín | | | | |
| 紧邻 | 民心 | 贫民 | | | | |

## ing—ing

| mìnglìng | píngdìng | jīngmíng | jīnglíng | jīngyíng | jīngxǐng | jīngbīng |
|---|---|---|---|---|---|---|
| 命令 | 评定 | 精明 | 精灵 | 经营 | 惊醒 | 精兵 |
| píngjìng | píngdìng | jǐnglíng | jīngyíng | míngjìng | qīngjìng | qīngxǐng |
| 平静 | 平定 | 警铃 | 晶莹 | 明净 | 清静 | 清醒 |
| qīngmíng | qíngjǐng | qíngxíng | qíngjìng | qìngxìng | bìngxíng | bìngqíng |
| 清明 | 情景 | 情形 | 情境 | 庆幸 | 并行 | 病情 |
| bǐngxìng | qīngtīng | qīngtíng | yīnglíng | yīngmíng | yìngxìng | xīngbīng |
| 禀性 | 倾听 | 蜻蜓 | 英灵 | 英明 | 硬性 | 兴兵 |
| xíngxīng | xíngjìng | xìngqíng | xìngmìng | dīnglíng | dīngníng | dìngxìng |
| 行星 | 行径 | 性情 | 性命 | 丁零 | 丁宁 | 定性 |
| dìngxíng | dìngyǐng | língxīng | língtīng | língdīng | níngjìng | xìngmíng |
| 定型 | 定影 | 零星 | 聆听 | 伶仃 | 宁静 | 姓名 |

## in—ing

| jìnbīng | jìnxíng | jìnlìng | jìnqíng | jìnxìng | xīnbìng | xīnjìng |
|---|---|---|---|---|---|---|
| 进兵 | 进行 | 禁令 | 尽情 | 尽兴 | 心病 | 心境 |
| xīnxìng | xīnlíng | xīnmíng | xīnyǐng | xīnxíng | xīnxīng | yīnpíng |
| 心性 | 心灵 | 心明 | 新颖 | 新型 | 新兴 | 阴平 |
| yīnyǐng | yínxìng | yíndìng | yǐnqíng | mínjǐng | mínbīng | mínqíng |
| 阴影 | 银杏 | 银锭 | 引擎 | 民警 | 民兵 | 民情 |
| qīnjìng | jīnxīng | pǐnmíng | pǐnxìng | pǐnxíng | pǐnpíng | |
| 钦敬 | 金星 | 品名 | 品性 | 品行 | 品评 | |

## ing—in

| qīngxīn | qīngpín | qīngxīn | qīngyīn | qīngjīn | qīngxìn | xíngjìn |
|---|---|---|---|---|---|---|
| 倾心 | 清贫 | 清新 | 清音 | 青筋 | 轻信 | 行进 |

| xǐngqīn | língmǐn | lǐngjīn | xíngjìn | xìngjìn | lìngqīn | tǐngxīn |
|---|---|---|---|---|---|---|
| 省亲 | 灵敏 | 领巾 | 形近 | 幸进 | 令亲 | 挺新 |
| yíngqīn | yǐngyìn | jīngxīn | jīngxīn | píngxìn | dìngxīn | bìngyīn |
| 迎亲 | 影印 | 惊心 | 精心 | 凭信 | 定心 | 病因 |

in—en

| qínkěn | qínfèn | qīnrén | qīnshēn | xīnhěn | xīnwén | yīnsēn |
|---|---|---|---|---|---|---|
| 勤恳 | 勤奋 | 亲人 | 亲身 | 心狠 | 新闻 | 阴森 |
| yīnchén | yíngēn | yínzhēn | yǐnhèn | yǐnwén | yìnhén | jīnrén |
| 阴沉 | 银根 | 银针 | 饮恨 | 引文 | 印痕 | 今人 |
| jīnzhēn | jǐnshèn | chénjìn | qīnchén | bīnfēn | yǐnshēn | mínfèn |
| 金针 | 谨慎 | 沉浸 | 侵晨 | 缤纷 | 引申 | 民愤 |

en—in

| rénmín | rénpǐn | rénxīn | sēnlín | shēnxìn | shēnyín | chènxīn |
|---|---|---|---|---|---|---|
| 人民 | 人品 | 人心 | 森林 | 深信 | 呻吟 | 称心 |
| zhēnxīn | zhēnqín | zhěnjīn | chénjìn | fēnxīn | fènjìn | hěnxīn |
| 真心 | 珍禽 | 枕巾 | 沉浸 | 分心 | 奋进 | 狠心 |

eng—in

| gēngxīn | héngxīn | měngjìn | měngqín | shēngyīn | chéngpǐn | chéngxīn |
|---|---|---|---|---|---|---|
| 更新 | 恒心 | 猛进 | 猛禽 | 声音 | 成品 | 诚心 |
| dēngxīn | dēnglín | fēngqín | lěngyǐn | | | |
| 灯芯 | 登临 | 风琴 | 冷饮 | | | |

ing—en

| jīngshen | jīngrén | níngshén | língchén | míngrén | míngwén | qíngfèn |
|---|---|---|---|---|---|---|
| 精神 | 惊人 | 凝神 | 凌晨 | 名人 | 明文 | 情分 |
| qīngzhēn | qǐngwèn | xīngfèn | xíngrén | xíngwén | xìngrén | yīngwén |
| 清真 | 请问 | 兴奋 | 行人 | 行文 | 杏仁 | 英文 |
| píngwěn | píngfēn | qīngchén | | | | |
| 平稳 | 评分 | 清晨 | | | | |

en—ing

| běnxìng | běnlǐng | zhēnqíng | zhěnbìng | zhènxīng | zhènyíng | zhènjìng |
|---|---|---|---|---|---|---|
| 本性 | 本领 | 真情 | 诊病 | 振兴 | 阵营 | 镇静 |

| zhèndìng | zhènjīng | chénjìng | shēnmíng | shēnqǐng | shénqíng | shénjīng |
|---|---|---|---|---|---|---|
| 镇定 | 震惊 | 沉静 | 申明 | 申请 | 神情 | 神经 |
| shěndìng | wēnqíng | wénmíng | wěndìng | ménjǐng | kěndìng | réndīng |
| 审订 | 温情 | 文明 | 稳定 | 门警 | 肯定 | 人丁 |
| rénqíng | rénxíng | rènxìng | rènxìng | rènpíng | rènmìng | fēnqīng |
| 人情 | 人形 | 韧性 | 任性 | 任凭 | 任命 | 分清 |

eng—ing

| zhěngxíng | zhènglìng | zhèngmíng | chéngmíng | shēngpíng | shēngyìng | shēngmìng |
|---|---|---|---|---|---|---|
| 整形 | 政令 | 证明 | 成名 | 生平 | 生硬 | 生命 |
| shēnglíng | shèngmíng | fēngbìng | fēngjìng | fēngxíng | fēngjǐng | fēngqíng |
| 生灵 | 盛名 | 疯病 | 风镜 | 风行 | 风景 | 风情 |
| fēnglíng | fèngxíng | fèngmìng | féngyíng | céngjīng | héngxīng | héngdìng |
| 风铃 | 奉行 | 奉命 | 逢迎 | 曾经 | 恒星 | 恒定 |
| héngxíng | lěngbīng | lěngjìng | lěngqīng | měngxǐng | mèngjìng | pèngdīng |
| 横行 | 冷冰 | 冷静 | 冷清 | 猛醒 | 梦境 | 碰钉 |

ing—eng

| jīngchéng | jìngzhēng | yíngshēng | yìngshēng | yìngzhēng | yìngchéng | xíngzhèng |
|---|---|---|---|---|---|---|
| 京城 | 竞争 | 营生 | 应声 | 应征 | 应城 | 行政 |
| xíngchéng | míngdēng | míngzhèng | míngchēng | qīngfēng | qīngzhēng | qīnglěng |
| 行程 | 明灯 | 明证 | 名称 | 清风 | 清蒸 | 清冷 |
| qīngshēng | píngděng | pínghéng | píngshēng | píngzhěng | píngfēng | píngzhèng |
| 轻声 | 平等 | 平衡 | 平生 | 平整 | 屏风 | 凭证 |

in—eng

| yīnfēng | yīnlěng | yǐnzhèng | jīnshēng | jìnchéng | jìnchéng | jìnshēng |
|---|---|---|---|---|---|---|
| 阴风 | 阴冷 | 引证 | 今生 | 进城 | 进程 | 晋升 |
| mínshēng | mínzhèng | qīnshēng | qīnzhēng | qīnzhèng | | |
| 民生 | 民政 | 亲生 | 亲征 | 亲政 | | |

4. 对比辨音训练

chénjiù chéngjiù　　　　shēnshuǐ shēngshuǐ　　　　mùpén mùpéng
陈旧——成就　　　　深水——生水　　　　木盆——木棚

zhěntào zhěngtào　　　　hènshì hèngshì　　　　zhènjīng zhèngjīng
枕套——整套　　　　恨事——横事　　　　震惊——正经

qīngzhēn qīngzhēng　　　　shēnzhāng shēngzhāng　　　　zhènfǎn zhèngfǎn
清真——清蒸　　　　伸张——声张　　　　镇反——正反

| guāfēn guāfēng | zhōngshēn zhōngshēng | shēndòng shēngdòng |
|---|---|---|
| 瓜分——刮风 | 终身——钟声 | 深洞——生动 |
| shēnmíng shēngmíng | fēnfù fēngfù | shěnshì shěngshì |
| 申明——声明 | 吩咐——丰富 | 审视——省市 |
| zhěnzhì zhěngzhì | gōngchén gōngchéng | chángzhēn chángzhēng |
| 诊治——整治 | 功臣——工程 | 长针——长征 |
| zhēngchén zhēnchéng | chūshēn chūshēng | rénshēn rénshēng |
| 征尘——真诚 | 出身——出生 | 人参——人生 |
| chūnfēn chūnfēng | chìchén chìchéng | zhènshì zhèngshì |
| 春分——春风 | 赤忱——赤诚 | 阵势——正式 |
| chénshè chéngsè | chénfǔ chéngfǔ | chénshèng chéngshèng |
| 陈设——成色 | 陈腐——城府 | 陈胜——乘胜 |
| shēnzhí shēngzhí | shēnwàng shēngwàng | gēnjù gēngjù |
| 伸直——升值 | 深望——声望 | 根据——耕具 |
| shēntǎo shēngtǎo | wēifēn wēifēng | yǐnbì yǐngbì |
| 申讨——声讨 | 微分——微风 | 隐蔽——影壁 |
| yínhé yínghé | jìndì jìngdì | línshí língshí |
| 银河——迎合 | 禁地——境地 | 临时——零食 |
| mínzhèng míngzhèng | mínshēng míngshēng | qīnzhēng qīngzhēng |
| 民政——明证 | 民生——名声 | 亲征——清蒸 |
| fùjīn fùjīng | rénmín rénmíng | búxìn búxìng |
| 赴津——赴京 | 人民——人名 | 不信——不幸 |
| hěnjìn hěnjìng | jīnxiāo jīngxiāo | jīnyú jīngyú |
| 很近——很静 | 今宵——经销 | 金鱼——鲸鱼 |
| jīnyín jīngyíng | yìjīn yìjīng | gāngjìn gāngjìng |
| 金银——经营 | 一斤——一惊 | 刚进——刚劲 |
| tánqín tánqíng | pínfán píngfán | xīnjīn xīnjīng |
| 弹琴——谈情 | 频繁——平凡 | 薪金——心惊 |
| xìnfú xìngfú | bīnlín bīnglíng | héngxīn héngxīng |
| 信服——幸福 | 濒临——冰凌 | 恒心——恒星 |
| mínfèn míngfèn | línlì línglì | línlì línglì |
| 民愤——名分 | 林立——伶俐 | 林立——凌厉 |
| línjìn níngjìng | qīnshēn qīngshēng | qīnjìn qīnjìng |
| 邻近——宁静 | 亲身——轻声 | 亲近——钦敬 |
| qīnlín qīnlíng | qīnxìn qīngxìn | jīnxīng jīngxīn |
| 亲临——侵凌 | 亲信——轻信 | 金星——惊心 |

| mínjìn—míngjìng | xíngjìn—xíngjìng | mínxīn—míngxīng |
|---|---|---|
| 民进——明净 | 行进——行径 | 民心——明星 |
| xīnjiàn—xīngjiàn | jìnzhǐ—jìngzhǐ | jǐnlín—jǐnglíng |
| 新建——兴建 | 禁止——静止 | 紧邻——警铃 |
| línjiǎo—língjiǎo | yīnmíng—yīngmíng | qīnjìng—qīngjìng |
| 邻角——菱角 | 音名——英名 | 钦敬——清静 |

5. 绕口令

① 陈是陈，程是程，姓陈不能说成姓程，姓程也不能说成姓陈。禾旁是程，耳朵是陈。程陈不分，就会认错人。

② 天上一个盆，地下一个棚，天上的盆掉下来打倒了地下的棚，地下的棚碰破了天上的盆。棚要盆赔棚，盆要棚赔盆。

③ 真冷真正冷，人人都说冷。猛地一阵风，全身更加冷。

④ 邓三婶，半夜三更提着灯，踏着田埂进县城，去请医生陈耕生。她刚登上山峰就遇到了冷风，吹灭了马灯，刮跑了斗篷，简直没法赶路程。邓三婶，能与狂风寒冷作斗争，不怕风狂雨猛，腰酸和腿疼，走了一程又一程，终于胜利地完成了任务，到达了县城，请到了兽医陈耕生。

⑤ 同姓不能念成通信，通信也不能念成同姓。同姓可以互相通信，通信可不一定同姓。

⑥ 人寻铃声去找铃，铃声紧跟人不停，到底是人寻铃，还是铃寻人。

⑦ 小芹手脚灵，轻轻擒蜻蜓。小青人聪明，天天学钢琴。擒蜻蜓，趁天晴；学钢琴，趁年轻。擒蜻蜓，学钢琴，精益求精练本领。

⑧ 天上七颗星，树上七只鹰，梁上七颗钉，地上七块冰。一脚踏了冰，用力拔了钉，举枪打下鹰，乌云盖了星，冰、鹰、钉和星，韵母都是ing。

⑨ 半盆冰棒半盆瓶，冰棒碰盆盆碰瓶。盆碰冰棒盆不破，冰棒

pèng píng píng  bēng
碰 瓶 瓶 要 崩。

⑩ 林玲和凌琳，他们同年龄。林玲两眼水灵灵，凌琳长得挺机灵，林玲把水拎，凌琳采鲜菱。把水拎的是林玲，采鲜菱的是凌琳。

⑪ 高高山上一根藤，青青藤条挂金铃。风吹藤动金铃响，风停藤静铃不鸣。

（二）分清 u 和 ou

有些方言区的人，常把普通话 d、t、n、l、zh、ch、sh、z、c、s 十个声母后的 u 韵念成 ou 韵。例如：

| | | |
|---|---|---|
| 首都 shǒudū 念成 shǒudōu | 毒草 dúcǎo 念成 dóucǎo | 轮渡 lúndù 念成 lúndòu |
| 突然 tūrán 念成 touran | 徒弟 túdì 念成 tóudì | 土地 tǔdì 念成 tǒudì |
| 兔子 tùzi 念成 tòuzi | 奴隶 núlì 念成 nóulì | 努力 nǔlì 念成 nǒulì |
| 怒火 nùhuǒ 念成 nòuhuǒ | 火炉 huǒlú 念成 huǒlóu | 鲁班 lǔbān 念成 lǒubān |
| 路灯 lùdēng 念成 lòudēng | 蜡烛 làzhú 念成 làzhóu | 嘱咐 zhǔfù 念成 zhǒufù |
| 祝贺 zhùhè 念成 zhòuhè | 初步 chūbù 念成 chōubù | 锄头 chútou 念成 chóutou |
| 楚国 chǔguó 念成 chǒuguó | 触电 chùdiàn 念成 chòudiàn | 梳妆 shūzhuāng 念成 shōuzhuāng |
| 赎罪 shúzuì 念成 shóuzuì | 数学 shùxué 念成 shóuxué | 房租 fángzū 念成 fángzōu |
| 足球 zúqiú 念成 zóuqiú | 祖国 zǔguó 念成 zǒuguó | 粗布 cūbù 念成 cōubù |
| 促进 cùjìn 念成 còujìn | 苏联 sūlián 念成 sōulián | 俗话 súhuà 念成 sóuhuà |
| 宿舍 sùshè 念成 sòushè | | |

粤方言区的人常把普通话 d、t、n、l、z、c、s、b、p、m 十个声母后的 u 韵念成 ou 韵。这些方言区的人学习普通话时，应该特别注意，切不可把 u 韵的字念成 ou 韵的字。

（三）切不可丢失介音 u

在普通话里，d、t、n、l、z、c、s 七个声母与韵母 uan、uei、uen 相拼时，有些方言区的人，常常丢失介音 u，而念成与韵母 an、ei、en 相拼的字。这种情况涉及的字并不多，但让人听起来感到刺耳，所以应特别注意。

（1）有些方言区的人常分不清 an 韵和 uan 韵的字，把声母 d、t、n、l、z、c、s 后 uan 韵的字，念成 an 韵的字。例如：

| | |
|---|---|
| 端正 duānzhèng 念成 dānzhèng | 长短 chángduǎn 念成 chángdǎn |
| 锻炼 duànliàn 念成 dànliàn | 团长 tuánzhǎng 念成 tánzhǎng |
| 暖和 nuǎnhuo 念成 nǎnhuo | 山峦 shānluán 念成 shānlán |
| 卵石 luǎnshí 念成 lǎnshí | 杂乱 záluàn 念成 zálàn |
| 钻研 zuānyán 念成 zānyán | 钻塔 zuàntǎ 念成 zàntǎ |

窜逃 cuàntáo 念成 càntáo　　　　　　酸枣 suānzǎo 念成 sānzǎo
算术 suànshù 念成 sànshù

在普通话里，uan 韵和 an 韵的字是分得很清楚的，应注意分辨。

（2）有些方言区的人，常把声母 d、t、z、c、s 后的 uei 韵念成 ei 韵。例如：

堆积 duī jī 念成 dēijí　　　　兑付 duìfù 念成 dèifù　　　　对唱 duìchàng 念成 dèichàng
队日 duìrì 念成 dèirì　　　　推行 tuīxíng 念成 tēixíng　　颓丧 tuísàng 念成 tèisàng
腿脚 tuǐjiǎo 念成 těijiǎo　　蜕变 tuìbiàn 念成 tèibiàn　　退兵 tuìbīng 念成 tèibīng
嘴唇 zuǐchún 念成 zěichún　醉意 zuìyì 念成 zèiyì　　　　最初 zuìchū 念成 zèichū
罪名 zuìmíng 念成 zèimíng　崔巍 cuīwēi 念成 cēiwēi　　摧残 cuīcán 念成 cēicán
催促 cuīcù 念成 cēicù　　　璀璨 cuǐcàn 念成 cěicàn　　　虽说 suīshuō 念成 sēishuō
尿泡 suīpāo 念成 sēipāo　　隋朝 suícháo 念成 séicháo　随从 suícóng 念成 séicóng
绥靖 suíjìng 念成 séijìng　　脑髓 nǎosuǐ 念成 nǎosěi　　碎骨 suìgǔ 念成 sèigǔ
遂意 suìyì 念成 sèiyì　　　　隧道 suìdào 念成 sèidào　　岁月 suìyuè 念成 sèiyuè
麦穗 màisuì 念成 màisèi　　作祟 zuòsuì 念成 zuòsèi

在普通话里，d 声母与 ei 韵相拼的字只有"嘚 dēi"、"得 děi"两个字，t 声母与 ei 韵相拼只有一个不常用的"忒 tēi"字，z 声母与 ei 韵相拼的只有一个"贼 zéi"字，c 声母与 ei 韵相拼只有一个不常用的"瓶 cèi"字，s 声母不与 ei 韵相拼。我们可以用记少不记多的办法记住这些少数字，其余念成 ei 韵的字都应改念 uei(ui)韵。

（3）有些方言区的人常把声母 d、t、l、z、c、s 后 uen 韵的字念成 en 韵。例如：

敦促 dūncù 念成 dēncù　　　　　　土墩 tǔdūn 念成 tǔdēn
吨位 dūnwèi 念成 dēnwèi　　　　　蹲点 dūndiǎn 念成 dēndiǎn
趸船 dūnchuán 念成 dēnchuán　　　炖肉 dùnròu 念成 dènròu
顿号 dùnhào 念成 dènhào　　　　　钝角 dùnjiǎo 念成 dènjiǎo
盾牌 dùnpái 念成 dènpái　　　　　逃遁 táodùn 念成 táodèn
吞并 tūnbìng 念成 tēnbìng　　　　屯扎 túnzhā 念成 ténzhā
囤积 túnjī 念成 ténjī　　　　　　海豚 hǎitún 念成 hǎitén
臀部 túnbù 念成 ténbù　　　　　　抡拳 lūnquán 念成 lēnquán
沦陷 lúnxiàn 念成 lénxiàn　　　　论语 lúnyǔ 念成 lényǔ
轮船 lúnchuán 念成 lénchuán　　　昆仑 kūnlún 念成 kūnlén
伦次 lúncì 念成 léncì　　　　　　涤纶 dílún 念成 dílén
尊称 zūnchēng 念成 zēnchēng　　　遵从 zūncóng 念成 zēncóng
村庄 cūnzhuāng 念成 cēnzhuāng　　存档 cúndàng 念成 céndàng
忖度 cǔnduó 念成 cěnduó　　　　　寸断 cùnduàn 念成 cènduàn
孙女 sūnnǚ 念成 sēnnǚ　　　　　　猢狲 húsūn 念成 húsēn
损失 sǔnshī 念成 sěnshī　　　　　竹笋 zhúsǔn 念成 zhúsěn
榫头 sǔntou 念成 sěntou

在普通话里，d 声母与 en 韵相拼只有一个常用的"扽 dèn"字，t 声母不与 en 韵相拼，z

声母与 en 韵相拼只有一个常用的"怎 zěn"字和一个不常用的"潛 zèn"字,c 声母与 en 韵相拼只有一个常用的"参(参差)cēn"字和两个不常用的"岑 cén"和"涔 cén"字,s 声母与 en 韵相拼只有一个"森 sēn"字。我们记住以上这些少数字,其余念成 en 韵的字,都应改念 uen(un)韵。

(四) 词语对比练习

| dūdu 都督 —— dōudou 兜兜 | chūshuǐ 出水 —— chōushuǐ 抽水 | túdì 徒弟 —— tóudì 投递 |
| yīlú 一炉 —— yīlóu 一楼 | dùfǔ 杜府 —— dòufu 豆腐 | shùmù 数目 —— shòumù 寿木 |
| lùshuǐ 露水 —— lòushuǐ 漏水 | lùtú 路途 —— lòutóu 露头 | pūkāi 铺开 —— pōukāi 剖开 |
| shūshì 舒适 —— shōushì 收势 | tūchū 突出 —— tōuchū 偷出 | tūbǐ 秃笔 —— tōubǐ 偷笔 |
| tùguo 吐过 —— tòuguo 透过 | chǔjù 楚剧 —— chǒujù 丑剧 | dùjiāng 渡江 —— dòujiāng 豆浆 |
| dùpí 肚皮 —— dòupí 豆皮 | duàntú 断屠 —— duàntóu 断头 | zǔshī 祖师 —— zǒusī 走私 |
| túxiàng 图像 —— tóuxiàng 头像 | dǎsàn 打散 —— dǎsuàn 打算 | sānméi 三枚 —— suānméi 酸梅 |
| dǎlàn 打烂 —— dǎluàn 打乱 | dànzi 担子 —— duànzi 缎子 | jiāndān 肩担 —— jiānduān 尖端 |
| fēndàn 分蛋 —— fēnduàn 分段 | dǎnxiǎo 胆小 —— duǎnxiǎo 短小 | dànjué 旦角 —— duànjué 断绝 |
| dānfāng 单方 —— duānfāng 端方 | zálàn 砸烂 —— záluàn 杂乱 | chángdǎn 尝胆 —— chángduǎn 长短 |

(五) 词语正音训练

u—u

| dūdu 都督 | dūcù 督促 | dúsù 毒素 | dúshù 读数 | dúmù 独木 | dùshù 度数 | tūchū 突出 | túbù 徒步 | túlù 屠戮 | túsū 屠苏 |
| túpǔ 图谱 | túshū 图书 | túdú 荼毒 | tǔbù 土布 | tǔmú 土模 | tǔmù 土木 | tǔzú 土族 | tǔzhù 土著 | nùmù 怒目 | núpú 奴仆 |
| lǔsù 卤素 | lùshù 路数 | lùbù 露布 | lùlù 陆路 | zǔmǔ 祖母 | cūbù 粗布 | cūlǔ 粗鲁 | cūsú 粗俗 | sùdù 速度 | bǔzhù 补助 |
| bǔzú 补足 | pūsù 扑簌 | mùbù 幕布 | shútǔ 熟土 | chūbù 初步 | chùmù 触目 | shúlù 熟路 | chùnù 触怒 | | |

## uan—u

| duǎncù | duǎnlù | duǎntú | duànlù | suānchǔ | luànzhú | suànshù |
|---|---|---|---|---|---|---|
| 短促 | 短路 | 短途 | 断路 | 酸楚 | 乱竹 | 算数 |

## u—ou

dū　　dū dú dú dú dǔ dǔ dǔ　　dù　　dù dù dù　　dù dōu
都(首都) 督 毒 读 独 堵 睹 赌 肚(肚子) 度(程度) 渡 镀 肚(肚皮) 杜；都(副词)
dōu dǒu　　dǒu dǒu dǒu dòu　　dòu dòu tū tū tū tú tú tú tú tú tǔ tǔ　　tù
兜 斗(斗胆) 抖 蚪 陡 斗(斗争) 豆 逗；突 凸 秃 徒 屠 图 涂 途 土 吐(吐气) 吐
tù tōu tóu tóu tòu bǔ bǔ bǔ bǔ bù bù bù bù bù bù bù bù pū　　pū pū
(呕吐) 兔；偷 头 投 透；捕 哺 卜 补 部 簿 埠 不 布 怖 步；铺(铺床) 扑 仆(前仆后继)
pú pú pú pú　　pǔ pǔ pǔ　　pù　　pù pōu mú　　mǔ mǔ mǔ mǔ mù mù
菩 蒲 葡 仆(仆人) 普 谱 朴(朴素) 铺(铺子) 瀑；剖；模(模样) 亩 牡 母 拇 姆 墓 暮
mù mù mù mù mù mù mù mù mù　　móu mǒu
幕 慕 募 木 沐 目 睦 牧 穆；谋 某

## an—uan

　　dān　　　　dān dān dān　　　　dān dǎn dǎn　　　　dàn　　　　dàn dàn dàn dàn dàn
单(单词) 耽 眈 担(担心) 丹 胆 掸(掸子) 弹(子弹) 淡 氮 诞 旦 担(担
dàn dàn duān duǎn duàn duàn duàn duàn tān tān tān tān tán　　　　tán tán tán tán tán tǎn
子) 但 蛋 端 短 断 段 锻 缎；贪 滩 瘫 摊 弹(弹簧) 痰 谈 坛 昙 潭 毯
tǎn tàn tàn tàn tàn tuān tuán
坦 探 叹 炭 碳；湍 团

## uei(ui)

duī duì duì duì tuī tuǐ tuì tuì
堆 对 队 兑；推 腿 退 蜕

## uen(un)

dūn dūn dūn dūn dùn dùn dùn tūn tún tún
吨 敦 墩 蹲 盾 顿 钝；吞 囤 臀

# 第六节　音　节

**训练目标**

这一节对普通话音节进行综合介绍。要求能掌握音节的拼读，弄清自身方言与普通话在声韵配合方面的不同点与相同点，熟悉普通话的基本音节，熟练地掌握拼写规则。

## 一、音节的拼读

(一) 拼读要领

就汉语来说,拼读就是把声母和韵母一口气连读,拼合成一个音节。拼读音节要注意三个问题。

1. 声母要发本音

拼读汉语音节时,声母要发本音,不能用声母的呼读音同韵母相拼,因为拼合时,呼读音中的元音成分会从中作梗,影响发音的准确度。例如,用 m 的本音和 a 相拼读成 ma(妈),如果用 m 的呼读音和 a 相拼就成 moa 了。

2. 声母、韵母要一气读成

拼读音节时速度要快,声母、韵母之间不要停顿,要一口气读出来。这样,拼读的音才会准确。

3. 要读准介音

拼读有介音 i、u、ü 的音节,不要丢掉介音。例如,拼读音节 duān(端),要是丢掉了介音,就拼成了 dān(单)。

以上三点,可以用一个拼音口诀来概括:声母念本音,韵母紧紧跟,声韵一口气,保你拼得准。例如,m 和 a 相拼,只需闭住双唇作发 m 的样子,随后紧接着发 a,把 m 和 a 连成一口气,中间无间隙,就会准确地念出 ma(妈)音来。

(二) 拼读方法

拼读方法就是按照一定的结构规律把声母和韵母拼合成音节的方法。

1. 两拼法

两拼法又叫声韵两拼法,是把音节分为声母、韵母两个部分进行拼读的方法。拼读时把声母读得轻些、短些,把韵母读得重些,并且把韵母当作一个整体,不管结构如何都不分开读。例如:

zh —— uān ⟶ zhuān （专）
k —— ē ⟶ kē （科）
x —— üé ⟶ xué （学）
x —— iào ⟶ xiào （校）

2. 三拼法

三拼法又叫三拼连读法,是音节分成声母、介音、韵身(韵母除开韵头后所剩下的部分)三部分进行拼读的方法。这种方法只适用于有介音的音节。例如:

b —— i —— an ⟶ biàn （变）
h —— u —— a ⟶ huà （化）
d —— u —— o ⟶ duō （多）
d —— u —— an ⟶ duān （端）

### 3. 声介合拼法

声介合拼法也叫声介合母和韵母拼读法。拼读时先把声母和介音看作一个整体,再同韵身相拼合。这种方法也只适合有介音的音节。例如:

```
hu —— a    →  huá   (华)
qi —— ao   →  qiáo  (侨)
gu —— an   →  guān  (观)
gu —— ang  →  guāng (光)
```

以上三种拼读方法各有利弊。两拼法韵母是一个整体,便于拼读,拼出的音易准确,这是常用的拼读方法。但是,运用这种方法得记住 39 个韵母。采用三拼法可以少记一部分韵母,如 an、ian、uan、üan 四个韵母,只要会 an 韵母就可以了。另外,三个韵母不必单独记忆,拼读音节时用三拼法即可拼读。不过,这种方法把介音从韵母中提出来了,使韵母的整体性遭到破坏,所以拼读出的音节有时会受一定影响。用声介合拼法也可以少记一些韵母,但是要熟练地掌握 29 个声介合音,即"bi、pi、mi、di、ti、ni、li、ji、qi、xi;du、tu、nu、lu、gu、ku、hu、zhu、chu、shu、ru、zu、cu、su;nü、lü、ju、qu、xu",这对初学拼音的人来说,也是一种负担。

拼读音节还要确定声调。如何拼读音节的声调? 常用的有两种方法。

第一,音节数调法。这种方法是把声母和韵母相拼,拼出音节读阴平,然后按照阳平、上声、去声顺序数下来,一直数到要读的调为止。例如,献(xiàn),先拼读出这个音节的阴平调 xiān(先),然后依序数调,阳平调 xián(闲),上声调 xiǎn(显),去声调 xiàn(献),那么,xiàn(献)就是要读的调。

第二,韵母定调法。这种方法是先确定韵母的声调,用声母和带调的韵母拼读出音节。例如,tà(踏),拼读时不用数调,用声母直接同韵母 a 的去声相拼,即可读出 tà(踏)。

## 二、声韵配合关系

在普通话语音系统中,声母和韵母配合成音节是有一定规律的。这些规律由声母的发音部位和韵母的四呼来决定。掌握声韵配合规律,可以避免拼读或拼写时出现普通话语系中没有的音节。

普通话声韵配合关系粗略情况如表 1-4 所示。

表 1-4 普通话声韵配合关系

| 声 母 | | 韵 母 | | | |
| --- | --- | --- | --- | --- | --- |
| | | 开口呼 | 齐齿呼 | 合口呼 | 撮口呼 |
| 双唇音 | b、p、m | 能 | 能 | u | 无 |
| 唇齿音 | f | 能 | 无 | u | 无 |
| 舌尖中音 | d、t | 能 | 能 | 能 | 无 |
| | n、l | | | | 能 |

(续表)

| 声　母 | | 韵　母 | | | |
|---|---|---|---|---|---|
| | | 开口呼 | 齐齿呼 | 合口呼 | 撮口呼 |
| 舌面音 | j、q、x | 无 | 能 | 无 | 能 |
| 舌根音 | g、k、h | 能 | 无 | 能 | 无 |
| 舌尖后音 | zh、ch、sh、r | 能 | 无 | 能 | 无 |
| 舌尖前音 | z、c、s | 能 | 无 | 能 | 无 |

表里的"能"字表示某一横行的声母与某一竖行的韵母有拼合关系,"无"字表示某一横行的声母与某一竖行的韵母不发生拼合关系,"u"表示这一横行的声母只能与单韵母 u 拼合,不能与合口呼的其他韵母相拼。

从表中可以看出声韵配合的基本规律。

(1) b、p、m 只跟开口呼、齐齿呼、合口呼(只限于 u)韵母相拼,不能跟撮口呼韵母相拼。

(2) f 只能与开口呼、合口呼(只限于 u)韵母相拼,不能跟齐齿呼、撮口呼韵母相拼。

(3) d、t 与开口呼、齐齿呼、合口呼韵母相拼,不能跟撮口呼韵母相拼。

(4) n、l 能与开口呼、齐齿呼、合口呼、撮口呼四类韵母配合。

(5) g、k、h、zh、ch、sh、r、z、c、s 只能与开口呼、合口呼韵母相拼,不能跟齐齿呼、撮口呼韵母相拼;j、q、x 与其相反,只能与齐齿呼和撮口呼韵母相拼,不能跟开口呼、合口呼韵母相拼。

另外,韵母 ong 只能与声母相拼,不能自成音节;ueng 只能自成音节,不能跟任何声母相拼。普通话声韵配合的详细情况,请看《普通话声韵配合表》。表里的空白,表示某个声母不能和某个韵母拼合。这个表可以帮助我们准确掌握普通话音节的读音。例如,"定"、"凳"应读作 dìng、dèng,而不能读成 din、den。读声韵配合表中的音节,可以对照自己的方言找出不同之处,加以纠正。例如,普通话没有 t 和 ün 相拼的音节,粤方言却把"团"读成 tün;普通话没有 f 和 ái 相拼的音节,湖北有的方言把"怀"读成 fái。学习普通话要排除 tün,fái 这一类方音音节。

## 第七节　掌握普通话的语流音变

**教学目标**

明确语流音变是标准口语语音中不可缺少的重要内容。通过训练,掌握变调、轻声、儿化、语气词"啊"等音变技能。

# 一、什么是语流音变

## (一)语流音变现象

在说话过程中,由于相连音节的相互影响或表情达意的需要,有些音节的结构发生程度不同的变化,我们称这种现象为语流音变。

普通话的语流音变主要包括变调、轻声、儿化、语气词"啊"的变化。

## (二)语流音变与说好普通话的关系

语流音变是普通话中的自然现象。汉语是有声调的语言,汉语声调和语调的平升曲降,大量语词的轻重格式搭配,组词造句的较大灵活性,语流中语音的各种交替,以及人们对语言的约定俗成,使语音中的一些因素自然要发生变化。学习普通话,必须掌握音变规律。如果只掌握单个音节的读音而掌握音变,那还不能算学好了普通话。

掌握语流音变,给人以语音自然和谐之感,不觉生硬、别扭。例如,方言区的人学习普通话,常把对人尊称的"先生"说成 xiānshēng,把"知识"说成 zhīshí,就不合普通话的习惯。又如,普通话中的儿化韵能表示一种亲切喜爱的感情色彩,比如说"小孩儿"(xiǎoháir)就有这个意味,而说"小孩子"(xiǎoháizi)就没有这个意味了。

# 二、怎样掌握语流音变

语流音变是有一定规律的,了解这些规律,并在口语实践中经常应用,培养语感,有助于说好普通话。

## (一)变调

在语流中,相连音节的相互影响,使某个音节本来的调值发生了变化,这种变化叫作变调。

1. 上声的变调训练

(1) 两个上声相连,前一个上声变读成像阳平。例如:

| yǒuhǎo | guǎngchǎng | zhǔjiǎng | lǐngdǎo | xiǎozǔ | shǒuzhǎng | zǒnglǐ |
| 友好 | 广场 | 主讲 | 领导 | 小组 | 首长 | 总理 |
| bǎoxiǎn | yǒnggǎn | fǎnxǐng | jiǎnshǎo | xǐzǎo | bǐcǐ | shuǐjǐng |
| 保险 | 勇敢 | 反省 | 减少 | 洗澡 | 彼此 | 水井 |
| jiǎnduǎn | xuǎnjǔ | shǒuzhǐ | dǎoyǎn | shuǐtǒng | yuǎnjǐng | dǐngdiǎn |
| 简短 | 选举 | 手指 | 导演 | 水桶 | 远景 | 顶点 |
| ǎixiǎo | guǎnlǐ | měihǎo | kǎnkě | qǔkuǎn | xǔjiǔ | gǔdiǎn |
| 矮小 | 管理 | 美好 | 坎坷 | 取款 | 许久 | 古典 |
| ěryǔ | kǎochǎng | běihǎi | zhǐdǎo | | | |
| 耳语 | 考场 | 北海 | 指导 | | | |

（2）两个上声相连，如果第二个上声变读成轻声，第一个上声仍要变读成像阳平。例如：

| lǎoshu | xiǎojie | shǒuli | xiǎngfa |
|---|---|---|---|
| 老鼠 | 小姐 | 手里 | 想法 |

（3）三个上声相连，按语音停顿的情况来变。

① 语音停顿在第二个上声字后，前两个上声变读成像阳平。例如：

| zhǎnlǎnguǎn | xǐliǎnshuǐ | hǔgǔjiǔ | guǎnlǐzǔ | bǎnběnhǎo | xuǎnjǔnǐ |
|---|---|---|---|---|---|
| 展览馆 | 洗脸水 | 虎骨酒 | 管理组 | 版本好 | 选举你 |
| shǒuxiětǐ | xǐrǎnzǔ | měnggǔyǔ | pǎomǎchǎng | chǎngjǐngměi | |
| 手写体 | 洗染组 | 蒙古语 | 跑马场 | 场景美 | |

② 语音停顿在第一个上声字后，第二个上声读成像阳平，第一个和第三个上声不变。例如：

| hǎolǐngdǎo | chǎngdǎngwěi | zhǐlǎohǔ | chǎomǐfěn | xiǎozǔzhǎng | yǒulǐxiǎng |
|---|---|---|---|---|---|
| 好领导 | 厂党委 | 纸老虎 | 炒米粉 | 小组长 | 有理想 |
| zhǔkǎochǎng | dǐngyǒnggǎn | xiǎomǔzhǐ | lǎobǎoshǒu | tiěshuǐguǎn | chǎnshuǐguǒ |
| 主考场 | 顶勇敢 | 小拇指 | 老保守 | 铁水管 | 产水果 |

（4）三个以上的上声相连，也按语音停顿来变，停顿前的上声仍读上声，其他上声变读成像阳平（停顿与速度有关，快读可不顿，慢读可稍顿）。例如：

yǒngyuǎn yǒuhǎo　　Wǎngběizǒu wǔlǐ yǒu shuǐjǐng　　Qǐngnǐ bǎ zhǎnlǎnguǎn suǒhǎo
永远友好　　　　往北走五里有水井。　　　　请你把展览馆锁好。
Gěiwǒ mǎiwǔwǎn chǎomǐfěn　　Wǒzhǎo bǎoguǎnzǔ mǎzǔzhǎng。
给我买五碗炒米粉。　　　　我找保管组马组长。
Nǐgěi lǎolǐ dǎ xǐliǎnshuǐ　　Lǎobǎoshǒu zhǎo chǎnglǐngdǎo lǐng wǔbǎ hǎoyǔsǎn
你给老李打洗脸水。　　　　老保守找厂领导领五把好雨伞。

（5）上声在阴、阳、去声之前都变读成半上，调值只降不升。例如：

| shǒudū | běijīng | shǐzhōng | pǔtōng | lǎoshī | xiǎoshuō |
|---|---|---|---|---|---|
| 首都 | 北京 | 始终 | 普通 | 老师 | 小说 |
| zhǎnkāi | chǎnshēng | huǒchē | běifāng | zhǐbiāo | shuǐxiāng |
| 展开 | 产生 | 火车 | 北方 | 指标 | 水箱 |
| yǔyī | hǎijūn | tǐcāo | kěnhuāng | juǎnyān | jiǔjīng |
| 雨衣 | 海军 | 体操 | 垦荒 | 卷烟 | 酒精 |
| jǐngzhōng | shǒuxiān | hǒushēng | jiǎogēn | xǔduō | kǎchē |
| 警钟 | 首先 | 吼声 | 脚跟 | 许多 | 卡车 |
| kǎigē | kǎishū | kǒuxíng | lǎngdú | gǔwén | kǎochá |
| 凯歌 | 楷书 | 口型 | 朗读 | 古文 | 考察 |
| gǎigé | guǒyuán | zǔguó | lǐngnán | tiěchuí | niǎolóng |
| 改革 | 果园 | 祖国 | 岭南 | 铁锤 | 鸟笼 |

| nǚxié | nǎopí | lěngcáng | zǐhóng | tǎnbái | dǎoyóu |
|---|---|---|---|---|---|
| 女鞋 | 脑皮 | 冷藏 | 紫红 | 坦白 | 导游 |
| dǎqiú | jǔxíng | tǔdì | liǔshù | nuǎnshì | niǔkòu |
| 打球 | 举行 | 土地 | 柳树 | 暖室 | 纽扣 |
| guǎizhàng | tuǒshàn | nǔlì | tǒngzhì | tǎolùn | tiǎozhàn |
| 拐杖 | 妥善 | 努力 | 统治 | 讨论 | 挑战 |
| nǐyì | kǎnshù | dǒngshì | chuǎnqì | jǔlì | jǔzhòng |
| 拟议 | 砍树 | 懂事 | 喘气 | 举例 | 举重 |

2. "一"的变调训练

(1) 变调规律。

① 单念读原调(阴平。一串数字中的"一",看作单说的一个数)。例如：

yī、二、三　yī yī 过问　yī yī 过目　yī yī 得 yī　有 yī 是 yī　yī 无所知
yī 如既往　yī 九 yī 八　二八 yī 十六　yī 六八五 yī 二

② 第一的简语表序数时,读原调(阴平)。例如：

yī 楼(第一层楼)　yī 门(第一个门)　yī 栋(第一栋)　yī 团(第一团)　yī 小(第一小学)
yī 师(第一师范)　yī 附中(第一附属中学)　yī 穷二白　yī 不怕苦　yī 鼓作气
yī 清二楚　yī 月 yī 日

③ 词句末尾的"一",读原调(阴平)。例如：

第 yī　十 yī　七 yī　六 yī　表里不 yī　传说不 yī　始终不 yī
长短不 yī　百里挑 yī　国家统 yī　以防万 yī　不管三七二十 yī

④ "一"在阴平、阳平、上声前变读为去声。例如：

| yìjiā | yìduī | yìtiān | yìpī | yìbān | yìzōng | yìbiān | yìshēng | yìpiē |
|---|---|---|---|---|---|---|---|---|
| 一家 | 一堆 | 一天 | 一批 | 一般 | 一宗 | 一边 | 一生 | 一瞥 |
| yìxīn | yìduān | yìsī | yìzhāng | yìjīng | yìbēi | yìxiē | yìshēn | yìzhēn |
| 一心 | 一端 | 一丝 | 一张 | 一经 | 一杯 | 一些 | 一身 | 一针 |
| yìtīng | yìjīn | yìcéng | yìmén | yìguó | yìtiáo | yìtóng | yìzhí | yìqún |
| 一听 | 一斤 | 一层 | 一门 | 一国 | 一条 | 一同 | 一直 | 一群 |
| yìnián | yìtóu | yìháng | yìshí | yìlián | yìqí | yìtái | yìmíng | yìháo |
| 一年 | 一头 | 一行 | 一时 | 一连 | 一齐 | 一台 | 一鸣 | 一毫 |
| yìpíng | yìbǐ | yìdiǎn | yìpǐ | yìbǎ | yìhuǎng | yìlǎn | yìzuǒ | yìkǒu |
| 一瓶 | 一笔 | 一点 | 一匹 | 一把 | 一晃 | 一览 | 一左 | 一口 |
| yìlǒu | yìyǎn | yìjǔ | yìzǒng | yìzhǔn | | | | |
| 一篓 | 一眼 | 一举 | 一总 | 一准 | | | | |

⑤ "一"在去声前变读为阳平。例如：

| yílì | yícì | yíjù | yíbèi | yícùn | yíkuài | yílèi | yíxià | yíjiàn |
|---|---|---|---|---|---|---|---|---|
| 一例 | 一次 | 一句 | 一倍 | 一寸 | 一块 | 一类 | 一下 | 一件 |
| yízuò | yílù | yígòng | yíxiàng | yíbìng | yídìng | yíxiàn | yíhuàng | yízhì |
| 一座 | 一路 | 一共 | 一向 | 一并 | 一定 | 一线 | 一晃 | 一致 |
| yízài | yíguàn | yídàn | yígài | yíqiè | yíbàn | yíyè | yíqù | yímiàn |
| 一再 | 一贯 | 一旦 | 一概 | 一切 | 一半 | 一夜 | 一去 | 一面 |
| yípiàn | yílǜ | yírì | yídù | yídào | yíshùn | yíkè | yísè | |
| 一片 | 一律 | 一日 | 一度 | 一道 | 一瞬 | 一刻 | 一色 | |

⑥ "一"夹在单音重叠动词中间读轻声。例如：

| xiǎngyixiǎng | kànyikàn | wènyiwèn | shìyishì | tīngyitīng | jiǎnyijiǎn |
|---|---|---|---|---|---|
| 想一想 | 看一看 | 问一问 | 试一试 | 听一听 | 剪一剪 |
| dúyidú | zǒuyizǒu | shuōyishuō | wányiwán | huàyihuà | chángyicháng |
| 读一读 | 走一走 | 说一说 | 玩一玩 | 画一画 | 尝一尝 |
| xiěyixiě | chuānyichuān | cháyichá | tányitán | tiàoyitiào | nuóyinuó |
| 写一写 | 穿一穿 | 查一查 | 谈一谈 | 跳一跳 | 挪一挪 |
| pǎoyipǎo | xiàoyixiào | shuǎiyishuǎi | gǔnyigǔn | tányitán | bǐyibǐ |
| 跑一跑 | 笑一笑 | 甩一甩 | 滚一滚 | 弹一弹 | 比一比 |

（2）综合练习（标的原调，读变调）。

| yīqiányīhòu | yīzuǒyīyòu | yīmúyīyàng | yīshàngyīxià | yībùyīguǐ | yīchàngyīhè |
|---|---|---|---|---|---|
| 一前一后 | 一左一右 | 一模一样 | 一上一下 | 一步一鬼 | 一唱一和 |
| yīzhāngyīchí | yīqínyīhè | yīwǔyīshí | yīxīnyīyì | yīzìyījù | yībǎnyīyǎn |
| 一张一弛 | 一琴一鹤 | 一五一十 | 一心一意 | 一字一句 | 一板一眼 |
| yīzhāoyīxī | yīxīnyīdé | yīshǒuyīzú | yīsīyīháo | yīzìyīzhū | yīlóngyīshé |
| 一朝一夕 | 一心一德 | 一手一足 | 一丝一毫 | 一字一珠 | 一龙一蛇 |
| yīyuèyīrì | yīcǎoyīmù | yīhǎoyīhuài | yīhēiyībái | yīhuángyīlǜ | yīshānyīshuǐ |
| 一月一日 | 一草一木 | 一好一坏 | 一黑一白 | 一黄一绿 | 一山一水 |
| yīzhuōyīyǐ | yīcàiyītāng | yīrényīfèn | yīkǒuyīgè | yīrényīkǔn | yīdàyīxiǎo |
| 一桌一椅 | 一菜一汤 | 一人一份 | 一口一个 | 一人一捆 | 一大一小 |
| yīchàngyītiào | yījīnyīliǎng | yībānyīkuài | yīzǔyīzhāng | yīmāoyīgǒu | yīyuányījiǎo |
| 一唱一跳 | 一斤一两 | 一班一块 | 一组一张 | 一猫一狗 | 一元一角 |
| yītiānyīpiàn | yīniányīhuí | yīgèyībǎ | yītiàoyībèng | | |
| 一天一片 | 一年一回 | 一个一把 | 一跳一蹦 | | |

今天一早，我收到了华师一附中尹菁同学的来信。她告诉我，一月一日，她参加楚才杯作文竞赛，获得了第一名。她还把她与邹芳闹矛盾的事，一五一十地告诉我。她说在一个月之前，曾写了一封信给邹芳，但未见回信。为了这事，她一直很痛苦，希望我能常给她去信，帮一帮她。

3. "不"的变调训练

(1) 变调规律。

① "不"单念或在词句末尾,以及在阴平、阳平、上声前,一律念原调。

| bù | wǒpiānbù | juébù | tāshēntǐhǎobù | nǐqùbù | bùyīérzú | bùān | bùchā |
|---|---|---|---|---|---|---|---|
| 不! | 我偏不! | 绝不! | 他身体好不? | 你去不? | 不一而足 | 不安 | 不差 |

| bùdān | bùfáng | bùduān | bùgān | bùgōng | bùguāng | bùjī | bùjīn | bùjū |
|---|---|---|---|---|---|---|---|---|
| 不单 | 不妨 | 不端 | 不甘 | 不公 | 不光 | 不羁 | 不禁 | 不拘 |

| bùkān | bùqū | bùxī | bùxiāo | bùxīng | bùxiū | bùtōng | bùyī | bùshī |
|---|---|---|---|---|---|---|---|---|
| 不堪 | 不屈 | 不惜 | 不消 | 不兴 | 不休 | 不通 | 不依 | 不湿 |

| bùcái | bùcéng | bùchéng | bùdié | bùfá | bùfán | bùfú | bùhé | bùhé |
|---|---|---|---|---|---|---|---|---|
| 不才 | 不曾 | 不成 | 不迭 | 不乏 | 不凡 | 不符 | 不合 | 不和 |

| bùjí | bùliáng | bùpíng | bùrán | bùrén | bùróng | bùrú | bùshí | bùtú |
|---|---|---|---|---|---|---|---|---|
| 不及 | 不良 | 不平 | 不然 | 不仁 | 不容 | 不如 | 不时 | 不图 |

| bùxiá | bùxiáng | bùxíng | bùyáng | bùyí | bùyú | bùzú | bùwén | bùbǐ |
|---|---|---|---|---|---|---|---|---|
| 不暇 | 不详 | 不行 | 不扬 | 不宜 | 不虞 | 不足 | 不闻 | 不比 |

| bùchěng | bùchǐ | bùděng | bùfǎ | bùgǎn | bùgǒu | bùguǎn | bùguǐ | bùhǎo |
|---|---|---|---|---|---|---|---|---|
| 不逞 | 不齿 | 不等 | 不法 | 不敢 | 不苟 | 不管 | 不轨 | 不好 |

| bùjiǔ | bùkě | bùliǎo | bùmǎn | bùmiǎn | bùmǐn | bùrěn | bùshuǎng | bùxiǔ |
|---|---|---|---|---|---|---|---|---|
| 不久 | 不可 | 不了 | 不满 | 不免 | 不敏 | 不忍 | 不爽 | 不朽 |

② 在去声前的"不"变读成阳平。

| búbì | búbiàn | búcè | búcuò | búdài | búdàn | búdìng | búdòng | búduàn |
|---|---|---|---|---|---|---|---|---|
| 不必 | 不便 | 不测 | 不错 | 不待 | 不但 | 不定 | 不冻 | 不断 |

| búduì | búfèn | búgòu | búgù | búguò | búhuì | bújì | bújiàn | búlì |
|---|---|---|---|---|---|---|---|---|
| 不对 | 不忿 | 不够 | 不顾 | 不过 | 不讳 | 不济 | 不见 | 不力 |

| búlài | búkuì | búkuài | búkè | búmiào | búlùn | búlìn | búliào | búlì |
|---|---|---|---|---|---|---|---|---|
| 不赖 | 不愧 | 不快 | 不克 | 不妙 | 不论 | 不吝 | 不料 | 不利 |

| búpà | búrì | búshàn | búshèng | búshì | búsuì | bútè | búwèi | búxiào |
|---|---|---|---|---|---|---|---|---|
| 不怕 | 不日 | 不善 | 不胜 | 不适 | 不遂 | 不特 | 不谓 | 不肖 |

| búxiè | búxìng | búxùn | búyàn | búyào | búyì | búyòng | búzài | búzhèn |
|---|---|---|---|---|---|---|---|---|
| 不屑 | 不幸 | 不逊 | 不厌 | 不要 | 不意 | 不用 | 不在 | 不振 |

③ "不"夹在动词、形容词或动词补语之间,一律念轻声。

| cābuca | tīngbutīng | qùbuqù | dòngbudòng | xiàngbuxiàng | děngbuděng |
|---|---|---|---|---|---|
| 擦不擦 | 听不听 | 去不去 | 动不动 | 像不像 | 等不等 |

| dǎbudǎ | nuóbunuó | bǐbubǐ | shìbushì | hǎnbuhǎn | tiàobutiào |
|---|---|---|---|---|---|
| 打不打 | 挪不挪 | 比不比 | 试不试 | 喊不喊 | 跳不跳 |

| fēibufēi | kūbukū | quēbuquē | duōbuduō | shǎobushǎo | suānbusuān |
|---|---|---|---|---|---|
| 飞不飞 | 哭不哭 | 缺不缺 | 多不多 | 少不少 | 酸不酸 |

| mángbumáng | tiánbutián | hóngbuhóng | bǎobubǎo | lǎobulǎo | lěngbulěng |
|---|---|---|---|---|---|
| 忙不忙 | 甜不甜 | 红不红 | 好不好 | 老不老 | 冷不冷 |
| píngbupíng | yuánbuyuán | tòngbutòng | kuàibukuài | rènbuqīng | nuóbudòng |
| 平不平 | 圆不圆 | 痛不痛 | 快不快 | 认不清 | 挪不动 |
| kànbujiàn | dǎbukāi | qǐbulái | huíbuqù | guòbulái | huànbudòng |
| 看不见 | 打不开 | 起不来 | 回不去 | 过不来 | 换不动 |
| tiàobuguò | dǎbudǎo | xièbudiào | | | |
| 跳不过 | 打不倒 | 卸不掉 | | | |

（2）综合练习（标的原调，读变调）。

| bùpòbùlì | bùhuāngbùmáng | bùyánbùyǔ | bùsānbùsì | bùshēngbùxiǎng |
|---|---|---|---|---|
| 不破不立 | 不慌不忙 | 不言不语 | 不三不四 | 不声不响 |
| bútòngbùyǎng | bùgānbùjìng | bùlúnbùlèi | bùwénbùwèn | bùqiánbùhòu |
| 不痛不痒 | 不干不净 | 不伦不类 | 不闻不问 | 不前不后 |
| bùdàbùxiǎo | bùzhébùkòu | bùbēibùkàng | bùmíngbùbái | bùhǎobùhuài |
| 不大不小 | 不折不扣 | 不卑不亢 | 不明不白 | 不好不坏 |
| bùlěngbùrè | bùjiànbùsàn | bùqūbùnáo | bùjīnbùyóu | bùjíbùlí |
| 不冷不热 | 不见不散 | 不屈不挠 | 不禁不由 | 不即不离 |
| bùgānbùgà | bùguǎnbùgù | bùhēngbùhā | bùmànbùzhī | bùpiānbùyǐ |
| 不尴不尬 | 不管不顾 | 不哼不哈 | 不蔓不枝 | 不偏不倚 |
| bùqīngbùbái | bùsuānbùtián | | | |
| 不青不白 | 不酸不甜 | | | |

4. 重叠形容词变调训练

（1）AA式。

① 叠音部分不管是什么声调，一般不变。

| duǎnduǎn | chángcháng | báibái | pàngpàng | kuàikuài | mànmàn |
|---|---|---|---|---|---|
| 短短 | 长长 | 白白 | 胖胖 | 快快 | 慢慢 |
| dàdà | mǎnmǎn | tiántián | hónghóng | qiǎnqiǎn | hǎohǎo |
| 大大 | 满满 | 甜甜 | 红红 | 浅浅 | 好好 |
| báobáo | zǎozǎo | yuányuán | měiměi | shòushòu | hòuhòu |
| 薄薄 | 早早 | 圆圆 | 美美 | 瘦瘦 | 厚厚 |
| mìmì | liàngliàng | zhòngzhòng | píngpíng | liángliáng | nóngnóng |
| 密密 | 亮亮 | 重重 | 平平 | 凉凉 | 浓浓 |
| féiféi | ruǎnruǎn | xiǎoxiǎo | jǐnjǐn | nuānnuān | rèrè |
| 肥肥 | 软软 | 小小 | 紧紧 | 暖暖 | 热热 |

② 附有儿化的重叠形容词，叠音部分不管是什么声调，一律要变读为阴平。例如：

| hǎohāor | báobāor | zǎozāor | xiǎoxiāor | mǎnmānr | mànmānr |
|---|---|---|---|---|---|
| 好好儿 | 薄薄儿 | 早早儿 | 小小儿 | 满满儿 | 慢慢儿 |

| nuǎnnuānr | kuàikuāir | tiántiānr | chángchāngr | píngpīngr |
|---|---|---|---|---|
| 暖暖儿 | 快快儿 | 甜甜儿 | 长长儿 | 平平儿 |

(2) ABB式(词根加叠音词缀)。

这种形容词重叠格式,除叠音词缀本身为阴平不再变外,其余名词都可以把叠音词缀变为阴平。

| xiělīnlīn | xiěhūhū | báihuānghuāng | báimāngmāng | báimēngmēng |
|---|---|---|---|---|
| 血淋淋 | 血糊糊 | 白晃晃 | 白茫茫 | 白蒙蒙 |
| báiliāngliāng | hēidōngdōng | hēichēnchēn | hēihūhū | hēiyāyā |
| 白亮亮 | 黑洞洞 | 黑沉沉 | 黑乎乎 | 黑压压 |
| hēiyōuyōu | hēiyōuyōu | kōngdāngdāng | kōngluōluō | lǎnyāngyāng |
| 黑黝黝 | 黑油油 | 空荡荡 | 空落落 | 懒洋洋 |
| xǐyāngyāng | lányīngyīng | lǜrōngrōng | lǜyīngyīng | lǜyōuyōu |
| 喜洋洋 | 蓝盈盈 | 绿茸茸 | 绿莹莹 | 绿油油 |
| máorōngrōng | huǒlālā | xiāngfūfū | rètēngtēng | tiánmīmī |
| 毛茸茸 | 火辣辣 | 香馥馥 | 热腾腾 | 甜蜜蜜 |
| xiàoyīnyīn | shīlīnlīn | shīlūlū | hóngtōngtōng | chìtiāotiāo |
| 笑吟吟 | 湿淋淋 | 湿漉漉 | 红彤彤 | 赤条条 |
| chìluōluō | zhítīngtīng | rèlālā | hōnglōnglōng | liàngtāngtāng |
| 赤裸裸 | 直挺挺 | 热辣辣 | 轰隆隆 | 亮堂堂 |
| huángdēngdēng | luànmāmā | luànpēngpēng | luàntēngtēng | ruǎnmiānmiān |
| 黄澄澄 | 乱麻麻 | 乱蓬蓬 | 乱腾腾 | 软绵绵 |
| jīnhuānghuāng | jīnhuānghuāng | mínghuānghuāng | bìyōuyōu | xiūdādā |
| 金煌煌 | 金晃晃 | 明晃晃 | 碧油油 | 羞答答 |
| chéndiāndiān | nàorāngrāng | nuǎnyāngyāng | èhēnhēn | màntēngtēng |
| 沉甸甸 | 闹嚷嚷 | 暖洋洋 | 恶狠狠 | 慢腾腾 |
| wūyōuyōu | gūlīnglīng | huīmēngmēng | | |
| 乌油油 | 孤零零 | 灰蒙蒙 | | |

有少数在习惯上是不变读的,原调是什么调就读什么调,例如:

| jīncàncàn | huángcàncàn | lètáotáo | báiáiái | qì'áng'áng | hóngyànyàn |
|---|---|---|---|---|---|
| 金灿灿 | 黄灿灿 | 乐陶陶 | 白皑皑 | 气昂昂 | 红艳艳 |

(3) AABB式。

这种格式的形容词重叠,第二音节读轻声,第三、四音节都变为阴平。例如:

| liàngliangtāngtāng | rèrenāonāo | gāngānjīngjīng | zhěngzhengqīqī |
|---|---|---|---|
| 亮亮堂堂 | 热热闹闹 | 干干净净 | 整整齐齐 |
| lǎolaoshīshī | míngmingbāibāi | huānhuanxīxī | qīngqingchūchū |
| 老老实实 | 明明白白 | 欢欢喜喜 | 清清楚楚 |

| mànmantēngtēng | shūshufūfū | mǎmahūhū | zhāzhashíshí |
| --- | --- | --- | --- |
| 慢慢腾腾 | 舒舒服服 | 马马虎虎 | 扎扎实实 |
| píngpingwěnwěn | lùluxūxū | guīguijūjū | dàdaluōluō |
| 平平稳稳 | 陆陆续续 | 规规矩矩 | 大大落落 |
| dàdaliēliē | mómohūhū | pōpolālā | gūgulīnglīng |
| 大大咧咧 | 模模糊糊 | 泼泼辣辣 | 孤孤零零 |
| piàopiaoliàngliàng | héhemēimēi | lìliluōluō | qīngqingliāngliāng |
| 漂漂亮亮 | 和和美美 | 利利落落 | 清清凉凉 |
| bièbieniūniū | gǔgunāngnāng | tòngtongkuāikuāi | zhēzheyānyān |
| 别别扭扭 | 鼓鼓囊囊 | 痛痛快快 | 遮遮掩掩 |

在书面语言中，有一部分不能变读。例如：

| shǎnshǎnshuòshuò | hōnghōnglièliè | huāhuālǜlǜ | mìmicéngcéng |
| --- | --- | --- | --- |
| 闪闪烁烁 | 轰轰烈烈 | 花花绿绿 | 密密层层 |
| mìmimámá | gāogāoxìngxìng | wūwūyèyè | mìmicóngcóng |
| 密密麻麻 | 高高兴兴 | 呜呜咽咽 | 密密丛丛 |

(二) 轻声

语流中的不少音节失去其原有的声调，念成又短又轻的调子，这种音节就是轻声。轻声主要由音长决定。又短又轻是轻声的本质特征。

1. 轻声的作用

(1) 区别词义和词性。

有一部分双音节轻声词在普通话中有区别词义和词性的作用。例如：

这条路是东西向的。
这是什么东西？

穿上这件衣服，他精神多了。
他的刻苦精神令人感动。

带点的字读轻声。第一组区别词义，第二组区别词性和词义。

(2) 增强语言的节奏感。

【示例】

曲曲折折的荷塘上面，弥望的是田田的叶子，叶子出水很高，像亭亭的舞女的裙。层层的叶子中间，零星地点缀着些白花，有袅娜地开着的，有羞涩地打着朵儿的；正如一粒粒的明珠，又如碧天里的星星，微风过处，送来缕缕清香，仿佛远处高楼上渺茫的歌声似的。这时候叶子与花也有一丝颤动，像闪电般，霎时传过荷塘的那边去了。叶子本是肩并肩密密地挨着，这便宛然有了一道凝碧的波痕。叶子底下是脉脉的流水，遮住了，不能见一些颜色；而叶子却更见风致了。

(朱自清《荷塘月色》)

这是朱自清《荷塘月色》的节选，计195字，轻声46次。听录音的同时标出轻声音节，体会轻重有致的节奏。

2. 轻声的规律

轻声比较灵活，但还是有规律可循的。

【示例】

我说道："爸爸，你走吧。"他望车外看了看，说："我买几个橘子去。你就在此地，不要走动。"我看那边月台的栅栏外有几个卖东西的等着顾客。走到那边月台，须穿过铁道，须跳下去又爬上去。父亲是一个胖子，走过去自然要费事些。我本来要去的，他不肯，只好让他去。我看见他戴着黑布小帽，穿着黑布大马褂，深青棉袍，蹒跚地走到铁道边；慢慢探身下去，尚不大难。可是他穿过铁道，要爬上那边月台，就不容易了。他用两手攀着上面，两脚再向上缩；他肥胖的身子向左微倾，显出努力的样子。这时我看见他的背影，我的泪很快流了下来。

（朱自清《背影》）

以下是有较强规律性的轻声词，从词形上比较容易识别和掌握。

① 助词一般读轻声：

结构助词"的、地、得"；

动态助词"着、了、过、来着"；

语气助词"吗、吧、呢、啊、啦、嘛、呀、哇"。

② 名词、代词的后缀"子、头、巴、们、么"。

③ 名词、代词后的方位词"上、下、里、边"等。

④ 动词、形容词后的趋向动词"去、来、起来、下去"等。

⑤ 叠音词的第二个音节及重叠动词中的"一"和"不"。

下面的轻声词，绝大部分是从《现代汉语词典》收录的轻声词中辑录的。其中，一部分是有规律的，一部分是在语流中人们习惯读轻声的词。轻声训练主要是加强轻声的读法训练。一般而言，轻声的调子读得轻而短，但它的实际调值因受前面音节的声调影响，仍有高低的差别，练习时要特别注意。

（1）阴平阳平后的轻声念又轻又短的低调。

| cūnzi | chēzi | fēngzi | jīnzi | sāizi | shāzi | shēnzi |
| 村子 | 车子 | 疯子 | 金子 | 塞子 | 沙子 | 身子 |
| shūzi | shuāzi | sūnzi | xīngzi | zhuōzi | chízi | chóngzi |
| 梳子 | 刷子 | 孙子 | 星子 | 桌子 | 池子 | 虫子 |
| chóuzi | chuízi | érzi | lánzi | liánzi | lóngzi | lóngzi |
| 绸子 | 锤子 | 儿子 | 篮子 | 帘子 | 聋子 | 笼子 |
| lúzi | lúnzi | luózi | nízi | pénzi | péngzi | píngzi |
| 炉子 | 轮子 | 骡子 | 呢子 | 盆子 | 棚子 | 瓶子 |
| shéngzi | tíngzi | wénzi | zhúzi | fēngtou | gēntou | shétou |
| 绳子 | 亭子 | 蚊子 | 竹子 | 风头 | 跟头 | 舌头 |

| shítou | shuōle | chīle | chéngle | shúle | nále | chīzhe |
|---|---|---|---|---|---|---|
| 石头 | 说了 | 吃了 | 成了 | 熟了 | 拿了 | 吃着 |
| tīngzhe | shuōzhe | cángzhe | liúzhe | tāde | gāode | chángde |
| 听着 | 说着 | 藏着 | 留着 | 他的 | 高的 | 长的 |
| hóngde | shuíde | zhíde | tīngguo | cāguo | xuéguo | tāma |
| 红的 | 谁的 | 值得 | 听过 | 擦过 | 学过 | 他吗 |
| tiánma | xíngma | shuāba | tiánba | shénme | tāmen | zánmen |
| 甜吗 | 行吗 | 刷吧 | 填吧 | 什么 | 他们 | 咱们 |
| rénmen | sānge | shíge | shēnshang | chuānshang | shōuxia | dūnxia |
| 人们 | 三个 | 十个 | 身上 | 穿上 | 收下 | 蹲下 |
| xiāngxia | chūlai | huílai | chuánlai | chūqu | huíqu | māma |
| 乡下 | 出来 | 回来 | 传来 | 出去 | 回去 | 妈妈 |
| shūshu | gūgu | yéye | pópo | bóbo | wáwa | xīngxing |
| 叔叔 | 姑姑 | 爷爷 | 婆婆 | 伯伯 | 娃娃 | 星星 |
| xīngxing | kūlong | luóbo | gānzhe | bōli | wōnang | gēda |
| 猩猩 | 窟窿 | 萝卜 | 甘蔗 | 玻璃 | 窝囊 | 疙瘩 |
| yāohe | jiēba | hútu | líba | pútao | shíliu | luóji |
| 吆喝 | 结巴 | 糊涂 | 篱笆 | 葡萄 | 石榴 | 逻辑 |
| méigui | kuàngkuang | xiēxie | tuītui | yáoyao | tíngting | bāofu |
| 玫瑰 | 框框 | 歇歇 | 推推 | 摇摇 | 停停 | 包袱 |
| biānji | xiāoxi | chōuti | shīfu | chuānghu | dōngxi | xiāmi |
| 编辑 | 消息 | 抽屉 | 师傅 | 窗户 | 东西 | 虾米 |
| fēngqi | guīju | guānxi | jiāhuo | gēbei | gōngfu | gūniang |
| 风气 | 规矩 | 关系 | 家伙 | 胳臂 | 功夫 | 姑娘 |
| dānge | dāying | chāishi | zhīma | yuānwang | tiāoti | yuānjia |
| 耽搁 | 答应 | 差事 | 芝麻 | 冤枉 | 挑剔 | 冤家 |
| pūteng | shōushi | shīshou | shōucheng | zhuāngjia | yīshang | zhēteng |
| 扑腾 | 收拾 | 尸首 | 收成 | 庄稼 | 衣裳 | 折腾 |
| yāntong | zhāngluo | zhīdao | yīfu | xiōngdi | xiānsheng | shūfu |
| 烟筒 | 张罗 | 知道 | 衣服 | 兄弟 | 先生 | 舒服 |
| shēngri | tāshi | yāojing | shīfu | qīfu | jīngshen | fēngzheng |
| 生日 | 踏实 | 妖精 | 师父 | 欺负 | 精神 | 风筝 |
| cāngying | qīngchu | dēnglong | jīling | chēnghu | míngzi | míngbai |
| 苍蝇 | 清楚 | 灯笼 | 机灵 | 称呼 | 名字 | 明白 |
| píqi | néngnai | piányi | nánwei | dézui | niányue | língjiao |
| 脾气 | 能耐 | 便宜 | 难为 | 得罪 | 年月 | 菱角 |

| zuòliao | máfan | shíduo | huánggua | huáji | késou | làodao |
|---|---|---|---|---|---|---|
| 作料 | 麻烦 | 拾掇 | 黄瓜 | 滑稽 | 咳嗽 | 唠叨 |
| yáohuang | yífu | nuódong | yánwang | xuéwen | hétong | héshang |
| 摇晃 | 姨夫 | 挪动 | 阎王 | 学问 | 合同 | 和尚 |
| mógu | fángbei | liángshi | língdang | yúncai | máobing | miánhua |
| 蘑菇 | 防备 | 粮食 | 铃铛 | 云彩 | 毛病 | 棉花 |
| méimao | míngtang | múyang | niánji | pángxie | péngyou | qíngxing |
| 眉毛 | 名堂 | 模样 | 年纪 | 螃蟹 | 朋友 | 情形 |
| shíhou | tímu | túdi | xíngli | xuésheng | biéren | cáifeng |
| 时候 | 题目 | 徒弟 | 行李 | 学生 | 别人 | 裁缝 |
| cháihuo | chéngdu | shízai | zuómo | | | |
| 柴火 | 程度 | 实在 | 琢磨 | | | |

（2）上声后面的轻声念又轻又短的半高调。

| běnzi | chǎnzi | fǎzi | fǔzi | lǎozi | lǐngzi | lǒuzi |
|---|---|---|---|---|---|---|
| 本子 | 铲子 | 法子 | 斧子 | 老子 | 领子 | 篓子 |
| shěnzi | zǎozi | zhǒngzi | zhǔzi | zhuǎzi | zhěntou | fǔtou |
| 婶子 | 枣子 | 种子 | 主子 | 爪子 | 枕头 | 斧头 |
| zhǐtou | lǐtou | sǎole | rěnle | jǔzhe | tǎngzhe | gǎnzhe |
| 指头 | 里头 | 扫了 | 忍了 | 举着 | 躺着 | 赶着 |
| yǒuzhe | zhǎoguo | xiǎngguo | mǎiguo | nǐde | yǒude | dǒngde |
| 有着 | 找过 | 想过 | 买过 | 你的 | 有的 | 懂得 |
| xiǎode | shěngde | miǎnde | zhǐde | xiǎnde | shǐde | xiǎoma |
| 晓得 | 省得 | 免得 | 只得 | 显得 | 使得 | 小吗 |
| guǎnma | zěnme | wǒmen | nǐmen | zuǐba | yǎba | wǎnshang |
| 管吗 | 怎么 | 我们 | 你们 | 嘴巴 | 哑巴 | 晚上 |
| zǎoshang | zhǐshang | dǐxia | qǐlai | wǔge | nǎge | jiějie |
| 早上 | 纸上 | 底下 | 起来 | 五个 | 哪个 | 姐姐 |
| nǎinai | lǎolao | xiǎoqi | nǎodai | nǚren | nǚxu | lěngqing |
| 奶奶 | 姥姥 | 小气 | 脑袋 | 女人 | 女婿 | 冷清 |
| mǎhu | lǎopo | lǎoye | mǔdan | lǎba | lǎoshi | shǐhuan |
| 马虎 | 老婆 | 老爷 | 牡丹 | 喇叭 | 老实 | 使唤 |
| kǒudai | nuǎnhuo | tǐmian | huǒji | wěndang | xiǎoxin | zhěngqi |
| 口袋 | 暖和 | 体面 | 伙计 | 稳当 | 小心 | 整齐 |
| diǎnxin | bǐfang | kǒuqi | dǎsuan | wěiqu | kǎolü | èxin |
| 点心 | 比方 | 口气 | 打算 | 委屈 | 考虑 | 恶心 |
| xǐhuan | zhǔfu | zhǔyi | zǎochen | mǔqin | dǎban | běnshi |
| 喜欢 | 嘱咐 | 主意 | 早晨 | 母亲 | 打扮 | 本事 |

| yǎnjing | bǐshi | bǔding | chǐcun | dǎfa | dǎliang | dǐxi |
|---|---|---|---|---|---|---|
| 眼睛 | 比试 | 补丁 | 尺寸 | 打发 | 打量 | 底细 |
| ěrduo | fǎnzheng | hǎochu | | | | |
| 耳朵 | 反正 | 好处 | | | | |

(3) 去声后面的轻声念又轻又短的最低调。

| dèngzi | duànzi | jìngzi | làzi | lìzi | lùzi | luànzi |
|---|---|---|---|---|---|---|
| 凳子 | 缎子 | 镜子 | 辣子 | 例子 | 路子 | 乱子 |
| rìzi | shànzi | shàozi | shìzi | zhàngzi | zhàozi | zhùzi |
| 日子 | 扇子 | 哨子 | 柿子 | 帐子 | 罩子 | 柱子 |
| zuòzi | mùtou | pàntou | làngtou | shàngtou | duìtou | wàitou |
| 座子 | 木头 | 盼头 | 浪头 | 上头 | 对头 | 外头 |
| zhàotou | hòutou | guàntou | shuìle | chàngle | zuòle | jìle |
| 兆头 | 后头 | 罐头 | 睡了 | 唱了 | 做了 | 寄了 |
| wèile | qùle | kànle | zuòzhe | wàngzhe | duìzhe | xiàngzhe |
| 为了 | 去了 | 看了 | 坐着 | 望着 | 对着 | 向着 |
| huàide | lǜde | niànguo | kàngguo | huàguo | cuòla | xiàba |
| 坏的 | 绿的 | 念过 | 看过 | 画过 | 错啦 | 下巴 |
| sìge | zhège | zhème | yàome | bàba | jiùjiu | mèimei |
| 四个 | 这个 | 这么 | 要么 | 爸爸 | 舅舅 | 妹妹 |
| dìdi | zuòzuo | kànkan | shìshi | wàimian | màzha | bòji |
| 弟弟 | 坐坐 | 看看 | 试试 | 外面 | 蚂蚱 | 簸箕 |
| bàdao | bàochou | bàngchui | chòuchong | dàyi | dàifu | dàfang |
| 霸道 | 报酬 | 棒槌 | 臭虫 | 大意 | 大夫 | 大方 |
| dàoli | dòufu | fèiwu | fènliang | fùqin | gùshi | zàihu |
| 道理 | 豆腐 | 废物 | 分量 | 父亲 | 故事 | 在乎 |
| suànpan | luòtuo | mìngling | zhìqi | pànwang | qìngjia | yàoshi |
| 算盘 | 骆驼 | 命令 | 志气 | 盼望 | 亲家 | 钥匙 |
| tàidu | shìqing | tàiyang | yuèliang | wèidao | zhàngpeng | xiàngsheng |
| 态度 | 事情 | 太阳 | 月亮 | 味道 | 帐篷 | 相声 |
| xiàohua | piàoliang | chùsheng | còuhe | cìhou | dùshu | shìli |
| 笑话 | 漂亮 | 畜生 | 凑合 | 伺候 | 度数 | 势力 |
| zìzai | zhàngfu | tuòmo | pènti | rènshi | nüèji | lìji |
| 自在 | 丈夫 | 唾沫 | 喷嚏 | 认识 | 疟疾 | 痢疾 |
| kuòqi | kùnnan | hòudao | fèngcheng | lìsuo | lìqi | mùjiang |
| 阔气 | 困难 | 厚道 | 奉承 | 利索 | 力气 | 木匠 |
| xiàhu | xiùqi | rènao | wàisheng | yìsi | suìshu | zhuàngshi |
| 吓唬 | 秀气 | 热闹 | 外甥 | 意思 | 岁数 | 壮实 |

| sàozhou | jiànshi | jiàohuan | jìnshi | jiàqian | shàoye | yàntai |
|---|---|---|---|---|---|---|
| 扫帚 | 见识 | 叫唤 | 近视 | 价钱 | 少爷 | 砚台 |

3. 轻声词和非轻声词对比辨音训练

| 摆设 bǎishe | 摆设的东西;徒有其表面而无实用价值的东西。 |
|---|---|
| 摆设 bǎishè | 把物品按照审美观点安放。 |
| 差使 chāishi | 指工作、任务。 |
| 差使 chāishǐ | 差遣;派遣。 |
| 大方 dàfang | 不计较,不吝啬;不拘束;不俗气。 |
| 大方 dàfāng | 专家学者;内行人。如贻笑大方。 |
| 大人 dàren | 成人,旧时称地位高的长官。 |
| 大人 dàrén | 敬辞,称长辈。如父亲大人。 |
| 大意 dàyi | 疏忽,不注意。如粗心大意。 |
| 大意 dàyì | 主要的意思。如段落大意。 |
| 大爷 dàye | 伯父,年长的男子。 |
| 大爷 dàyé | 指不好好劳动、傲慢任性的男子。 |
| 地道 dìdao | 真正的;纯粹的;实在的。 |
| 地道 dìdào | 地下坑道。 |
| 地方 dìfang | 区域;空间;部位。 |
| 地方 dìfāng | 行政区划的统称,本地、当地。 |
| 地下 dìxia | 地面上。 |
| 地下 dìxià | 地面之下,地层内部;秘密活动的,不公开的。 |
| 东西 dōngxi | 泛指各样事物。 |
| 东西 dōngxī | 东边和西边;从东到西。 |
| 对头 duìtou | 仇敌,敌对的方面;对手。 |
| 对头 duìtóu | 正确,合适;正常(多用于否定);合得来(多用于否定)。 |
| 反正 fǎnzheng | 副词。 |
| 反正 fǎnzhèng | 指重新归于正道;敌方的军队或人员投到己方。 |
| 废物 fèiwu | 无用的东西(骂人的话)。 |
| 废物 fèiwù | 失去使用价值的东西。 |
| 合计 héji | 盘算、商量。 |
| 合计 héjì | 合在一起计算;总共。 |
| 忽闪 hūshan | 闪耀;闪动。 |
| 忽闪 hūshǎn | 形容闪光。如闪光弹忽闪一亮。 |
| 花费 huāfei | 消耗的钱。 |
| 花费 huāfèi | 因使用而消耗掉。 |
| 滑溜 huáliu | 光滑。 |
| 滑溜 huáliū | 烹调的方法。 |

| | | |
|---|---|---|
| 精神 jīngshen | 表现出来的活力;活跃,有生气。 |
| 精神 jīngshén | 指人的意识、思维活动和一般心理状态;宗旨,主要的意义。 |
| 惊醒 jīngxing | 睡眠时容易醒来。 |
| 惊醒 jīngxǐng | 受惊动而醒来;使惊醒。 |
| 开通 kāitong | (思想)不守旧;不拘谨固执。 |
| 开通 kāitōng | 使原来闭塞的不闭塞。 |
| 口音 kǒuyin | 说话的声音;方音。 |
| 口音 kǒuyīn | 发音时软腭上升,阻住鼻腔的通道,气流专从口腔出来的叫作口音。 |
| 拉手 lāshou | 门、窗、抽屉上便于用手打开的木条或金属物等。 |
| 拉手 lāshǒu | 握手。 |
| 来路 láilu | 来历。 |
| 来路 láilù | 向这里来的道路;来源。 |
| 利害 lìhai | 难以对付或忍受;剧烈;凶猛。 |
| 利害 lìhài | 利益和损害。 |
| 女人 nǚren | 妻子。 |
| 女人 nǚrén | 女性的成年人。 |
| 人家 rénjia | 指自己或别人。 |
| 人家 rénjiā | 住户;家庭;女子未来的丈夫家。 |
| 人性 rénxing | 人所具有的正常的感情和理性。 |
| 人性 rénxìng | 在一定的社会制度和一定的历史条件下形成的人的本性。 |
| 是非 shìfei | 口舌、纠纷。 |
| 是非 shìfēi | 正确和错误。 |
| 特务 tèwu | 参加反动组织,从事刺探情报,颠覆、破坏等活动的人。 |
| 特务 tèwù | 军队中担任警卫、通信、运输等特殊任务的。 |
| 外面 wàimian | 外边。 |
| 外面 wàimiàn | 外表。 |
| 下场 xiàchang | 人的结局(多指不好的)。 |
| 下场 xiàchǎng | 演员或运动员退场。 |
| 星星 xīngxing | 星。 |
| 星星 xīngxīng | 细小的点儿。如星星点点。 |
| 兄弟 xiōngdi | 指弟弟。 |
| 兄弟 xiōngdì | 指哥哥和弟弟。 |
| 丈夫 zhàngfu | 男女成婚后,男子是女子的丈夫。 |
| 丈夫 zhàngfū | 成年的男子。如大丈夫。 |
| 照应 zhàoying | 照料。 |
| 照应 zhàoyìng | 配合;呼应。 |

| 自然 zìran | 不勉强;不局促;不呆板。 |
| 自然 zìrán | 自然界;自由发展;理所当然。 |
| 自在 zìzai | 安闲舒适。 |
| 自在 zìzài | 自由;不受拘束。 |
| 提防 dīfang | 小心防备。 |
| 堤防 dīfáng | 沿河、沿海防水的建筑物。 |
| 帘子 liánzi | 窗帘、门帘。 |
| 莲子 liánzǐ | 莲的种子。 |
| 舌头 shétou | 口中的舌。 |
| 蛇头 shétóu | 蛇的头部。 |
| 尸首 shīshou | 人的尸体。 |
| 失守 shīshǒu | 防守的地区被敌方占领。 |
| 瞎子 xiāzi | 眼瞎的人。 |
| 虾子 xiāzǐ | 虾卵。 |
| 报酬 bàochou | 由于使用别人的劳动、物件等而付给别人的钱或实物。 |
| 报仇 bàochóu | 采取行动打击仇敌。 |

**4. 规律性不强的轻声词和必读轻声词**

普通话中不少双音节词习惯上念轻声,这些轻声词规律性不强。例如:

眼睛　窗户　女婿　媳妇　豆腐

北京话里有3 000多个双音节词习惯上念轻声。方言区的人学习和掌握这些轻声有较大的困难,并且大部分双音节轻声词不起区别意义的作用。有关研究人员经过统计得出常用必读轻声词200条(详见附录1)。

## (三) 儿化

er除自成音节外,还可以和前一个音节结合,使前一个音节的主要元音起卷舌作用,韵母发生变化,成为卷舌韵母,这种音变现象叫"儿化"。因儿化发生音变的韵母叫"儿化韵"。

**1. 儿化发音及变读规律**

方言区的人发儿化韵,要特别注意一些词带有"儿尾"辅助成分时,不能把"儿"和同它结合的韵母分开自成音节,而是同前一个字合成一个音节,要把"儿""化"在结合的韵母上。

儿化韵是语流音变中的一种脱落现象。除去"er"韵母本身以外,其他韵母都可儿化。儿化韵的儿化发音,要把握一条基本规则:便于卷舌的直接加-r,不便于卷舌的加er,或去掉复韵母末尾的音素,尾音脱落后再加-r或er。儿化音节的拼写是在原来的韵母后面加上一个r,如花儿写成huār。但是,实际上各韵母儿化后的读音很不一致。下面是儿化音节的变读练习,学习时要注意掌握其变读规律。

(1) 音节末尾是a、o、e、u的,儿化时韵母不变,在后边加卷舌动作r。例如:

xiānhuār　yáshuār　dòuyár　zhǎochár　shàngnǎr　hàomǎr　dāobǎr
鲜花儿　　牙刷儿　　豆芽儿　　找茬儿　　上哪儿　　号码儿　　刀把儿

| xiǎoguàr | dǎchàr | yóuhuàr | shānpōr | bèiwōr | xìmòr | wéibór |
|---|---|---|---|---|---|---|
| 小褂儿 | 打岔儿 | 油画儿 | 山坡儿 | 被窝儿 | 细末儿 | 围脖儿 |
| shūzhuōr | gànhuór | kāihuǒr | dàhuǒr | méicuòr | huāzhāor | xiǎodāor |
| 书桌儿 | 干活儿 | 开火儿 | 大伙儿 | 没错儿 | 花招儿 | 小刀儿 |
| hēimāor | cǎomàor | hútáor | bùtiáor | zhǐtiáor | màimiáor | xiǎoniǎor |
| 黑猫儿 | 草帽儿 | 胡桃儿 | 布条儿 | 纸条儿 | 麦苗儿 | 小鸟儿 |
| hóngzǎor | chànggēr | xiǎochēr | fānggér | dànkér | gāogèr | xiǎowūr |
| 红枣儿 | 唱歌儿 | 小车儿 | 方格儿 | 蛋壳儿 | 高个儿 | 小屋儿 |
| yǎnzhūr | báitùr | xífur | guàgōur | jiāyóur | niǔkòur | dǎqiúr |
| 眼珠儿 | 白兔儿 | 媳妇儿 | 挂钩儿 | 加油儿 | 纽扣儿 | 打球儿 |

（2）韵尾是 i、n 的（in、ün 除外），儿化时去掉 i 或 n，加卷舌动作 r。uei、uen 前拼声母写作 ui、un，儿化时仍照原形变化。例如：

| xiǎohár | pínggàr | yīkuàr | guāiguār | húwèr | dāobèr | wǎnbèr |
|---|---|---|---|---|---|---|
| 小孩儿 | 瓶盖儿 | 一块儿 | 乖乖儿 | 糊味儿 | 刀背儿 | 晚辈儿 |
| mòshuěr | pǎotuěr | yīhuěr | màisuèr | bāogār | bàntiār | yáqiār |
| 墨水儿 | 跑腿儿 | 一会儿 | 麦穗儿 | 包干儿 | 半天儿 | 牙签儿 |
| yuánquār | guǎiwār | dāojiār | pángbiār | huālár | hǎowár | xiǎochuár |
| 圆圈儿 | 拐弯儿 | 刀尖儿 | 旁边儿 | 花篮儿 | 好玩儿 | 小船儿 |
| yàowár | rényuár | xiǎowǎr | yānjuǎr | xīnyǎr | xīnkǎr | kuàibǎr |
| 药丸儿 | 人缘儿 | 小碗儿 | 烟卷儿 | 心眼儿 | 心坎儿 | 快板儿 |
| xiǎodiǎr | bǐgǎr | lāliàr | báimiàr | xiǎobiàr | suànbàr | shùgēr |
| 小点儿 | 笔杆儿 | 拉链儿 | 白面儿 | 小辫儿 | 蒜瓣儿 | 树根儿 |
| qiàomér | huāwér | liǎnpér | dàshér | péiběr | méizhuěr | dǎguěr |
| 窍门儿 | 花纹儿 | 脸盆儿 | 大婶儿 | 赔本儿 | 没准儿 | 打滚儿 |
| nàmèr | bīngguèr | | | | | |
| 纳闷儿 | 冰棍儿 | | | | | |

（3）韵尾是 ng 的，儿化时可去掉 ng，加卷舌动作 r，前面元音鼻化（用"～"表示）；ing 儿化时，去掉 ng，加中央 e 鼻化，再加卷舌动作 r。例如：

| guāyār | chàngqiār | bāngmár | dàsǎr | liángfēr | míngshēr | yóudēr |
|---|---|---|---|---|---|---|
| 瓜秧儿 | 唱腔儿 | 帮忙儿 | 大嗓儿 | 凉风儿 | 名声儿 | 油灯儿 |
| tóushér | ménfèr | bǎndèr | zhúkuār | dànhuár | nàozhōr | xiǎochór |
| 头绳儿 | 门缝儿 | 板凳儿 | 竹筐儿 | 蛋黄儿 | 闹钟儿 | 小虫儿 |
| xiǎoxiór | méikòr | hútòr | tiánxìr | tónglír | diànyǐr | wǔxīr |
| 小熊儿 | 没空儿 | 胡同儿 | 甜杏儿 | 铜铃儿 | 电影儿 | 五星儿 |

（4）韵母是 i、ü 的，儿化时不变，加卷舌音 er。例如：

| xiǎojīer | yǎnpíer | xiǎomǐer | máolǘer | jīnyúer | chàngqǔer | sūnnǚer |
|---|---|---|---|---|---|---|
| 小鸡儿 | 眼皮儿 | 小米儿 | 毛驴儿 | 金鱼儿 | 唱曲儿 | 孙女儿 |

còuquèr
凑趣儿

（5）韵母是 ie、üe、-i(前)、-i(后) 的，儿化时主要元音变中央 e，再加卷舌动作 r。例如：

| táijiēr | yìxiēr | xiǎoxiér | bànjiér | shùyèr | chǒujuér | mùjuér |
| 台阶儿 | 一些儿 | 小鞋儿 | 半截儿 | 树叶儿 | 丑角儿 | 木橛儿 |
| chūyuèr | tiěsēr | xīncér | qízěr | yǒucèr | méishèr | |
| 出月儿 | 铁丝儿 | 新词儿 | 棋子儿 | 有刺儿 | 没事儿 | |

（6）韵母是 in、ün 的，儿化时去掉 n，加 er。例如：

| jiǎoyièr | gànjièr | dàixièr | xiǎoshùliér | rénquér | báiyuér | hóngquér |
| 脚印儿 | 干劲儿 | 带信儿 | 小树林儿 | 人群儿 | 白云儿 | 红裙儿 |

【提示】　先按规则念说，再按模糊儿化的方法念说，即不考虑规则自然念出。

2. 儿化的作用

（1）区别词义和词性。例如：

头（脑袋）—头儿（首领、领导）

盖（动词）—盖儿（名词）

（2）儿化词含有"小"、"少"、"轻微"的意思。例如：

小孩儿（"大孩儿"一般不儿化，而说"大孩子"）

一丁点儿（指量极少）

小事儿（不是重要的事）

（3）儿化通常带有某种特殊的感情色彩。例如：

红红的小脸蛋儿（喜爱的感情）

他是一个慈祥的老头儿（亲切的语气）

一股难闻的臭味儿（厌恶）

他是一个小偷儿（鄙视）

您可慢慢儿走（关心）

---

**思考与练习**

你所在的地区有没有儿化词语？如果有，其发音、表意与普通话有何异同？

---

3. 掌握必读儿化词

儿化词使说话更加和谐、生动，富有表现力。对那些起区别意义作用的、使用频率较高的儿化词，应尽快掌握。本书列举了一部分书面和口语都儿化的儿化词语，供学习掌握（详见附录2）。

4. 综合练习

① 一个小孩儿叫小兰儿，挑着水桶儿上庙台儿，摔了个跟头，拾了个钱儿，又打醋儿，又买盐，还买了一个小碗碗儿。小碗碗儿，真好玩儿，没有边儿，没有沿儿，中间有个小眼眼儿。

② 小姑娘，红脸蛋儿，红头绳儿，扎小辫儿，黑眼珠儿，滴溜儿转，手儿巧，心眼儿快，会

做袜子会做鞋儿,能开地儿,能种菜儿,又会浇花儿又做饭儿。

③ 有个小妞儿叫小不点儿,小手儿端着个小饭碗儿,小饭碗儿真好玩儿,红花儿绿叶儿镶金边儿,中间儿还有个小红点儿。

④ 咱这里大小马路分七段儿,九条胡同儿十道弯儿,工厂机关占一半儿,还有中学、小学、幼儿园儿。看病有医院儿,看戏有剧团儿。你问这小妞儿住在哪儿,肯定不会超出这个圈儿。只要她答上我问的话儿,准知道她家的街道门牌儿和号码儿。

(四) "啊"的变读训练

"啊"作语气助词出现在词尾、句尾时,读音随着前一个音节韵母的不同而发生变化。这种变化具有规律性,较好掌握。如果我们掌握了"啊"的变化规律,在朗读时就能做到语气自然,而不是生硬地一律读作"ā"了。在写文章时,也能正确运用"啊、呀、哇、哪"这些语气词,而不会一律都写成"啊"。

1. 变读规律

(1) "啊"前一音节末尾的音素是 a、o(ao、iao 除外)e、ê、i、ü 时,读 ya,汉字写"呀"。例如:

| tā ya | jiā ya | huā ya | huá ya |
| 是他 啊(呀) | 回家 啊(呀) | 好花 啊(呀) | 快划 啊(呀) |
| pō ya | luó ya | duō ya | huǒ ya |
| 上坡 啊(呀) | 菠萝 啊(呀) | 真多 啊(呀) | 别火 啊(呀) |
| gē ya | hé ya | hè ya | kě ya |
| 唱歌 啊(呀) | 过河 啊(呀) | 祝贺 啊(呀) | 口渴 啊(呀) |
| jié ya | xiě ya | yuē ya | xuě ya |
| 半截 啊(呀) | 快写 啊(呀) | 节约 啊(呀) | 下雪 啊(呀) |
| yī ya | tì ya | qǐ ya | ài ya |
| 雨衣 啊(呀) | 警惕 啊(呀) | 早起 啊(呀) | 可爱 啊(呀) |
| qù ya | lǜ ya | yú ya | yǔ ya |
| 不去 啊(呀) | 真绿 啊(呀) | 吃鱼 啊(呀) | 下雨 啊(呀) |

(2) "啊"前一音节的音素是 u(包括 ao、iao,因 ao、iao 里的 o,实际上是稍紧的 u)时,读 wa,汉字写"哇"。例如:

| shū wa | kū wa | tóu wa | zhǔ wa |
| 好书 啊(哇) | 别哭 啊(哇) | 里头 啊(哇) | 快煮 啊(哇) |
| wǔ wa | shǒu wa | lù wa | yǒu wa |
| 跳舞 啊(哇) | 巧手 啊(哇) | 大路 啊(哇) | 没有 啊(哇) |
| hǎo wa | bǎo wa | cháo wa | pǎo wa |
| 多好 啊(哇) | 吃饱 啊(哇) | 心潮 啊(哇) | 别跑 啊(哇) |
| tiào wa | qiǎo wa | xiǎo wa | xiào wa |
| 快跳 啊(哇) | 手巧 啊(哇) | 太小 啊(哇) | 可笑 啊(哇) |

(3) "啊"前一音节末尾的音素是 n 时,读 na,汉字写"哪"。例如:

| dān na | rén na | yǐn na | zhǔn na |
| 简单 啊(哪) | 亲人 啊(哪) | 冷饮 啊(哪) | 真准 啊(哪) |
| kàn na | gàn na | nán na | huān na |
| 你看 啊(哪) | 大干 啊(哪) | 不难 啊(哪) | 真欢 啊(哪) |

| xīn na | qín na | mén na | shēn na |
|---|---|---|---|
| 小心啊(哪) | 弹琴啊(哪) | 没门啊(哪) | 好深啊(哪) |

| qún na | běn na | chén na | mèn na |
|---|---|---|---|
| 围裙啊(哪) | 够本啊(哪) | 姓陈啊(哪) | 真闷啊(哪) |

| jǐn na | dǎn na | hěn na | zhuān na |
|---|---|---|---|
| 好紧啊(哪) | 大胆啊(哪) | 真狠啊(哪) | 动砖啊(哪) |

| zhēn na | yīn na | tán na | pén na |
|---|---|---|---|
| 认真啊(哪) | 语音啊(哪) | 不谈啊(哪) | 脸盆啊(哪) |

（4）"啊"前一音节末尾的音素是ng时，读nga，汉字仍写"啊"。例如：

| cháng nga | zāng nga | xiāng nga | chàng nga | tàng nga | yǎng nga |
|---|---|---|---|---|---|
| 话长啊 | 太脏啊 | 真香啊 | 快唱啊 | 手烫啊 | 真痒啊 |

| yòng nga | xiàng nga | tōng nga | tóng nga | chéng nga | néng nga |
|---|---|---|---|---|---|
| 不用啊 | 不像啊 | 不通啊 | 相同啊 | 不成啊 | 不能啊 |

| lěng nga | máng nga | tīng nga | jīng nga | qīng nga | xióng nga |
|---|---|---|---|---|---|
| 好冷啊 | 真忙啊 | 动听啊 | 吃惊啊 | 水清啊 | 小熊啊 |

| hóng nga | shàng nga |
|---|---|
| 通红啊 | 请上啊 |

（5）"啊"前一音节的音素是舌尖后元音-i或er时，读ra，汉字仍写"啊"。例如：

| zhǐ ra | zhì ra | zhī ra | zhí ra | chī ra | chí ra |
|---|---|---|---|---|---|
| 字纸啊 | 要治啊 | 树枝啊 | 笔直啊 | 快吃啊 | 水池啊 |

| chǐ ra | chì ra | shī ra | shí ra | shǐ ra | shì ra |
|---|---|---|---|---|---|
| 可耻啊 | 鱼翅啊 | 老师啊 | 第十啊 | 历史啊 | 有事啊 |

| ér ra | ěr ra | èr ra | mén r ra |
|---|---|---|---|
| 女儿啊 | 左耳啊 | 十二啊 | 开门儿啊 |

（6）"啊"前一音节的音素是舌尖前元音-i时，读sa（s表示念s的浊音），汉字仍写"啊"。例如：

| zì sa | cì sa | cí sa | cǐ sa | cì sa | sī sa | sī sa | sì sa |
|---|---|---|---|---|---|---|---|
| 写字啊 | 有刺啊 | 告辞啊 | 在此啊 | 几次啊 | 公司啊 | 真丝啊 | 老四啊 |

2. 综合练习（按"啊"的变读规律，拼拼读读）

巴根草啊，根连着根；天下穷人啊，心连着心。

十个指头啊，肉连着肉；阶级弟兄啊，情义深。

这些孩子们啊，真可爱啊！你看啊，他们多高兴啊！又作诗啊，又画画儿啊，又说啊，又笑啊，又唱啊，又跳啊，他们是多么幸福啊。

| 漓江的水真静啊 | 漓江的水真清啊 | 漓江的水真绿啊 | 漓江的水真美啊 |
|---|---|---|---|
| 桂林的山真奇啊 | 桂林的山真秀啊 | 桂林的山真险啊 | 桂林的山真直啊 |

# 第二章 方言词语和语法辨正训练

**教学目标**

了解方言词语和语法辨正的意义与方法,使用规范词语,选用正确恰当的句式,准确表情达意。

方言词语是指方言特有的与普通话构词法不同,以及意义、用法不同的词语。学好普通话,除了掌握标准音之外,还必须了解本地方言词语与普通话之间的差异和对应关系,正确使用普通话词语,这就是方言词语辨正。方言里或多或少地还有一些不同于普通话的遣词造句等语法规则,了解方言语法和普通话语法的差异,正确掌握普通话语法规则,这就是方言语法辨正。

口语训练中的词语和语法辨正,能提高学习普通话的效率,避免产生误会,对说好普通话、练好教师职业口语,有着十分重要的意义。

如何辨正方言词语和方言语法,这里简要提示两点:一是从规范的书面语和口语中学习普通话词语和句法表达形式,特别是从广播、电影、电视、话剧中学习和吸收,同普通话讲得好的人交谈,更能收到好的效果;二是用普通话中相应的词语和句法格式与方言进行比较,了解它们之间的对应关系。

## 第一节 湖北方言与普通话词汇对照

湖北方言大部分属官话区,与普通话词汇的共同点较多。但湖北西部属西南官话区,东北部属江淮官话区,东南部属赣语区,各地方言词汇自成系统,互有异同,与普通话词汇仍有一定的差别。学习普通话,不可不重视词汇的辨正。

### 一、湖北方言词汇的主要特点

特点是相比较而言的。与普通话词汇相比,湖北方言词汇的主要特点表现在如下几个方面。

## （一）词音方面

方言的语音系统不同于普通话，从而导致词音的差异。例如，"屋"在普通话中念阴平声，在湖北方言中念阳平声或入声等，这是不用多说的。这里要讨论的是湖北方言中有别于普通话的、非语音系统差异造成的特殊词音现象。

1. 同词异音

同词异音，指的是湖北方言与普通话的两个词语的词义完全一致，而语音截然不同的现象。其中，湖北方言中词的发音，或者不能按照语音以对应规律折合成相应的普通话读音，或者折合出的读音表示的是完全不相干的另一个词。例如（除用括号注明使用地域的外，其余为全省多数地方通用的词，下同）：

[ₑtsuai]：普通话的"蹲"。如～在那里。（荆州）

[ₑp'ia/p'ia˚]（中间用/线隔开，表示这个词在湖北不同的地方有两个读音）：无所顾忌、无所思考地说东道西。如乱～。

[ₑp'ia]：味寡。如菜淡～～的。

[ₑtiaŋ/tin]：掷小石子打人。如他～我。

[sa˚]：跳。如～过去，～起来跑。（黄冈）

[˚mama]：妻子。如渠屋里～来了。（他老婆来了。武穴、黄梅）

这类现象各地都或多或少地存在，一般认为是有音无字现象。事实上，有的是尚未弄清的特殊历史音变现象，有的则是本有其字而一般人不了解其本字的现象。例如[piaŋ˚]，荆州方言指一目失明。真正是有音无字的并不多。

2. 零星的特殊文白异读现象

文白异读，即一个汉字至少有两个读音，这几个读音有不同的使用范围而意义相同或相关。用于政治、经济、文化方面词语中的读音为文读，用于日常口语的读音为白读。文读接近于共同语，白读体现的是方言音系。同一个人，两种读音都使用。湖北方言中的文白异读范围比普通话的大。尤其是一些零星的文白异读，其白读往往被认为是有音无字现象。例如：

|   | 文读 |   | 白读 |   |
|---|---|---|---|---|
| 塌 | [t'ia˚/ₑt'ia] | 倒～ | [t'a˚/ₑta] | ～鼻子 |
| 杆 | [˚kan] | 电线～ | [˚kuan] | 菜～儿 |
| 侃 | [˚k'an] | 调～ | [˚k'uan] | ～故事 |
| 蛇 | [ₑse] | 毒～ | [ₑsa] | ～眉～眼（黄冈） |
| 夺 | [to˚] | ～取 | [t'o˚] | ～过来（黄冈） |
| 纬 | [˚uei] | 经～ | [?] | ～壳（绕纬线用的木制器。黄冈） |
| 承 | [ₑts'en] | 继～ | [ₑsen] | ～打 ～肩（承受。黄冈） |

学习普通话时，有些白读无须换用其他词语，直接将白读折合成普通话读音就可以了。

3. 零星的特殊新旧读现象

新旧读现象，即一个字在某个方言中有至少两个读音，一个读音是该方言固有的读音，多为年龄较大的人使用,是为旧读;一个读音是受共同语影响产生的读法,多为青少年使用,是为新读。两种读音在同一方言点并存。湖北方言的新旧读现象大大多于普通话,尤其是一些过于陈旧的旧读,也往往被认为是有音无字现象,在学习普通话时或者换作其他词,或者无法准确地对译。例如,在黄冈方言中,"最、翠、岁、被、配、美、队、推、内"等字旧读分别为[tɕ]组、[p]组、[t]组声母与[i]相拼,新读则分别为[ts]组、[p]组、[t]组声母与[ei]相拼。例如"醉",旧读[tɕɿ],今陕南的黄冈移民仍保留这种读音(喝~了);新读为[tseiʔ]。这类成系统的新旧读,学习普通话时并不难辨别。如前所述,难的是零星的、过于陈旧的旧读。如黄冈方言的例子:

|   | 文　读 |   | 白　读 |   |
|---|---|---|---|---|
| 脆 | [tsʻeiʔ] | 干~ | [tɕʻiʔ] | ~果儿(一种很脆的面制小食品) |
| 穗 | [seiʔ] | 麦~ | [ɕiʔ] | 耍~儿(宝剑、枪上的缀穗) |

又如有些地方将"感到腻味而不愿再吃或再进行"叫作[iaŋʔ],这个字当是"厌"的旧读。这类现象各地都有一些,可参考语音部分加以辨正。

(二)词形方面

1. 与普通话词形相同而词义全异

有些与普通话词形相同而词义全异的词(从词的角度看,实质上是词形全异的),译成普通话往往出错。例如,普通话的"房"、"屋"两个词素,在湖北话中意义刚好相反。湖北人称普通话的"房"(建房)为"屋"(做屋)、"屋"(屋里)为"房"(房里),使用时要特别注意。

(1)反映地域、物产特色的词。

由于地域不同、物产各异,湖北方言内部存在许多特有的方言词。湖北为千湖之省,湖区水产业发达,此类词语甚多。例如:

| **普通话** | **湖北方言** |
|---|---|
| 剖(鱼) | 治[tsʻɿ](鱼) |
| 鳖?* | 团鱼　虾捞　脚鱼 |
| 鲫鱼 | 喜头 |
| 黑鱼 | 乌棒(宜昌) |
| 草鱼 | 鲩子** |
| 鲷(?)*** | 鳟子(黄冈) |
| 像竹帘的渔具 | [pʻo](阳新) |
| 像竹篓的渔具 | 薨(阳新) |

\* \*\*\* "?"号表示该字不一定正确,待考;或表示找不到合适的字,存疑。

\*\* 底下加~线的字为记音字。下同。

有些鱼以形象命名,甚至普通话中找不到相应的词。除上述加"?"号的词外,黄冈话中的"亮眼睛"(鱼不足两厘米长)、"麻古勒儿"(杂色小鱼)、"杉木屑"(一种"芒花",似杉木屑)等,都很难对译成普通话词。

反映地域、物产特色的词,普通话中极少使用,如何对译成普通话,值得探讨。

(2)"楚语"词。

湖北为古楚国辖域,"楚语"词的沿用并不鲜见。例如,"母亲"、"妈妈"一词,在黄冈、孝感、鄂州等市或称[i],或称[ɔ]、[ɯ],当是"奶"的沿用。《广韵》解释该字为"楚人呼母"。又如"虹",湖北全省多谓之"马云"、"马霓"、"马阳"、"买银"、"虹美人"。《释名·释天》:"虹,又曰美人。《尔雅·释天》:"螮蝀,虹也。"郭璞注:"俗名谓美人虹。"两书均指出"虹"与"美人"的关系,但未指出是何处之"俗名"。刘敬叔《异苑》卷一:"古语有之曰:古者有夫妻,荒年菜食而死,俱化为青绛,故俗呼为美人虹。"刘氏为宋时彭城人,曾在江州任郎中令,在荆州任参军,所记当为吴楚俗语源。湖北全省各种关于虹的名称,反映的是"美人"在早期的读音。这样的词语各地都有一些,仅再举数例。

森　　[˵piau]　疾速行貌。如:~走了。见《楚辞·九歌》。

搴　　[˵tɕiɛn/˵tɕʻiɛn]　用手指取。如:~棉花。见《楚辞·离骚》。

浪浪　[˵laŋ laŋ]　飘乎乎不结实貌。如:"这种纸质量差,~~声么。"见《楚辞·离骚》。

鸡头　[˵tɕitʼəu]　芡。见《方言》:"芡,鸡头也,南楚江湘谓之鸡头。"

瞴　　[miɛn]　以情意深长的目光看。如:对我~冒得用。见《楚辞·招魂》(武穴)。

䐑　　[luᵒ]　眼珠转动。如:眼睛珠儿直~的。见《楚辞·招魂》(武穴)。

揞　　[˵an]　藏。如:把东西~好。《方言》:"……,藏也,荆楚曰~。"(天门、荆州)

棘　　[˵tɕi]　草木刺人肌肤。如:~人。见《方言》:"凡草木刺人……江湖之间谓之~。"(天门、荆州)

抟(团)[˵tʼan]　圆。如:球是~的。见《楚辞》王逸注。

(3)其他古语词。

各方言中都不同程度地存在一些古语词,南方诸方言尤甚。湖北地处南北之交,方言中存古现象属见诸口语。例如:

颔　　[˵u/uᵒ]　《说文·页部》:"纳头水中也。"湖北方言义同此。如:~死了。

埁　　[˵tsu/tsouᵒ]　《广韵》:"塞也。"湖北方言义同此。如:鼻子~了。

跶　　[˵ta/taᵒ]　《广韵·曷韵》:"足跌。"湖北方言义同此。如:~了一跤。

馓子　[ˤsantsɿ]　《说文》:"熬稻粻䊗也。"湖北方言指面粉扭捻成环钏之形,油炸而成的食品。

殚　　[tʼo]　《广韵》:"下垂也。"湖北方言同此。如:~下去了。

掴　　[˵kʼua/kʼuaᵒ]　《韵会》:"掌耳也。"今湖北方言同。如:~他一耳巴子。

哆　　[˵tsa]　《广韵》:"张口也。"湖北方言义同此。如:~倒个大口。(今写作"奓"。)

牯、㸺《本草纲目》:"牛之牡者曰牯,……牝者曰㸺。"湖北方言同此。如:黄牯(公黄牛)、水㸺(母水牛)。

其他如"徛"([tɕʻi˳],站)、"拐"([˵yɛ/yɛ˳],折裂或环状物被拉断)、"瘦"([˵sou],藏)、"园"([kʻaŋᵒ],藏)等,都不常用。

2. 与普通话词形有同有异。

一些合成词,湖北方言与普通话的主要语素是相同的,次要语素却不同;还有一些词,湖北方言与普通话的主要语素相同而构成方式不同。这就造成湖北方言词与普通话的词形有同有异的现象。这大抵包括五种情形。

(1) 复合式合成词的异同。

前面谈过,湖北方言与普通话复合式合成词有一些词形全异的情形,例如(太阳)"下山"湖北话为(太阳)"落土"等。但更多的是复合式合成词的构成要素与普通话有异。例如:

| 普通话 | 湖北方言 |
| --- | --- |
| 赶集 | 赶街 |
| 天气 | 天道 |
| 上午 | 上昼 |
| 下午 | 下昼 |
| 天旱 | 天干 |
| 开水 | 滚水 |
| 仔细 | 过细 |

(2) 附加式合成词的异同。

作为附加式合成词的词缀,"子"、"儿"、"头"等在湖北方言和普通话中都广泛使用。但是,具体在某个词根上附加哪个词缀,湖北方言与普通话却不完全一样。这种情形在后缀的使用方面特别突出。例如,"桌子"、"木头",普通话与湖北方言是一致的;但普通话的"雀儿",荆沙方言却谓之"雀子"。总体来看,湖北方言使用"子"较普通话广泛得多。例如:

| 普通话 | 湖北方言 |
| --- | --- |
| 个儿 | 身个子 |
| 尖儿 | 尖子 |
| 盖儿 | 盖子 |
| 方格儿 | 方格子 |
| 眼珠儿 | 眼睛珠子 |
| 小车儿 | 细车子 |
| 灯泡儿 | 电灯泡子 |
| 扣儿 | 扣子 |
| 苗儿 | 苗子 |
| 竹竿儿 | 竹竿子 |
| 花裙儿 | 花裙子 |
| 药方儿 | 药方子 |
| 蛋黄儿 | 蛋黄子 |
| 眼儿 | 眼子 |
| 壳儿 | 壳子 |

其他,如"妹娃子"、"傻气子(傻瓜)"等,是很常见的。使用与普通话不同的词缀的其他现象也有一些。

| 普通话 | 湖北方言 |
|---|---|
| 我们、你们 | 我[tɕiɛ]、你[tɕiɛ]（黄冈） |
| 牛儿、猫儿 | 牛娃、猫娃（孝感） |

加"子"、"娃"的名词，相当于普通话的儿化。

（3）构词方式不同。

普通话与湖北方言表示同一意义的词，主要语素相同而构成方式不一样。例如：

| 普通话 | 湖北方言 |
|---|---|
| 蚊子（附加） | 蚊虫（复合） |
| 烟（单纯词） | 烟子（附加） |
| 机器（复合） | 机子（附加） |
| 下巴（一个词缀） | 下巴子（两个词缀） |
| 嘴巴（一个词缀） | 嘴巴子（两个词缀） |
| 吊楼（复合） | 吊楼子（附加） |
| 眼眶（复合） | 眼眶子（附加） |
| 沙粒（复合） | 沙子（附加） |
| 颈（单纯词） | 颈子（附加） |
| 八哥（单纯词） | 八哥子（附加） |
| 狗（单纯词） | 狗子（附加） |

（4）语素顺序不同。例如：

| 普通话 | 湖北方言 |
|---|---|
| 回去 | 去回 |
| 整齐 | 齐整 |
| 刚才 | 才刚 |
| 月亮 | 亮月（黄梅） |

尤其是动物名称，湖北方言多以"大名冠小名"方式构成，很有特色。

| 普通话 | 湖北方言 |
|---|---|
| 公狗、母狗 | 狗公、狗婆 |
| 公鸡、母鸡 | 鸡公、鸡婆（鸡母） |
| 公鸭、母鸭 | 鸭公、鸭婆（鸭母） |
| 公猪、母猪 | 猪牯（郎猪）、猪婆（猪娘） |
| 公羊、母羊 | 羊牯、羊婆（羊羝） |
| 公水牛、公黄牛 | 水牯、黄牯 |
| 母水牛、母黄牛 | 水牸、黄牸 |

其表示性别的语素，普通话一般是"公、母"；湖北方言把形体较小的动物用"公、婆"，形体较大的动物用"牯、牸"，介于二者之间的则用"牯、婆"（也有用"草"表示雌性的：～狗子、～猪）。

（5）构形特征不同。

湖北方言的构形特征与普通话有一定差异。例如，双音形容词以AAB式表示程度加深

(肮臭—肮肮臭),与普通话 ABB(臭烘烘)意思差不多。又如,单音形容词 AA 式或重叠可直接加在名词前(酸酸味儿),与普通话不同。可参看语法部分加以辨正。

较之词形全异现象,这里说的与普通话词形有同有异现象,对交际的影响小一些。但是,要想说一口标准的普通话,这类现象更需要细心审辨,向普通话看齐。

(三) 词义方面

湖北方言与普通话在词义方面存在差异。下面要讨论的是普通话词和湖北方言词形(记录词儿的字)相同而词义有别的现象。

1. 词义大于普通话的现象

词义大于普通话的现象,即湖北方言与普通话都能使用某词反映某一对象,而该词在湖北方言中所概括的对象,范围多于或大于普通话。这包括两种情形。

(1) 义项多于普通话。

下面的词,普通话一般只使用①中的意义,而湖北方言中所有的义项却都存在,即同一词,湖北方言的义项比普通话多。

茶:① 指茶树,用茶叶做成的饮料;② 指冷开水。(荆州)

胡椒:① 胡椒;② 辣椒。(荆州)

鼻子:① 鼻子;② 鼻涕。(黄冈)

老板:① 老板;② 丈夫。(武穴)

包子:① 包子(有馅);② 馒头。(仙桃)

苕:① 红薯;② 傻(比喻义)。

夹生:① 饭未熟透;② 人不近情理。

蚊子:① 蚊子;② 苍蝇(区别:前加"夜"指蚊子,前加"饭"等指苍蝇)。(荆州、宜昌、天门)

锯:① 锯,用锯拉;② 拉(琴);③ 锋利的东西拉开皮肤,割。("锯"音[kɛ⁰/kɛ⁰])

(2) 所指对象范围大于普通话。例如:

脚:普通话指人或动物有腿的下端,东西的最下部。湖北方言可指包括脚在内的腿。如:脚丫,蹓断了脚(腿),桌子有四个脚(腿)。

手:普通话指人体上肢前端能拿东西的部分。湖北方言可指手,还可指包括手在内的整个上肢。如:手上没钱,手蹓断了(断臂)。

丑:普通话指"相貌难看"、"可恶、可耻"。湖北方言还可指与上述意思相关的"坏、差"等意思。如:长得丑,脾气丑(坏),丑烟(差)。(黄冈)

坏:普通话义为与"好"相对。湖北方言还可指与之相关的"脏"的意思。如:坏人,衣裳坏了(脏)。(黄冈)

厚:普通话指与"薄"相对。湖北方言还可指与"厚"相关的"稠密"的意思。如:被窝不厚,蚊子太厚了。(黄冈)

"丑、坏、厚"三个词可归入"义项多于普通话"中,但在当地人看来,与"好"相对的"丑"和与"美"相对的"丑"是一个意思(其余两个词也可仿此理解),所以我们列入"所指对象范围大于普通话"一类中介绍。

由于词义所反映的范围与普通话不同,在这些词基础上构成的一些词也与普通话有别。例如,在"脚"的基础上构成的"脚肚子"(小腿肚子)、"脚胯子"(大腿)、"跛脚子"(跛子)等词,普通话中就不存在。

2. 词义小于普通话

湖北方言和普通话可用同一词形的词指称同一对象,但在普通话里,该词所概括的对象、范围多于或大于湖北方言。这也包括两种情形。

(1) 范围小于普通话。

同一词形的词,湖北方言指称的范围比普通话小。

面:普通话可泛指粉末(胡椒面)。湖北方言只指粉末中的一种("灰面",即面粉。当然,"面"在湖北方言中更多指面粉的制成品——面条)。

蛋:普通话泛指一切蛋。湖北方言一般提到"蛋",只指鸡蛋。

过夜:普通话指度过夜晚,含吃晚饭、睡觉等。湖北多数地方仅指吃晚饭。

(2) 义项少于普通话。

风流:普通话义为① 风俗教化;② 遗风;③ 超逸美妙;④ 风度标格;⑤ 杰出的、英俊的;⑥ 风韵;⑦ 指不正当的男女关系。湖北方言一般只有义项⑦。

女人:普通话义为① 已婚女子;② 妻子;③ 女性通称。湖北方言没有义项③,未婚女性绝不能称"女人"。(黄冈)

词义小于普通话的现象,更多地表现在一些书面语词方面。

3. 词义异于普通话

词义异于普通话,即湖北方言与普通话中都使用该词形的词,但所指对象或色彩各异。

(1) 理性意义全异。如:

气色:普通话指精神、脸色。湖北方言则指气味。如:做～(有气味。黄冈)

豌豆:普通话指豌豆。湖北江汉平原上多指蚕豆。

爹:普通话指称父亲。湖北方言多指祖父。

爷爷:普通话指称祖父。湖北方言多指称父亲(不叠用)或姑母(叠用,第二个"爷"变为去声或阴去声)。

博士:普通话指一种学位。湖北方言多指木匠。

当然,更多的是理性义有同有异。例如"热",普通话、湖北方言都指与"冷"相对的意义,但湖北黄冈方言指"以好的态度欺骗对方"(你说几句好话热倒他),普通话中没有这一意义;普通话指"生病引起的高体温",而湖北方言没有这一意义。(湖北人不说"发热",只说"发烧"。)

(2) 色彩意义全异。

湖北方言与普通话同一词形的词表现出的色彩意义不同。例如,以下词语在普通话中有书面语色彩,在湖北方言中则为口语词。

枚:量词,阳新口语。

特为:副词,黄冈口语。

彼时:时间名词,黄冈等地口语。

承：音[sen]意为"遭受、承受"，如"～打"（挨打）、"～肩"（扛，用肩承受）。为多数地方口语。

相反，"瞧"在普通话中为口语词，湖北人则觉得书面语色彩浓，因为湖北人主要是从书面上接触这个词的。这类词当然不止列举的这几个，学习普通话时应细心地审辨其色彩的异同。

有些词语的色彩，在普通话和湖北方言中有同有异，这里也顺便提一下。例如，以下词语在普通话中为贬义（标①的义项），在湖北方言中有褒贬两义（义项①、②）：

累赘：① 包袱、负担；② 行，厉害。

恶躁：① 暴躁；② 很行，厉害。

油：① 油滑；② 熟练。（荆沙）

狠：① 凶狠；② 能干。

贼：① 狡猾；② 精明。

相反，有些词语在普通话中有中性、贬义两种色彩。

词义的差异相较词音、词形的差异，无疑是学习普通话词汇辨正的难点。

以上我们从词音、词形、词义三个方面举例比较了普通话与湖北方言词语的异同，通过比较，揭示了湖北方言词的一些主要特点。下面，我们将通过常用词的系统比较，进一步了解湖北方言与普通话词语的异同。

## 二、湖北方言与普通话词语对照表

表 2-1 选择湖北省境内 8 个有代表性的汉语方言点，其中，西南官话区 5 个点（武汉、恩施、宜昌、襄樊、天门），江淮官话区 2 个点（孝感、黄冈）、赣方言区 1 个点（赤壁）；选取常用词语 200 多条，将 8 个点的方言词语与普通话词语逐条加以对照。

为节省篇幅，各方言点声韵母表一概不列出，方言词语一般也不注音，特别需要注音的则用国际音标标注，用发圈法标调，轻声不标注。

表 2-1　湖北方言与普通话词语对照表

| 普通话 | 武汉 | 恩施 | 宜昌 | 襄樊 | 天门 | 孝感 | 黄冈 | 赤壁 |
|---|---|---|---|---|---|---|---|---|
| 太阳 | 日头 | 日头 | 日头 | 老儿 | 日头 | 日头 | 太阳 | 日头 |
| 月亮 | 月亮 | 月亮 | 月亮 | 月亮 | 月头 | 月亮星斗 | 月亮 | 月亮 |
| 旋风 | 旋涡风 | 旋风 | 旋儿风 | 旋风 | 旋涡风 | 转转风儿旋风 | 旋风 | 旋涡风 |
| 闪电 | 扯霍 | 扯霍闪 | 扯闪 | 扯闪 | 拉闪 | 扯雷 | 扯霍 | 扯闪 |
| 打雷 | 哼雷 | 打雷 | 打雷 | 打雷 | 哼雷 | 打雷 | 打雷 | 打雷 |
| 下雨 | 落雨 | 落雨 | 落雨 | 落雨 | 下雨 | 下雨 | 落雨 | 下雨 |
| 下雾 | 下罩子 | 下罩子 | 下罩子 | 下罩子 | 下罩子 | 起雾 | 起雾 | 起雾 |

(续表)

| 普通话 | 武汉 | 恩施 | 宜昌 | 襄樊 | 天门 | 孝感 | 黄冈 | 赤壁 |
|---|---|---|---|---|---|---|---|---|
| 虹 | 虹 | 虹 | 虹 | 虹 | 乌云 | 虹 | 虹 | 马霓 |
| 日食 | 天狗吃日头 | 天狗吃日 | 天狗吃日 | 天狗吃日 | 天狗吃日 | 日食 | 天狗吃太阳 | 日食 |
| 月食 | 天狗吃月 | 天狗吃月 | 天狗吃月 | 天狗吃月 | 天狗吃月 | 月食 | 天狗吃月 | 月食 |
| 池塘 | 水池子 | 堰塘 | 水塘 | 塘 | 坑 | 塘 | 塘 | 塘 |
| 水坑 | 凼子 | 水凼凼儿 | 水凼子 | 水凼 | 坑 | 凼子 | 水凼子 | 水凼子 |
| 鹅卵石 | 马卵骨 | 鹅卵石 | 卵石 | 鹅卵石 | 鹅卵石 | 马卵骨 | 鸭蛋石 | 鹅卵石 |
| 泔水 | 潲水 | 潲水 | 潲水 | 潲水 | 淘米水 | 潲水 | 潲水 | 潲水 |
| 胡同 | 巷子 | 巷巷儿 | 巷子 | 巷子 | 巷子 | 巷子 | 巷子 | 巷子 |
| 扫墓 | 上坟 | 上坟 | 上坟 | 上坟 | 上灯 | 上坟 | 标山 | 扫墓 |
| 除夕 | 三十晚上 | 三十晚上腊月三十 | 年三十 | 年三十儿 | 三十夜间 | 三十过年 | 三十夜 | 除夕 |
| 端阳 | 端午 | 端午 | 端午 | 端午 | 端阳 | 端午 | 端午 | 端阳 |
| 中秋 | 八月十五 | 中秋八月十五 | 中秋 | 八月节 | 中秋 | 中秋八月中秋 | 八月十五 | 中秋 |
| 今天 | 今天 | 今儿今儿个 | 今儿 | 今儿里 | 今朝 | 今蓦 | 今朝儿 | 今 |
| 昨天 | 昨天 | 昨天头天 | 昨日 | 昨儿里 | 昨日 | 昨日儿 | 昨日 | 昨儿 |
| 后天 | 后日 | 后儿 | 后儿 | 后儿里 | 后日 | 后天 | 后日 | 后日 |
| 大后天 | 大后日 | 外后天 | 大后儿 | 大后儿 | 外后 | 外后天大后天 | 外后日 | 大后天 |
| 前天 | 切日 | 前儿 | 前儿 | 前儿里 | 切日 | 前天 | 切日 | 前儿 |
| 大前天 | 向切日 | 上前天 | 上前儿 | 大前儿里 | 大前天 | 向前天 | 上切日 | 大前天 |
| 上午 | 上半天 | 上半天 | 前半天 | 前半天 | 上半天 | 上半天 | 上半天 | 上昼 |
| 下午 | 下半天 | 下半天 | 后半天 | 后半天 | 下半天 | 下半天 | 下半天 | 下昼 |
| 中午 | 中时 | 中竿时候中午 | 中午 | 晌午 | 中间时节 | 中时 | 安昼 | 中间 |
| 夜晚 | 夜心 | 晚夕晚上 | 晚上 | 黑儿里 | 夜间 | 夜里 | 夜些 | 夜里 |
| 小米儿 | 粟米 | 小米 | 粟米 | 小米子 | 粟米 | 细米 | 细粟 | 小米儿 |
| 玉米 | 包谷 | 苞谷 | 包谷 | 苞谷 | 苞谷 | 玉苞 | 玉榴 | 苞谷 |

(续表)

| 普通话 | 武汉 | 恩施 | 宜昌 | 襄樊 | 天门 | 孝感 | 黄冈 | 赤壁 |
|---|---|---|---|---|---|---|---|---|
| 豌豆 | 豌豆 | 豌豆<br>小豌豆儿 | 豌豆 | 豌豆 | 末豌豆 | 豌豆 | 豌豆 | 麦豌豆 |
| 蚕虫 | 蚕虫 | 胡豆儿<br>大豌豆儿 | 胡豆 | 蚕豆 | 豌豆 | 蚕豆 | 蚕豆 | 豌豆 |
| 甘薯 | 苕 | 红苕 | 红苕 | 红薯 | 苕 | 苕 | 苕 | 苕 |
| 马铃薯 | 洋芋 | 洋芋 | 洋芋 | 土豆儿 | 洋芋 | 土豆 | 土豆儿 | 洋芋 |
| 西红柿 | 番茄 | 番茄 | 番茄 | 西红柿 | 番茄 | 西红柿<br>番茄 | 番茄 | 番茄 |
| 辣椒 | 大胡椒 | 广椒 | 辣子 | 辣子<br>晒辣儿 | 辣子 | 大椒 | 大椒 | 金椒 |
| 葵花 | 葵花 | 葵花 | 葵花 | 葵花 | 向日葵 | 葵花 | 向日葵 | 葵花 |
| 葵花子 | 葵花子 | 葵化儿<br>瓜子<br>太阳花 | 葵瓜子 | 葵花子 | 瓜子 | 葵瓜子 | 葵瓜子 | 葵花子 |
| 桑葚 | 桑枣 | 桑泡儿 | 桑泡子 | 桑树果儿 | 桑保子 | 桑枣儿 | 桑枣 | 桑枣 |
| 公牛 | 牤牛 | 牤牛 | 公牛 | 犍子 | 牤牛 | 牤牛 | 牤牛 | 牤牛 |
| 母牛 | 母牛 | 牸牛 | 母牛 | 磨牛 | 牸牛 | 母牛 | 牸牛 | 牸牛 |
| 公狗 | 牙狗 | 牙狗 | 公狗子 | 牙狗 | 牙狗 | 牙狗 | 狗公 | 根脚 |
| 母狗 | 母狗 | 草狗 | 母狗子 | 草狗 | 草狗 | 母狗 | 狗婆 | 根脚 |
| 公猪 | 牙猪 | 牙猪 | 牙猪 | 郎猪 | 郎猪 | 郎猪 | 猪牯 | 根猪 |
| 母猪 | 母猪 | 草猪 | 草猪 | 草猪 | 奶箭(小) | 母猪 | 猪婆 | 猪婆 |
| 公鸡 | 鸡公 | 鸡公 | 鸡公 | 公鸡 | 鸡公 | 鸡公 | 鸡公 | 鸡根 |
| 母鸡 | 鸡婆 | 鸡母 | 鸡母 | 母鸡 | 鸡母 | 鸡母 | 鸡母 | 鸡婆 |
| 孵小鸡儿 | 菢鸡娃 | 菢鸡娃儿 | 菢鸡 | 菢小鸡 | 菢鸡娃 | 菢鸡 | 菢鸡娃儿 | 菢孵鸡儿 |
| 黄鼠狼 | 黄鼠狼子 | 黄鼠狼 | 黄鼠狼 | 黄鼠狼 | 黄狼子 | 黄鼠狼 | 黄鼠狼 | 王鼠佬得 |
| 老鼠 | 老鼠 | 老鼠子 | 老鼠子 | 老鼠 | 老鼠 | 客人 | 细猫儿 | 老鼠 |
| 乌鸦 | 老哇 | 老鸹子 | 老鸹 | 老鸹 | 老哇 | 老哇 | 老鸦 | 老鸹 |
| 喜鹊 | 鸦雀 | 鸦鹊 | 喜鹊 | 喜鸦 | 鸦鹊子 | 鸦鹊 | 鸦雀 | 鸦雀 |
| 啄木鸟 | 啄木倌儿 | 啄木鸟 | 啄木鸟 | 啄木鸟 | 啄木鸟 | 啄鸦佬 | 啄木鸟 | 啄树 |
| 蝙蝠 | 檐老鼠 | 檐老鼠儿 | 檐老鼠 | 檐老鼠 | 檐老鼠 | 檐老鼠 | 盐老鼠 | 盐老鼠得 |
| 壁虎 | 壁虎子 | 四脚蛇<br>刺脚蛇 | 壁虎子 | 壁鼠 | 壁蛇子 | 壁虫<br>壁虎 | 壁虎 | 壁虎 |
| 苍蝇 | 饭苍蝇 | 饭蚊子 | 饭蚊子<br>绿蚊子 | 饭蚊子<br>绿头苍蝇 | 饭蚊 | 苍蝇 | 苍蝇 | 话蒙得 |

(续表)

| 普通话 | 武汉 | 恩施 | 宜昌 | 襄樊 | 天门 | 孝感 | 黄冈 | 赤壁 |
|---|---|---|---|---|---|---|---|---|
| 蚊子 | 蚊虫 | 夜蚊子 | 夜蚊子 | 夜蚊子 | 夜蚊子 | 蚊虫 | 蚊虫 | 蚊子 |
| 萤火虫 | 亮火虫 | 亮火儿虫 | 亮花儿虫 | 萤火虫 | 萤火虫 | 亮娃儿虫 | 亮花 | 亮花 |
| 房子 | 屋 | 屋 | 房子 | 屋 | 屋 | 屋 | 屋 | 房子 |
| 屋子 | 房 | 房屋 | 房间 | 房屋 | 房 | 房里 | 房 | 屋子 |
| 台阶 | 礓踏 | 梯子 | 坎坎儿 | 坎坎儿 | 礓踏子 | 礓踏儿 | 礓磕儿 | 阶沿 |
| 茶杯 | 杯子 | 盅盅儿<br>杯子 | 茶盅 | 茶盅 | 杯子 | 杯子 | 茶盅 | 茶缸子 |
| 酒杯 | 酒盅 | 酒盅盅儿 | 酒杯 | 酒杯 | 酒盅 | 酒盅 | 酒盅儿 | 酒杯 |
| 瓶塞子 | 瓶骡子 | 最最儿 | 垫垫儿 | 瓶垫儿 | 垫子 | 瓶子垫儿 | 垫儿 | 垫教儿 |
| 调羹 | 瓢羹 | 调羹儿 | 调羹 | 调羹儿 | 瓢羹 | 瓢儿、茶匙 | 调羹 | 茶匙 |
| 筷笼子 | 筷笼子 | 筷子篓儿 | 筷篓子 | 筷笼 | 箸篓 | 筷篓子 | 筷子笋儿 | 筷子挑儿 |
| 火柴 | 洋火 | 洋火 | 洋火 | 火柴 | 洋火 | 洋火 | 洋火 | 洋火 |
| 小孩子 | 小伢 | 细娃儿 | 小娃儿 | 小娃子 | 小伢 | 小伢伢 | 细伢 | 小伢 |
| 男孩子 | 儿子伢 | 男娃儿 | 男娃儿 | 男娃子 | 儿子伢 | 男伢儿<br>儿子伢 | 儿伢儿 | 男伢 |
| 女孩子 | 姑娘伢 | 女娃儿 | 女娃儿 | 女娃子 | 姑儿家 | 女伢儿<br>姑娘伢儿 | 女伢儿 | 女伢 |
| 做买卖的 | 做生意的 | 做生意的 | 做买卖的 | 做买卖的 | 做生意的 | 做买卖的<br>做生意的 | 贩子 | 做生意的 |
| 医生 | 先生 | 医生 | 药匠 | 先生 | 先生 | 医生 | 先生 | 医生 |
| 乞丐 | 告化子 | 告花子 | 告花子 | 叫花子 | 叫花子 | 告化子 | 告化子 | 告化子 |
| 父亲 | 伯伯 | 爸爸(面称)<br>老汉儿(背称) | 爹、爸爸 | 伯伯 | 大大<br>爷 | 爸爸<br>伯伯 | 父儿 | 爷 |
| 母亲 | 姆妈 | 妈 | 妈妈 | 妈<br>娘 | 姆妈 | 妈妈 | 母妈[me²] | 妈 |
| 伯父 | 伯爷 | 伯伯 | 伯伯 | 大伯伯 | 大爷 | 大伯<br>(二伯等) | 伯伯 | 伯爷 |
| 伯母 | 女伯母 | 伯娘 | 大妈 | 大妈妈 | 大妈 | 大妈<br>(二妈等) | 母娘 | 爸爸 |
| 叔父 | 小爹 | 叔叔<br>么爸爸 | 叔叔 | 叔叔 | 叔子 | 叔叔 | 细爷 | 叔爷佬 |
| 叔母 | 娘娘 | 婶儿 | 婶儿 | 婶子 | 婶娘 | 妻爷 | 姑妈 | 婶娘 |
| 祖父 | 爹爹 | 爷爷<br>爹爹[₍tia] | 爷爷 | 爷爷 | 爷爷 | 爹爹 | 爹爹 | 爷 | 胡爹 |

(续表)

| 普通话 | 武汉 | 恩施 | 宜昌 | 襄樊 | 天门 | 孝感 | 黄冈 | 赤壁 |
|---|---|---|---|---|---|---|---|---|
| 祖母 | 婆婆 | 奶奶<br>婆婆 | 奶奶<br>婆婆 | 奶奶 | 婆婆 | 婆婆 | 婆婆 | 恩妈 |
| 外祖父 | 家公<br>爹爹 | 家公 | 家公<br>爷爷 | 外爷 | 爹爹 | 家家爹爹 | 家爹<br>家公 | 家婆里<br>胡爹 |
| 外祖母 | 家家 | 家家 | 家家 | 婆婆 | 家婆 | 家家婆婆 | 家婆 | 家婆 |
| 岳丈 | 老丈人 | 丈人佬儿 | 丈人佬 | 丈人 | 丈人佬 | 亲爷老头儿 | 丈人老子 | 干爷 |
| 岳母 | 丈母娘 | 丈母娘 | 丈母娘 | 丈母 | 丈母妈 | 亲娘 | 丈母娘 | 干娘 |
| 丈夫 | 先生 | 男的<br>男人 | 伙计 | 丈夫<br>当家的 | 男的 | 老公<br>男的 | 外头人 | 丈夫 |
| 妻子 | 老婆 | 女的<br>堂客 | 屋里 | 妻子 | 老婆 | 女的<br>老婆 | 屋里人 | 堂客 |
| 小姑 | 小姑 | 娘娘 | 小姑姑 | 小姑子 | 姑娘子 | 小姑妈<br>幺幺 | 爷爷 | 小姑 |
| 内兄弟 | 舅子 | 舅老倌儿 | 舅老倌 | 弟弟 | 小舅子 | 小舅子 | 舅老 | 郎舅 |
| 光头 | 老脑壳 | 光头儿 | 光脑壳 | 光脑壳 | 光头 | 光头 | 和光头 | 光脑壳 |
| 太阳穴 | 太阳窝子 | 太阳心 | 太阳窝儿 | 太阳心 | 太阳窝儿 | 太阳窝 | 太阳经 | 太阳穴 |
| 鼻涕 | 鼻子 | 鼻子 | 鼻涕 | 鼻涕 | 鼻典 | 鼻子 | 鼻子 | 鼻鼻涕 |
| 舌头 | 赚头 | 舌头儿 | 舌头 | 舌头 | 舌头 | 赚头 | 赚头 | 舌头 |
| 牙齿 | 才调子 | 牙齿 | 牙齿 | 牙齿 | 牙齿 | 牙齿 | 财门 | 牙齿 |
| 左手 | 反手 | 反手左手<br>（反手） | 反手 | 反手 | 反手 | 左手<br>反手 | 左手 | 左手 |
| 右手 | 正手 | 右手<br>（正手） | 正手 | 右手 | 正手 | 右手<br>正手 | 右手 | 右手 |
| 膝盖 | 克膝头 | 磕膝包儿<br>磕膝脑壳 | 磕膝包 | 波拉盖儿 | 磕膝 | 客膝包儿 | 塞头儿 | 塞头帮 |
| 腿 | 胯子 | 胯胯儿<br>脚杆儿 | 胯子 | 腿杆子 | 大腿 | 胯子 | 胯子 | 脚 |
| 脚 | 脚 | 脚板儿 | 脚 | 脚 | 脚 | 脚 | 脚 | 脚 |
| 病了 | 不好 | 害病哒<br>不好 | 生病哒 | 不美气 | 不好 | 不好 | 病了 | 病了 |
| 发疟子 | 打脾寒 | 打摆子 | 打摆子 | 打摆子 | 打摆子 | 打摆子 | 打脾寒 | 打脾寒 |
| 化脓 | 灌脓 | 灌脓 | 灌脓 | 化脓 | 灌脓 | 灌脓 | 灌脓 | 化脓 |
| 左撇子 | 左坏子 | 左撇子 | 左撇子 | 左撇子 | 左撇子 | 左撇子 | 左边佬 | 左手 |
| 秃顶 | 开顶 | 花脑壳 | 光脑壳 | 秃子 | 秃子 | 光头 | 开顶 | 秃顶 |

(续表)

| 普通话 | 武汉 | 恩施 | 宜昌 | 襄樊 | 天门 | 孝感 | 黄冈 | 赤壁 |
|---|---|---|---|---|---|---|---|---|
| 内衣 | 冷衣服 | 内衣 | 内衣 | 内衣 | 内衣 | 冷衣服 | 冷衣裳 | 内衣 |
| 背心 | 领褂 | 领褂儿 | 背坎儿 | 背心儿 | 领褂子 | 背心儿 | 领褂 | 背心 |
| 汗衫 | 圆领衫 | 汗衫儿 | 汗衫儿 | 汗儿 | 汗衫 | 汗衫儿 | 汗衫 | 汗衫 |
| 围裙 | 围腰 | 围腰儿 | 围裙 | 围裙 | 围腰 | 围裙 | 抹油 | 麦须 |
| 手帕 | 手袱子 | 手 | 帕子 | 手巾娃儿 | 手袱子 | 手帕儿 | 手袱儿 | 手袱得 |
| 手套 | 手笼子 | 手套 | 手套 | 手套儿 | 手笼子 | 手套儿 | 手套 | 手套 |
| 胶鞋 | 套鞋 | 胶鞋 | 雨鞋 | 水鞋 | 套鞋 | 套鞋 | 套鞋 | 胶鞋 |
| 戒指 | 干子 | 戒指 | 戒指 | 戒指 | (金)箍子 | 箍子 | 戒指 | 斑子 |
| 项链 | 链子 | 项链子 | 项链 | 项链儿 | 项链 | 项链 | 项链 | 项链 |
| 耳环 | 环子 | 耳环 | 耳环 | 耳坠子 | 环子 | 耳环 | 耳环 | 耳环 |
| 面条 | 面 | 面<br>面条 | 面条 | 面汤 | 面 | 面<br>面条 | 面 | 面 |
| 饺子 | 饺子 | 饺子 | 水饺 | 饺子元宝 | 饺子 | 水饺 | 饺子 | 饺子 |
| 馄饨 | 水饺 | 包面 | 抄手儿 | 包面 | 包面 | 包面 | 包面 | 包面 |
| 元宵 | 汤圆 | 汤圆儿 | 汤元 | 汤圆 | 汤元 | 汤圆儿 | 元宵 | 叫子 |
| 馒头 | 馍馍 | 馍头 | 蒸馍 | 馍馍 | 包子 | 馍 | 发粑 | 馍 |
| 包子 | 包子 | 包子 | 包子 | 包子 | 包子 | 包子 | 包子粑 | 包子 |
| 油条 | 油果 | 油条 | 油子 | 油果子 | 油条 | 油条 | 油子 | 丝瓜人 |
| 牛舌头 | 牛赚头 | 牛舌头儿 | 牛赚头 | 牛赚头 | 牛赚头 | 牛赚头 | 牛赚头 | 牛舌头 |
| 杂碎 | 下水 | 下水(大)<br>杂碎(小) | 下水 | 下水 | 下水 | 下水 | 下水 | 下水 |
| 白酒 | 南酒 | 白酒 | 白酒 | 白酒<br>烧酒 | 老酒 | 酒 | 酒 | 白酒 |
| 米酒 | 袱子酒 | 涝糟儿 | 涝糟 | 袱仔酒 | 烧酒 | 米酒 | 米酒 | 糟酒 |
| 做饭 | 熰饭 | 做饭 | 做饭 | 做饭 | 烧火 | 熰饭 | 熰饭 | 做饭 |
| 结婚 | 成亲 | 结婚 | 成亲 | 结婚<br>成亲 | 过期 | 做大人<br>成亲 | 成亲 | 结婚 |
| 娶媳妇 | 接媳妇 | 娶媳妇 | 接媳妇 | 娶媳妇 | 过会头 | 接媳妇儿 | 接媳妇 | 接媳妇 |
| 出嫁 | 出阁 | 出嫁 | 出嫁 | 出门 | 去人家的 | 出阁<br>嫁姑娘 | 出阁 | 出嫁 |
| 新郎 | 新郎官 | 新郎官儿 | 新郎官儿 | 新郎官 | 新郎 | 新郎官儿 | 新郎官儿 | 新郎 |
| 怀孕 | 怀身 | 怀娃儿 | 有喜 | 有喜了 | 怀伢 | 有喜 | 有喜 | 有喜 |

(续表)

| 普通话 | 武汉 | 恩施 | 宜昌 | 襄樊 | 天门 | 孝感 | 黄冈 | 赤壁 |
|---|---|---|---|---|---|---|---|---|
| 坐月子 | 坐月里 | 坐月子 | 做月母子 | 坐月子 | 做月母子 | 坐月子 | 有月里 | 坐月城 |
| 双生 | 双 | 双生儿 | 双生儿 | 双生儿 | 双胞胎 | 朋胞胎 | 双生儿 | 双生儿 |
| 生日 | 生期 | 生儿 | 生日 | 生日 | (过)生 | 过生 | (过)生 | 生日 |
| 做寿 | 做寿 | 做生儿 | 做生儿 | 做生日 | 做生日 | 做生 | 做寿 | 做寿 |
| 去世 | 老了 | 过去<br>过身 | 过哒身 | 过世了 | 过哒声 | 老了<br>过去了 | 过了身 | 老了 |
| 游泳 | 打鼓泅 | 洗澡 | 玩水 | 游泳 | 打鼓泅 | 打鼓泅 | 洗冷水澡 | 玩水 |
| 喝茶 | 用茶 | 喝茶 | 喝茶 | 喝茶 | 喝茶 | 喝水 | 喝茶 | 喝茶 |
| 抽烟 | 吃烟 | 吃烟<br>喝烟 | 吃烟 | 吃烟 | 吃烟 | 喝烟<br>抽烟 | 吃烟 | 吃烟 |
| 睡觉 | 睡觉 | 睡觉<br>瞌睡 | 睡觉 | 睡觉 | 睡觉 | 觉 | 醒 | 瞌睡 |
| 说梦话 | 发梦天 | 说梦话 | 说梦话 | 说梦话 | 发梦天 | 说梦话 | 说梦话 | 说梦话 |
| 开夜车 | 打夜工 | 熬夜<br>打夜功 | 熬夜 | 开夜工 | 熬夜 | 熬夜 | 开夜工 | 熬夜 |
| 摆摊子 | 摆摊子 | 摆摊子 | 摆摊子 | 摆摊子 | 摆摊子 | 摆摊子 | 摆摊子 | 摆摊子 |
| 顾客 | 买主 | 买东西的 | 顾客 | 买东西的 | 客人 | 客 | 顾客 | |
| 要账 | 讨账 | 讨账 | 收账 | 讨账 | 收账 | 讨账 | 收账 | 要账 |
| 欠账 | 赊账 | 该账、欠账 | 该账 | 该账 | 该账 | 赊账 | 赊账 | 欠账 |
| 十块钱 | 十块钱 | 十块钱 | 十块钱 | 十块钱 | 十块钱 | 十块钱 | 十块钱 | 十块钱 |
| 一角钱 | 一角钱 | 一角钱 | 一角钱 | 一毛钱 | 一角 | 一块钱 | 一块钱 | 一块钱 |
| 写白字 | 写白字 | 写别字 | 写别字 | 写白字 | 写白字 | 写错字 | 写别字 | 写白字 |
| 钢笔 | 靛笔 | 靛笔 | 钢笔 | 钢笔 | 靛笔 | 靛水笔 | 靛笔 | 钢笔 |
| 铅笔 | 洋笔 | 铅笔 | 铅笔 | 铅笔 | 铅笔 | 铅笔 | 棍儿笔 | 铅笔 |
| 橡皮 | 之皮 | 擦子 | 之胶 | 橡皮 | 橡皮子 | 资头儿<br>擦头儿 | 擦皮头儿 | 擦皮 |
| 捉迷藏 | 躺猫 | 躲猫儿 | 藏猫儿 | 藏蒙儿 | 躲蒙 | 躲猫儿 | 躲速猫儿 | 捉膜儿 |
| 踢毽子 | 踢毽朵 | 打毽儿 | 踢毽儿 | 踢毽兜儿 | [ₑtsuɑ]毽子 | 踢毽儿 | 踢毽儿 | 踢燕搭儿 |
| 打水漂儿 | 打瓢 | 打瓢瓢儿 | 打水漂儿 | 打水飘儿 | 削溜[pɑi] | 削飘飘 | 撮片儿 | 打水标儿 |
| 猜灯谜 | 猜灯谜 | 猜谜子 | 猜谜子 | 猜谜儿 | 猜谜语 | 猜谜子 | 猜谜子 | 猜谜语 |
| 打谜语 | 打谜子 | 打谜子 | 打灯谜 | 打谜儿 | 打谜语 | 打谜子 | 打谜子 | 打谜语 |
| 翻跟斗 | 打跟头 | 翻跟头 | 翻跟头 | 翻跟头 | 翻跟头 | 翻跟头 | 翻凉床儿 | 翻斤斗 |

(续表)

| 普通话 | 武汉 | 恩施 | 宜昌 | 襄樊 | 天门 | 孝感 | 黄冈 | 赤壁 |
|---|---|---|---|---|---|---|---|---|
| 变戏法 | 变把戏 | 玩把戏 | 耍把戏 | 玩把戏 | 玩把戏 | 玩把戏 | 玩把戏 | 变戏法 |
| 放鞭炮 | 放炮铳 | 放炮火儿 | 放鞭炮 | 放鞭炮 | 放鞭 | 放鞭炮 | 放鞭众 | 放鞭 |
| 摇头 | 摆脑壳 | 摆脑壳 | 摆头 | 摇头 | 摆头 | 摇脑壳儿 | 摆头 | 摇脑壳 |
| 点头 | 点头 | 点头<br>点脑壳 | 点头 | 点头 | 点头 | 点头 | 点头 | 点头 |
| 张嘴 | 夯口 | 嘴巴 | 张口 | 张嘴 | 夯口 | 夯嘴 | 夯口 | 张嘴 |
| 噘嘴 | 纠嘴 | 翘嘴巴 | 噘嘴巴 | 噘嘴 | 纠嘴 | 掬嘴巴 | 翘嘴巴 | 嗜嘴 |
| 伸手 | 抻手 | 伸手 | [ₒts'ɿ]手 | 伸手 | [ₒts'ɿ]手 | [ₒts'ɿ]手 | [ₒts'ɿ]手 | [ₒts'ɿ]手 |
| 动手 | 架势 | 架势 | 动手 | 动手 | 架势 | 动手 | 架势 | 动手 |
| 打喷嚏 | 打喷 | 打喷嚏 | 打喷嚏 | 打喷嚏 | 打喷嚏 | 打 | 打喷嚏 | 打喷嚏 |
| 跌倒 | 趿倒 | 趿哒 | 趿倒 | 扳倒了 | 趿倒 | 趿倒 | 趿倒 | 趿倒 |
| 谈天 | 谈家常 | 扯白<br>摆龙门阵 | 谈家常 | 聊天儿 | 欸白话 | [k'ua]天 | 搭嘴儿 | 谈天 |
| 告诉 | 告信 | 跟…讲 | 跟…说 | 告诉 | 千信 | 说 | 说得… | 告细 |
| 吵架 | 涉骂 | 吵架 | 吵架 | 吵嘴 | 吵嬉骂 | 闹冤儿 | 讲嘴 | 吵架 |
| 骂 | 通 | 噘 | 噘 | 噘 | 噘 | 骂 | 通、担 | 骂 |
| 巴结 | 拍、嗣 | 巴结 | 巴结 | 巴结 | 巴结 | 巴结 | 哄倒 | 巴结 |
| 知道 | 晓得 | 晓得 | 晓得 | 晓得 | 早得 | 晓得 | 晓得 | 晓得 |
| 估量 | 估…谱 | 估计 | 估谱 | 估量 | 想情 | 估计 | 卯谱儿 | 估计 |
| 留神 | 招乎 | 过细 | 留神 | 过细 | 招护 | 招和 | 招倒 | 留神 |
| 着急 | 心焦 | 心焦 | 着急 | 着急 | 猴急 | 急不过 | 着急 | 着急 |
| 讨厌 | 不喜欢 | 讨嫌 | 讨嫌 | 见不得 | 恶骚 | 讨人嫌 | 嫌人 | 过嫌 |
| 发脾气 | 冒火 | 发火 | 发火 | 发火儿 | 开皮 | 发毛 | 发脾气 | 发火 |
| 上头 | 上边 | 上头<br>高头 | 上头 | 高头 | 高头 | 上头 | 高头 | 上的 |
| 下头 | 下边 | 下头<br>底下 | 下头 | 底下 | 下儿 | 下头 | 下头 | 下的 |
| 左边 | 左首 | 左首 | 左首 | 左门儿 | 左边 | 左边儿 | 左边 | 左边 |
| 中间 | 当中 | 当中 | 当中 | 当中 | 中间 | 当中<br>中间 | 中间 | 中间 |
| 里边 | [təʊ]里 | 里头 | [ʊet]里 | 里头 | 里乎 | 里头 | 肚里 | 肚里 |
| 外边 | 外先 | 外头 | 外面 | 外头 | 外炎 | 外头 | 外头 | 外边 |

(续表)

| 普通话 | 武汉 | 恩施 | 宜昌 | 襄樊 | 天门 | 孝感 | 黄冈 | 赤壁 |
|--------|------|------|------|------|------|------|------|------|
| 旁边 | 边下 | 边上 侧边 | 边上 | 半扎儿 | 旁边 | 侧边 | 边下儿 | 王边 |
| 往回走 | 往转走 | 往转走 | 往转走 | 往后走 | 往后走 | 往回走 | 转去 | 往转走 |
| 这个 | 这个 | 咧个 | 咧个 | 这个 | 这个 | 这个 | 这个 | 大个 |
| 那个 | 那个 | 那个 | 那个 | 那个 | 那个 | 那个 | 那个 | 那个 |
| 这里 | 这块 | 咧里 | 咧下儿 | 这儿 | 这西 | 这里 | 这里 | 大里 |
| 那里 | 那块 | 那里 | 那下儿 | 那儿 | 那西 | 哪哈儿 | 哪下儿 | 哪里 |
| 哪里 | 哪块 | 哪里 哪哈儿 | 哪下儿 | 哪儿 | 哪西 | 哪哈儿 | 哪下儿 | 哪里 |
| 怎样 | 么样 | 哪门儿 | 哪样 | 咋样儿 | 唧样 | 么样 | 么样 | 么样 |
| 怎么办 | 么办 | 哪么搞 | 哪么起搞 | 咋法儿搞 | 么罗 | 么样子 | 么办 | 么办 |
| 为什么 | 为么事 | 为么子 | 不么事 | 为啥子 | 为么事 | 为么事 | 为么事 | 为么事 |
| 好 | 好 | 好 | 不错 | 好、强 | 好 | 好 | 好 | 好 |
| 坏 | 拐 | 撇 | 坏 | 坏 | 拐 | 坏 | 丑 | 坏 |
| 美 | 好看 | 漂亮、标致 | 漂亮 | 美 好看 | 刮气 | 好看 | 漂亮 | 刮气 |
| 丑 | 难看 | 丑 | 丑 | 丑 难看 | 丑 | 难看 | 丑 | 丑 |
| 热闹 | 热闹 | 闹热 | 闹热 | 热闹 | 热闹 | 热闹 | 热闹 | 热闹 |
| 干净 | 清爽 | 干净 | 干净 | 干净 | 干罄 | 伶幸 | 干净 | 干净 |
| 脏 | 拉瓜 | 礽襽 | 腥腬 | 脏 | 腥腬 | 刺人 | 邋遢 | 腥腬 |
| 咸 | 味重 | 咸 | 咸 | 口重 | 咸 | 咸 | 咸 | 咸 |
| 淡 | 味轻 | 淡 | 淡 | 口轻 | 淡 | 淡 | 淡 | 淡 |
| 舒服 | 熨帖 | 舒服 | 舒服 | 舒服 | 舒服 | 舒服 | 舒服 | 舒服 |
| 难过 | 不好过 | 难过 | 难过 | 难过 | 不过过 | 怄不过 | 不好过 | 不舒服 |
| 麻烦 | 麻烦 | 麻烦 | 麻烦 | 麻烦 | 麻烦 | 麻烦 | 麻烦 | 麻烦 |
| 顽皮 | 调皮 | 调皮 | 调皮 | 顽皮 | 厚脸 | 调皮 | 诞脸 | 调皮 |
| 聪明 | 聪明 | 聪明 灵醒 | 心空 | 聪明 | 悫 | 贼 | 聪明 | 聪明 |
| 糊涂 | 浑 | 黄昏 | 糊涂 | 糊涂 | 二黄 | 糊涂 | 糊涂 | 糊涂 |
| 蠢 | 笨 | 哈、苕 | 笨 | 苕 | 笨 | 苕 | 苕 | 傻 |
| 大方 | 慷慨 | 大方 | 大方 | 大方 | 大方 | 耍拉 | 大方 | 大方 |
| 齐啬 | 小气 | 啬巴 | 小气 | 确薄 | 悭 | 奸 | 悭 | 小气 |

(续表)

| 普通话 | 武汉 | 恩施 | 宜昌 | 襄樊 | 天门 | 孝感 | 黄冈 | 赤壁 |
|---|---|---|---|---|---|---|---|---|
| 整齐 | 齐整 | 整齐 | 齐整 | 齐齐整整 | 整齐 | 伸 | 齐整 | 齐作 |
| 凸 | 鼓 | 鼓 | 鼓 | 鼓 | 凸 | 崩 | 凸 | 本 |
| 凹 | 洼 | 窝 | 洼 | 洼 | 窝 | 洼 | 凹 | 窝 |
| 刚好 | 正好 | 刚好 | 刚好 | 恰好 | 恰好 | 刚好 | 恰儿好 | 恰好 |
| 也许 | 怕是 | 怕是 | 可能 | 兴许 | 可能 | 可能 | 怕是 | 大概 |
| 幸亏 | 得亏 | 幸好 | 幸亏 | 亏得 | 得幸 | 得亏 | 得幸 | 幸亏 |
| 故意 | 迭于 | 刁致 | 存心 | 成心 | 跳乎 | 叠味 | 力心儿 | [t'ɐ]思 |

## 第二节　湖北方言与普通话语法的差异

### 一、湖北方言语法的主要特点

在湖北境内方言中，西南官话、江淮官话与普通话语法大同小异，只有鄂南方言与普通话差异较大。不过，从普通话的训练、测试角度看，即便是"小异"，也会对人们使用普通话的规范性和标准程度产生一定的影响。例如，"不过"在普通话中通常作"转折"连词，作为补语用的仅见"他气不过"等极少例句。但在湖北方言中，"不过"作补语极为常见，如"他狠不过/他冷不过/他怕不过/他急不过"等。湖北人讲普通话时，如果不了解这一点，很可能把上述说法搬进普通话中，影响普通话的规范程度。又如，湖北方言中"子缀"丰富，而普通话中"子缀"范围较窄。湖北人讲普通话时，常常出现"羊子、猪子、猫子"一类词语，其实这都不是普通话词汇。这些方言词语的介入，肯定会影响普通话的质量。又如，有人在接受普通话等级测试时，对"我的拿手菜"一题很生动地进行"谈话"(口头作文)时，他讲述的"在锅里'把'半勺油，烧'辣'，'落后'把治[ts'ɿ]好的鱼'丢'进锅去"这几句话中，"把"、"烧辣"、"落后"、"治"、"丢"，使用的是方言词汇、方言语法。这样，按评分标准要扣去好几分。因此，了解和掌握湖北方言语法与普通话的常见差异，是人们学习普通话、进行普通话训练和普通话等级测试不可忽视的重要内容。

下面对湖北方言常用语法形式作一些粗略概括。

(一) 词的构成、变化特点

1. 词缀

(1) 子尾。

湖北方言"子尾"范围大于普通话词汇。湖北方言(武汉、荆州、黄冈、松滋等)中带"子尾"，而普通话不带或没有"子尾"的词很常见。例如：

① 羊子　狗子　猪子　猫子　药方子　鞋垫子　鞋带子　鞋底子　门扣子　手铐子　老头子　婆婆子

② 沙子子　雪子子　巷巷子　疙瘩子

③ 么子　什么子　等下([xa])子

(2) 们、们数、伙里(的)(荆州、襄樊)、回子子(鄂南)。

钟祥等地,"们"可表"物"的复数;天门、仙桃、英山等地,"们数、伙里(的)"作词缀表复数,或表示亲属相互关系。例如:

① 鸡们　猪们　牛们　花生们　谷们

② 弟兄们数　妯娌们数　伙计们数　姊妹们数

③ 夫妻伙里　奶孙伙里　弟兄伙里　妯娌伙里(或用"的")

(3) 场(首)(荆州、鄂南、黄冈)。

吃场　看场　搞场　用场　说场/看首　听首　玩首　想首　吃首　用首　搞首

(4) 佬、鬼(荆门、襄樊等)。

① 日白佬　戳白佬　赌博佬　叉鸡佬　见鬼佬　偷马佬　讨米佬

② 赶工佬　赶马佬　好吃佬　醉酒佬　杀猪佬　山巴佬　湖巴佬

③ 老鬼/吹牛鬼　脏死鬼　流打鬼　冲担鬼　短鬼

(5) 巴、巴子。

① 土巴　锅巴　哈巴　胯[ka]巴(大腿)/粘巴(粘)　湿巴(湿)　干巴(干)

② 脸巴子　嘴巴子　侧巴子　老巴子　缺巴子/鸭巴子　蒂巴子

(6) 流、巴煞。

"流"和"巴煞"表形象或程度。例如:

① 灰流　汗流　泥巴流("灰流了的、汗流了的、泥巴流了的、神气流了的")

② 可怜巴煞　造孽巴煞　吓([xa])人巴煞　眼泪巴煞

(7) 法子(鄂南、鄂东、枣阳、荆州)。

① 表方式。如:修法子　写法子　分法子　摆法子　开法子　说法子

② 表程度前需有指示代词,并加"的"。如:果(个)[这个]小气法子的。又如:红法子亮法子　硬法子　贵法子　痞法子

(8) 人、人子(鄂南、荆州、荆门)。

人、人子(或人之)作后缀,构成的词语为形容词性,带有程度意义。例如:

① 伤人　恨人　腻人　吵人　闹人　冷人　刺人　吓人

② 爱人子　愁人子　气人子　怄人子　胀人子　呛人子　吹人子　笑人子　走人子

(9) 哒。

在荆州等地为助词,或构成形式化形容词,表情状。例如:

① (搞)慌哒　(吃)光哒　不见哒/吃算哒

② 香喷哒　光溜哒　白晶哒　红通哒　干净哒　冷冰哒　湿沮哒　干崩哒

(10) 包。

骚包　憨包　淘气包　撒尿包　受气包

2. 词的结构特点

湖北方言在词的结构构成上,与普通话也有差异。

(1) AA声式形容词。

① 叽叽声　汪汪声　哗哗声　扑扑声　呼呼声

② 哽哽声　栽栽声　蹶蹶声　响响声　鼓鼓声

③ 恨恨声　歪歪声　颤颤声　慌慌声　振振声

(2) ABB式形容词。

湿沮沮　脏兮兮　大垮垮　矮夺夺　灶稀稀　圆纠纠　稳夺夺

(3) AA色式形容词。

红红色　黄黄色　灰灰色　蓝蓝色　浅浅色/淡淡色

3. 构词成分的位置

语序与普通话有差异(黄冈、英山、通山)。例如:

① 全完(完全)　合适(适合)　索利(利索)　闹热(热闹)

② 鸡公　鸡母/人客(客人)　去回(回去)　背脊(脊背)　欢喜(喜欢)　后背(背后)

4. 动词的形态变化

(1) A的A式(荆州、襄樊等)。

冲的冲的(洗)　滚的滚的(喊)　汪的汪的(哭)　飞的飞的(赶)　转的转的(看)　旋的旋的(瞄)　咯的咯的(笑)

(2) 直A直A式。

直汪直汪(的)　直喊直喊(的)　直瞟直瞟(的)　直勾直勾(的)

(3) 直A直B式。

直汪直喊(的)　直说直搞(的)　直瞟直冒(的)　直勾直画(的)

(4) 连A直A式(襄樊等)。

连说直说(的)　连吃直吃　连吞直吞　连吐直吐　连吹直吹　连跳直跳

(5) 直A式。

直冒火　直跌倒　直写的　直搞的　直勾的　直汪的

(6) A不AB式。

学不学习　讨不讨论　参不参加　结不结婚　研不研究

(7) 动词的尝试体(荆州、宜昌等)。

看下([xa])子　转下子　走下子　吃下子　扫下子　来下子　去下子　清下子/讨论下子　学习下子　考虑下子　方便下子

(二) 词的用法

1. 几个常用动词

(1) "搞"是已进入普通话词汇系统的湖北、四川方言常用词。湖北人使用"搞"时有两点应注意。

① 湖北方言中的"搞",其搭配对象和使用范围比普通话宽得多。例如,以下为方言用

法:搞酒喝,搞烟抽,搞对象,搞流氓。

② "搞"在湖北话中常为贬义用法。如"鬼搞,乱搞,瞎搞,胡搞"。普通话中仅见"搞鬼"一词。

(2) "掰"也是湖北方言常用词。例如:

在家里掰(修)了一天车子/瞎掰(乱来)  你别掰别人(捉弄别人)

以上均为湖北方言说法。

(3) 把(荆州、黄冈、咸宁)。

① 在湖北多数地方,"把"一般为动词,作"给"讲。如"把我本书","书把得我"。有的地方则用"把给"。

② 湖北方言中"把"也作介词。例如:

你把书把他。/这封信把我送去。

2. 几个形容词的用法

(1) "鬼、怪"作状语。例如:

鬼搞  鬼扯  鬼说  鬼汪  鬼做  鬼叫/怪说  怪讲  怪搞  怪做

(2) "死"作状语。例如:

死做(拼命干事)  死拐  死调皮  死擂  死行  死争气

(3) "彻"、"慌"(读轻声)作补语。例如:

① 搞不彻(及)  忙不彻  跑不彻  洗不彻  扫不彻  擦不彻

② 心里急得慌  屋里冻得慌  窗口吹得慌("慌"作补语,表示一种"难受"状态)

3. 几个助词的用法

(1) 着([tso]或[tsuo])。

① 形容词后表祈使语气:先不慌着  你不忙着

② 动词后表祈使和预先性:你歇不着  你看下着  等他走了着  尽我先说了着

(2) "起"的用法。

① 存在状态有动词意义,但不等于"起来":吊起不像葫芦  捆起不像冬瓜  腌起不像酱烧瓜

② 表趋向,但无实际动作性:扯起几巴掌  衣服被偷起走了

③ 动作已进行,相当于普通话的"着":他把衣服反穿起  这事你只好望起  跟起他跑起哒

④ 动作正进行,表肯定意义:到底哪么搞起的  把身子一站起  衣服一披起  鞋子一拖起  伢儿一抱起

(3) "在(哉)"的用法。

"在"相当于普通话的"呢/着呢",但有"进行态"意义:大家都等到在  灯还亮到在  门还关到在

(4) "倒"的用法。

① 相当于普通话的"下":把脑壳低倒  把东西都放倒  你们快躺倒

② 相当于普通话的"着":你们都听倒  都给我站倒  他也只好干望倒  他背倒袋子

跑哒

③ 动作态助词,又相当于"住、上":把门关倒　把门顶倒/把衣服穿倒　把垫子垫倒

④ 作可能补语:我写得倒　我搞得倒　我能收得倒

⑤ 与普通话的"到"同:我弄倒了　一下子就捞倒了　尽我撞倒了　把东西放倒屋里

(5) "沙"的用法。

① 表祈使:你不慌沙　不吵沙　等下([xa])子沙

② 表疑问:你找哪个沙　我么样搞得完沙　你搞不搞沙

4. 几个副词的用法

(1) 汰(荆州方言中声调与"太"有别)。

"汰"在荆沙方言中相当于普通话的"很",但不尽相同:这个人汰狠(很行)　这个人汰拐　他对我汰好

(2) "太"的用法。

江汉平原一带的"太",词义同普通话,但用法不尽相同:人长得太胖很哒　车开得太快很哒　字写得太大很哒

(3) "够"和"尽"。

① "够"表时间延续,事情正在进行:一个报告够讲　一餐饭够吃　一盘棋够下　这病还够拖

② "尽"也表时间延续,但也可表示完成了的事:一件事尽拖　一本书尽看　一餐饭尽吃　一件事尽搞,这不,昨天才完事。

(4) "(脖[paŋ]阴平)"类程度副词。例如:

脖臭　脖腥气　脖臊气/闷重　闷高　闷厚/骚骂　骚搞　骚说(鄂南用"闷")

(5) "哈"的用法。

"哈"表示范围,相当于普通话的"全、都":一家人哈病哒　一块肉哈是皮　亲戚朋友哈来了　一锅饭哈吃了

5. 几个常用的量词

湖北方言中有一些常用的特殊量词,湖北人讲普通话时应避免使用它们。

一些子　一哈　一部楼　一皮条　一滴嘎　一簸簸　一雀雀　些须　一餐(一顿)

6. 代词的用法

(1) "哪么"。

湖北方言中的"哪么"相当于普通话的"怎么",同类的还有"像哪样/像哪些么样"等。例如:你哪么搞(你怎么搞)你要哪么搞/你哪么这么二黄　你哪么还不走　我哪么也赶不上他

"哪么"在湖北方言中用得很广,即使是讲普通话的人,也常用"哪么"代"怎么",这是应当注意的。

(2) "哪个"类疑问词。

"哪个"相当于普通话"谁"。在湖北方言中,人们一般用"哪个"而不用"谁"。这也是应当注意的。例如:你找哪个(谁)　哪个找我　你到北京后先去找哪个

"哪个"也作指物或表疑问的代词：这两样东西,你要哪个/我哪个也不要/哪个女儿不想娘

7."知不道"和"不听见"

"知不道"也作"找不到",语义同普通话的"不知道"。但湖北境内人们一般多用"知不道",不少讲普通话的人也常用"找不到"。例如：

听说你的女朋友来了？我找不到呀！你找不到？教室里都吵翻了天！

(三) 句法格式的特点

湖北各地都有些较特殊的句法格式。

1. 被动句格式

① 着：挖草药,倒着蛇咬了一口　我着爷爷嚷(指责,吵)了一顿

② 尽：别尽他跑掉　尽他看见了不好　他尽人家捉去了

③ 把：他把人打了一顿　麦子把牛吃哒　昨天,他把人撞到了

2. 省略式肯否提问句(荆州、襄樊等)

肯否式提问句是省略了"不"的正反问句。普通话的"你去不去街上,你们讨论不讨论他的问题",在湖北有些方言的格式为：你去去街上？你们讨讨论他的问题。再举数例：

① 街上冷冷(冷不冷)　他长得高高(高不高)　人长得漂漂亮(漂亮不漂亮)　屋内干干净

② 你上上班(上不上)　你买买东西(买不买)　你们参参观(参观不参观)

3. 比较句

湖北境内比较句格式较特殊。普通话的"我比他高一头",湖北人则说"我高他一头"。再看几例：

① 我差他一大截儿　他重哥哥二斤

② 省略式：(我)矮他点儿　(他)精我十倍　桌子高(凳子)一尺

③ 带"得"的比较句：他不得比你差　他比你不得差

4. "不过"作补语的句子

"不过"作补语是湖北方言语法特色之一。"不过"在普通话中通常作"转折"连词,在湖北话中则主要作补语。例如：

① 表程度：他心里急不过/热不过　冷不过/气愤不过

② 心理活动动词后带"不过",表程度。例如：心疼(他)不过　欠(挂念)不过　想(念)不过　恨不过　吓([cxa])不过

③ 表极限程度,例如：伢儿要吃不过了　衣服要洗不过了　头要剃不过了　厕所要冲不过了

④ 表虚指,有强调意义的作用。例如：木头雕的,又怕虫子蛀不过　不去送人情,又怕老婆说不过

5. 带"噗[po]"的句子(荆州)

① 祈使句中表未然：把衣服洗噗　把灯关噗　把头剃噗(意为去把头剃一下)

② 表已然：麻雀子飞噗哒(飞走了)　垃圾倒噗哒　粮食卖噗哒(卖掉了)

6. "把"字紧缩句

你把杯水我喝　我把一块钱你　你把个包子他吃(普通话为：你拿一个包子(去)给他吃)

7. 宾语虚指句

① 把头快理它　把棍子丢它　趁热把饭吃它

② 你死他才好　你死他沙　小脚真可夸,大脚只有恨死它

8. 同词变音句

同词变音句,指同一个词在后边重新出现时,发生音变,改变语义。例如：

① 甲："你别吵了,他都给气走了！"

乙："走哒[tsou44·ta]走哒[tsou213·ta]有么子了不起。"

② 甲："你别闹了,他甩手不搞了。"

乙："不搞[pu213 kau55]不搞[pu35 kau],尽他。"

9. "个、像"构成非主谓句

① 个小坏蛋　个鬼东西　个小鬼头　个黄货　个糊涂虫　个苕报报

② 像还好么　像都来了　像还行么

## 二、湖北方言语法与普通话语法对照

下面将湖北方言在词法、句法方面与普通话的常见差异组成对比例句,每组例子中,后边带"＊"的为普通话例句,"＊＊"、"＊＊＊"与"＊"语义有别的,为湖北方言例句。

(1)

a. 都等着你呢！＊

b. 大家都在等到你在！

c. 你快来,大家都等到在。

(2)

a. 我等一下([ɕia])就来。＊

b. 我等下子就来。

c. 我等一下([xa])就来。

(3)

a. 这事我真的找不到。

b. 这事我真的知不道。

c. 这事我真的不知道。＊

(4)

a. 为这事儿,我妈会急死。＊

b. 为这事儿,我妈急不过。

c. 为这事儿,我妈急着呢。＊

(5)

a. 帽子要洗了。＊

b. 腿子变粗了。

c. 鞋子也破了。＊

d. 桶子也丢了。

(6)

a. 你搞什么名堂？＊

b. 你搞么子名堂？

c. 你搞什么玩艺儿？＊＊

d. 你搞啥子名堂？

(7)

a. 孩子们饿了一天了。＊

b. 鸡们也饿了。

c. 给猪们倒点儿食儿。

(8)

a. 把书给他。＊

b. 把书把给他。

(9)

a. 他累得满头汗。＊

b. 他累得汗流。

c. 他累得直流汗。
d. 他累得汗滴滴声。
(10)
a. 他穿着浅红色衣服。*
b. 他穿着淡红色衣服。**
c. 他穿着红红色衣服。
(11)
a. 他改作业直勾的。
b. 他改作业直勾直勾的。
c. 他改作业光打勾。*
(12)
a. 他忙都忙不及。
b. 他忙都忙不彻。
c. 他忙都忙不过米。*
(13)
a. 先坐下,你别慌嘛。*
b. 先坐下,你别慌沙。
c. 先坐下,你别慌呀。**
d. 先坐下,你不慌着。
(14)
a. 我肚子饿得慌。
b. 我肚子饿得很。*
c. 我肚子饿得难受。**
(15)
a. 快把头低下。*
b. 快把头低倒。
c. 快把头低下来。*
(16)
a. 这几个字太写大了。
b. 这几个字太写得大了。
c. 这几个字写得太大了。*
(17)
a. 你要找准？*
b. 你要找哪个？
c. 哪个找你？
(18)
a. 起风了,你把衣服穿上。*

b. 起风了,你把衣服穿倒。
c. 起风了,你把衣服穿起。
d. 起风了,你把衣服穿好。**
(19)
a. 他对我真好。*
b. 他对我太好。
c. 他对我太好了。**
(20)
a. 你忙什么呀？*
b. 你忙啥子嘛？
c. 你忙么子？
(21)
a. 你要怎么搞？*
b. 你要哪么搞？
c. 你要么样搞？
(22)
a. 你想干什么？*
b. 你想干么子？
c. 你想干啥？
d. 你想干啥子？
(23)
a. 你别乱说。*
b. 你别胡说。**
c. 你莫乱说。
(24)
a. 他这个人死讨嫌。**
b. 他这个人真讨人嫌。
c. 他这个人真讨厌。*
(25)
a. 他这个人真凶狠。*
b. 他这个人狠得很。
c. 他这个人是狠人。
(26)
a. 这孩子真乖。*
b. 他开会时儿乖呀。
c. 我这是教你学乖。

(27)
a. 我身上好冷。*
b. 孩子一走,家里好冷清。
c. 起风了,外边好冷清。

(28)
a. 他要搞,你也只好看着。*
b. 他要搞,你也只好看起。
c. 他要搞,你也只能望倒。

(29)
a. 家里来了一大哈人。
b. 家里来了一皮条人。
c. 家里来了一屋人。*

(30)
a. 他好神气。*
b. 他神气得很。**
c. 他神气流了的。

(31)
a. 活儿太重,我受不了了。*
b. 活儿太重,我背不住了。
c. 活儿太重,我奈不何了。
d. 活儿太重,我耐不活了。

(32)
a. 他讲的东西,你晓不得?
b. 他讲的东西,你懂不懂?*
c. 他讲的东西,你懂得不?
d. 他讲的东西,你懂倒没有?

(33)
a. 你上哪儿去?*
b. 你到哪里去?
c. 你去哪里去嘞?

(34)
a. 你去不去街上?*
b. 你去去街上?
c. 你去,还是不去街上?*
d. 你去街上,还是不去街上?*

(35)
a. 我奈不何他。

b. 我奈他不何。
c. 我打不过他。*
d. 我拿他没办法。

(36)
a. 他不会比你差。*
b. 他不得比你差。
c. 差,他就不得来。

(37)
a. 儿子早就要睡了。*
b. 儿子早就要睡不过了。
c. 儿子要睡不过了。

(38)
a. 你把书给他了?*
b. 你把书把他了?
c. 你把书把给他了?

(39)
a. 我把几个本子他。
b. 我把你几块钱。
c. 我给你几个本子。*
d. 我给几个本子他。
e. 我拿几个本子到他。

(40)
a. 再没比这更便宜的了。
b. 再有比这更便宜的了。
c. 再没得比这更便宜的了。
d. 再没有比这更便宜的了。*

(41)
a. 他在前边飞的飞的跑。
b. 他在前边飞也似的跑。*
c. 他在前边飞快地跑。*
d. 他在前边跑提飞飞声。

(42)
a. 别尽他跑掉。
b. 别让他跑掉。*
c. 别被他跑掉。
d. 别把他跑掉。

(43)
a. 我高他一大截儿。
b. 我比他高一大截。 *
c. 我高他三寸。
(44)
a. 他哪么那么坏。
b. 他怎么那么坏。 *
c. 他咋那么坏。
(45)
a. 我想看一看他。 *
b. 我想看一下他。 **
c. 我想看他一下。 **
d. 我想看他一下子。
e. 我想看他下子。
(46)
a. 我先走,你等一会儿再走。 *
b. 我先走,你等一下([ɕia])再走。 **
c. 我先走,你等下([xa])子再走。
(47)
a. 他喝多了两杯。 *
b. 他多喝了两杯。 **
(48)
a. 快把灯关上。 *
b. 快把灯关倒。
c. 快把灯关掉。 **
(49)
a. 我看不惯他。 *
b. 我看他不惯。
c. 我见不得他。
(50)
a. 这本书多好看啊。 *
b. 这本书好好看啊。
c. 这本书几好看啊。
(51)
a. 这菜太咸。 *
b. 这菜几咸。
(52)
a. 他的手冰冷。 *
b. 他的手冷冰冰的。 **
c. 他的手冷冰哒。
d. 他的手冰嘎凉的。
(53)
a. 这朵花真香。 *
b. 这朵花喷香。 **
c. 这朵花香喷哒。
d. 这朵花几香啊。
(54)
a. 他今天高兴吗? *
b. 他今天高高兴?
c. 他今天高不高兴?
(55)
a. 他的嘴真甜。 *
b. 他的嘴巴子真甜。
c. 他的嘴太甜。

# 下编　普通话水平测试

# 第三章　普通话水平测试概说

## 第一节　普通话水平测试的意义和等级标准

普通话水平测试是指对以汉语为母语的人员的普通话口语水平所进行的检测，是对应试者掌握普通话语音（包括声母、韵母、声调、音节、连读音变等）、词汇和语法的规范程度所进行的标准化、规范化考试。

### 一、普通话水平测试的意义

普通话水平测试的意义主要有两点。

(一) 有利于加快推广普通话的进程

普通话是以汉语授课的各级学校的教学语言，是以汉语传送的各级广播电台、电视台的规范语言，是汉语电影、电视剧、话剧必须使用的规范语言，是全国党政机关、团体、企事业单位干部在公务活动中必须使用的工作语言，是不同方言区及国内不同民族之间的通用语言。因此，全国各条战线，以及各行业的人员都应该掌握和使用普通话，特别是教师、播音员、节目主持人、演员、国家干部、与群众接触面广的各种人员（营业员、售票员、服务员、驾驶员、导游等），更应该坚持使用普通话。国家语言文字工作委员会、国家教育委员会、广播电影电视部于1994年10月作出的《关于开展普通话水平测试工作的决定》，就是要对某些部门、某些行业的人员进行普通话水平测试，并逐步实行有关岗位人员持普通话等级证书上岗的制度。这样必然会促使各行业的人员更加积极努力地学习和训练普通话，有力地加快推广普通话的进程。

(二) 有利于提高普通话的水平

根据国家语言文字工作委员会1992年提出的"大力推行、积极普及、逐步提高"的推广普通话的工作方针，推广普通话必须在积极普及的基础上提高，同时在提高的指导下普及。为了提高全社会的普通话水平，首先必须对推广普通话起重大作用、产生重要影响的教师、播音员、节目主持人、演员等进行普通话考核和测试,使他们的普通话能够上水平、上档次。按照国家语言文字工作委员会、国家教育委员会和广播电影电视部制定的《普通话水平测试实施办法(试行)》和《普通话水平测试等级标准(试行)》,对有关人员的测试和评定,不只是根据语感,而是实行量化评分。这种对普通话的"级"和"等"的评定办法,必将有力地促进应试者努力提高自己的普通话水平。

## 二、普通话水平测试等级标准(试行)

国家语言文字工作委员会1997年12月5日颁布,国语〔1997〕64号。

一级

甲等　朗读和自由交谈时,语音标准,词语、语法正确无误,语调自然,表达流畅。测试总失分率在3%以内。

乙等　朗读和自由交谈时,语音标准,词语、语法正确无误,语调自然,表达流畅。偶然有字音、字调失误。测试总失分率在8%以内。

二级

甲等　朗读和自由交谈时,声韵调发音基本标准,语调自然,表达流畅。少数难点音(平翘舌音、前后鼻尾音、边鼻音等)有时出现失误。词语、语法极少有误。测试总失分率在13%以内。

乙等　朗读和自由交谈时,个别调值不准,声韵母发音有不到位现象。难点音(平翘舌音、前后鼻尾音、边鼻音、fu-hu、z-zh-j、送气不送气、i-ü不分,保留浊塞音和浊塞擦音、丢介音、复韵母单音化等)失误较多。方言语调不明显。有使用方言词、方言语法的情况。测试总失分率在20%以内。

三级

甲等　朗读和自由交谈时,声韵母发音失误较多,难点音超出常见范围,声调调值多不准。方言语调较明显。词语、语法有失误。测试总失分率在30%以内。

乙等　朗读和自由交谈时,声韵母发音失误较多,方言特征突出。方言语调明显。词语、语法失误较多。外地人听其谈话有听不懂的情况。测试总失分率在40%以内。

## 第二节　普通话水平测试大纲

根据教育部、国家语言文字工作委员会发布的《普通话水平测试管理规定》《普通话水平测试等级标准》,制定本大纲。

## 一、测试的名称、性质、方式

本测试定名为"普通话水平测试"(PUTONGHUA SHUIPING CESHI,缩写为PSC)。

普通话水平测试测查应试人的普通话规范程度、熟练程度,认定其普通话水平等级,属于标准参照性考试。本大纲规定测试的内容、范围、题型及评分系统。

普通话水平测试以口试方式进行。

## 二、测试内容和范围

普通话水平测试的内容包括普通话语音、词汇和语法。

普通话水平测试的范围是国家测试机构编制的《普通话水平测试用普通话词语表》《普通话水平测试用普通话与方言词语对照表》《普通话水平测试用普通话与方言常见语法差异对照表》《普通话水平测试用朗读作品》《普通话水平测试用话题》。

## 三、试卷构成和评分

试卷包括5个组成部分,满分为100分。

(一)读单音节字词(100个音节,不含轻声、儿化音节),限时3.5分钟,共10分。

1. 目的:测查应试人声母、韵母、声调读音的标准程度。

2. 要求:

(1) 100个音节中,70%选自《普通话水平测试用普通话词语表》"表一",30%选自"表二"。

(2) 100个音节中,每个声母出现次数一般不少于3次,每个韵母出现次数一般不少于2次,4个声调出现次数大致均衡。

(3) 音节的排列要避免同一测试要素连续出现。

3. 评分:

(1) 语音错误,每个音节扣0.1分。

(2) 语音缺陷,每个音节扣0.05分。

(3) 超时1分钟以内,扣0.5分;超时1分钟以上(含1分钟),扣1分。

(二)读多音节词语(100个音节),限时2.5分钟,共20分。

1. 目的:测查应试人声母、韵母、声调和变调、轻声、儿化读音的标准程度。

2. 要求:

(1) 词语的70%选自《普通话水平测试用普通话词语表》"表一",30%选自"表二"。

(2) 声母、韵母、声调出现的次数与读单音节字词的要求相同。

(3) 上声与上声相连的词语不少于3个,上声与非上声相连的词语不少于4个,轻声不少于3个,儿化不少于4个(应为不同的儿化韵母)。

(4) 词语的排列要避免同一测试要素连续出现。

3. 评分：

(1) 语音错误，每个音节扣 0.2 分。

(2) 语音缺陷，每个音节扣 0.1 分。

(3) 超时 1 分钟以内，扣 0.5 分；超时 1 分钟以上(含 1 分钟)，扣 1 分。

(三) 选择判断*，限时 3 分钟，共 10 分。

1. 词语判断(10 组)

(1) 目的：测查应试人掌握普通话词语的规范程度。

(2) 要求：根据《普通话水平测试用普通话与方言词语对照表》，列举 10 组普通话与方言意义相对应但说法不同的词语，由应试人判断并读出普通话的词语。

(3) 评分：判断错误，每组扣 0.25 分。

2. 量词、名词搭配(10 组)

(1) 目的：测查应试人掌握普通话量词和名词搭配的规范程度。

(2) 要求：根据《普通话水平测试用普通话与方言常见语法差异对照表》，列举 10 个名词和若干量词，由应试人搭配并读出符合普通话规范的 10 组名量短语。

(3) 评分：搭配错误，每组扣 0.5 分。

3. 语序或表达形式判断(5 组)

(1) 目的：测查应试人掌握普通话语法的规范程度。

(2) 要求：根据《普通话水平测试用普通话与方言常见语法差异对照表》，列举 5 组普通话和方言意义相对应，但语序或表达习惯不同的短语或短句，由应试人判断并读出符合普通话语法规范的表达形式。

(3) 评分：判断错误，每组扣 0.5 分。

选择判断合计超时 1 分钟以内，扣 0.5 分；超时 1 分钟以上(含 1 分钟)，扣 1 分。答题时语音错误，每个错误音节扣 0.1 分；如判断错误已经扣分，不重复扣分。

(四) 朗读短文(1 篇，400 个音节)，限时 4 分钟，共 30 分。

1. 目的：测查应试人使用普通话朗读书面作品的水平。在测查声母、韵母、声调读音标准程度的同时，重点测查连读音变、停连、语调以及流畅程度。

2. 要求：

(1) 短文从《普通话水平测试用朗读作品》中选取。

(2) 评分以朗读作品的前 400 个音节(不含标点符号和括注的音节)为限。

3. 评分：

(1) 每错 1 个音节，扣 0.1 分；漏读或增读 1 个音节，扣 0.1 分。

(2) 声母或韵母的系统性语音缺陷，视程度扣 0.5 分、1 分。

(3) 语调偏误，视程度扣 0.5 分、1 分、2 分。

(4) 停连不当，视程度扣 0.5 分、1 分、2 分。

(5) 朗读不流畅(包括回读)，视程度扣 0.5 分、1 分、2 分。

(6) 超时扣 1 分。

（五）命题说话，限时 3 分钟，共 30 分。

1. 目的：测查应试人在无文字凭借的情况下说普通话的水平，重点测查语音标准程度、词汇语法规范程度和自然流畅程度。

2. 要求：

（1）说话话题从《普通话水平测试用话题》中选取，由应试人从给定的两个话题中选定一个话题，连续说一段话。

（2）应试人单向说话。如发现应试人有明显背稿、离题、说话难以继续等表现时，主试人应及时提示或引导。

3. 评分：

（1）语音标准程度，共 20 分。分六档：

一档：语音标准，或极少有失误。扣 0 分、0.5 分、1 分。

二档：语音错误在 10 次以下，有方音但不明显。扣 1.5 分、2 分。

三档：语音错误在 10 次以下，但方音比较明显；或语音错误在 10 次至 15 次之间，有方音但不明显。扣 3 分、4 分。

四档：语音错误在 10 次至 15 次之间，方音比较明显。扣 5 分、6 分。

五档：语音错误超过 15 次，方音明显。扣 7 分、8 分、9 分。

六档：语音错误多，方音重。扣 10 分、11 分、12 分。

（2）词汇语法规范程度，共 5 分。分三档：

一档：词汇、语法规范。扣 0 分。

二档：词汇、语法偶有不规范的情况。扣 0.5 分、1 分。

三档：词汇、语法屡有不规范的情况。扣 2 分、3 分。

（3）自然流畅程度，共 5 分。分三档：

一档：语言自然流畅。扣 0 分。

二档：语言基本流畅，口语化较差，有背稿子的表现。扣 0.5 分、1 分。

三档：语言不连贯，语调生硬。扣 2 分、3 分。

说话不足 3 分钟，酌情扣分：缺时 1 分钟以内(含 1 分钟)，扣 1 分、2 分、3 分；缺时 1 分钟以上，扣 4 分、5 分、6 分；说话不满 30 秒(含 30 秒)，本测试项成绩计为 0 分。

## 四、应试人普通话水平等级的确定

国家语言文字工作部门发布的《普通话水平测试等级标准》是确定应试人普通话水平等级的依据。测试机构根据应试人的测试成绩确定其普通话水平等级，由省、自治区、直辖市以上语言文字工作部门颁发相应的普通话水平测试等级证书。

普通话水平划分为三个级别，每个级别内划分两个等次。其中：

97 分及其以上，为一级甲等；

92 分及其以上但不足 97 分，为一级乙等；

87 分及其以上但不足 92 分，为二级甲等；

80 分及其以上但不足 87 分,为二级乙等;

70 分及其以上但不足 80 分,为三级甲等;

60 分及其以上但不足 70 分,为三级乙等。

＊说明:各省、自治区、直辖市语言文字工作部门可以根据测试对象或本地区的实际情况,决定是否免测"选择判断"测试项。如免测此项,"命题说话"测试项的分值由 30 分调整为 40 分。评分档次不变,具体分值调整如下:

(1) 语音标准程度的分值,由 20 分调整为 25 分。

一档:扣 0 分、1 分、2 分。

二档:扣 3 分、4 分。

三档:扣 5 分、6 分。

四档:扣 7 分、8 分。

五档:扣 9 分、10 分、11 分。

六档:扣 12 分、13 分、14 分。

(2) 词汇语法规范程度的分值,由 5 分调整为 10 分。

一档:扣 0 分。

二档:扣 1 分、2 分。

三档:扣 3 分、4 分。

(3) 自然流畅程度,仍为 5 分,各档分值不变。

## 第三节 考生应试指南

在参加测试前,请仔细阅读普通话水平测试考生应试指南,了解国家普通话水平智能测试系统的操作程序和要领(见图 3-1)。

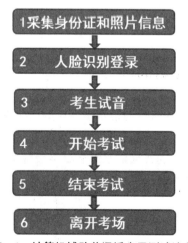

**图 3-1 计算机辅助普通话水平测试流程图**

## 一、考生登录

在测试机位上坐好并正对摄像头,系统将通过人脸识别的方式进行登录(见图3-2)。

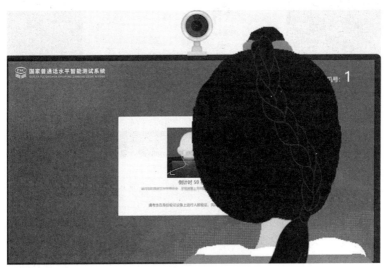

图3-2 人脸识别登录测试系统

## 二、核对信息

(1)仔细核对个人信息,如信息无误,单击"确认"按钮继续(见图3-3、图3-4、图3-5)。

图3-3 个人信息界面

图 3-4 核对个人信息

图 3-5 考生登录成功

(2) 如信息有误,请告知老师。
(3) 登录成功后,戴上耳机,将话筒置于口腔前方,等待考试指令(见图 3-6)。

图 3-6 佩戴耳机

## 三、自动试音

(1) 在提示语结束并听到"嘟"的一声后,以适中的音量和语速朗读文本框中的试音文字(见图 3-7)。

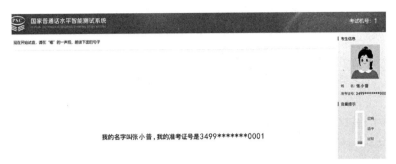

图 3-7 试音文字

（2）试音结束后，系统会提示试音成功与否。若试音成功，页面会弹出提示框，请等待考试指令（见图3-8）。若试音失败，页面会弹出提示框，请点击确认按钮重新试音（见图3-9）。

图 3-8 试音成功

图 3-9 重新试音

## 四、开始考试

1. 考试提示

第一，测试系统会依次显示各项考试内容，考生只需根据屏幕显示的试题内容进行考试。

第二,每项试题前都有一段语音提示,请在提示语结束并听到"嘟"的一声后再开始考试。每一题读完后,即可点击屏幕右下角的"下一题"按钮进入下一项试题。

第三,考试过程中应做到吐字清晰,语速适中,音量同试音时保持一致。请注意主屏下方的时间提示,确保在规定的时间内完成每项考试。规定时间结束,系统会自动进入下一项试题。

第四,在考试过程中,考生不要说试卷以外的任何内容,以免影响考试成绩。如有疑问,则应举手示意,工作人员会及时解答。

2. 各题图示

第一题是读单音节字词(见图3-10)。

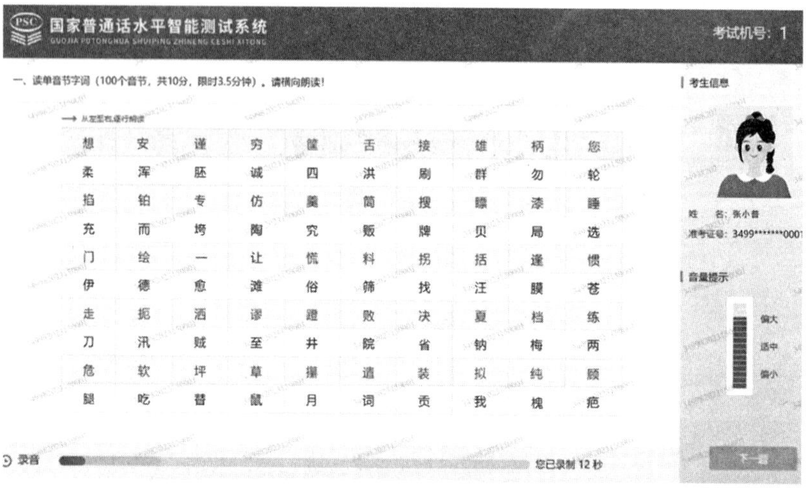

图3-10 单音节字词

第二题是读多音节字词(见图3-11)。

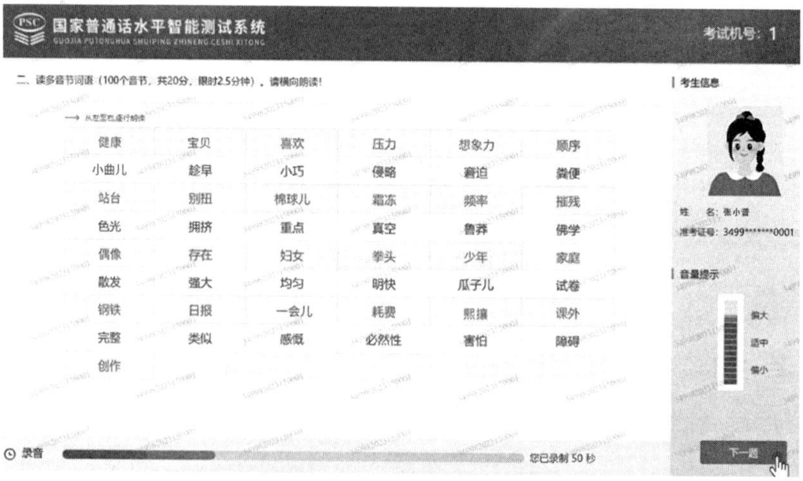

图3-11 多音节字词

第三题是朗读短文(见图3-12)。

图3-12　朗读短文

第四题是命题说话(见图3-13)。

图3-13　命题说话

**注意**：在考第四题时，考生须在10秒内用鼠标点击所选话题。若未在规定时间内选择，系统会默认选择的是第一个说话题目。确认题目后，有30秒的准备时间，听到"嘟"的一声后开始答题。答题时先读出所选择的说话题目，例如我说话的题目是"我喜爱的动物"。本题必须说满三分钟，主屏下方有时间进度提示，说满三分钟后系统会自动结束并提交。

## 五、结束考试

（1）考试完成后系统会自动提交，弹出相应提示框(见图3-14)。
（2）考生摘下耳机，等监考老师发出指令后安静离开考场。

图 3-14 考试结束

## 第四节 湖北省普通话水平测试评分细则

根据教育部、国家语言文字工作委员会颁布的《普通话水平测试大纲》(教语用〔2003〕2号文件)和教育部语言文字应用管理司印发的《计算机辅助普通话水平测试评分试行办法》(教语用司函〔2009〕5号),结合湖北方言特点和计算机辅助普通话水平测试实际,制定本细则。

湖北省普通话水平测试包括4个部分,满分为100分。

### 一、读单音节字词(100个音节,不含轻声、儿化音节),限时3.5分钟,共10分

该题测查应试人掌握声母、韵母、声调读音的标准程度。

(一) 评分

(1) 语音错误(含漏读),每个音节扣0.1分。
(2) 语音缺陷,每个音节扣0.05分。
(3) 超时1分钟以内,扣0.5分;超时1分钟以上(含1分钟),扣1分。
(4) 每个音节允许应试人改读一次,并以改读音作为评分依据,隔音节改读无效。多音字,只需准确读出一个正确的读音(复审用)。

(二) 有关概念的解释

1. 语音错误

指在普通话语音(音位)系统中,把一个音(音位)误读作另一个音(音位)。湖北常见语

音错误举例见附录 7。

2. 语音缺陷

指发音没有完全达到普通话语音标准的程度。湖北常见语音缺陷举例见附录 7。

## 二、读多音节词语(100 个音节),限时 2.5 分钟,共 20 分

该题测查应试人掌握声母、韵母、声调和变调、轻声、儿化读音的标准程度。

(一) 评分

(1) 语音错误(含漏读),每个音节扣 0.2 分。
(2) 语音缺陷,每个音节扣 0.1 分。
(3) 超时 1 分钟内,扣 0.5 分;超时 1 分钟以上(含 1 分钟),扣 1 分。
(4) 一个词语允许应试人改读一次,并以改读音作为评分依据,隔词语改读无效(复审用)。

(二) 有关概念的解释

1. 多音节词语的语音错误
(1) 声、韵、调语音错误的确定,参照"读单音节字词"部分。
(2) 必读轻声词没有读作轻声,或不该读轻声的读作轻声。
(3) 该读儿化而没有读作儿化,或把儿化韵母读成两个音节;没有儿化的音节,读作儿化。
(4) "一"、"不"及"上声"该读变调的没有变调,或变调错误。

2. 多音节词语的语音缺陷
(1) 声、韵、调语音缺陷的确定,参照"读单音节字词"部分。
(2) 该读轻声的字,轻度不够,不该读轻声字的有轻化倾向。
(3) 儿化韵母发音不够准确自然。
(4) "一"、"不"及"上声"变调发音存在缺陷或不够自然。
(5) 多音节词语连读时发音存在缺陷或不自然。

## 三、朗读短文(1 篇,400 个音节),限时 4 分钟,共 30 分

该题测查应试人使用普通话朗读书面作品的水平。在测查声母、韵母、声调读音标准程度的同时,重点测查连读音变、停连、语调及流畅程度。

(一) 评分

(1) 每错读、漏读、增读 1 个音节,扣 0.1 分。
(2) 声母或韵母的系统性语音缺陷,视程度扣 0.5 分(1~2 类)、1 分(3 类以上)。
(3) 语调偏误,视程度扣 0.5 分、1 分、1.5 分、2 分。主要依据概念解释中对"语调偏误"描述的 5 类问题判定,出现 1 类扣 0.5 分,2~3 类扣 1 分,4 类以上视程度扣 1.5 分或 2 分。

(4) 停连不当,视程度扣 0.5 分(1 次)、1 分(2～3 次)、2 分(4 次以上)。

(5) 朗读不流畅,视程度扣 0.5 分、1 分、2 分。如果只出现回读情况,1 句扣 0.5 分,2～3 句扣 1 分,4 句以上扣 2 分,或 3 个词语以内扣 0.5 分,4～6 个词语扣 1 分,7 个词语以上扣 2 分,扣回读分则不扣增读分。朗读中如果还同时出现概念解释中对"朗读不流畅"描述的另两种情况,酌情加重扣分。

(6) 超时扣 1 分。

(二) 有关概念的解释

1. 朗读中的语音错误

(1) 应读轻声的单音节助词、语气词等未读轻声。

(2) 语气词"啊"未按音变规律读。

(3) 叠字形容词中 AA 式带上"儿"尾读儿化韵时,第二个音节没有变调的。

(4) 除以上情形外,其他语音错误参照"读多音节词语"部分。

2. 声母或韵母的系统性语音缺陷

指朗读过程中,某类声母或韵母至少出现 5 次以上语音缺陷。

3. 语调偏误

(1) 语流中声调有系统性缺陷。

(2) 语句音高的高低升降曲折等变化失当。

(3) 词语的轻重音格式及句子的句重音失当。

(4) 语速过快、过慢或忽快忽慢;音长的变化不规范。

(5) 语气词带有明显的方言痕迹。

4. 停连不当

(1) 停顿造成对一个双音节或多音节词语的肢解。

(2) 停顿造成对一句话、一段话的误解,形成歧义。

5. 朗读不流畅

(1) 在语句中出现一字一进,或一词一进现象,不连贯。

(2) 语速过慢,或较长时间停顿。

(3) 朗读中出现回读情况。

# 四、命题说话,限时 3 分钟,共 40 分

该题测查应试人在无文字凭借的情况下说普通话的水平,重点测查语音标准程度、词汇语法规范程度和自然流畅程度。

(一) 评分

(1) 语音标准程度,共 25 分,分六档。

一档:语音标准,或极少有失误。扣 0 分、0.5 分、1 分、1.5 分、2 分。

二档：语音错误在10次以下，有方音但不明显（声、韵、调偶有错误但不成系统；语调偏误方面只单纯出现少数轻重音格式把握失当）。扣3分、4分。

三档：语音错误在10次以下，但方音比较明显（声、韵、调出现1~2类系统性错误；有3类以内系统性缺陷；有语调偏误）；或语音错误10~15次，有方音但不明显。扣5分、6分。

四档：语音错误10~15次，方音比较明显。扣7分、8分。

五档：语音错误超过15次，方音明显（声、韵、调出现3~4类系统性错误；有3类以上系统性缺陷；有明显的语调偏误）。扣9分、10分、11分。

六档：语音错误多，方音重（声、韵、调出现4类以上系统性错误；缺陷多，有浓郁的典型地方特点发音，但尚能听出是普通话）。扣12分、13分、14分。

（2）词汇语法规范程度，共10分，分三档。

一档：词汇、语法规范。扣0分。

二档：词汇、语法偶有不规范的（典型的方言词汇或方言语法）情况。视程度扣1分、2分。

三档：词汇、语法屡有不规范的（典型的方言词汇或方言语法）情况。视程度扣3分、4分。

（3）自然流畅程度，共5分，分三档。

一档：语言自然流畅。扣0分。

二档：语言基本流畅，口语化较差，有背稿子的表现。视程度扣0.5分、1分。

三档：语言不连贯（语句中出现一字一迸、一词一迸，或者有较长时间的停顿），语调生硬。视程度扣2分、3分。

（4）说话不足3分钟，酌情扣分。

应试人说话不足3分钟时，累计时长酌情扣分。缺时1分钟以内（含1分钟），扣1分、2分、3分；缺时1分钟以上，扣4分、5分、6分；说话不满30秒（含30秒），本测试项计为0分。

应试人操作计算机时可能会因为不熟练而耽搁时间，开头空缺10秒可以不计为缺时，从第11秒开始计算缺时时间。

应试人说话过程中，停顿时间超过20秒时，开始计算缺时时间。

应试人说话不到3分钟，从应试人说话完全终止时计算缺时时间。

应试人说话断断续续，有效说话累计时长不足30秒（含30秒），或者说话音节总数不足75个，本测试项计为0分。

（5）离题、内容雷同，视程度扣4分、5分、6分。

离题、内容雷同，时间在1分钟到1分30秒扣4分，时间在1分31秒到2分钟扣5分，时间在2分1秒及以上扣6分。判定"内容雷同"测试员需举证。"离题"与"内容雷同"同时出现，不重复扣分。

（6）无效话语，累计占时按缺时扣分。

(二) 有关概念的解释

1. 语音标准

指应试人在说话时，声母、韵母、声调，以及轻声、儿化、"一"、"不"、"啊"和"上声"的变读等符合普通话规范,轻重音格式把握恰当,无方音出现。

2. 方音

指应试人在说话时存在方言语音现象。

具体表现为:① 语调偏误;② 声、韵、调出现系统性错误与缺陷;③ 语流音变失当。

3. 词汇语法规范

指应试人在说话时,遣词造句符合普通话规范,不出现典型方言性质的词汇、语法现象。

4. 自然流畅

指应试人在说话时,语言表达符合口语习惯;语速恰当,没有长时间的停顿,语调自然。

5. 离题、内容雷同

离题,指应试人说话内容完全脱离指定的主题和范围。

内容雷同,指应试人把别人的作品或语句作为自己的说话内容,例如说话内容与媒体公开发表的文章内容相同或差异极小,不同考生说话的内容相同或差异极小。

6. 无效话语

指应试人的话语与要测查的语言特征无关,无评判价值,比如语句不断重复、读秒、数数、唱歌、不文明语言等。

## 五、级别与总分比照

(1) 一级甲等:97 分及以上。　　(2) 一级乙等:92~96.99 分。

(3) 二级甲等:87~91.99 分。　　(4) 二级乙等:80~86.99 分。

(5) 三级甲等:70~79.99 分。　　(6) 三级乙等:60~69.99 分。

(7) 60 分以下不入级别。

## 六、评分方式

读单音节字词、读双音节词语、朗读短文三项,由"国家普通话水平智能测试系统"评定分数,命题说话项由优秀测试员评定分数。如遇特殊情况,由骨干测试员对全四题重新评定分数。

本评分细则由湖北省普通话培训测试中心负责解释。

# 第五节　普通话水平测试的应试对策

## 一、普通话水平测试的备考步骤

为了使普通话水平测试工作顺利进行,同时也使应试人员取得较为理想的成绩,应试人员必须认真进行考前准备。

第一,仔细阅读《普通话水平测试大纲》及相关书籍资料,明确测试的基本要求。《普通话水平测试大纲》是进行测试的主要依据,有些省市还编写了相应的测试手册,应试人员都应领会测试的基本要求和具体程序,尤其是把大纲所列的常用字词和朗读文章当作备考的重点。

第二,明确要求之后,应试人员要根据自己的实际情况,有针对性地进行训练。虽然达到较高的普通话水平不是一朝一夕的事,也不是半月一月的培训班所能奏效的,但培训班的针对性强,有教师的示范和正音训练,往往能达到事半功倍的效果。这种培训班有省、市、县的,也有各单位各学校自行举办的,不管哪一层次的培训班,通过集中训练,有较好的语言环境,对于口语水平的提高有良好的促进作用。

自练这种形式对于参加培训班学习和有较好的语言基础的人更有作用。自练一般是对自己的情况比较熟悉,着重练自己方音干扰较大而又难于纠正的音。自练的时间更为灵活,一切空余时间都可以利用,看电视、听广播都可以练习。

练习的方式包括听辨、读说、纠正、记忆。听辨主要是听标准读音,包括广播、电视播音员的普通话读音,测试方面的专门录音磁带,以分辨自己的方音与普通话有何差异。读说主要是为了巩固听辨成果,同时,读说使普通话定型,成为习惯。在听辨、读说中纠正错误读音,在听辨、读说中增强语言能力。

第三,当所有规定的测试内容学练完毕,可以利用模拟测试的方式,检验一下应试者的普通话水平达到什么程度,以便进一步备考。测试可以采用自测、互测的方式进行。自测主要是用未曾练说的材料来检测,可以从报纸上选读一篇文章,从单字、词语、朗读方面看所读的字音是否正确,词语的轻声、儿化是否准确,朗读是否流畅。可以先把自测的内容录下来,再一边放录音一边鉴别与标准有多大差距,为正式测试打下良好的基础。还可以请准备参加测试的其他人员一起互相检测。互测可以检验双方发音的标准程度,锻炼听辨的能力,共同提高普通话水平。

## 二、应试中的主要问题与对策

每位参加普通话水平测试的人员,都希望达到《普通话水平测试大纲》所规定的等级标准。但是许多人面对《普通话水平测试大纲》中两万多条字词和几十篇朗读材料感到无从下手,要么翻翻词条就仓促应战,要么盲目细究词汇语法而事倍功半,还有不少应试者临场失控、语无伦次,影响正常水平的发挥,或者由于语速不当、时间把握不好而白白丢分……因此,每位应试人员必须进行一定的物质准备和心理准备,掌握一定的应试技巧,才能在测试中发挥出真实水平,取得良好成绩。

(一) 根据自己现有的实际水平,确定不同的努力方向和训练重点

(1) 若应试者平时就使用普通话,能够自然流畅地用普通话进行朗读和自由交谈,声、韵、调、词汇、语法基本准确,那么,这部分应试人员确定的目标是比较稳妥地进入"一乙",并向"一甲"努力。

这些人在测试中容易出现的问题如下。

① 异读词的读音错误。一些人对1985年12月颁布的《普通话异读词审音表》不甚了解,仍坚持过去的读音习惯。例如,把"凿(záo)"读成"凿(zuò)",把"成绩(jì)"读成"成绩(jī)",把"呆(dāi)板"读成"呆(ái)板",把"从(cóng)容"读成"从(cōng)容"等。

② 文白异读。由于口语和书面语的不同,一些字的读音容易混淆。例如"血"字,在书面语"流血(xuè)牺牲"、"血(xuè)流如注"中都读 xuè,而在日常口语"流了很多血(xiě)"、"血淋淋(xiělīnlīn)"、"血晕(xiěyùn)"中都读 xiě。类似的字词还很多,如不注意,便会失分。

③ 误读。很多人由于心理紧张或习惯性误读而失分。例如,把"门闩(shuān)"读成"门闩(bì)",把"粗犷(guǎng)"读成"粗犷(kuàng)"等。

④ 非系统性个别方言读法的遗留。例如,个别字没有记住平翘舌音的区别而发生失误,或个别轻声、儿化、变调字音错读,如"寝室(shì)"读成"寝室(shǐ)"。

明确了可能出现的错误类型,应试者应把训练重点放在纠正自己读音中可能出现的错误上,通过阅读词表和异读词审音表,找出容易误读、错读的字词,反复练习,然后集中精力练习朗读材料和说话材料。练习朗读要找准重音,正确使用停连,不错读、漏读。在说话练习中语言自如流畅,不出现或少出现语音、词汇、语法的失误。

(2) 若应试人员平时能说比较标准的普通话,但声、韵、调不够准确,在朗读和自由交谈时,有方言语调和使用方言词汇、方言语法的情况,那么这部分应试者易出现的问题如下。

① 声母、韵母发音不到位。例如,读"发(fā)展"的"发"字,声母 f 应是上齿与下唇成阻,一些应试者下唇未动,气流未阻,含混不清地读出来而导致读音失误。

② 调值不准确。一些应试者能基本读出普通话四种调类,但调值不到位。例如,把阴平55度读成44度或33度,把阳平35度读成34度,把上声214度读成212度,甚至读成2142度,这些错误在双音节词语中不太明显,在读单音字词时则暴露明显。

③ 语流音变规律掌握不好。某些轻声、儿化和上声变调读得不够准确自然。"一"在非去声前读去声,在去声前读阳平。于是,一些应试人员便生搬硬套,即使是在句末、在年月日或表序数时,仍发生音变,把"第一次"的"一(yī)"读成"第一(yí)次",把"第一个"的"一(yī)"读成"第一(yí)个"。

④ 方言词汇、语法的判断准确率不高。读字、词时,问题尚不明显,但在自由交谈时,就会出现方言语调、方言词汇和语法。

这部分应试人员要针对自己出现的问题,从词表入手,重点练习声、韵、调,准确掌握语流音变规律,认真阅读"方言词辨正",纠正交谈中的乡音语调,多讲多练,提高认读的准确率和自由表达的流畅度。

(3) 若是平时操方言或虽讲普通话,但方音非常明显,这类应试者,声、韵、调失误较多,存在一类或几类系统性的语音错误,而且在词汇和语法方面也存在不少问题。这部分应试人员必须先系统学习普通话语音的基础知识,掌握普通话语流音变的基本规律,克服系统性方言错误,然后再阅读词表。参照《普通话水平测试用普通话与方言词语对照表》和《普通话水平测试用普通话与方言常见语法差异对照表》细心研究,强化记忆,然后再读"朗读材料",以读带说,尽量在有文字凭借的测试部分少丢分,争取在"说话"测试中取得较好成绩。

### (二) 把普通话语音作为训练的重点

在普通话测试中,语音评定占据主要部分。因为语音评定是评定应试人员普通话水平的主要依据。因此,在测试内容中,语音的比重明显大于词汇和语法。在五项内容里,第一、二项读单音节字词和多音节词语,纯粹考查语音占30分;朗读的重点也是考查语音、连续音变,在30分的总分中语音占26分。在全部考查内容里,语音占76%。因此,应试者要把训练重点放在语音辨正上。如何搞好语音训练,收到事半功倍的效果呢?

**1. 掌握基本规律是克服系统性语音错误的关键**

《普通话水平测试用普通话词语表》中的表一和表二共收集常用字词17 055条,再加上60篇朗读材料的24 000字,如果逐字逐音去纠正错误,往往费时耗力,而且不能从根本上解决问题。如果掌握了声母韵母的发音部位、发音方法和声调及音变的基本规律,便可以比较容易地纠正一系列语音错误。例如,有一些应试人员(尤其是女性)尖音比较严重,把j、q、x读得接近z、c、s,这种现象在测试中算读音缺陷,在第一项测试中,按每个声母出现不少于3次,每个读音缺陷扣0.05分,就将失掉9×0.05分。因此,要克服掉这一类型的读音缺陷,如果盲目地去读几百条字词,在这里读对了"机场",在那里又可能读错了"将近",不能从根本上解决问题。科学的做法是先学习声母j、q、x的发音部位与发音方法,舌面前部往上抬,舌尖抵住下齿背或下齿龈,不应把舌面与舌尖同时上抬,舌尖不能出来。舌尖一旦上到上下齿之间,有气流随之流出,便会产生尖音。掌握了发音部位和发音方法,如果一个声母j读对了,那么词表中的"几乎、基本、机场、激动"等720条词的一半以上的读音就会少出或不出错误。

像这样成系统的语音错误类型还有很多。例如:声母中的平翘不分,鼻边音不分,r、y不分等;韵母中前后鼻音不分,宽窄韵母相混等;在声调上阳平高度不够,上声调值不准等;在变调上轻声读得过长,儿化不够自然等。应试者可以针对自己存在的问题,找出错误和缺陷的根源,下大力气集中攻克,才能在短时间内快捷有效地提高语音准确度。

**2. 读词表要用巧劲**

《普通话水平测试用普通话词语表》中表一收集常用字词6 595条,其中,基本词多,构词能力强,尤其带＊的字词,出现的频率更高,表二中至少有90%的词语可以在表一中找到标准读音。我们以"成"字为例,表一中有"成本、成虫、成分、成功、成果、成绩、成就、成立、成年、成人、成熟、成为、成效、成语、成员、成长"16个词,表二中有"成败、成才、成材、成风、成活、成家、成见、成交、成名、成品、成亲、成全、成书、成套、成天、成行、成形、成因"18个词,这里,与"成"构成词的34个字,除去"绩",其余的字都能在表一中找到。由此可知,表一比表二更重要,应该准确牢固地掌握单音节字词与多音节词语的读音。掌握了表一,表二中的大部分词语的读音也就能顺利通过。在应试时,不要只看到词表中的生僻字词,而忽略了基本词。

### (三) 认真纠正方言语调,努力改善语音面貌

许多应试者在单音节字词、双音节词语和朗读测试中,能够做到语音准确、音变自然,失分比较少,但一到"说话"项目中,就暴露出浓郁的方言语调。如果应试者方音比较明显,评定语音面貌时定为四档以下,那么即使其他测试都得满分的话,也达不到一级水平。因此,

一定要花大力气去纠正方言语调。方言语调的出现主要有以下几种原因。

第一,一些应试人员,由于母语是某种方言,方言语调根深蒂固,虽然能用普通话朗读,但不能熟练地用普通话进行思维。因此,在自由谈话中,只把注意力集中在"说话"的内容上,而忽略了语音语调。他们总习惯于先用方言进行思维,然后再把思维的结果翻译成普通话,在这个"周转"的过程中,就显现出方言特征,例如把一句话的开头一个字或最后一个字加重,有规律地在句子中某一处停顿、拉长和提高音量。

第二,受方言影响,人们在语句中所遗留的方言色彩,存在成系统的声调错误或缺陷,使语调也存在系统的错误或缺陷。字词、调型的错误是影响语调的因素。例如,某些方言区的人阳平总读不到位,把本来应该是35度的调值一律都读为34度,尤其是在句末时就更为明显,因此,一开口说话,方言语调就暴露了出来。

第三,语流音变的规律掌握不好。某些方言区的应试人员(特别是南方方言区),对语流中的音变规律掌握不熟练,在朗读时,有文字提示,尚能基本读准,但到自由表达时,失去了文字依据,便带出些生硬的方言语调来。在轻声、儿化和语气词"啊"的变化上,出现的问题非常明显。另外,他们对词语的轻重格式说得也不够准确,尤其是在一些非轻声,但需轻读的词语上,如"教育、下列、下意识、气氛"等。

第四,发音部位和发音方法有误,以及长期受方言习惯的影响。一些方言区的人发音部位普遍靠前或靠后。例如吴方言区的人,发音部位靠前,齿音较重,在朗读时有意识地控制住,可以使发音部位适中,在自由交谈时,又往前移,声音便带有明显的摩擦效果,加之语速过快,让人一下子就能感觉到方言语调。另外还有语言习惯的影响。例如,北京人虽然语音标准,但尖音和吃字、吞字现象,以及省略现象严重,一张嘴"那天,天儿特好!"听起来仍是北京土语,而不是普通话。

如何有效地纠正方言语调呢?

首先,要善于运用普通话进行思维。在日常生活中多说多练,养成良好的语言习惯。可以把自己的"谈话"用录音机录下来,然后认真听辨,找出其中的语音错误、方言词汇和不合语法规范的句子,逐字逐句纠正。

其次,要强化声调训练,努力读准普通话的四类调值,避免由于语调变化而使字调发生变化的现象。还要继续加强音变训练,牢固掌握音变规律,直到读准、读自然为止。对于词语的轻重格式也要注意读正确。例如:

重轻格式:棉花、石头

重中格式:教育、太阳

中重格式:学校、白糖

重中中格式:下意识、工艺品

中轻重格式:核桃仁、差不多

另外,对重叠形容词的读法也要特别注意。

再次,发音部位、发音方法要正确。找出自己发音错误的根源,然后多读多说,把朗读中的一些良好的语音习惯,如停连恰当、重音准确、语言运用妥当等技能转移到"说话"中来,在自由交谈时,保证每个字词和句子也能做到发音规范、音变自然。

## (四)恰当控制语速,准确把握时间

在普通话水平测试的五项评分标准中,都有限时这一项。第一项限时3.5分钟,3.5~4.5分钟扣0.5分,4.5分钟以上扣1分;第二项限时2.5分钟,2.5~3.5分钟扣0.5分,3.5分钟以上扣1分;第三项判断测试限时3分钟,3~4分钟扣0.5分,4分钟以上扣1分;第四项朗读,限时4分钟,超时扣1分;第五项说话,不得少于3分钟。

规定时间,是为了在正常语速下,判定应试人员的普通话水平。如果语速过快,字词发音不到位,就可能形成语音缺陷;如果语速过慢,影响正常表达,也不能全面真实地反映应试者的普通话水平。

语速表现为规定时间内音节之间的疏密度。语速通常分为正常语速和超常语速。据测试,电视台或电台播新闻的语速一般为230~270个音节/分钟,读文章的语速一般为220个音节/分钟,口语语速一般为240个音节/分钟。根据以上情况,在测试时,如果应试者的语速超过270个音节/分钟,就是语速过快;如果语速低于150个音节/分钟,就是语速过慢。应试人员在测试中出现语速过快或过慢现象,一是由于平时的语言习惯,二是由于临场情绪紧张而失去控制,三是由于准备不充分。有的应试者在读单音节字词这一项中,为了读准每一个音节,反复推敲斟酌,遇到不认识或拿不准的字词就停下来分析考虑,速度自然就慢了下来,到了规定的时间没有读完,甚至只读了一半,因而失分严重。有的应试者在"说话"项目测试中,由于紧张,语速过快,把事先准备好的内容全部讲完,还不到2分钟,最后虽临时拼凑了一段不相干的话,也没说满3分钟,因此丢分。

要把握好时间,一定要先控制好语速。正确的做法如下。

首先,平时养成良好的语言习惯,不急不缓,平稳适中。不要因性格急躁或情绪紧张,就像打机关枪一样语速过快,也不要像老夫子读诗那样慢条斯理、语速过慢。

其次,在备考时,先测出自己的语速是否正常。可以用录音机录下自己的一段朗读内容或说话内容,然后计算一下每分钟读或说多少个音节。如果不正常,就要及时纠正。可以跟读新闻播音,调节词语之间的疏密度,控制好段与段之间的空歇。还可以加强唇舌锻炼,多读些短诗或绕口令,使自己口齿清晰、唇舌灵活、语速适当。

再次,临场不急不慌,从容应战。测出自己的语速后,就可以做到心中有数了。一般而言,3分钟的说话时间大约能讲500个音节,应试者至少应准备800~1 000字的说话材料。在"说话"这一项测试中,没有超时扣分,说满4分钟,工作人员会提醒应试者停止。因此,要尽量做到正常语速下说满4分钟,不得少于3分钟。例如,说"我的业余爱好",可以谈集邮兴趣的由来,至今积累了多少张邮票,有哪些珍贵的邮票,集邮给自己带来的益处,集邮的乐趣等。还可以在集邮之外,谈一些自己其他的爱好。例如,把"听音乐"、"钓鱼"等作为备用材料,一旦发现一个话题说完而时间未到时,再用另外一些与题目有关的材料来补充。材料多、内容多,就不用担心说不满时间。态度从容不迫,语速也会控制恰当。

## (五)克服心理障碍,增强临场发挥能力

在普通话水平测试中,一些应试人员一踏进测试室,面对测试员和工作人员,便会紧张失

措,甚至惶恐不安。处在这种紧张状态下,整个发音器官就会僵化生硬,在读字词时,声韵调容易走样,甚至会把本来很简单的字词看错读错。例如,把"拔"读成"拨",把"渴"读成"喝",把"爪子"读成"瓜子",把"巴结"读成"团结"等。在"朗读"项目测试中,由于紧张导致漏读或错读而重复朗读,每重复一句话扣 0.5 分,多次重复,失掉的分数就相当可观了。在"说话"测试中,怯场现象更为严重,许多应试者吐字不清、思维混乱、词不达意,少数人紧张得呼吸急促、手足无措、声音沙哑、突然口吃,甚至说不出话来。测试员用双向谈话的方式来诱导应试人员讲话,而应试者只简单地用"是"或"不是"来回答,用尽办法也没凑足 3 分钟。在这种状态下判定成绩,其结果可想而知。因此,普通话水平测试从某种程度上来讲也是心理素质的检测。

怯场现象的发生,一方面是由于应试者性格内向,心理素质较差;另一方面,应试者怕自己达不到相应的等级,会产生精神压力。

要克服怯场现象,首先要对水平测试有正确的认识。水平测试是推广普通话工作的重要组成部分,是为了让人们更广泛地学习和使用普通话。如果此次测试成绩不够理想,还可以申请复测,争取达到更高的等级。

其次,平时要注意培养自己良好的心理素质,经常锻炼,多读多说,尤其是要注意增强自己面对众人说话的勇气和胆量。平时多与他人交流,敢于发表自己的见解,可以先在小范围内(如在宿舍或小组中)练习试讲,然后随胆量增加再到大范围(如讲台、报告会、开幕式、演讲会或论辩会)去发言,逐渐适应紧张严肃的气氛,培养良好的心理素质和应试能力。

最后,进入实际测试时,要设法缓解紧张心理,努力使自己处于一种坦然自信、舒缓松弛的状态之中。例如,事先熟悉测试环境,坐在测试室,要坦然自信地与测试员进行目光交流,消除陌生感与恐惧感。还可以做几次深呼吸,使呼吸与心跳趋于正常,慢慢稳住情绪。拿到测试题后,集中注意力先看第一、二项测试题,再看朗读材料或准备说话的题目。遇到较生的说话题目,不要惊慌失措,记住说话测试的主要目的不是考查应试者的思维能力和组织语言的能力,测试重心不是看说话内容是否新奇有趣、逻辑是否严密,而是考查应试者的语音、词汇、语法是否规范。因此,在构思情节上不必花大力气,只要略做准备,想好先说什么、后说什么,做到心中有数,便可从容不迫了。坐到话筒前,拿起单双音节词表,可先迅速看一下考查内容,碰到个别不认识或拿不准的字词也别紧张失态,不要在少数字音上纠缠不休。测试过程中,情绪要稳,读完一项,做一次深呼吸,再进行下一项。尤其朗读测试项,看准题目读出来,待测试员翻到该篇朗读材料、自己做好准备后,再开始朗读,不要急急忙忙拿起材料就念。有的应试者念了一段后才被测试员提醒读错了篇目。读完作品后,把情绪调整好以后再开始"说话"测试。其间在任何一个环节上都要沉着冷静、从容不迫。这样,才有可能发挥出最佳水平。

## 第六节　普通话水平测试规程

2023 年 1 月 13 日,国家语委修订印发了《普通话水平测试规程》,自 2023 年 4 月 1 日起施行。

为有效保障普通话水平测试实施,保证普通话水平测试的公正性、科学性、权威性和严肃性,依据《普通话水平测试管理规定》(教育部令第51号),制定本规程。

## 第一章 统筹管理

第一条 国务院语言文字工作部门设立或指定的国家测试机构负责全国测试工作的组织实施和质量监管。

省级语言文字工作部门设立或指定的省级测试机构负责本行政区域内测试工作的组织实施和质量监管。

第二条 省级测试机构应于每年10月底前明确本行政区域内下一年度测试计划总量及实施安排。

省级测试机构应按季度或月份制订测试计划安排,并于测试开始报名前10个工作日向社会公布。

第三条 省级测试机构应于每年1月底前向国家测试机构和省级语言文字工作部门报送上一年度测试工作总结。国家测试机构应于每年2月底前向国务院语言文字工作部门报送全国测试工作情况。

## 第二章 测试站点

第四条 省级测试机构在省级语言文字工作部门领导下负责设置测试站点。测试站点的设立要充分考虑社会需求,合理布局,满足实施测试所需人员、场地及设施设备等条件。测试站点建设要求由国家测试机构另行制定。

测试站点不得设立在社会培训机构、中介机构或其他营利性机构或组织。

第五条 省级测试机构应将测试站点设置情况报省级语言文字工作部门,并报国家测试机构备案。本规程发布后新设立或撤销的测试站点,须在设立或撤销的1个月内报国家测试机构备案。

第六条 在国务院语言文字工作部门的指导下,国家测试机构可根据工作需要设立测试站点。

第七条 测试站点设立和撤销信息应及时向社会公开。

## 第三章 考场设置

第八条 测试站点负责安排考场,考场应配备管理人员、测试员、技术人员以及其他考务人员。

第九条 考场应设有候测室和测试室,总体要求布局合理、整洁肃静、标识清晰,严格落实防疫、防传染病要求,做好通风消毒等预防性工作,加强考点卫生安全保障。

候测室供应试人报到、采集信息、等候测试。候测室需张贴或播放应试须知、测试流程等。

测试室每个机位应为封闭的独立空间,每次只允许1人应试;暂时不具备条件需利用教室或其他共用空间开展测试的,各测试机位间隔应不少于1.8米。

第十条 普通话水平测试采用计算机辅助测试(简称机辅测试)。用于测试的计算机应安装全国统一的测试系统,并配备话筒、耳机、摄像头等必要的设施设备。

经国家测试机构同意,特殊情况下可采用人工测试并配备相应设施设备。

## 第四章 报名办法

第十一条 参加测试的人员通过官方平台在线报名。测试站点暂时无法提供网上报名服务的,报名人员可持有效身份证件原件在测试站点现场报名。

第十二条 非首次报名参加测试人员,须在最近一次测试成绩发布之后方可再次报名。

## 第五章 测试试卷

第十三条 测试试卷由国家测试机构统一编制和提供,各级测试机构和测试站点不得擅自更改、调换试卷内容。

第十四条 测试试卷由测试系统随机分配,应避免短期内集中重复使用。

第十五条 测试试卷仅限测试时使用,属于工作秘密,测试站点须按照国家有关工作秘密相关要求做好试卷保管工作,任何人不得泄露或外传。

## 第六章 测试流程

第十六条 应试人应持准考证和有效身份证件原件按时到指定考场报到。迟到30分钟以上者,原则上应取消当次测试资格。

第十七条 测试站点应认真核对确认应试人报名信息。因应试人个人原因导致信息不一致的,取消当次测试资格。

第十八条 应试人报到后应服从现场考务人员安排。进入测试室时,不得携带手机等各类具有无线通讯、拍摄、录音、查询等功能的设备,不得携带任何参考资料。

第十九条 测试过程应全程录像。暂不具备条件的,应采集应试人在测试开始、测试进行、测试结束等不同时段的照片和视频,并保存不少于3个月。

第二十条 测试结束后,经考务人员确认无异常情况,应试人方可离开。

## 第七章 成绩评定

第二十一条 测试成绩评定的基本依据是《普通话水平测试大纲》和《计算机辅助普通话水平测试评分试行办法》。

第二十二条 "读单音节字词""读多音节词语""朗读短文"测试项由测试系统评分。"选择判断"和"命题说话",由2位测试员评分;或报国家测试机构同意后试行测试系统加1位测试员评分。

测试最终成绩保留小数点后1位小数。

第二十三条　测试成绩由省级测试机构或国家测试机构认定发布。

测试成绩在一级乙等及以下的,由省级测试机构认定,具体实施办法由国家测试机构另行规定。

测试成绩达到一级甲等的,由省级测试机构复审后提交国家测试机构认定。

未经认定的成绩不得对外发布。

第二十四条　一级乙等及以下的成绩认定原则上在当次测试结束后30个工作日内完成。一级甲等的成绩认定顺延15个工作日。

第二十五条　应试人对测试成绩有异议的,可以在测试成绩发布后15个工作日内向其参加测试的站点提出复核申请。具体按照《普通话水平测试成绩申请复核暂行办法》执行。

## 第八章　等级证书

第二十六条　等级证书的管理按照《普通话水平测试等级证书管理办法》执行。

第二十七条　符合更补证书条件的,按以下程序办理证书更补:

(一)应试人向其参加测试的站点提交书面申请以及本人有效身份证复印件、等级证书原件或国家政务服务平台的查询结果等相关材料。

(二)省级语言文字工作部门或省级测试机构每月底审核汇总更补申请,加盖公章后提交国家测试机构。国家测试机构自受理之日起15个工作日内予以更补。

(三)纸质证书更补时效为自成绩发布之日起1年内,逾期不予受理。

第二十八条　应试人应及时领取纸质证书。自成绩发布之日起1年后未领取的纸质证书,由测试机构按照内部资料予以清理销毁。

## 第九章　数据档案

第二十九条　测试数据档案包括测试数据和工作档案。

第三十条　测试数据包括报名信息、成绩信息、测试录音、测试试卷、现场采集的应试人照片等电子档案。测试数据通过测试系统归档,长期保存。调取和使用已归档保存的测试数据,需经省级测试机构或国家测试机构同意。

第三十一条　数据档案管理者及使用人员应采取数据分类、重要数据备份和加密等措施,维护数据档案的完整性、保密性和可用性,防止数据档案泄露或者被盗窃、篡改。

第三十二条　测试工作档案包括测试计划和工作总结、考场现场情况记录、证书签收单据、成绩复核资料等,由各级测试机构和测试站点自行妥善保管,不得擅自公开或外传。

## 第十章　监督检查

第三十三条　国家测试机构对各级测试机构和测试站点进行业务指导、监督、检查。省级测试机构对省级以下测试机构和测试站点进行管理、监督、检查。

第三十四条　监督检查的范围主要包括计划完成情况、测试实施流程、试卷管理、成绩评定、证书管理、数据档案管理等。监督检查可采用现场视导、查阅资料、测试录音复审、测试数据分析等方式。

## 第十一章　违规处理

第三十五条　未按要求开展工作的测试机构和测试工作人员，按照《普通话水平测试管理规定》(教育部令第51号)有关规定处理。省级测试机构须在处理完成后10个工作日内将相关情况报省级语言文字工作部门，并报国家测试机构备案。

第三十六条　受到警告处理的测试站点，应在1个月内完成整改，经主管的语言文字工作部门验收合格后可撤销警告。再次受到警告处理的，暂停测试资格。

第三十七条　受到暂停测试资格处理的测试站点，应在3个月内完成整改，经主管的语言文字工作部门验收合格后方可重新开展测试。再次受到暂停测试资格处理的，永久取消其测试资格。

第三十八条　非不可抗拒的因素连续2年不开展测试业务的测试站点由省级测试机构予以撤销。

第三十九条　测试现场发现替考、违规携带设备、扰乱考场秩序等行为的，取消应试人当次测试资格。公布成绩后被认定为替考的，取消其当次测试成绩，已发放的证书予以作废，并记入全国普通话水平测试违纪人员档案，视情况通报应试人就读学校或所在单位。

## 第十二章　附　　则

第四十条　省级测试机构可根据实际情况在省级语言文字工作部门指导下制定实施细则，并报国家测试机构备案。

第四十一条　视障、听障人员参加测试的，按照专门办法组织实施。

第四十二条　如遇特殊情况，确有必要对常规测试流程做出适当调整的，由省级语言文字工作部门报国务院语言文字工作部门批准后实施。

第四十三条　本规程自2023年4月1日起施行。2003年印发的《普通话水平测试规程》和2008年印发的《计算机辅助普通话水平测试操作规程(试行)》同时废止。

# 第四章　单音节字词、多音节词语训练

## 第一节　训练指导

全面的学习和训练是参加应试的基础和前提。只要平时的训练达到炉火纯青的地步,脑子里储存了大量的普通话语词信息,在参加测试过程中就会胸有成竹,取得满意的效果。下面我们从应试的角度,谈谈读单音节字词、多音节词语方面的技巧。

### 一、读单音节字词

读单音节字词是要考查应试人普通话声母、韵母、声调的发音是否标准,音节的直呼是否连贯自然,可以说是普通话水平测试中的"零件"检测。因此,读单音节字词是一个基础。

读单音节字词要避免读错。读错是指把甲读成了乙。例如,有的人把"犷"guǎng 读成了 kuàng,把"腾"téng 读成了 tén,把"邻"lín 读成了 líng,把"诣"yì 读成了 zhǐ。这些错读,有的是受方言念法的影响,有的是受声旁类推的误会,有的是因文化水平不高认了别字。按规定,每读错一个字扣 0.1 分,这是十分可惜的,要尽可能避免。

读单音节字词要避免出现缺陷。读音有缺陷,是指声母、韵母、声调发音不够到位,不够标准,但还没有读成另一个音。例如,翘舌音的舌位稍后,显得生硬;或偏前,但还不是平舌音,介于平舌与翘舌位置之间。又如,读韵母 u,舌位唇形不到位,显得含混,但还不是 ou。再如,声调调值不到位:高平调不高,只有 44 度;阳平不扬,只有 34 度;上声起音高,读成 314,或降不下来,读成 24 度近似阳平,或只降不升;去声起音低,4 度起音,读成 41。虽然调型未错,但调值不到位都是缺陷。某字的声韵调任何一项有缺陷,即该字扣 0.05 分,这也是应该且可以避免的。

特别要注意上声字要读全上,即调值 214。读单音节如果只降不升读成 21,算错误。

读单音节字词 100 个,要求 3.5 分钟读完,超过 1 分钟以内扣 0.5 分,超过 1 分钟以上(含 1 分钟)扣 1 分。因此,要把握好时间,每个字平均 1.8 秒是足够的,一个接一个往下读即可,不必上气不接下气地匆忙读完,以避免声韵调发音不完全。这就要求对常用字十分熟悉,容不得花时间去细想某字该读什么音,要见字就能读出来。这完全取决于平时的训练和平时储存的信息。

## 二、读多音节词语

读多音节词语仍为 100 个音节,读词的要求除了与 100 个单音节字相同之外,还有更高的要求,即上声变调、轻声和儿化韵的读音。

读多音节词语要注意几组相对的声、韵母并列的读音。声母的平翘相间的,如"脆弱 cuìruò"、"受灾 shòuzāi";边音和鼻音相间的,如"年龄 niánlíng"、"冷暖 lěngnuǎn";前后鼻音相间的,如"尽情 jìnqíng"、"真诚 zhēnchéng";唇齿音和舌根音相间的,如"防洪 fánghóng"、"风化 fēnghuà"。

双音节词语上声连读的前一音节变读成近乎阳平,第二音节的上声应读全上,如"展览 zhǎnlǎn"。

多音节词的轻声音节出现在第二个音节上,要读得又轻又短。除了那些有规律可循的轻声,比如结构助词、时态助词、语气助词、带词缀"子、头、们"等词之外,那些没有规律可循的多音节词尤其要强化训练和记忆。例如:知识 zhīshi,凉快 liángkuai,耳朵 ěrduo,豆腐 dòufu。

多音字要据词定音。例如:创伤 chuāngshāng,创始 chuàngshǐ。

异读词要以国家语言文字工作委员会、国家教育委员会、广电部 1985 年 12 月联合发布的《普通话异读词审音表》为准。《现代汉语词典》之前的异读词读音只能作为一定阶段的历史读音,不能作为现阶段的标准音。如果不注意到这一点,可能会影响普通话水平测试的等级。例如"呆",《普通话异读词审音表》规定统读为 dāi,取消 ái(呆板);"指"统读为 zhǐ,取消 zhī(指甲)、zhí(指头)。

读多音节词语还要注意轻重音格式。

多音节词语的朗读时间是 2.5 分钟。由于是多音节连读,时间比读单音节充裕,但也不能在词语之间停顿时间过长。超过 1 分钟内扣 0.5 分,超过 1 分钟以上(含 1 分钟)扣 1 分。多音节词语每读错一个音节扣 0.2 分,读音有缺陷每个音节扣 0.1 分。扣分比读单音节字词增加了一倍,要尽量在规定时间内读得正确无误无缺陷。

# 第二节 测试样卷 25 套

## 第四章 单音节字词、多音节词语训练

# (1)

### 一、读单音节字词（100个音节，共10分，限时3.5分钟）

| qū 趋 | xué 穴 | bǐ 彼 | fū 孵 | kǎn 砍 | tí 蹄 | zhěng 整 | xiù 锈 | jiǒng 窘 | yàng 漾 |
| níng 凝 | wēn 温 | tuán 团 | jiàn 键 | shū 书 | tǒng 筒 | mō 摸 | kuǎ 垮 | lù 录 | jué 厥 |
| là 腊 | cǎi 彩 | dūn 吨 | qiǎn 遣 | xú 徐 | chǐ 尺 | bèng 迸 | dǔ 堵 | huī 挥 | yuǎn 远 |
| bèn 笨 | méi 霉 | cè 册 | piān 偏 | yá 芽 | huǎng 谎 | dài 代 | suǒ 锁 | gōu 沟 | cháng 尝 |
| rǎo 扰 | liú 硫 | zhuī 追 | péng 棚 | wā 蛙 | kòu 扣 | zhuāng 桩 | dàn 蛋 | fǎng 纺 | yùn 运 |
| tiáo 条 | guài 怪 | nín 您 | jiǎo 矫 | ruì 瑞 | lóu 楼 | ān 安 | shì 示 | céng 层 | liè 劣 |
| hóng 虹 | zuān 攥 | mǎi 买 | qióng 穷 | chāo 超 | mín 民 | xuǎn 选 | bā 巴 | mì 蜜 | wáng 亡 |
| xiǎng 响 | pá 爬 | dìng 锭 | kuāng 筐 | wěi 委 | bō 波 | cí 磁 | hēi 黑 | qún 群 | hài 害 |
| sháo 勺 | zhǎng 掌 | jí 极 | zūn 遵 | qià 洽 | gě 葛 | chuài 踹 | niē 捏 | rǎng 壤 | shuān 拴 |
| ào 澳 | chuō 戳 | sǒng 耸 | zhòu 皱 | suān 酸 | ér 儿 | Guō 郭 | zì 自 | fēn 酚 | yǒu 酉 |

### 二、读多音节词语（100个音节，共20分，限时2.5分钟）

| jūnduì 军队 | rónghé 融合 | gēnjùdì 根据地 | cuòzhé 挫折 | xiōngyǒng 汹涌 | chéngmíng 成名 | yìsi 意思 |
| píjuàn 疲倦 | qīngshuǎng 清爽 | réngjiù 仍旧 | miánqiúr 棉球儿 | suīshuō 虽说 | bìngrén 病人 | tiānxià 天下 |
| fódiǎn 佛典 | bèiwōr 被窝儿 | quánlì 权利 | zhōngshēn 终身 | niǔzhuǎn 扭转 | pòhuài 破坏 | bīnzhǔ 宾主 |
| jiàzhí 价值 | zěnme 怎么 | shuāxīn 刷新 | dàniáng 大娘 | àihào 爱好 | xiǎowèngr 小瓮儿 | gǎnkǎi 感慨 |
| línchuáng 临床 | māotóuyīng 猫头鹰 | gǒngqiáo 拱桥 | xúnhuán 循环 | gāngtiě 钢铁 | késou 咳嗽 | wǔdǎo 舞蹈 |
| quēfá 缺乏 | ángguì 昂贵 | kuàibǎnr 快板儿 | pínlǜ 频率 | huāniǎo 花鸟 | nèiwài 内外 | fànzi 贩子 |
| jiérì 节日 | cūlüè 粗略 | zǎochūn 早春 | shànliáng 善良 | cúnzài 存在 | bùyán'éryù 不言而喻 | |

## (2)

### 一、读单音节字词(100个音节,共10分,限时3.5分钟)

| mín 民 | tuī 推 | péi 陪 | zǎi 宰 | lù 鹿 | niú 牛 | jiè 戒 | níng 凝 | bàng 棒 | shuǎng 爽 |
| mò 末 | běi 北 | nín 您 | dǒu 抖 | wèng 瓮 | chú 雏 | yòng 用 | kuí 奎 | zāo 糟 | niǎn 捻 |
| sháo 勺 | hēi 黑 | xiào 效 | kuāng 筐 | Wǎn 皖 | pàn 畔 | zhǒng 肿 | tiān 天 | zhě 者 | jūn 军 |
| chéng 诚 | ān 庵 | fǎng 仿 | yá 牙 | dòng 栋 | píng 坪 | guǎi 拐 | pì 僻 | é 额 | nǐ 拟 |
| diāo 貂 | sǐ 死 | yuán 源 | jiàn 剑 | huó 活 | quǎn 犬 | suō 梭 | hài 氦 | běn 苯 | hào 耗 |
| dūn 墩 | chàng 唱 | cí 词 | lüè 略 | zhōu 州 | táo 逃 | zǔ 组 | réng 仍 | lǜ 滤 | ruǎn 软 |
| qū 驱 | liē 咧 | jiāo 礁 | shì 世 | líng 铃 | zhēng 征 | fén 坟 | bì 闭 | qiāng 腔 | tái 抬 |
| zhuā 抓 | zūn 遵 | miǎn 免 | bō 波 | hěn 很 | cuān 蹿 | jiǒng 窘 | chuān 川 | cù 簇 | sǔn 损 |
| èr 二 | guǎ 寡 | qiè 怯 | wén 闻 | xiǎng 享 | chá 茬 | xià 下 | mǐ 米 | sōng 松 | rì 日 |
| sōu 艘 | xiè 蟹 | yún 云 | dēng 登 | kuài 块 | gān 柑 | fá 伐 | quē 缺 | chóu 愁 | xiǔ 朽 |

### 二、读多音节词语(100个音节,共20分,限时2.5分钟)

| qiàdàng 恰当 | shālúnr 砂轮儿 | hésuàn 核算 | fēngmǎn 丰满 | nüèji 疟疾 | biǎoyǎn 表演 | jiāgōng 加工 |
| pòhuài 破坏 | kāiwài 开外 | xúnzhǎo 寻找 | ēnqíng 恩情 | cóng'ér 从而 | shēngchǎnlì 生产力 | wúqióng 无穷 |
| huāngmiù 荒谬 | qúntǐ 群体 | huāliǎn 花脸 | fóxué 佛学 | āigèr 挨个儿 | fěitú 匪徒 | zhuīzi 锥子 |
| guānguāng 观光 | ruòdiǎn 弱点 | yóuyú 由于 | shèntòu 渗透 | fùnǚ 妇女 | bàndàor 半道儿 | hóngrùn 红润 |
| lǎoye 老爷 | piāodài 飘带 | shàngcéng 上层 | pīnmìng 拼命 | kuāzhāng 夸张 | méiren 媒人 | báisè 白色 |
| cāozòng 操纵 | dàniáng 大娘 | qīnzhàn 侵占 | xiǎnwēijìng 显微镜 | chíjiǔ 持久 | bīnkè 宾客 | gāngtiě 钢铁 |
| shǒujuànr 手绢儿 | yīngxióng 英雄 | zhìliàng 质量 | xuǎnjǔ 选举 | chuàngzuò 创作 | yìsībùgǒu 一丝不苟 |

## (3)

### 一、读单音节字词(100个音节,共10分,限时3.5分钟)

| bēng 崩 | xiǎng 饷 | gōng 攻 | jié 节 | còu 凑 | pǐ 匹 | juān 捐 | kǎn 坎 | dūn 蹲 | nǔ 女 |
|---|---|---|---|---|---|---|---|---|---|
| hèn 恨 | cuān 蹿 | qiào 窍 | fēi 飞 | piàn 骗 | fēng 封 | zuàn 攥 | zhú 竹 | cāng 苍 | háo 嚎 |
| shā 纱 | nín 您 | wěn 吻 | qú 渠 | gǒu 狗 | kuí 奎 | shǔ 署 | chuài 踹 | lěi 垒 | yán 阎 |
| Jiǎng 蒋 | é 额 | dàn 淡 | fáng 房 | lǒng 拢 | jué 爵 | měng 猛 | ér 而 | jūn 军 | dé 德 |
| làn 滥 | wáng 亡 | ruǎn 软 | xià 下 | sú 俗 | piē 瞥 | bǐng 禀 | shì 氏 | jiǒng 窘 | diū 丢 |
| tǒng 捅 | xún 寻 | bèi 贝 | tái 台 | zì 自 | qīn 侵 | rù 入 | píng 凭 | duǒ 朵 | tiáo 条 |
| zhà 诈 | Huái 淮 | zōng 棕 | huá 滑 | zhuàng 状 | chā 插 | yǒu 有 | líng 龄 | zhàng 账 | kuǎ 垮 |
| mō 摸 | náng 囊 | zhāo 招 | méi 酶 | yè 曳 | ēn 恩 | xuǎn 选 | sài 赛 | biē 鳖 | yuè 阅 |
| chuī 吹 | rěn 忍 | chī 吃 | shuàn 涮 | sī 丝 | pò 破 | guǐ 轨 | xì 戏 | huǎng 谎 | cái 财 |
| gǎo 搞 | qiā 掐 | màn 曼 | wāi 歪 | réng 仍 | qì 砌 | wǒ 我 | yòng 用 | guǒ 裹 | chēn 抻 |

### 二、读多音节词语(100个音节,共20分,限时2.5分钟)

| nǎifěn 奶粉 | zàizhèr 在这儿 | xióngwěi 雄伟 | yīng'ér 婴儿 | qúnzhòng 群众 | diànyā 电压 | chǎojià 吵架 |
|---|---|---|---|---|---|---|
| liánxù 连续 | zhěntou 枕头 | xīnniáng 新娘 | hángkōng 航空 | fùwēng 富翁 | jiérì 节日 | shàngcéng 上层 |
| hésuàn 核算 | dàxuéshēng 大学生 | míngcí 名词 | kuàngqiě 况且 | zhuāijiūr 抓阄儿 | nüèdài 虐待 | máfan 麻烦 |
| zhuīqiú 追求 | Fójiào 佛教 | bāozi 包子 | yuánzé 原则 | rèliàng 热量 | nóngcūn 农村 | lǚxíng 履行 |
| gǔsuǐ 骨髓 | gàikuò 概括 | guǎiwānr 拐弯儿 | pèitào 配套 | bōli 玻璃 | tànsuǒ 探索 | chuàngzuò 创作 |
| hòugēnr 后跟儿 | quántǐ 全体 | chūnguāng 春光 | yùndòng 运动 | shénjīngzhì 神经质 | ángshǒu 昂首 | shuāibiàn 衰变 |
| dǐhuǐ 诋毁 | hēi'àn 黑暗 | wākǔ 挖苦 | fāpiào 发票 | pínqióng 贫穷 | yímùliǎorán 一目了然 | |

## （4）

### 一、读单音节字词(100个音节，共10分，限时3.5分钟)

| guǒ | fàn | kuān | tǎng | diū | piān | chá | pī | qiú | bāo |
|---|---|---|---|---|---|---|---|---|---|
| 果 | 泛 | 宽 | 淌 | 丢 | 篇 | 察 | 披 | 囚 | 胞 |
| zé | sù | zhēng | liǎn | hēi | chuài | dǎo | lí | guǎng | qiāng |
| 则 | 诉 | 睁 | 敛 | 黑 | 踹 | 导 | 厘 | 广 | 枪 |
| yùn | shuān | liè | shuō | nóng | hǒu | jī | fù | cháng | zhī |
| 运 | 拴 | 裂 | 说 | 脓 | 吼 | 姬 | 附 | 肠 | 脂 |
| là | gōng | sǎ | hé | làn | wāi | tuì | xué | miè | tiáo |
| 辣 | 弓 | 洒 | 盒 | 滥 | 歪 | 退 | 穴 | 篾 | 条 |
| zài | yuán | bīn | xuǎn | hào | xūn | pá | yuē | niǎo | tóu |
| 再 | 元 | 滨 | 选 | 耗 | 熏 | 爬 | 曰 | 鸟 | 投 |
| jǐng | suí | fèng | cún | dǒng | shēng | yòng | zhěn | cí | zhàng |
| 景 | 随 | 奉 | 存 | 懂 | 笙 | 用 | 诊 | 词 | 胀 |
| yá | bǐng | róu | qià | tǐng | rè | qióng | nǚ | jiàn | suān |
| 牙 | 丙 | 柔 | 洽 | 艇 | 热 | 穷 | 女 | 箭 | 酸 |
| chí | jù | chuǎng | Péng | nèi | rǔ | Zhè | mō | àn | wěn |
| 持 | 惧 | 闯 | 彭 | 内 | 乳 | 浙 | 摸 | 黯 | 稳 |
| míng | pǔ | Shùn | ōu | qiè | xīn | kuǎ | cáo | wà | kěn |
| 铭 | 浦 | 舜 | 鸥 | 窃 | 心 | 垮 | 曹 | 袜 | 啃 |
| dié | bō | náng | cān | ěr | bái | jiǎng | gēn | xiǎn | |
| 蝶 | 波 | 囊 | 餐 | 耳 | 白 | 讲 | 跟 | 险 | |

### 二、读多音节词语(100个音节，共20分，限时2.5分钟)

| jiǒngpò | jǐyǔ | zhànlüè | ángrán | fēnbié | zǔzong | liángshuǎng |
|---|---|---|---|---|---|---|
| 窘迫 | 给予 | 战略 | 昂然 | 分别 | 祖宗 | 凉爽 |
| piē·kāi | huàjiā | zǒufǎng | yīn'ér | shēnbiān | guǎiwānr | xiàyóu |
| 撇开 | 画家 | 走访 | 因而 | 身边 | 拐弯儿 | 下游 |
| kànfǎ | gēmenr | cuàngǎi | quāntào | qúntǐ | xiàolǜ | sīwéi |
| 看法 | 哥们儿 | 篡改 | 圈套 | 群体 | 效率 | 思维 |
| nüèdài | yīngxióng | niúdùn | chōngshuā | dàhuǒr | jīnrì | liúchuán |
| 虐待 | 英雄 | 牛顿 | 冲刷 | 大伙儿 | 今日 | 流传 |
| qīngkuài | duōme | àomì | kuīsǔn | zhuàngkuàng | jūnshì | tàiyángnéng |
| 轻快 | 多么 | 奥秘 | 亏损 | 状况 | 军事 | 太阳能 |
| miànqián | miùwù | dēngpàor | cóngcǐ | sàozhou | guànchè | tǔfěi |
| 面前 | 谬误 | 灯泡儿 | 从此 | 扫帚 | 贯彻 | 土匪 |
| shāngbiāo | xìdiǎn | fóxiàng | zhǔrénwēng | tóngbàn | shōuhuí | yànjuàn |
| 商标 | 戏典 | 佛像 | 主人翁 | 同伴 | 收回 | 厌倦 |

## (5)

### 一、读单音节字词(100 个音节,共 10 分,限时 3.5 分钟)

| yùn | táng | Zhèng | lóng | zuàn | kuā | yǒng | liè | cǐ | chén |
|---|---|---|---|---|---|---|---|---|---|
| 运 | 唐 | 郑 | 龙 | 攥 | 夸 | 永 | 裂 | 此 | 尘 |
| xuě | bō | còu | shuǎng | cháo | ruǎn | nèi | ǎo | jiū | xǐng |
| 雪 | 波 | 凑 | 爽 | 潮 | 软 | 内 | 袄 | 揪 | 醒 |
| fèn | biē | pí | fǔ | lí | sōu | zhuó | lāo | nín | jiǎo |
| 粪 | 憋 | 脾 | 腐 | 离 | 搜 | 灼 | 捞 | 您 | 缴 |
| hú | guǎi | jué | mǎi | niáng | biān | piáo | wēng | kǎn | zhù |
| 胡 | 拐 | 蕨 | 买 | 娘 | 鞭 | 瓢 | 翁 | 砍 | 驻 |
| dān | niǔ | zá | gòu | quán | rì | zhuā | chuài | diǎn | xià |
| 丹 | 扭 | 砸 | 构 | 权 | 日 | 抓 | 踹 | 点 | 夏 |
| sī | yè | jūn | máo | tǒng | qiè | wēn | bǔ | òr | zōng |
| 丝 | 夜 | 军 | 矛 | 桶 | 怯 | 温 | 捕 | 二 | 鬃 |
| mò | fēng | é | tǎ | gēng | sǎn | ruì | guān | là | xiǎng |
| 末 | 丰 | 鹅 | 塔 | 羹 | 伞 | 锐 | 关 | 瘌 | 想 |
| ruò | pěng | chè | shuǎi | chí | niān | chuáng | zhān | fǎng | hēi |
| 若 | 捧 | 澈 | 甩 | 池 | 蔫 | 床 | 毡 | 访 | 黑 |
| jiǒng | qī | shuǐ | hún | yuàn | xú | dùn | pén | dīng | yán |
| 窘 | 欺 | 水 | 浑 | 愿 | 徐 | 炖 | 盆 | 盯 | 岩 |
| cuān | qú | kàng | mí | wā | bìn | dǎng | qiā | mìng | tún |
| 撺 | 渠 | 炕 | 迷 | 挖 | 鬓 | 挡 | 掐 | 命 | 屯 |

### 二、读多音节词语(100 个音节,共 20 分,限时 2.5 分钟)

| fójīng | nüèdài | chéngběn | guīnü | qiángdiào | qīnlüè | néngliàng |
|---|---|---|---|---|---|---|
| 佛经 | 虐待 | 成本 | 闺女 | 强调 | 侵略 | 能量 |
| mièwáng | dǎgér | shōucáng | xùnsù | shāobing | rénqún | gāngtiě |
| 灭亡 | 打嗝儿 | 收藏 | 迅速 | 烧饼 | 人群 | 钢铁 |
| háohuá | kuīsǔn | kuàngzi | hòutiān | nóngcūn | huáibào | yíngguāngpíng |
| 豪华 | 亏损 | 框子 | 后天 | 农村 | 怀抱 | 荧光屏 |
| jiāzhǎng | hécháng | kěyǐ | rán'ér | xiōngpú | kāiqiàor | dàozéi |
| 家长 | 何尝 | 可以 | 然而 | 胸脯 | 开窍儿 | 盗贼 |
| wúqióng | yǒujìnr | xíjuǎn | cuòzhé | yúshì | dǒupō | fánróng |
| 无穷 | 有劲儿 | 席卷 | 挫折 | 于是 | 陡坡 | 繁荣 |
| zhènyā | wánshuǎ | lāliànr | xuānchuán | mǔzhǐ | ānwèi | tànsuǒ |
| 镇压 | 玩耍 | 拉链儿 | 宣传 | 拇指 | 安慰 | 探索 |
| wài·miàn | sìzhōu | ǎixiǎo | nǐmen | zuòmèng | fēifǎ | liúshēngjī |
| 外面 | 四周 | 矮小 | 你们 | 做梦 | 非法 | 留声机 |

## (6)

### 一、读单音节字词(100个音节,共10分,限时3.5分钟)

| cū | áng | zāi | yuǎn | cuī | bǐ | lín | gǒng | zhuó | zhēng |
|---|---|---|---|---|---|---|---|---|---|
| 粗 | 昂 | 栽 | 远 | 摧 | 彼 | 鳞 | 廾 | 灼 | 睁 |
| zuǐ | qiáng | ruǎn | kuàng | chén | là | hán | fǎ | guài | shā |
| 嘴 | 墙 | 软 | 框 | 沉 | 辣 | 寒 | 法 | 怪 | 纱 |
| guǎn | rì | ér | jiàng | sāo | kù | duī | juàn | pǔ | mài |
| 馆 | 日 | 而 | 酱 | 缫 | 库 | 堆 | 绢 | 普 | 迈 |
| chī | huà | tíng | yuè | xǔ | tóng | féng | rán | sāng | tiáo |
| 吃 | 话 | 停 | 月 | 许 | 铜 | 讽 | 燃 | 桑 | 条 |
| jiǒng | biāo | zhòu | wěn | yòu | fén | sōu | ràng | bīng | luó |
| 炯 | 膘 | 咒 | 稳 | 釉 | 焚 | 艘 | 让 | 兵 | 螺 |
| jiǎ | wō | shuǎ | kè | nǎi | diān | lóu | zì | dōu | zhàng |
| 钾 | 涡 | 耍 | 客 | 乃 | 掂 | 楼 | 字 | 兜 | 仗 |
| yǎ | xiōng | mǐ | dèng | ruǐ | qū | chě | xiū | zhǎo | bàn |
| 雅 | 胸 | 米 | 瞪 | 蕊 | 趋 | 扯 | 休 | 找 | 伴 |
| táo | shuāng | chún | gēn | tè | guā | qún | shuāi | kǎn | táng |
| 陶 | 双 | 醇 | 跟 | 特 | 瓜 | 群 | 摔 | 砍 | 唐 |
| Wú | qiǎn | mò | nín | qiè | běi | jū | xíng | liè | jué |
| 吴 | 遣 | 末 | 您 | 怯 | 北 | 居 | 型 | 裂 | 诀 |
| nà | xún | duǎn | cí | pǐ | nóng | pō | ào | hēi | Péng |
| 纳 | 巡 | 短 | 磁 | 匹 | 脓 | 颇 | 傲 | 黑 | 彭 |

### 二、读多音节词语(100个音节,共20分,限时2.5分钟)

| ànzhōng | hángkōng | míngpáir | kuīsǔn | zuòzhàn | liángkuai | quánshēn |
|---|---|---|---|---|---|---|
| 暗中 | 航空 | 名牌儿 | 亏损 | 作战 | 凉快 | 全身 |
| wèicéng | zhǐnánzhēn | wánměi | qiàdàng | fóxué | jūnyún | bóshì |
| 未曾 | 指南针 | 完美 | 恰当 | 佛学 | 均匀 | 博士 |
| xiāngsì | cuòzhé | táizi | pēnsǎ | tígāo | xuānchuán | xiǎowèngr |
| 相似 | 挫折 | 台子 | 喷洒 | 提高 | 宣传 | 小瓮儿 |
| rènao | huángshǔláng | qióngjìn | jiěpōu | dìng'é | niǔzhuǎn | wài•miàn |
| 热闹 | 黄鼠狼 | 穷尽 | 解剖 | 定额 | 扭转 | 外面 |
| kuàbāo | guīlǜ | pīncòu | jiàohǎor | qīnlüè | zūnshǒu | fùnǚ |
| 挎包 | 规律 | 拼凑 | 叫好儿 | 侵略 | 遵守 | 妇女 |
| dīwā | dàhuǒr | diūrén | yīng'ér | piē•kāi | lěngshuǐ | fánróng |
| 低洼 | 大伙儿 | 丢人 | 婴儿 | 撇开 | 冷水 | 繁荣 |
| yǎnjing | guǎngchǎng | zōnghé | fèi•yòng | tiānxià | chūqíbúyì | |
| 眼睛 | 广场 | 综合 | 费用 | 天下 | 出其不意 | |

## (7)

### 一、读单音节字词(100 个音节,共 10 分,限时 3.5 分钟)

| chái | hàn | chuī | fěng | èr | tiǎn | xiù | fēi | niǔ | shuāng |
|---|---|---|---|---|---|---|---|---|---|
| 柴 | 旱 | 吹 | 讽 | 二 | 舔 | 袖 | 飞 | 扭 | 霜 |
| zuàn | shǐ | bō | cǐ | sù | ruǎn | jué | pò | róng | xiào |
| 攥 | 史 | 拨 | 此 | 素 | 软 | 绝 | 破 | 荣 | 孝 |
| yǔn | lüè | bīn | méi | yǎo | mā | qǔ | táng | jī | shèng |
| 允 | 掠 | 宾 | 酶 | 咬 | 妈 | 娶 | 塘 | 机 | 圣 |
| qún | wù | ruǐ | zhū | nǚ | tuán | jù | qián | tǎo | fén |
| 裙 | 雾 | 蕊 | 诸 | 女 | 团 | 具 | 潜 | 讨 | 坟 |
| zuì | páng | wò | zhuī | sǐ | yī | tè | bān | cè | dí |
| 醉 | 旁 | 卧 | 追 | 死 | 伊 | 特 | 班 | 策 | 笛 |
| hǎi | kòng | jiǎ | miè | kūn | mí | diǎn | qiáng | zhāi | guǎi |
| 海 | 控 | 甲 | 灭 | 坤 | 弥 | 碘 | 墙 | 摘 | 拐 |
| cuān | xióng | bǐng | niē | gǔn | sè | jiǒng | rì | xuān | yǐng |
| 蹿 | 熊 | 饼 | 捏 | 滚 | 瑟 | 窘 | 日 | 宣 | 影 |
| shōu | zhèng | zán | kuàng | lín | hòu | péi | shěn | diū | lián |
| 收 | 郑 | 咱 | 况 | 霖 | 候 | 培 | 婶 | 丢 | 镰 |
| wēng | áo | yā | zhé | wā | zǎo | zhēn | sǎ | quán | gǎo |
| 瓮 | 鳌 | 押 | 哲 | 挖 | 枣 | 臻 | 洒 | 泉 | 搞 |
| luó | dǎng | dēng | ná | ān | liàng | huái | nù | xíng | kuā |
| 罗 | 挡 | 灯 | 拿 | 庵 | 亮 | 怀 | 怒 | 型 | 夸 |

### 二、读多音节词语(100 个音节,共 20 分,限时 2.5 分钟)

| búyòng | jiǎngxué | shàngxià | qiàqiǎo | tǐyùchǎng | bēizi | piē·kāi |
|---|---|---|---|---|---|---|
| 不用 | 讲学 | 上下 | 恰巧 | 体育场 | 杯子 | 撇开 |
| dàqìcéng | fósì | qióngrén | túdīngr | xīnniáng | chíxù | fàngsōng |
| 大气层 | 佛寺 | 穷人 | 图钉儿 | 新娘 | 持续 | 放松 |
| dòulèr | fànwéi | zuòpǐn | rán'ér | jūnduì | rè'ài | tōngxùn |
| 逗乐儿 | 范围 | 作品 | 然而 | 军队 | 热爱 | 通讯 |
| shuàilǐng | lǎba | guàgōu | zhǎngguān | yánjiū | wēnnuǎn | zhuāhuò |
| 率领 | 喇叭 | 挂钩 | 长官 | 研究 | 温暖 | 抓获 |
| niántóur | fǔmō | huāngmiù | chéngkěn | tiáoyuē | hésuàn | èhuà |
| 年头儿 | 抚摸 | 荒谬 | 诚恳 | 条约 | 核算 | 恶化 |
| fāzhǎn | píjuàn | máodùn | jièzhi | yuánlǐ | guówáng | shuǐniǎo |
| 发展 | 疲倦 | 矛盾 | 戒指 | 原理 | 国王 | 水鸟 |
| qīngchu | zūnzhòng | kuǐlěi | cáikuài | wài·miàn | bāogānr | cāozòng |
| 清楚 | 尊重 | 傀儡 | 财会 | 外面 | 包干儿 | 操纵 |

## (8)

**一、读单音节字词**(100 个音节,共 10 分,限时 3.5 分钟)

| xiā 瞎 | chǒu 丑 | pú 仆 | sǎn 伞 | qiáng 墙 | tuǐ 腿 | dùn 钝 | móu 眸 | sì 饲 | xuǎn 癣 |
| jùn 峻 | huǒ 火 | qióng 穷 | zhǎng 掌 | mó 膜 | là 瘌 | gē 割 | cái 裁 | duǎn 短 | shé 蛇 |
| ēn 恩 | fá 筏 | bǐ 彼 | fēng 峰 | xī 稀 | chuáng 床 | lüè 掠 | yǎ 雅 | zè 仄 | měi 美 |
| liú 流 | chī 痴 | tíng 廷 | shù 述 | wǒ 我 | jiù 就 | zhēng 征 | lín 林 | ruò 弱 | pēi 胚 |
| chóng 虫 | gùn 棍 | kuáng 狂 | èr 二 | xiě 写 | suì 穗 | piǎo 瞟 | míng 鸣 | kǎo 考 | shuài 帅 |
| biǎn 匾 | zhī 支 | sǎ 洒 | záo 凿 | nǚ 女 | guàng 逛 | bō 拨 | zhǎn 盏 | jìng 净 | qǔ 娶 |
| gōng 宫 | rè 热 | tāng 汤 | ní 倪 | mèng 梦 | juān 捐 | kuò 阔 | qún 群 | niǎo 鸟 | zhuā 抓 |
| huái 槐 | dīng 叮 | wà 袜 | ruǐ 蕊 | bìn 鬓 | tǎo 讨 | dì 缔 | huán 环 | diāo 貂 | tián 填 |
| fěn 粉 | ào 傲 | fū 夫 | qián 潜 | zōng 棕 | làn 烂 | hēi 黑 | shěn 沈 | jiē 接 | cí 词 |
| gēng 耕 | yuè 岳 | xū 须 | wǔ 伍 | cuān 蹿 | yòng 用 | biē 憋 | pén 盆 | hōng 轰 | yáng 羊 |

**二、读多音节词语**(100 个音节,共 20 分,限时 2.5 分钟)

| jiākuài 加快 | yùndòng 运动 | wánbèi 完备 | xùnsù 迅速 | sīsuǒ 思索 | zhème 这么 | pínlǜ 频率 |
| shuāxīn 刷新 | chénzhuó 沉着 | zhǔrénwēng 主人翁 | róuruǎn 柔软 | tōngcháng 通常 | céngmiàn 层面 | jiǒngpò 窘迫 |
| qiàhǎo 恰好 | shíjiàn 实践 | píngrì 平日 | nánbànqiú 南半球 | hángdang 行当 | jǐyǔ 给予 | mièwáng 灭亡 |
| wēnchā 温差 | fànhér 饭盒儿 | nóngcūn 农村 | cāozuò 操作 | zhuīzi 锥子 | quánbù 全部 | líhúr 梨核儿 |
| shùnshǒu 顺手 | nìngkě 宁可 | xiānwéi 纤维 | zhòngliàng 重量 | qíguài 奇怪 | gāngbèngr 钢镚儿 | fóxué 佛学 |
| ǒu'ěr 偶尔 | zàntàn 赞叹 | kěnhuāng 垦荒 | tiějiang 铁匠 | xióngmāo 熊猫 | yuàn·yì 愿意 | dàguà 大褂 |
| xiǎoqiǎo 小巧 | zhuānmén 专门 | nüèdài 虐待 | niánlíng 年龄 | àiguó 爱国 | dāobàr 刀把儿 | féiliào 肥料 |

## (9)

**一、读单音节字词**(100个音节，共10分，限时3.5分钟)

| bǐng | ér | zhuāng | lìng | piē | wèi | bō | Shùn | cháo | lù |
|---|---|---|---|---|---|---|---|---|---|
| 饼 | 而 | 桩 | 另 | 瞥 | 喂 | 波 | 舜 | 巢 | 滤 |
| fǎng | xīn | tǒng | bàn | shǐ | xiá | gòu | huó | chuài | liáo |
| 仿 | 辛 | 桶 | 瓣 | 驶 | 峡 | 构 | 活 | 踹 | 聊 |
| sè | dīng | cǐ | yòng | jǐn | áng | liǔ | wà | féi | yuè |
| 瑟 | 盯 | 此 | 用 | 谨 | 昂 | 柳 | 袜 | 肥 | 悦 |
| qiāng | xún | jià | ní | zhēng | guì | wāi | xié | zhuā | réng |
| 腔 | 循 | 驾 | 泥 | 蒸 | 跪 | 歪 | 胁 | 抓 | 仍 |
| cā | dài | pī | cún | kǎn | pén | sǎ | gāi | zěn | cái |
| 擦 | 袋 | 披 | 存 | 砍 | 盆 | 洒 | 该 | 怎 | 材 |
| xū | chóu | yǔn | páng | kěn | shòu | běi | sēng | ǒu | juān |
| 嘘 | 愁 | 允 | 旁 | 啃 | 兽 | 北 | 僧 | 偶 | 捐 |
| tiǎn | zhài | kǒng | tíng | zhǔ | wēng | niǎo | qióng | dǎng | zé |
| 舔 | 债 | 孔 | 亭 | 主 | 翁 | 鸟 | 穷 | 党 | 泽 |
| qǔ | shū | suàn | tuō | fēng | mó | wū | hèn | ruǐ | dāo |
| 取 | 书 | 算 | 拖 | 风 | 膜 | 屋 | 恨 | 蕊 | 刀 |
| quǎn | suō | mǎ | guān | nào | mǎn | gé | zì | hōng | niàng |
| 犬 | 缩 | 码 | 官 | 闹 | 满 | 隔 | 自 | 烘 | 酿 |
| jué | rì | jī | shuǐ | chuáng | dōng | yí | miù | lú | yàn |
| 蕨 | 日 | 鸡 | 水 | 床 | 东 | 遗 | 谬 | 炉 | 雁 |

**二、读多音节词语**(100个音节，共20分，限时2.5分钟)

| fósì | zhàoxiàng | qīnqiè | fǎnqīng | chǐrǔ | yòu'éryuán | shuǎngkuai |
|---|---|---|---|---|---|---|
| 佛寺 | 照相 | 亲切 | 返青 | 耻辱 | 幼儿园 | 爽快 |
| júmiàn | gāngtiě | chuánshuō | rénqún | dòulèr | cuīhuǐ | àiguó |
| 局面 | 钢铁 | 传说 | 人群 | 逗乐儿 | 摧毁 | 爱国 |
| cuòzhé | líba | bàodá | suíhòu | pànwàng | tíchéngr | luóxuánjiǎng |
| 挫折 | 篱笆 | 报答 | 随后 | 盼望 | 提成儿 | 螺旋桨 |
| xiūyǎng | míngbai | yīngxióng | jūnfá | díquè | gōngmín | lāliànr |
| 修养 | 明白 | 英雄 | 军阀 | 的确 | 公民 | 拉链儿 |
| cóngzhōng | nuǎnpíng | shēnhuà | nánguài | dēngpàor | wēnróu | nèizài |
| 从中 | 暖瓶 | 深化 | 难怪 | 灯泡儿 | 温柔 | 内在 |
| tiáohé | zǒngděi | qiàhǎo | wánshàn | méitóu | kuāzhāng | xuéxí |
| 调和 | 总得 | 恰好 | 完善 | 眉头 | 夸张 | 学习 |
| jiǒngpò | jiànzi | diǎnyǎ | fùnǚ | biāozhǔn | búsùzhīkè | |
| 窘迫 | 毽子 | 典雅 | 妇女 | 标准 | 不速之客 | |

## (10)

**一、读单音节字词**(100 个音节,共 10 分,限时 3.5 分钟)

| chǐ | bèi | zhuān | wú | diào | héng | gōu | píng | xiāng | juàn |
|---|---|---|---|---|---|---|---|---|---|
| 齿 | 钡 | 专 | 梧 | 掉 | 恒 | 钩 | 萍 | 香 | 绢 |
| sōng | cí | guān | tǐng | xián | pà | lǚ | náng | kuài | áng |
| 松 | 雌 | 官 | 艇 | 贤 | 怕 | 铝 | 囊 | 快 | 昂 |
| zuò | rēng | qià | Xuē | zán | xiè | jí | gǔ | nóng | zěn |
| 坐 | 扔 | 恰 | 薛 | 咱 | 屑 | 急 | 股 | 农 | 怎 |
| jūn | é | zhǔn | cè | nǎi | xiá | chuàn | qī | cóng | dī |
| 军 | 鹅 | 准 | 测 | 奶 | 霞 | 串 | 妻 | 从 | 低 |
| róng | jiū | tǐ | zāo | lín | kuā | zhè | fēng | huǐ | zī |
| 融 | 纠 | 体 | 遭 | 邻 | 夸 | 这 | 疯 | 悔 | 资 |
| miù | hán | jiǎo | bó | ěr | shén | suì | qiáng | biàn | mǎi |
| 谬 | 含 | 绞 | 搏 | 尔 | 神 | 碎 | 墙 | 辨 | 买 |
| guī | chén | dǎng | bà | miǎo | qióng | qiān | bù | lóu | fǎn |
| 规 | 辰 | 党 | 坝 | 渺 | 琼 | 牵 | 布 | 楼 | 返 |
| chū | yǔn | cháo | shuǎng | miàn | lěi | wēng | huá | rì | tāi |
| 初 | 允 | 潮 | 爽 | 面 | 垒 | 翁 | 滑 | 日 | 胎 |
| mò | yū | Cài | zhuāng | pǐn | yuàn | shǎn | fá | yǒng | kòu |
| 墨 | 迂 | 蔡 | 妆 | 品 | 愿 | 闪 | 阀 | 涌 | 扣 |
| tiē | guǎi | lüè | suān | tǎng | yīn | wěn | niàng | suǒ | rào |
| 贴 | 拐 | 略 | 酸 | 淌 | 阴 | 吻 | 酿 | 锁 | 绕 |

**二、读多音节词语**(100 个音节,共 20 分,限时 2.5 分钟)

| kuòzhāng | shìde | bīnzhǔ | rénqún | huáng·guā | wàikē | yādǎo |
|---|---|---|---|---|---|---|
| 扩张 | 似的 | 宾主 | 人群 | 黄瓜 | 外科 | 压倒 |
| mínzhòng | xiǎo·jiě | āigèr | zēnggāo | yuèqiú | chōngshuā | fódiǎn |
| 民众 | 小姐 | 挨个儿 | 增高 | 月球 | 冲刷 | 佛典 |
| nüèdài | shuàilǐng | cāngbái | shàngcéng | hòugēnr | kuīsǔn | zhěnglǐ |
| 虐待 | 率领 | 苍白 | 上层 | 后跟儿 | 亏损 | 整理 |
| jiǎnqīng | fēnsàn | jiǒngpò | dòufu | zūnshǒu | hóngbāor | nàshuì |
| 减轻 | 分散 | 窘迫 | 豆腐 | 遵守 | 红包儿 | 纳税 |
| jiǎféi | ànniǔ | yǎnghuo | guówáng | chuàngbàn | táocuàn | míngpáir |
| 钾肥 | 按钮 | 养活 | 国王 | 创办 | 逃窜 | 名牌儿 |
| chābié | yěxǔ | yánsè | zìzhìqū | értóng | wánquán | piàoliang |
| 差别 | 也许 | 颜色 | 自治区 | 儿童 | 完全 | 漂亮 |
| ràngwèi | luóxuánjiǎng | sìzhōu | xiōngpú | péixùn | | yímùliǎorán |
| 让位 | 螺旋桨 | 四周 | 胸脯 | 培训 | | 一目了然 |

## (11)

**一、读单音节字词**(100 个音节,共 10 分,限时 3.5 分钟)

| zhē | zǒng | fú | zuàn | sǎ | chén | měi | shéng | guàn | jué |
|---|---|---|---|---|---|---|---|---|---|
| 遮 | 总 | 浮 | 攥 | 洒 | 臣 | 每 | 绳 | 惯 | 绝 |
| pǐn | ér | tè | chún | yāng | qián | lài | duó | diāo | fěn |
| 品 | 而 | 特 | 醇 | 秧 | 钱 | 癞 | 踱 | 貂 | 粉 |
| wà | bái | xiǎo | Niè | shuō | dòng | bǎo | còu | bān | yuè |
| 袜 | 白 | 小 | 聂 | 说 | 洞 | 宝 | 凑 | 斑 | 跃 |
| rú | nèi | zhá | bīng | nín | mò | lán | zhuī | xióng | lì |
| 儒 | 内 | 闸 | 冰 | 您 | 莫 | 拦 | 锥 | 雄 | 历 |
| tuán | hǒu | mī | shuǐ | cí | wǔ | qiāng | gù | wāi | xià |
| 团 | 吼 | 眯 | 水 | 词 | 五 | 腔 | 顾 | 歪 | 夏 |
| suǐ | jù | gēng | qià | zhuō | kǒng | shì | féng | wǎn | yóu |
| 髓 | 巨 | 耕 | 恰 | 桌 | 孔 | 市 | 逢 | 挽 | 铀 |
| zěn | táo | yì | zūn | kuǎ | diē | rì | fǎng | là | rě |
| 怎 | 陶 | 溢 | 遵 | 垮 | 爹 | 日 | 仿 | 蜡 | 惹 |
| pài | xuǎn | qiú | mǎo | cè | diū | píng | juān | kào | gōng |
| 派 | 选 | 求 | 卯 | 侧 | 丢 | 萍 | 捐 | 靠 | 功 |
| àn | jūn | nì | tuī | bèi | pō | jiǒng | zhuā | guó | sī |
| 暗 | 均 | 溺 | 推 | 辈 | 颇 | 窘 | 抓 | 国 | 丝 |
| héng | xǔ | tān | chuǎng | piān | chuài | áng | yǔ | xún | huǎng |
| 衡 | 许 | 滩 | 闯 | 篇 | 踹 | 昂 | 语 | 寻 | 谎 |

**二、读多音节词语**(100 个音节,共 20 分,限时 2.5 分钟)

| fánzhí | bēnyǒng | tuǒdang | mǎpǐ | xīnniáng | hésuàn | dòuyár |
|---|---|---|---|---|---|---|
| 繁殖 | 奔涌 | 妥当 | 马匹 | 新娘 | 核算 | 豆芽儿 |
| fákuǎn | yīng'ér | lǎotóur | shōugòu | zhǔzǎi | zhàng'ài | tāmen |
| 罚款 | 婴儿 | 老头儿 | 收购 | 主宰 | 障碍 | 她们 |
| miùlùn | qīnqiè | mìngyùn | wàngyuǎnjìng | qúntǐ | péicháng | chāo'é |
| 谬论 | 亲切 | 命运 | 望远镜 | 群体 | 赔偿 | 超额 |
| fóxiàng | zhànlüè | shuāngchóng | sǎngzi | qíguài | huàtǒng | hóngrùn |
| 佛像 | 战略 | 双重 | 嗓子 | 奇怪 | 话筒 | 红润 |
| kēxuéjiā | jiānchí | tǔfěi | dìnglǜ | xiǎowèngr | gāncuì | shàonǚ |
| 科学家 | 坚持 | 土匪 | 定律 | 小瓮儿 | 干脆 | 少女 |
| jiāoliú | chéngwéi | sīrén | niàndao | cáizhèng | biànbó | dǎjī |
| 交流 | 成为 | 私人 | 念叨 | 财政 | 辩驳 | 打击 |
| piē·kāi | zuòhuór | shuāiruò | xiànquān | bāguà | céngchūbùqióng | |
| 撇开 | 做活儿 | 衰弱 | 线圈 | 八卦 | 层出不穷 | |

## (12)

### 一、读单音节字词(100个音节,共10分,限时3.5分钟)

| xiàng 向 | qiū 秋 | duó 夺 | rǎng 壤 | duàn 断 | zé 责 | zèng 赠 | jūn 均 | wèng 瓮 | jiā 加 |
| bìng 病 | suō 缩 | hòu 候 | qiān 迁 | chǒu 丑 | tíng 廷 | cǐ 此 | fán 凡 | chǔ 储 | sāo 搔 |
| mó 膜 | tuō 脱 | lí 梨 | shān 衫 | fǔ 府 | piē 瞥 | xiǎn 显 | guī 归 | zhǔn 准 | kuān 宽 |
| tǒng 桶 | pén 盆 | dǐ 底 | mài 迈 | wǒ 我 | Xuē 薛 | xióng 雄 | shùn 顺 | Tán 谭 | cè 册 |
| xuǎn 选 | huài 坏 | bēng 崩 | yá 芽 | bì 避 | gē 割 | pá 爬 | juān 捐 | shuǎng 爽 | yù 誉 |
| mǎ 马 | zhí 直 | huàn 唤 | áng 昂 | qǐn 寝 | yáng 羊 | zěn 怎 | hóng 虹 | chè 澈 | dié 叠 |
| gòu 构 | sǐ 死 | hēi 黑 | kuǎ 垮 | fēng 风 | chuài 踹 | juē 撅 | zhòng 众 | lín 磷 | shèng 圣 |
| sāi 腮 | niǎo 鸟 | shī 施 | lüè 略 | shū 疏 | qún 群 | yōu 优 | dòu 逗 | gǎi 改 | kuàng 况 |
| rěn 忍 | qióng 穷 | yāo 邀 | jù 拒 | bó 膊 | rù 入 | pín 贫 | fāng 方 | lěi 垒 | niàn 念 |
| cāi 猜 | záo 凿 | wěi 苇 | pí 皮 | ào 奥 | lǒng 拢 | ráo 饶 | èr 二 | méi 酶 | guǎ 寡 |

### 二、读多音节词语(100个音节,共20分,限时2.5分钟)

| wánbèi 完备 | zhèngzhuàng 症状 | jiāoliú 交流 | hángdang 行当 | gōngmín 公民 | zàizhèr 在这儿 | zūyòng 租用 |
| qiàhǎo 恰好 | chōngshuā 冲刷 | yùndòng 运动 | bāzhang 巴掌 | cìrì 次日 | fēnpèi 分配 | xiàjì 夏季 |
| zìránjiè 自然界 | rè'ài 热爱 | tiānzhēn 天真 | wài·miàn 外面 | jiǒngpò 窘迫 | xùnsù 迅速 | liǎnpánr 脸盘儿 |
| kǔnǎo 苦恼 | nánnǚ 男女 | miùlùn 谬论 | miáotou 苗头 | shuǐguǒ 水果 | fójīng 佛经 | cānyìyuàn 参议院 |
| suíbiàn 随便 | xīnniáng 新娘 | érqiě 而且 | dàliàng 大量 | xuéxí 学习 | dùqír 肚脐儿 | tiěqīng 铁青 |
| fāpiào 发票 | xiǎoqǔr 小曲儿 | huìhuà 绘画 | wángcháo 王朝 | kèguān 客观 | lǎoye 老爷 | wénmíng 文明 |
| huǒkēng 火坑 | shàngcéng 上层 | fēikuài 飞快 | nüèdài 虐待 | zuì'è 罪恶 | chìshǒukōngquán 赤手空拳 | |

## (13)

### 一、读单音节字词(100个音节,共10分,限时3.5分钟)

| sǎng | liàn | néng | yà | lín | bǐng | tí | kuǎn | ēn | yǒng |
|---|---|---|---|---|---|---|---|---|---|
| 嗓 | 恋 | 能 | 亚 | 林 | 丙 | 啼 | 款 | 恩 | 永 |
| jū | níng | jiǎ | chōng | Mǐn | zhuàn | kěn | shēng | ěr | píng |
| 驹 | 凝 | 钾 | 春 | 闽 | 篆 | 肯 | 升 | 尔 | 凭 |
| cǐ | wō | guǎng | shāo | chǐ | chuáng | diū | miè | cāng | gài |
| 此 | 涡 | 广 | 烧 | 齿 | 床 | 丢 | 灭 | 舱 | 概 |
| qiāng | chuài | sēng | wèn | máng | pō | tóng | cuān | zéi | nèn |
| 枪 | 踹 | 僧 | 问 | 忙 | 坡 | 铜 | 蹿 | 贼 | 嫩 |
| tuán | diāo | qiè | xún | piē | dòng | tōu | zhù | hǎn | mì |
| 团 | 叼 | 怯 | 寻 | 瞥 | 动 | 偷 | 柱 | 罕 | 密 |
| jiǒng | guà | shǔn | ài | róu | xiàng | juē | qiú | kù | xuán |
| 窘 | 卦 | 吮 | 爱 | 揉 | 象 | 撅 | 球 | 库 | 悬 |
| wà | sāo | shèn | zhǒu | ruì | qí | lǒng | yuán | jūn | nǔ |
| 袜 | 缫 | 慎 | 肘 | 锐 | 齐 | 垄 | 缘 | 君 | 女 |
| wū | fàn | zhuō | yǎo | fá | bō | hún | fěi | è | xī |
| 屋 | 范 | 捉 | 舀 | 罚 | 波 | 浑 | 匪 | 饿 | 溪 |
| ruò | zhēng | hé | rào | tā | zì | mǎn | xué | zǎo | bái |
| 若 | 蒸 | 合 | 绕 | 她 | 自 | 满 | 穴 | 早 | 白 |
| huǒ | rì | shuāi | qiàn | lǔ | yòu | zuǐ | dùn | liě | bá |
| 火 | 日 | 衰 | 歉 | 鲁 | 幼 | 嘴 | 顿 | 咧 | 拔 |

### 二、读多音节词语(100个音节,共20分,限时2.5分钟)

| qiáojuàn | zàihu | huáiniàn | cuīhuǐ | wánbèi | yǔnxǔ | jiāo'ào |
|---|---|---|---|---|---|---|
| 侨眷 | 在乎 | 怀念 | 摧毁 | 完备 | 允许 | 骄傲 |
| zhìliàng | shāhài | dòulèr | qióngrén | nüèdài | chuīniú | tuǒdang |
| 质量 | 杀害 | 逗乐儿 | 穷人 | 虐待 | 吹牛 | 妥当 |
| réngrán | dàniáng | gōngchéngshī | zuòpǐn | fósì | sòngxìnr | miùlùn |
| 仍然 | 大娘 | 工程师 | 作品 | 佛寺 | 送信儿 | 谬论 |
| xiōngpú | shǒuwěi | zhé·mó | yīng'ér | nóngcūn | ānquán | kǎnjiānr |
| 胸脯 | 首尾 | 折磨 | 婴儿 | 农村 | 安全 | 坎肩儿 |
| shuāngqīn | gèbié | bēnpǎo | rúxià | guānqiǎ | léizhui | fēngkuáng |
| 双亲 | 个别 | 奔跑 | 如下 | 关卡 | 累赘 | 疯狂 |
| chěpí | láibují | gāngtiě | mián·huā | cáichǎn | dīngzi | zhànlüè |
| 扯皮 | 来不及 | 钢铁 | 棉花 | 财产 | 钉子 | 战略 |
| kuāzhāng | qúnzhòng | yǐwài | tiàogāor | fùwēng | chàngsuǒyùyán | |
| 夸张 | 群众 | 以外 | 跳高儿 | 富翁 | 畅所欲言 | |

## (14)

**一、读单音节字词**(100 个音节,共 10 分,限时 3.5 分钟)

| chái | suǒ | bì | tǎ | dūn | diāo | què | zhá | qǔ | fān |
|---|---|---|---|---|---|---|---|---|---|
| 柴 | 索 | 避 | 塔 | 蹲 | 雕 | 确 | 铡 | 取 | 帆 |
| bǐng | dài | Lǒng | xià | gǒu | chén | gū | ruǎn | bēng | niǎn |
| 柄 | 戴 | 陇 | 夏 | 狗 | 尘 | 孤 | 软 | 崩 | 撵 |
| jīng | duǎn | fū | mò | xiǔ | rú | zǒu | wán | sōu | zhì |
| 睛 | 短 | 敷 | 莫 | 朽 | 如 | 走 | 丸 | 搜 | 志 |
| xún | dì | péng | àn | Yǔ | hóng | cù | zéi | chōng | gùn |
| 寻 | 帝 | 蓬 | 岸 | 禹 | 洪 | 促 | 贼 | 充 | 棍 |
| qióng | lài | nín | yòng | hún | jiè | pén | tiào | fǎng | yùn |
| 穷 | 赖 | 您 | 用 | 魂 | 届 | 盆 | 跳 | 纺 | 运 |
| shuǎng | zhuì | tián | èr | qǐng | nèi | ǒu | zhān | hé | diē |
| 爽 | 赘 | 田 | 二 | 请 | 内 | 藕 | 沾 | 河 | 跌 |
| kuài | zhuāng | shǔn | līn | ǎo | xiāng | cí | zhèn | liú | chuài |
| 块 | 装 | 吮 | 拎 | 袄 | 镶 | 词 | 镇 | 留 | 踹 |
| kēng | yáo | suī | mào | sāi | Wèi | biē | tǎng | xué | rě |
| 坑 | 窑 | 虽 | 冒 | 鳃 | 魏 | 鳖 | 躺 | 穴 | 惹 |
| nóng | jiǎ | láo | wā | mǐ | gān | chí | qiāng | yuán | bō |
| 浓 | 甲 | 牢 | 蛙 | 米 | 肝 | 持 | 腔 | 猿 | 波 |
| kuǎ | jī | piàn | chuāng | zì | piāo | juàn | wō | shé | tuō |
| 垮 | 基 | 骗 | 窗 | 自 | 飘 | 倦 | 窝 | 舌 | 拖 |

**二、读多音节词语**(100 个音节,共 20 分,限时 2.5 分钟)

| jiǒngpò | rìyì | jūnliáng | yuèfèn | sǎozi | érqiě | jiàohǎor |
|---|---|---|---|---|---|---|
| 窘迫 | 日益 | 军粮 | 月份 | 嫂子 | 而且 | 叫好儿 |
| gēnjù | guówáng | huāpíng | bàngōngshì | shěnměi | xīnniáng | kǎnjiānr |
| 根据 | 国王 | 花瓶 | 办公室 | 审美 | 新娘 | 坎肩儿 |
| niúdùn | bēi'āi | qúntǐ | zuàntóu | shōucheng | chuànlián | kāihuì |
| 牛顿 | 悲哀 | 群体 | 钻头 | 收成 | 串联 | 开会 |
| zhèngquán | huāngmiù | miànkǒng | xuānbù | kèqi | yīngxióng | guàshuài |
| 政权 | 荒谬 | 面孔 | 宣布 | 客气 | 英雄 | 挂帅 |
| yālì | dàhuǒr | guīgé | zuòzhě | sūn·nǚ | shuǐniǎo | xiāomiè |
| 压力 | 大伙儿 | 规格 | 作者 | 孙女 | 水鸟 | 消灭 |
| cèlüè | zhōngwài | zhǔrénwēng | fófǎ | qiàdàng | zāinàn | àngrán |
| 策略 | 中外 | 主人翁 | 佛法 | 恰当 | 灾难 | 盎然 |
| túdīngr | sīkǎo | xiānsheng | pīncòu | yǐndǎo | chūlèibácuì | |
| 图钉儿 | 思考 | 先生 | 拼凑 | 引导 | 出类拔萃 | |

## (15)

**一、读单音节字词**(100 个音节，共 10 分，限时 3.5 分钟)

| chuài | wǎn | gēn | hù | qī | fàn | jiāng | lěi | juàn | huī |
|---|---|---|---|---|---|---|---|---|---|
| 踹 | 碗 | 根 | 户 | 期 | 犯 | 缰 | 垒 | 绢 | 灰 |
| pén | bì | zhū | kuǎ | liàn | ruǐ | shèn | yīng | qǔ | lìng |
| 盆 | 碧 | 猪 | 垮 | 练 | 蕊 | 肾 | 膺 | 娶 | 另 |
| xióng | pàn | méi | zì | mǎ | sài | huáng | wò | xū | nài |
| 雄 | 判 | 眉 | 自 | 码 | 赛 | 皇 | 卧 | 嘘 | 耐 |
| piē | jì | shuǎ | yòng | qún | shàng | róu | gēng | cán | zhǎ |
| 瞥 | 既 | 耍 | 用 | 群 | 尚 | 柔 | 耕 | 蚕 | 眨 |
| bó | qiāng | lín | sōng | mó | ǎo | qué | gǎo | níng | shù |
| 帛 | 枪 | 鳞 | 松 | 膜 | 袄 | 瘸 | 稿 | 凝 | 庶 |
| cǐ | tān | chóng | tǔ | piáo | sè | tuō | ěr | duī | dǎng |
| 此 | 滩 | 虫 | 土 | 瓢 | 瑟 | 托 | 耳 | 堆 | 挡 |
| chái | yǒu | yuè | jiā | kòng | zéi | chuān | héng | zūn | bá |
| 柴 | 有 | 悦 | 家 | 控 | 贼 | 川 | 恒 | 尊 | 拔 |
| fù | cáo | diāo | ruǎn | zhào | wēng | xùn | kuī | mǒu | zhuāng |
| 负 | 槽 | 刁 | 软 | 赵 | 翁 | 驯 | 亏 | 某 | 桩 |
| jié | tāi | chè | niān | pǐ | yuán | duǒ | fàng | gǔn | wāi |
| 捷 | 胎 | 撤 | 拈 | 癖 | 原 | 朵 | 放 | 滚 | 歪 |
| luò | ēn | shè | mǐn | chí | xiāng | zhǐ | shéng | kǔn | xià |
| 络 | 恩 | 射 | 皿 | 池 | 香 | 指 | 绳 | 捆 | 夏 |

**二、读多音节词语**(100 个音节，共 20 分，限时 2.5 分钟)

| réngrán | zhuǎzi | diànyā | cúnzài | jūnyún | hòu•miàn | biānxiě |
|---|---|---|---|---|---|---|
| 仍然 | 爪子 | 电压 | 存在 | 均匀 | 后面 | 编写 |
| jiànquán | huāpíngr | qiàqiǎo | fēnggé | bàndǎotǐ | bàofèi | Hóngniáng |
| 健全 | 花瓶儿 | 恰巧 | 风格 | 半导体 | 报废 | 红娘 |
| kuàilè | Xī'ōu | yìsi | fākuáng | zhǎngguǎn | xiǎoshuōr | xuèyè |
| 快乐 | 西欧 | 意思 | 发狂 | 掌管 | 小说儿 | 血液 |
| cóng'ér | lǔshuǐ | Fójiào | wèisuì | niándù | shìde | xuánzhuǎn |
| 从而 | 卤水 | 佛教 | 未遂 | 年度 | 似的 | 旋转 |
| miùwù | guówáng | bēi'āi | chǎozuǐ | chéngkěn | huǒmiáor | qīnlüè |
| 谬误 | 国王 | 悲哀 | 吵嘴 | 诚恳 | 火苗儿 | 侵略 |
| shòuyǔ | nánguài | lìliàng | zérèngǎn | jīnrì | shàonǚ | cāngqióng |
| 授予 | 难怪 | 力量 | 责任感 | 今日 | 少女 | 苍穹 |
| míngpáir | jiǒngpò | téngtòng | huànsuàn | wēndài | bùfen | zhēnchá |
| 名牌儿 | 窘迫 | 疼痛 | 换算 | 温带 | 部分 | 侦察 |

## (16)

### 一、读单音节字词(100个音节,共10分,限时3.5分钟)

| bèng 蹦 | shuǎ 耍 | dé 德 | rǎo 扰 | zhí 直 | fǎn 返 | níng 凝 | qiū 秋 | dàn 淡 | sī 丝 |
| jiǒng 炯 | cū 粗 | ǎo 袄 | wèng 瓮 | xuǎn 癣 | ér 儿 | lǚ 履 | gào 告 | tǒng 筒 | māo 猫 |
| náng 囊 | xùn 驯 | rǔ 辱 | dié 碟 | shuān 栓 | lái 来 | dǐng 顶 | dūn 墩 | máng 忙 | āi 哀 |
| shà 霎 | guǒ 果 | biē 憋 | nà 捺 | zhuāng 装 | qún 群 | jīng 精 | chún 唇 | liàng 亮 | guǎn 馆 |
| fú 符 | ròu 肉 | tī 梯 | chuán 船 | nì 溺 | běi 北 | pōu 剖 | mín 民 | yāo 邀 | kuàng 旷 |
| nuǎn 暖 | kuài 快 | jiǔ 酒 | chú 除 | quē 缺 | zá 杂 | sōu 搜 | shuì 税 | pí 脾 | fēng 锋 |
| rì 日 | zéi 贼 | kǒng 孔 | zhé 哲 | xǔ 许 | chén 尘 | wèi 谓 | rěn 忍 | tián 填 | pō 颇 |
| cán 残 | jiàn 涧 | qióng 穷 | wāi 歪 | yǎ 雅 | zhuō 捉 | còu 凑 | zěn 怎 | xiā 虾 | lěng 冷 |
| gōng 躬 | mò 莫 | suī 虽 | juàn 绢 | wā 挖 | huǒ 伙 | pìn 聘 | yīng 英 | tiáo 条 | bèn 笨 |
| liǎn 敛 | qiáng 墙 | yuè 岳 | hēi 黑 | jù 巨 | fǎng 访 | zì 自 | huǐ 毁 | zhèng 郑 | hún 浑 |

### 二、读多音节词语(100个音节,共20分,限时2.5分钟)

| sǔnhuài 损坏 | kūnchóng 昆虫 | xīngfèn 兴奋 | èliè 恶劣 | guàshuài 挂帅 | zhēnbír 针鼻儿 | páichì 排斥 |
| cǎiqǔ 采取 | lìsuo 利索 | huāngmiù 荒谬 | shàonǚ 少女 | diàncíbō 电磁波 | yuànwàng 愿望 | qiàdàng 恰当 |
| ruògān 若干 | jiāsāir 加塞儿 | làngfèi 浪费 | kǔzhōng 苦衷 | jiàngdī 降低 | yèwǎn 夜晚 | xiǎoxióngr 小熊儿 |
| cúnliú 存留 | shàngwǔ 上午 | ànniǔ 按钮 | Fójiào 佛教 | xīnniáng 新娘 | dòulèr 逗乐儿 | quánmiàn 全面 |
| bāokuò 包括 | búyòng 不用 | péiyǎng 培养 | biānzuǎn 编纂 | zhāshi 扎实 | tuīcè 推测 | chǎozuǐ 吵嘴 |
| jūnyún 均匀 | shōucheng 收成 | rán'ér 然而 | mǎnkǒu 满口 | guàiyì 怪异 | tīnghuà 听话 | dàxuéshēng 大学生 |
| fāzuò 发作 | qīnlüè 侵略 | gāngtiě 钢铁 | háizi 孩子 | guāngróng 光荣 | qiánpūhòujì 前仆后继 |

## （17）

**一、读单音节字词**（100 个音节，共 10 分，限时 3.5 分钟）

| wò | niǎo | shā | huǐ | lüè | yǒu | zhōng | chè | shuǎi | xù |
|---|---|---|---|---|---|---|---|---|---|
| 卧 | 鸟 | 纱 | 悔 | 掠 | 酉 | 终 | 撤 | 甩 | 蓄 |
| yāng | xī | réng | jiào | tái | shēn | zéi | gēng | bàn | qiā |
| 秧 | 西 | 仍 | 叫 | 台 | 婶 | 贼 | 耕 | 半 | 掐 |
| bù | xuǎn | wēng | ruò | shuā | yǔn | chuáng | gǎi | táo | chōng |
| 布 | 癣 | 翁 | 弱 | 刷 | 允 | 床 | 改 | 逃 | 春 |
| bó | chún | dǎo | suī | bàng | wǔ | zhī | mò | qiāng | bèng |
| 驳 | 纯 | 导 | 虽 | 棒 | 伍 | 知 | 末 | 枪 | 蹦 |
| gǎng | píng | quǎn | kè | Huái | jiǒng | xún | fǎng | shuān | lǐ |
| 港 | 评 | 犬 | 课 | 淮 | 炯 | 循 | 纺 | 拴 | 李 |
| sài | jiǎn | tī | ǒu | shéng | jiē | Lǒng | cuō | èr | mián |
| 赛 | 捡 | 梯 | 呕 | 绳 | 揭 | 陇 | 搓 | 二 | 棉 |
| zhuāng | mǐn | Sòng | xiá | nèi | kěn | zì | huán | zhōu | miǎo |
| 桩 | 皿 | 宋 | 狭 | 内 | 啃 | 字 | 环 | 州 | 秒 |
| pāo | dài | guān | tíng | shè | dé | sūn | jiù | cuī | níng |
| 抛 | 代 | 关 | 停 | 社 | 德 | 孙 | 旧 | 崔 | 凝 |
| liè | ní | jīng | qín | àn | zá | kuǎ | fén | dì | liáo |
| 烈 | 倪 | 荆 | 擒 | 案 | 砸 | 垮 | 焚 | 帝 | 聊 |
| diān | yǒng | niú | rǔ | ào | piān | zhú | cǎo | chí | fàn |
| 颠 | 涌 | 牛 | 汝 | 奥 | 篇 | 竹 | 草 | 迟 | 泛 |

**二、读多音节词语**（100 个音节，共 20 分，限时 2.5 分钟）

| cānkǎo | chuánzhǎng | yìshùjiā | cōng·míng | tāmen | hóngjūn | méitàn |
|---|---|---|---|---|---|---|
| 参考 | 船长 | 艺术家 | 聪明 | 她们 | 红军 | 煤炭 |
| gōngchǎng | fāshāo | dūnang | huáng·guā | xiàolǜ | biézhēnr | zéguài |
| 工厂 | 发烧 | 嘟囔 | 黄瓜 | 效率 | 别针儿 | 责怪 |
| dàniáng | pēnsǎ | bǎowēn | chǎnpǐn | fóxué | tónghuà | nánnǚ |
| 大娘 | 喷洒 | 保温 | 产品 | 佛学 | 童话 | 男女 |
| zuòhuór | yuángù | miùlùn | qióngkùn | jīnrì | wánzhěng | juédìngxìng |
| 做活儿 | 缘故 | 谬论 | 穷困 | 今日 | 完整 | 决定性 |
| xiépō | píjuàn | àiguó | néngliàng | yīngxióng | kǒuzhàor | ràngwèi |
| 斜坡 | 疲倦 | 爱国 | 能量 | 英雄 | 口罩儿 | 让位 |
| yèzi | fēngsuǒ | hésuàn | érqiě | zhuǎnliǎn | rénqún | fēikuài |
| 叶子 | 封锁 | 核算 | 而且 | 转脸 | 人群 | 飞快 |
| yáqiānr | diūdiào | wǎnglái | zuì'è | shǒushi | cǐqǐbǐfú | |
| 牙签儿 | 丢掉 | 往来 | 罪恶 | 首饰 | 此起彼伏 | |

## (18)

**一、读单音节字词**（100个音节，共10分，限时3.5分钟）

| yǎ | zhù | rǎn | tíng | hòu | wǎn | jìng | chuāng | yóu | guāi |
|---|---|---|---|---|---|---|---|---|---|
| 哑 | 铸 | 染 | 亭 | 后 | 挽 | 敬 | 疮 | 游 | 乖 |
| zhòng | jūn | còu | wěn | qiā | jiàng | yē | bó | fēng | zhàng |
| 仲 | 君 | 凑 | 稳 | 掐 | 酱 | 椰 | 铂 | 峰 | 账 |
| jiāo | pèng | nuǎn | pū | lóng | ài | lí | niǎo | qué | mì |
| 焦 | 碰 | 暖 | 扑 | 龙 | 碍 | 离 | 鸟 | 瘸 | 密 |
| chéng | bīn | hé | zhuān | cǐ | sōu | xuě | féi | xūn | liú |
| 承 | 滨 | 盒 | 专 | 此 | 艘 | 雪 | 肥 | 薰 | 硫 |
| xuān | biǎo | dí | qiān | tào | Diān | qì | zǎo | shuā | huài |
| 宣 | 表 | 嫡 | 迁 | 套 | 滇 | 砌 | 藻 | 刷 | 坏 |
| suī | gǔn | zá | juàn | kěn | qū | suǒ | guàn | shí | chě |
| 虽 | 滚 | 杂 | 倦 | 垦 | 屈 | 所 | 惯 | 实 | 扯 |
| zāi | é | lǚ | gōng | ná | wù | fěn | kuí | tǎng | ròu |
| 栽 | 额 | 屡 | 弓 | 拿 | 物 | 粉 | 葵 | 躺 | 肉 |
| tiě | rì | fān | méng | guǎ | māo | jiǒng | nèi | xióng | sǎn |
| 铁 | 日 | 帆 | 萌 | 寡 | 猫 | 窘 | 内 | 雄 | 伞 |
| wā | zàng | kuā | dài | luó | bìng | cuī | kuáng | bǎo | pò |
| 蛙 | 葬 | 夸 | 戴 | 罗 | 并 | 摧 | 狂 | 饱 | 魄 |
| ér | shěn | xián | rùn | má | yǎng | pán | zì | nín | hǔ |
| 而 | 沈 | 贤 | 润 | 麻 | 养 | 盘 | 自 | 您 | 虎 |

**二、读多音节词语**（100个音节，共20分，限时2.5分钟）

| gōuhuà | gāngcái | sōngruǎn | bànjiér | qióngrén | chǎozuǐ | pīngpāngqiú |
|---|---|---|---|---|---|---|
| 勾画 | 刚才 | 松软 | 半截儿 | 穷人 | 吵嘴 | 乒乓球 |
| shàonǚ | cuànduó | niúdùn | chénmò | fùwēng | shǎzi | chíxù |
| 少女 | 篡夺 | 牛顿 | 沉默 | 富翁 | 傻子 | 持续 |
| fóxiàng | bèiwōr | quánbù | rǔzhī | duìzhào | jiāhuo | mièwáng |
| 佛像 | 被窝儿 | 全部 | 乳汁 | 对照 | 家伙 | 灭亡 |
| liánmián | xiǎotuǐ | yuánzé | wàiguó | xìfǎr | qīnlüè | yǒngtàndiào |
| 连绵 | 小腿 | 原则 | 外国 | 戏法儿 | 侵略 | 咏叹调 |
| yúkuài | sāhuǎng | xià·lái | kūnchóng | yìsi | shēngmíng | huànzhě |
| 愉快 | 撒谎 | 下来 | 昆虫 | 意思 | 声明 | 患者 |
| wèicéng | gǎnkǎi | lǎotóur | qúntǐ | Hóngniáng | jué·dé | páiyǎn |
| 未曾 | 感慨 | 老头儿 | 群体 | 红娘 | 觉得 | 排演 |
| zànměi | yùnshū | zhuājǐn | értóng | zhèngzhuàng | jīling | ángshǒu |
| 赞美 | 运输 | 抓紧 | 儿童 | 症状 | 机灵 | 昂首 |

## (19)

### 一、读单音节字词(100 个音节,共 10 分,限时 3.5 分钟)

| lǎo | sāi | qià | ēn | cáo | shuā | héng | zōng | xià | bō |
|---|---|---|---|---|---|---|---|---|---|
| 老 | 腮 | 洽 | 恩 | 曹 | 刷 | 恒 | 踪 | 夏 | 拨 |
| Mǐn | jiàn | qǔ | zhuō | féi | bìng | kǔ | yáng | wài | zǐ |
| 闽 | 建 | 娶 | 捉 | 肥 | 病 | 苦 | 扬 | 外 | 子 |
| táng | xián | lüè | ěr | pō | chén | wà | tǐ | ài | chuō |
| 糖 | 嫌 | 略 | 耳 | 颇 | 陈 | 袜 | 体 | 爱 | 戳 |
| jiǎng | zéi | xùn | biē | rì | jǔ | diāo | shù | xí | dòu |
| 蒋 | 贼 | 迅 | 鳖 | 日 | 举 | 叼 | 述 | 习 | 窦 |
| zhī | qún | cǎi | bīn | sè | réng | yuàn | tuī | zhòu | gǎn |
| 枝 | 裙 | 睬 | 宾 | 瑟 | 仍 | 苑 | 推 | 皱 | 感 |
| zā | shǒu | wāng | guǎ | nóng | yǔ | xióng | quàn | fēng | huàn |
| 咂 | 手 | 汪 | 寡 | 浓 | 羽 | 雄 | 劝 | 丰 | 幻 |
| Téng | zhǎn | huái | guǎng | fán | ruò | zhǎng | lù | yuē | cí |
| 滕 | 盏 | 怀 | 广 | 烦 | 若 | 掌 | 鹿 | 曰 | 磁 |
| jī | miè | Suí | guān | zhǔ | nài | má | sòng | rě | huī |
| 积 | 篾 | 隋 | 关 | 嘱 | 耐 | 麻 | 诵 | 惹 | 挥 |
| lǐng | piáo | jiǔ | lán | kào | tuán | jiǒng | mí | gǔn | fāng |
| 领 | 瓢 | 久 | 兰 | 靠 | 团 | 窘 | 谜 | 滚 | 方 |
| pén | miào | tún | diū | cháng | yàn | zuǐ | shuān | bǎo | niē |
| 盆 | 妙 | 屯 | 丢 | 偿 | 宴 | 嘴 | 栓 | 宝 | 捏 |

### 二、读多音节词语(100 个音节,共 20 分,限时 2.5 分钟)

| diànyā | huǒhou | zhēnglùn | yōngyǒu | nánguài | bèiwōr | wéichí |
|---|---|---|---|---|---|---|
| 电压 | 火候 | 争论 | 拥有 | 难怪 | 被窝儿 | 维持 |
| kuàdù | miùwù | pínqióng | zīgé | méiren | guīlǜ | gāngtiě |
| 跨度 | 谬误 | 贫穷 | 资格 | 媒人 | 规律 | 钢铁 |
| qíngkuàng | kèqi | jūnfá | míngchēng | jiàoshī | quēshǎo | cóng'ér |
| 情况 | 客气 | 军阀 | 名称 | 教师 | 缺少 | 从而 |
| hǎodǎi | xiāngcūn | fósì | hézuòshè | xīnniáng | shàngcéng | tiàogāor |
| 好歹 | 乡村 | 佛寺 | 合作社 | 新娘 | 上层 | 跳高儿 |
| Dōng Ōu | piē·kāi | xuǎnbá | fùnǚ | xiǎowèngr | yúnduān | tóunǎo |
| 东欧 | 撇开 | 选拔 | 妇女 | 小瓮儿 | 云端 | 头脑 |
| juédìngxìng | wēnróu | zhěnsuǒ | píjuàn | shuǐzāi | suànbànr | ángrán |
| 决定性 | 温柔 | 诊所 | 疲倦 | 水灾 | 蒜瓣儿 | 昂然 |
| zhuàngtài | chǔlǐ | línzhōng | zhuānjiā | liángkuai | qiányímòhuà | |
| 状态 | 处理 | 临终 | 专家 | 凉快 | 潜移默化 | |

## (20)

**一、读单音节字词**(100 个音节,共 10 分,限时 3.5 分钟)

| quàn 券 | yǔn 允 | fán 凡 | sǔn 笋 | līn 拎 | xuě 雪 | fù 负 | sōu 搜 | zuì 最 | hé 禾 |
| miù 谬 | bāng 帮 | miè 灭 | guō 郭 | róng 绒 | qióng 穷 | xǔ 许 | diāo 刁 | chóng 虫 | hèn 恨 |
| líng 零 | xiē 些 | zì 字 | qīng 清 | fǎ 法 | lú 炉 | juàn 绢 | duó 夺 | chǎn 产 | cí 词 |
| rēng 扔 | yù 浴 | cā 擦 | tiāo 挑 | bì 闭 | zhī 支 | lóu 楼 | jiāng 姜 | shuǎi 甩 | xióng 雄 |
| zhǎi 窄 | bó 驳 | jiǒng 炯 | páng 旁 | wāi 歪 | bèng 蹦 | piān 偏 | rǔ 辱 | fāng 方 | tiáo 条 |
| jià 嫁 | niǎo 鸟 | pán 盘 | chě 扯 | nà 纳 | duǎn 短 | áng 昂 | měi 镁 | nín 您 | wà 袜 |
| yā 押 | zéi 贼 | fēng 蜂 | ǎo 袄 | tuán 团 | dòu 逗 | léi 雷 | gòu 够 | jǐ 脊 | kuāng 筐 |
| sòng 讼 | shēn 伸 | gǎo 稿 | pò 破 | qiǎn 遣 | kuò 廓 | qiú 裘 | yuè 跃 | zhuó 酌 | guāng 光 |
| níng 凝 | mī 眯 | nù 怒 | xiāng 香 | shǐ 史 | sāo 搔 | pì 僻 | tǐng 艇 | shuā 刷 | wǎng 往 |
| jūn 钧 | kǒng 孔 | diàn 殿 | shuǐ 水 | ér 而 | gǎi 改 | kuān 宽 | hún 魂 | cèng 蹭 | zhěn 枕 |

**二、读多音节词语**(100 个音节,共 20 分,限时 2.5 分钟)

| shāmò 沙漠 | zhǔrénwēng 主人翁 | qùnián 去年 | Hóngniáng 红娘 | sìhū 似乎 | píngmín 平民 | qúnluò 群落 |
| qióngkǔ 穷苦 | dùqír 肚脐儿 | shèbèi 设备 | xuánzhuǎn 旋转 | jiēqià 接洽 | bāohan 包涵 | gāncuì 干脆 |
| rìyì 日益 | zhàng'ài 障碍 | cèliáng 测量 | yīng'ér 婴儿 | kāiwánxiào 开玩笑 | tiěsuǒ 铁索 | nǎozi 脑子 |
| pèi'ǒu 配偶 | zuòguài 作怪 | shāngyuán 伤员 | lìyòng 利用 | dǎkuǎ 打垮 | tòng·kuài 痛快 | lüèwēi 略微 |
| yóuchuōr 邮戳儿 | chuàngzào 创造 | piàojù 票据 | cāngbái 苍白 | fèiténg 沸腾 | fójīng 佛经 | jiǔzhōngr 酒盅儿 |
| jiānchí 坚持 | zhěnggè 整个 | shuāngdòng 霜冻 | fēnchéng 分成 | xiānsheng 先生 | lǜhuà 绿化 | juésè 角色 |
| wēnróu 温柔 | dǎotǐ 导体 | shànmiànr 扇面儿 | bīnguǎn 宾馆 | xúnhuán 循环 | xiàdiē 下跌 | kùnnan 困难 |

# (21)

## 一、读单音节字词(100个音节,共10分,限时3.5分钟)

| shé 蛇 | wā 洼 | gòu 构 | chǎn 产 | bài 败 | mǐn 抿 | hào 耗 | gé 隔 | ruǎn 软 | wú 无 |
| cè 册 | chī 痴 | yuè 月 | páng 旁 | guāi 乖 | nèi 内 | xuǎn 癣 | qià 恰 | ǎo 袄 | xiāng 香 |
| dǒu 抖 | là 腊 | xǔ 许 | péi 陪 | jiǎo 脚 | tí 题 | wēng 翁 | bí 鼻 | kuà 跨 | jué 诀 |
| tài 态 | shuān 栓 | qì 气 | jiǎn 茧 | fāng 方 | hén 痕 | tǒng 捅 | zhī 之 | tún 臀 | jiāng 江 |
| zá 砸 | yù 狱 | xiá 霞 | sāi 腮 | zì 自 | jiǒng 窘 | nèn 嫩 | léi 镭 | fǎn 反 | suō 梭 |
| cǎi 彩 | zhū 珠 | chǎo 炒 | wō 窝 | shuǎ 耍 | kēng 坑 | nǐ 拟 | biàn 遍 | qún 群 | kǒng 孔 |
| liáo 疗 | zhuī 椎 | dǔ 堵 | lín 霖 | juān 捐 | sǐ 死 | huái 槐 | mù 墓 | cuō 搓 | niǔ 扭 |
| chuāng 疮 | ér 儿 | niān 蔫 | yòng 用 | ǒu 偶 | bīng 冰 | pó 婆 | Dèng 邓 | yǔn 允 | qiè 怯 |
| pěng 捧 | Liú 刘 | tiě 铁 | huī 挥 | shǔn 吮 | míng 鸣 | zuì 罪 | féng 逢 | duì 对 | gōng 公 |
| ràng 让 | diāo 貂 | qìng 磬 | rán 然 | zhuāng 装 | chóng 虫 | mō 摸 | kào 靠 | cán 蚕 | miàn 面 |

## 二、读多音节词语(100个音节,共20分,限时2.5分钟)

| guīju 规矩 | zuòjiā 作家 | hésuàn 核算 | zhànlüè 战略 | zēngqiáng 增强 | mànmà 谩骂 | xìjūn 细菌 |
| cuàngǎi 篡改 | huǒguōr 火锅儿 | lǚxíng 履行 | mèilì 魅力 | yīngxióng 英雄 | qióngjìn 穷尽 | fēichuán 飞船 |
| dònghuàpiàn 动画片 | sàngshī 丧失 | zhōngbiǎo 钟表 | shuāiruò 衰弱 | quántou 拳头 | Hóngniáng 红娘 | fófǎ 佛法 |
| fǔxiǔ 腐朽 | yīyuàn 医院 | zhèngwěi 政委 | quèdìng 确定 | cóngcǐ 从此 | tiān'é 天鹅 | yīn'ér 因而 |
| pínkùn 贫困 | bógěngr 脖颈儿 | niàosù 尿素 | jiérì 节日 | yǒuqù 有趣 | shuǎnglǎng 爽朗 | láiwǎng 来往 |
| rènzhēn 认真 | wěndìng 稳定 | xúnzhǎo 寻找 | rè'ài 热爱 | fēnliè 分裂 | pú·táotáng 葡萄糖 | bào·chóu 报酬 |
| hēi'àn 黑暗 | ménkǒur 门口儿 | pāizi 拍子 | búkuài 不快 | chuīzòu 吹奏 | diǎnyǎ 典雅 | dàguàr 大褂儿 |

## (22)

**一、读单音节字词**(100个音节,共10分,限时3.5分钟)

| mián 眠 | biǎo 表 | méi 煤 | liè 劣 | ēn 恩 | nǎi 乃 | diū 丢 | àn 按 | yuē 曰 | tàng 烫 |
|---|---|---|---|---|---|---|---|---|---|
| qǔ 取 | zhōu 州 | shuǐ 水 | hé 盒 | quǎn 犬 | shè 射 | kǎn 砍 | bìn 鬓 | Yáo 姚 | tān 滩 |
| shuǎi 甩 | dòng 动 | náng 囊 | jìn 浸 | luǎn 卵 | kùn 困 | jiǎ 钾 | gù 顾 | yǎ 雅 | lèng 愣 |
| cáo 槽 | zuò 座 | wěn 吻 | shēng 升 | dé 德 | chuǎn 喘 | pí 疲 | sān 三 | xún 巡 | dīng 叮 |
| qiáng 墙 | cì 次 | tuán 团 | niē 捏 | zéi 贼 | guǎng 广 | róng 荣 | xuǎn 癣 | yí 仪 | pà 怕 |
| xiǔ 朽 | jú 菊 | suō 缩 | róu 柔 | sī 丝 | mí 迷 | fēn 纷 | zú 卒 | qiàn 欠 | zhēng 蒸 |
| liáng 梁 | cuī 崔 | zěn 怎 | tà 榻 | chǒng 宠 | jūn 君 | kǔ 苦 | huái 怀 | wēng 翁 | zhǐ 纸 |
| qí 齐 | guà 挂 | xié 斜 | dēng 登 | páo 袍 | rùn 闰 | jué 绝 | pāi 拍 | jiǒng 炯 | sāo 缫 |
| mò 莫 | tǒng 桶 | zhuō 拙 | nèn 嫩 | gāng 刚 | chě 扯 | bào 报 | mǎ 马 | fèi 吠 | shuā 刷 |
| huán 环 | fǎng 仿 | rì 日 | wāng 汪 | yòng 用 | zhū 诸 | bà 罢 | lǐng 岭 | bō 播 | èr 二 |

**二、读多音节词语**(100个音节,共20分,限时2.5分钟)

| wèile 为了 | sēnlín 森林 | cuàngǎi 篡改 | kuāzhāng 夸张 | huáguì 华贵 | shǒujuànr 手绢儿 | wǔnǚ 舞女 |
|---|---|---|---|---|---|---|
| qīnlüè 侵略 | chuàngzàoxìng 创造性 | áoxiáng 翱翔 | miáoshù 描述 | xiàjiàng 下降 | piē·kāi 撇开 | fódiǎn 佛典 |
| māotóuyīng 猫头鹰 | wánbèi 完备 | kuàitǐng 快艇 | pànbiàn 叛变 | huīsè 灰色 | jiǎojié 皎洁 | gōngnéng 功能 |
| zhuàngyuan 状元 | rán'ér 然而 | bǐcǐ 彼此 | qiàrú 恰如 | péiyù 培育 | fēngshuò 丰硕 | jiǔzhōngr 酒盅儿 |
| hónghuo 红火 | pòshǐ 迫使 | yóutián 油田 | qúntǐ 群体 | shàngkè 上课 | pínqióng 贫穷 | niúdùn 牛顿 |
| sāhuǎng 撒谎 | xiōngpú 胸脯 | chéngxù 程序 | chìbǎng 翅膀 | nóngcūn 农村 | zàizhèr 在这儿 | wàilì 外力 |
| dàniáng 大娘 | dǐzi 底子 | mìngyùn 命运 | àiguó 爱国 | zhǎnlǎn 展览 | dāorènr 刀刃儿 | quēfá 缺乏 |

## (23)

### 一、读单音节字词(100个音节，共10分，限时3.5分钟)

| qiáng 墙 | huàn 换 | chuō 戳 | gào 告 | tí 蹄 | zhuāng 庄 | shǎn 陕 | kòng 控 | wá 娃 | duàn 段 |
| zhuī 锥 | bǎi 百 | piē 瞥 | nì 逆 | tiān 添 | rǎng 壤 | jiū 究 | qún 群 | fǎ 法 | cán 残 |
| kāi 揩 | mò 末 | tīng 厅 | liè 裂 | xuān 宣 | ěr 耳 | xiā 瞎 | shòu 瘦 | wēn 温 | zòu 揍 |
| péng 硼 | wǎn 晚 | chá 察 | tūn 吞 | chí 持 | bǐ 比 | mèi 昧 | sūn 孙 | rì 日 | bó 脖 |
| zǒng 总 | xú 徐 | cū 粗 | suí 随 | fèng 奉 | rǔ 汝 | quàn 劝 | hēi 黑 | dìng 定 | jiē 皆 |
| miù 谬 | duó 夺 | xiǎng 享 | zá 杂 | lāo 捞 | huá 滑 | sǐ 死 | dé 德 | huài 坏 | cǐ 此 |
| qiáo 瞧 | nǚ 女 | dòng 冻 | niǎo 鸟 | jí 及 | nǎi 奶 | guàn 罐 | shā 砂 | chě 扯 | guàng 逛 |
| fěn 粉 | láng 狼 | chāo 抄 | jǐn 锦 | shéng 绳 | jiǒng 窘 | zhù 驻 | juē 撅 | huò 或 | róu 揉 |
| zhǒng 冢 | yuè 悦 | lián 连 | xīn 新 | yá 牙 | ǒu 藕 | yùn 蕴 | tiē 贴 | wú 吾 | yǒng 永 |
| wāi 歪 | bèng 迸 | piān 篇 | cháng 尝 | kǎn 坎 | áo 鳌 | shāi 筛 | běn 本 | líng 绫 | miǎn 勉 |

### 二、读多音节词语(100个音节，共20分，限时2.5分钟)

| bèihòu 背后 | tèbié 特别 | chōngshuā 冲刷 | zhànlüè 战略 | nóngmín 农民 | dǎngùchún 胆固醇 | mántou 馒头 |
| qiǎnxiǎn 浅显 | jiāsù 加速 | suǒyǒuzhì 所有制 | píjuàn 疲倦 | biāozhǔn 标准 | Fójiào 佛教 | Hóngniáng 红娘 |
| fēichuán 飞船 | qiàhǎo 恰好 | kuāzhāng 夸张 | pèitào 配套 | zhāshi 扎实 | cángshēn 藏身 | kuàilè 快乐 |
| shuāngfāng 双方 | míngquè 明确 | jūnduì 军队 | wèilái 未来 | sìzhōu 四周 | āigèr 挨个儿 | yīngxióng 英雄 |
| tiàozao 跳蚤 | lì·liàng 力量 | hútòngr 胡同儿 | wōniú 蜗牛 | ángguì 昂贵 | réngrán 仍然 | yuányīn 原因 |
| dǐzi 底子 | nánguài 难怪 | xiǎoxiér 小鞋儿 | mázuì 麻醉 | cuàngǎi 篡改 | qióngrén 穷人 | fùwēng 富翁 |
| yǔdiǎnr 雨点儿 | zūnxún 遵循 | hékuàng 何况 | shàngcéng 上层 | dǒupō 陡坡 | qīng'éryìjǔ 轻而易举 | |

## (24)

### 一、读单音节字词(100个音节,共10分,限时3.5分钟)

| kuī 亏 | yuè 阅 | diǎn 典 | ér 儿 | xīn 馨 | guǎ 寡 | qún 裙 | hēi 黑 | téng 藤 | pèi 佩 |
| líng 陵 | zì 字 | céng 层 | rì 日 | máng 忙 | ruǎn 软 | kōu 抠 | fǔ 腐 | qiú 囚 | tā 她 |
| xǐng 醒 | còu 凑 | chú 除 | bō 钵 | fáng 防 | mō 摸 | niǔ 扭 | máo 毛 | jùn 俊 | tóu 投 |
| xiàng 象 | tuō 拖 | sǎ 洒 | biāo 膘 | gào 告 | lún 沦 | dài 袋 | bǐng 丙 | ruì 锐 | shuǎ 耍 |
| huán 环 | shāi 筛 | pěng 捧 | suì 碎 | pǐ 癖 | qiāng 腔 | xuǎn 选 | nóng 农 | jū 居 | zá 砸 |
| chī 吃 | jiǎ 甲 | sì 四 | yíng 迎 | fèi 费 | yū 淤 | wǒ 我 | gē 歌 | jiǎn 拣 | Huái 淮 |
| mǒu 某 | zōng 棕 | wéi 违 | shuǎng 爽 | piē 瞥 | wàng 旺 | sēng 僧 | lín 磷 | jiǒng 炯 | shuāi 摔 |
| dào 道 | bēi 杯 | jué 决 | zhàng 账 | gǔ 鼓 | zhài 债 | cū 粗 | dàn 但 | nǚ 女 | tíng 廷 |
| wèn 问 | lí 离 | diào 钓 | quǎn 犬 | nào 闹 | miáo 苗 | zhěn 诊 | liè 猎 | rǎn 染 | chè 澈 |
| kěn 肯 | táng 塘 | zhān 沾 | ái 癌 | qià 恰 | ān 庵 | bèn 笨 | xiōng 胸 | zhǔn 准 | guāng 光 |

### 二、读多音节词语(100个音节,共20分,限时2.5分钟)

| kuàilè 快乐 | diūrén 丢人 | xiǎowèngr 小瓮儿 | hánliàng 含量 | cūnzhuāng 村庄 | kāihuā 开花 | dēngpàor 灯泡儿 |
| Hóngniáng 红娘 | tèsè 特色 | huāngmiù 荒谬 | érqiě 而且 | dìng'é 定额 | guānshǎng 观赏 | bùfen 部分 |
| qīnlüè 侵略 | juānshuì 捐税 | shōusuō 收缩 | guǐliǎn 鬼脸 | qūshì 趋势 | guǎiwānr 拐弯儿 | nèiróng 内容 |
| ruògān 若干 | bàofā 爆发 | yuáncáiliào 原材料 | chuàngbàn 创办 | zhuājǐn 抓紧 | shèngnù 盛怒 | yùnyòng 运用 |
| měijǐng 美景 | miànzi 面子 | yāpò 压迫 | bìxūpǐn 必需品 | fóxué 佛学 | yìzhí 一直 | qǐchéng 启程 |
| bàngchui 棒槌 | shānfēng 山峰 | zuìniè 罪孽 | cì·jī 刺激 | wúqióng 无穷 | dǎting 打听 | tōngxùn 通讯 |
| mù'ǒu 木偶 | kūnchóng 昆虫 | tiānxià 天下 | zuòhuór 做活儿 | kuàdù 跨度 | jiùsuàn 就算 | gòuzào 构造 |

## (25)

**一、读单音节字词**(100 个音节,共 10 分,限时 3.5 分钟)

| diàn 电 | yuǎn 远 | rì 日 | wéi 韦 | zè 仄 | jiān 尖 | huáng 黄 | tā 塌 | méi 眉 | sōu 艘 |
| lín 临 | zhuàn 赚 | chí 池 | zēng 憎 | ráo 饶 | cù 促 | sī 丝 | guó 国 | sǎn 伞 | chuáng 床 |
| mì 觅 | diū 丢 | qún 裙 | biǎn 匾 | páng 庞 | ēn 恩 | fú 俘 | lǒng 拢 | zuì 醉 | láo 劳 |
| ròu 肉 | méng 萌 | juàn 倦 | zhǔn 准 | nèi 内 | xūn 熏 | yǎng 仰 | tái 抬 | wà 袜 | nín 您 |
| àn 黯 | chóng 虫 | miè 篾 | pèi 配 | zāo 糟 | bìng 并 | qiāng 枪 | chǔn 蠢 | gēng 羹 | bù 不 |
| jī 激 | pái 牌 | guā 瓜 | yuè 粤 | ér 而 | shū 梳 | nǐ 你 | kuài 块 | xióng 雄 | lìng 另 |
| bā 巴 | ràng 让 | tiáo 条 | zuàn 攥 | liú 硫 | niǎo 鸟 | qué 瘸 | kē 磕 | tǒng 统 | qū 驱 |
| wǒ 我 | jiāo 跤 | gǒu 苟 | zhāng 章 | jǐng 景 | xiā 瞎 | hǎi 海 | dā 搭 | nǚ 女 | fàn 饭 |
| xǔ 许 | hēi 黑 | dǐ 抵 | mó 摹 | chǎo 炒 | diē 跌 | ruǐ 蕊 | shén 神 | yǎ 哑 | qiān 签 |
| shuǎi 甩 | cuān 蹿 | zhuì 坠 | kǒng 恐 | pò 破 | cí 磁 | shèng 圣 | fǎ 法 | shòu 授 | jiǒng 炯 |

**二、读多音节词语**(100 个音节,共 20 分,限时 2.5 分钟)

| guìbīn 贵宾 | nǎifěn 奶粉 | dāobèir 刀背儿 | yílǜ 一律 | zhuàngkuàng 状况 | bàozhà 爆炸 | cúnkuǎn 存款 |
| àngrán 盎然 | xuǎnjǔ 选举 | cháihuo 柴火 | jiārù 加入 | fēngsuǒ 封锁 | yǒngtàndiào 咏叹调 | fàngsōng 放松 |
| rènao 热闹 | fóxiàng 佛像 | táozǒu 逃走 | kuīsǔn 亏损 | jūnshì 军事 | yǐngzi 影子 | quánlì 权利 |
| wánshuǎ 玩耍 | huáiniàn 怀念 | pūgai 铺盖 | qíguài 奇怪 | gāngtiě 钢铁 | xiǎotōur 小偷儿 | jiānglái 将来 |
| zhǔrénwēng 主人翁 | jìnhuà 进化 | cōng·míng 聪明 | yùnxíng 运行 | wúqióng 无穷 | ǒu'ěr 偶尔 | shànmiànr 扇面儿 |
| zhèngzhì 政治 | chuánbō 传播 | péiyù 培育 | qiàdàng 恰当 | niúpí 牛皮 | kāfēi 咖啡 | miùlùn 谬论 |
| chànggēr 唱歌儿 | cíhuì 词汇 | nüèdài 虐待 | zōnghé 综合 | zhànlüè 战略 | qīngmiáodànxiě 轻描淡写 | |

# 第五章 朗读训练

## 第一节 朗读的作用

朗读是把文字作品转化为有声语言的再创造活动。朗读把作用于视觉单一渠道的书面上的无声语言,转化为同时作用于视听双渠道的更能表情达意的有声语言。因此,可以说朗读是一种有声语言的艺术,是人们表情达意的一种方式,也是课堂教学的一种重要手段。朗读是普通话水平测试的重要项目之一。

### 一、朗读是普通话正音训练的重要方式

普通话正音训练,是为了提高普通话水平和口语表达能力。普通话正音训练遵循的原则应该是:字不离词,词不离句,句不离篇。朗读正是字、词、句、篇的一种综合的、循序渐进的训练。可以说,朗读是普通话正音训练的一个归结,是提高和衡量普通话水平的一个基本途径。

### 二、朗读是由读到说的重要桥梁

朗读训练一方面是普通话正音训练的继续,另一方面是说话训练的开端。在"读"与"说"之间,朗读起着承上启下的桥梁作用。通过朗读训练,朗读者可以逐步储存大量词汇,提高自身文学修养,锻炼口语表达中的思维能力。同时,由于朗读有助于深入体味文学作品,有助于提高人们的语言表现力和鉴赏力,因此,朗读对人们口语表达能力的形成和提高,起着一种潜移默化的作用。没有掌握朗读技能的人,说话平直干巴,缺乏感染力;掌握了朗读技巧的人,说话善于传情,工于达意,声情并茂,生动感人。口语交际能力训练的各个环节,如说话、演讲、论辩、课堂教学、解说、导游、播音、节目主持等等,都离不开朗读基本功。朗读训练是口语交际能力训练的必经之路。

### 三、朗读是普通话水平测试的重要项目

一方面,朗读材料比较集中地综合了各种口语表达要素(如音节、音变、语调等),能够比

较全面地反映应试者的普通话水平和朗读技巧。另一方面,朗读需要凭借文字材料,较少受到非语言因素的影响。例如,心理素质的高低、思维是否敏捷、语言环境如何、表达能力强弱等,这些因素都有可能影响普通话水平测试中"说话"项目的成绩;而朗读不需要边想边说,因而较少受到这些因素的干扰,测试时,比较真实地反映应试者的平时水平。因此,朗读是普通话水平测试中的一个重要项目。

## 第二节 朗读的要求

朗读的基本要求是熟练掌握普通话,吐字准确清晰,语调自然流畅,速度适中。这是普通话水平测试中的朗读必须达到的要求。

朗读的较高层次的要求,是明确并掌握朗读的四要素:① 是什么(朗读内容);② 为什么(朗读目的);③ 对谁读(交流对象);④ 怎样读(朗读方法)。前三个要素是朗读前期准备的要求,第四个要素是朗读进行过程中的要求。

### 一、朗读的基本要求

1. 发音准确,吐字清晰

发音准确,要求熟练掌握普通话的声母、韵母、声调和语流音变,尽量减少语音失误。尤其要注意克服方言语调,注意克服影响语音面貌的成系统的方言发音习惯。例如,翘舌声母不到位,边音鼻化,元音韵母口腔开度不够,声调调值升降幅度不够,以及儿化未"化"到音节上,轻声、变调不准,"啊"变读单一或词语的轻重音格式不对等。发音准确,还要克服误读字,不读错字、别字,要根据《普通话异读词审音表》,掌握异读词的规范读音;多音多义字要注意按义定音、音随义转。

吐字清晰,即强调发音的清晰度。要克服口齿不清、吐字含混的现象,注意训练吐字归音的完整性。"字头"(声母和韵头)的发音要"出字",即部位准确,雕琢有力;"字腹"(韵腹)的发音要"立起",即拉开立起,声音饱满;"字尾"(韵尾)的发音要"归音",即趋向鲜明,干净利索。每个音节的发音过程要有头有尾,形成一个两端小、中间大的枣核形发音动程。

2. 语调自然流畅

课堂教学及普通话水平测试中的朗读不同于带表演性质的朗读,其目的是实现教学目标或衡量普通话水平,因此,感情表达要自然适度。语调既不可过于夸张,以避哗众取宠之嫌;又不可平直单调,以避背书的痕迹。

朗读的基本要求还包括流畅度,不吭吭巴巴、割裂语意,不丢字、添字,不颠倒、重复等。朗读流畅的训练要领是慢读快看,即朗读时视觉要有一定的提前量。朗读时不能看到哪儿念到哪儿,尤其不要用手指着字一个个地念,而应当读着上句时已看到下句,逼着视觉往前走,给"想"留下一定的余地,才能保证朗读的流畅度。

3. 速度快慢适中

朗读中允许有快有慢的节奏变化,但要注意快慢适中。

速度太慢,容易出现念字式的现象,造成肢解语意的结果。

速度太快,则容易出现吐字含混不清的现象,以及同化(如"天气预报"读成 tiānqiyìbào)、合音(如"西安"读成 xiān)、弱化(吃字)等等。同时,朗读速度太快,没有给"看"和"想"留下一定的时间差,容易使朗读者自身陷入被动局面,出现卡壳现象,造成停顿不当的错误。

## 二、朗读前期准备的训练要求

朗读好一篇作品,不应当毫无准备地拿起作品贸然而读,而要认真地做好朗读之前的准备工作,即明确并掌握朗读"四要素"中的前三个要素。

1. 理解朗读内容——读的是什么

理解朗读内容是朗读的第一要素,是朗读的基础,它影响和制约着其他几个要素的掌握与运用。可以分四步进行训练:阅读朗读材料—弄懂词句关系—理清结构层次、发展脉络—了解背景。

2. 确定朗读目的——为什么读

朗读的目的是朗读的统帅。朗读时如果没有目的作统帅,朗读的声音就会飘忽不定,成为无中心、无重点的随意性声音。朗读既要理解作者的写作目的,又会融入朗读者朗读这篇作品的目的;朗读既有对作品的评价意义,又有对现实的指导意义;朗读者既要再现作者的态度感情,又要表露朗读者本人的态度感情。

3. 分清朗读对象——对谁读

朗读者要做到"心中有人"——分清朗读对象。要了解对象的年龄、职业、爱好、文化层次,以及心理、认知等特征,才有可能恰如其分地与对象交流,唤起听众的情感共鸣。

## 三、朗读进行过程中的训练要求

朗读进行过程中的训练要求,即掌握朗读的表达技巧——怎样读。朗读的表达技巧可以概括为 12 字要领:**以情带声,以声传情,声情并茂**。

"以情带声"是朗读表达的内部技巧;"以声传情"是朗读表达的外部技巧;"声情并茂"是指朗读表达内外如一,形神兼备。

1. 朗读表达的内部技巧——以情带声

(1) 摆正朗读者的身份。

朗读者要摆正自己与朗读作品、作者之间的关系,不要使朗读变成代言人式的朗读,或"演员式"的朗读。

朗读者的正确身份,应当是既"有我"又"无我",即在"有我"、有个性的前提下,进入作品内容("无我"的境界)之中,引导听者身临其境,与听者共同感受,共同感应。

(2) 调动内在感受,展现视觉形象。

把文字作品转化为声音,必须饱含朗读者的感受,而调动内在感受是朗读的关键,"有动于衷",才能"形之于声"。调动内在感受,包括形象感受和逻辑感受。

调动形象感受的要领是:抓住实词,调动感知,展现情景。例如,朗读记叙性、抒情性文章或诗歌时,通过对实词的理解,调动视觉、听觉、嗅觉、味觉、触觉,以及时间、空间等综合性的感觉和知觉,在心中展现作品中的情和景、人和物、事和理,要真"听"、真"看"、真想、真感受,使它们在你眼前"活"起来;视觉形象越具体生动、越可感,就越能如见其人、如闻其声、如临其境。

调动逻辑感受的要领是:抓住虚词,尤其是关联词语,厘清文章的发展脉络、层次关系,以便朗读时上下衔接、前后呼应、一脉贯通、浑然一体。例如:

漓江的水真静啊,静得让你感觉不到它在流动;漓江的水真清啊,清得可以看见江底的沙石;漓江的水真绿啊,绿得仿佛那是一块无瑕的翡翠。 (《桂林山水》)

训练时应抓住实词"静"、"清"、"绿",展现不同的视觉形象,调动内心对漓江水的形态、状态、色泽等的感受。

(3) 挖掘潜在语,把握作品基调。

潜在语,即潜台词,是朗读时的言外之意、弦外之音。它为朗读目的服务,代表了作者和朗读者本人的思想、态度与感情,是朗读的活的灵魂。基调,即作品的整体感,要求宏观上统一和谐,微观上丰富多彩。就态度来说,或肯定或否定,或严肃或亲切,或祈求或命令,或坚定或犹豫;就感情来说,或爱或憎,或悲或喜,或褒或贬,或焦急或冷漠,或愤怒或平静,无不需要斟酌情况,细心体味,适当取舍,把握分寸。态度感情明朗,才能准确把握作品的基调,并从声音中自然地流露出来,做到以情带声。例如:

有的人活着,

他已经死了;

有的人死了,

他还活着。

……

第一句"有的人活着,他已经死了",潜台词是否定的态度,朗读时要表达出对那种如行尸走肉般活着的人的贬斥之情。第二句"有的人死了,他还活着",潜台词是肯定的态度,朗读时要表达出对虽死犹存的英雄的赞扬崇敬之情。

2. 朗读表达的外部技巧——以声传情

朗读表达的外部技巧,从宏观上说,是指语气的运用;从微观上说,是指朗读声音形式的四大支柱——语调、停连、重音、节奏。

语气的运用,是内在的"神"(感情色彩)与外在的"形"(声音形式)的有机结合,是"情、气、声"的浑然一体。情感是气息的源泉,气息是声音的依托,声音是情感的流露。

喜——气满声高;悲——气沉声缓;爱——气缓声柔;憎——气足声硬;怒——气粗声重;疑——气细声黏;急——气短声促;静——气舒声平;冷——气少声淡;惧——气提声抖。

朗读的声音形式的四大支柱,必须以情、气、声的和谐统一为基础。

(1) 语调。

语调是说话的腔调,是语句中声音高低轻重的配置。语调的特点不是平直的,而是曲折的;不是单一的,而是变化的。语流中的语调,既有波峰,也有波谷,是一种抑扬起伏、波澜跌宕的行进趋势。例如:

在那碧紫透红的群峰之上,

你像昂扬的战旗在呼啦啦地飘! 　　　　（《黄山松》）

这是一首诗的结尾句子,"呼啦啦"、"飘",连续几个音节都是平声字。朗读时如果拘泥于阴平字调,语调就会显得浮而不稳。为了表达坚定不移的信念,诗句末尾的阴平字"飘"的声调(字调)应服从于语调(句调),以降调结尾来表现沉稳有力的气概。

(2) 停连。

停连指的是朗读语流中声音的顿歇和连接。

① 停连不可"鼎立三分"。朗读是一种动态活动,而不是静态活动,在实际朗读中不可孤立地考虑哪里是语法停顿、哪里是生理停顿、哪里是逻辑停顿,而是随情所至,顺理成章。

② 停连服从于内容、情感。朗读是"把文章做在耳朵上",停连就要注意听觉效果,听得清,听得懂,进而沟通情感。一般来说,为了反映文章的层次、脉络,停顿应段落大于句子,句大于逗,逗大于顿。但有时受作品内容和情感的影响,不能拘泥于某些固定的格式。例如,没有标点符号的地方可能需要停顿,有标点符号的地方可能需要连接。此外,生理停顿(换气)也应服从内容、表达的需要;普通话水平测试中的朗读,要注意克服因为心理紧张而造成的频繁换气或换气位置不当。

③ 停连不等于中断和空白。停连是朗读者思想感情的继续和延伸,而不是思想感情的中断和空白。停顿时,声停气不停,给人留下联想和回味的时间,应该有"此时无声胜有声"的感觉。例如:

荆州、孝感、黄冈、咸宁、武汉中到大雨。 　　　　（天气预报）

如果机械地按照标点符号停顿,就容易误解成"……,武汉有中到大雨"。读这句话时,有顿号的地方要缩短停顿时间,将几个地名适当连接;在"武汉"的后面稍作停顿,使语意听起来更加显明。

(3) 重音。

重音是指朗读时为了表情达意的需要而强调、突出的词、短语或音节。

① 找准重音——制高点。就一句话来说,只能有一个主要重音,其他的次要重音或非重音都应服从这个主要重音;就一段话来说,其中几个句子的重音也只有一个是主要的;就一篇文章来说,要找准"制高点",即全篇的高潮、全篇的重音。概括地说,"制高点"统摄全篇,统摄各段落的重音;段落重音又统摄语句重音。一般来说,文章的高潮大多在后半部,即"重笔结局"。因此,朗读时不要一开始就升温到一百度。要在声音的波澜起伏中逐步发展,向前行进,一步步烘托出"制高点",造成水到渠成的效果。

② 重音无定式。重音并不是"加重声音"的意思,强调突出重音的方法多种多样,比如重音强读、重音轻读、重音长读、重音高读、在重音前后停顿,或用拖音、颤音、气音等。根据

内容和感情表达的需要,朗读时酌情处理。例如:

  为人进出的门紧锁着,

  为狗爬出的洞敞开着,

  一个声音高叫着:

  爬出来吧,

  给你自由!    (叶挺《囚歌》)

  朗读时,第一、二两句中的重音"人"、"洞",应形成鲜明对比,可采用重音强读的方法突出语意。第三句中的"高叫着",可采用重音低读的方法,以表现对敌人的鄙视的否定态度;"爬出来吧,给你自由",基调不宜高亢,而应采用曲折语调。

  (4) 节奏。

  节奏是指朗读中的思想感情所决定的抑扬顿挫、轻重缓急的声音形式的回环交替。

  节奏包括速度,但不完全等同于速度。速度是构成节奏的重要内容,主要是就吐字的快慢而言;而节奏是就整篇作品的起伏、推进而言。

  ① 节奏服从于基调。节奏通常分为六种类型:紧张型、舒缓型、高亢型、低沉型、凝重型、轻快型。朗读时应根据态度、感情,根据作品的基调(整体感)来选取相应的节奏。凝重型,如大型纪录片《敬爱的周恩来总理永垂不朽》中的解说;轻快型,如宋世雄的体育解说;舒缓型,如赵忠祥的《动物世界》电视节目解说等。

  ② 节奏要同中求异。同中求异,是说宏观上统一和谐,服从于基调;微观上丰富多彩,不拘泥于固定模式。不提倡将朗读作品像乐谱一样标上节拍,使朗读变成一种机械运动,千人一面,这样既扼杀了作品和朗读者的个性,又约束了朗读者的创造性。

  对朗读作品中出现的排比、反复、对偶、层递、顶真、回环等结构相似、形式整齐的语句,更要注意同中求异,不可一直用四平八稳的同一节奏。要做到欲抑先扬,欲扬先抑;欲轻先重,欲重先轻;欲快先慢,欲慢先快;快中有慢,慢中有快等。

  ③ 增强对比度,敢于大起大落。朗读的声音节奏的变化,要大胆地起落、抑扬、停连,构成强烈、鲜明的对比度,增强感染力、震撼力。例如:

    啊,这宇宙中伟大的诗!你们风,你们雷,你们电,你们在这黑暗中咆哮着的,闪耀着的一切的一切,你们都是诗,都是音乐,都是跳舞。你们宇宙中伟大的艺人们呀,尽量发挥你们的力量吧!发泄出无边无际的怒火,把这黑暗的宇宙,阴惨的宇宙,爆炸了吧!爆炸了吧!  (郭沫若《屈原·雷电颂》)

  这一段朗读材料慷慨激昂的基调,决定了它的节奏从整体上看属于高亢型,以快速为主。在这一前提下,注意节奏的同中求异。第一句"啊,这宇宙中伟大的诗",可采取欲快先慢的朗读方法。中间的两个排比句"你们风,你们雷,你们电",以及"你们都是诗,都是音乐,都是跳舞",可采取欲高先低、逐渐升高的方法,或采取"高—低—高"的错综变化的方法来处理。结尾的反复句"爆炸了吧!爆炸了吧!"是全篇的制高点。在它之前的反复句"黑暗的宇宙,阴惨的宇宙",可采用欲扬先抑的方法,以烘托出后面的制高点。

## 第三节　朗读训练与指导

朗读教学与训练的目的,不仅仅是了解朗读的有关知识,更重要的是培养学生的朗读能力。

### 一、朗读的训练方法

1. 朗读训练的原则

(1) 教师作主导,学生作主体。

教师是朗读教学和训练中的导演、教练,学生是主角。朗读的教学与训练必须包括三个环节。一是教师的讲解与示范,既要讲清必要的理论知识,也要有示范实践环节。二是学生的模仿训练。朗读教学应当是双向的,学生要积极参与,既带耳朵,又带嘴巴,光听不练,等于白学。三是指导、评议。这个环节可以由老师在学生朗读后找准问题,对症下药;师生也可以共同讨论、分析,使大家知其然,并知其所以然。

(2) 先分解,后综合。

朗读训练时,可先对朗读的各个能力点进行分解训练(如语调、重音、停连、节奏等),然后再进行综合训练。需要注意的是,分解训练是相对的,是为了更好地综合训练,即全面掌握朗读技巧。

(3) 先模仿,后创造。

朗读训练时,可通过听录音、看录像,对名家朗读进行观察和模仿,也可对教师或身边朗读得好的同学进行模仿。模仿的目的是掌握初步的朗读技巧,是为了更好地创造。在模仿的基础上,要注意真正掌握朗读的四要素,做到"以情带声,以声传情,声情并茂",要读出个性。

2. 朗读训练的常用符号

挫号：×▲×,用于无标点处,作短暂停顿。

停顿号：×∧×,停顿时间稍稍加长,有无标点处均可使用。

间歇号：×↟×,间歇时间比停顿号更长,有无标点处均可使用。

连接号：×⌣×,用于有标点符号的地方,表示缩短停顿时间、连读。

词组号：×××××,把需要连起来读的词或词组连在一起,避免因破读而造成的语意含混不清或支离破碎。

重音号：×××,用于标记主要重音。

次重音号：××××,用于标记次要重音。

### 二、朗读的状态

朗读者在朗读过程中,必须获得并保持正确的状态。正确的朗读状态有共性的一面,叫一般状态;也有个性的一面,叫特殊状态。

状态是指朗读者在朗读过程中表现出来的形态,包括心理状态与生理状态两大方面,其中,心理状态是主导方面。

朗读状态不正确有以下表现:或过分紧张,张口结舌;或过分懈怠,无精打采;或激动万分,千头万绪;或追求技巧,三心二意;或腔调固定,色彩单一……这一切都不可能把自己的全部准备工作付诸实际,朗读者对作品的理解、感受、构思、设计便会付之东流。朗读状态正确与否,是朗读成败的重要环节,应该引起我们足够的重视。

什么是正确的朗读状态呢?怎样把握它呢?不正确的朗读状态又怎样克服呢?我们从几个方面给以说明。

(一) 信心百倍,积极主动

朗读时,精神状态要正确。为了传达朗读的作品内容,以事省人,以理服人,以情感人,朗读者要由衷地感到作品的深刻、丰富,预见到它对听者具有多方面教益和可能从中获得的美感享受。

朗读者一定要引发出比较强烈的朗读愿望,要有一种需要立即朗读的迫切感:如此优秀的作品,朗读它本身就是一种享受,自己一定要尽力展现作品的面貌和魅力,诉诸有声语言之后,会使听者有更多的收益。

这种信心和愿望,不是空洞的、勉强的,它是出于对朗读本身的兴趣、爱好,发之于对朗读作品的理解、感动和欣赏。朗读作品之于朗读者,应该成为一种切实的需要,就像诗人写诗、画家作画、摄影家拍照、书法家挥毫,这种需要是一种动力,心向往之,欲罢不能。这种朗读作品的需要,促使朗读者沉着、镇静,而又积极、炽烈。在朗读过程中,朗读者处于一种能够胜任的满足之中。这时,朗读者心里会不断地鼓励自己:我一定要朗读好,我肯定能朗读好,我必定会朗读好。

胸有成竹,一方面是说,十分熟悉朗读内容,并且已经化为自己的理解和感受,领略到了"个中滋味";另一方面是说,能够驾驭朗读进程,语语中的,声声入耳,一鼓作气,善始善终。

朗读时往往会出现缺乏信心、不够主动的状态。究其原因,一是过分紧张,众目睽睽、大庭广众之下,不好意思,不敢放松,好似参加考试,又像被人审查,于是心跳过快,气息不畅,朗读起来,思想出现空白,看字念音,不知道自己在说什么,感情不能调动,声音喑哑苍白,只想快点读完了事。听者反应怎样,听明白了没有,也全然不知。二是过于懈怠,好像是迫不得已才朗读,心不在焉,传达不出朗读的内容,没有感情,不积极、不主动,就像与己无关,敷衍应付,吐字松软,声音干瘪。这种状态,"睁眼懒看字,念字懒张嘴",比紧张要坏得多。

为了克服朗读中紧张或懈怠的不良状态,我们要从认识上解决"战略上藐视,战术上重视"的问题。要看到朗读并不神秘,人人都可学,有口皆能读,而且可以通过反复朗读、细心体会,进一步提高自己的水平。在具体朗读时,也要看到真正使字字有依据、处处有变化并不容易,得下苦功夫才行。这样,朗读时才能够获得从容而不懈怠、积极而不急促的正确状态。

信心百倍,积极主动,并不完全是具体的朗读状态问题。一个在业务上缺乏上进心的人,一个在事业上缺乏责任感的人,无论做什么事,都会是漫不经心的;一个心胸狭隘的人,一个患得患失的人,对什么事情总是缺乏魄力和眼光。这样说,并非夸大其词,而是说朗读也有思想修养的问题,而这是同艺术修养、语言修养相联系又相区别的更为根本的问题。托尔斯泰说过,艺术家为了明白他应当说些什么,就必须了解全人类所特有的东西,同时还有人类所不明白的东西。要做到这一点,艺术家就应该使自己成为一个具有高度教养的人,主要是不要生活得自私自利,而应该成为人类共同生活的参加者。这话说得相当深刻。作为一个新时代的朗读者,应该怎样成为一个具有高度教养的人,值得我们深思。

(二) 全神贯注,进入作品

全神贯注,就是在朗读中集中注意力,排除干扰,全力以赴,把全部精力都倾注在朗读中,倾注在朗读的作品里,这是很容易理解的。

进入作品,就是把作品内容、语言,化为自己的理解、感受,化为自己的思维过程和心理活动;要主动去揭示语言本质及逻辑链条,要设身处地,寓情于景,加强形象感受;要尽力引发思想感情的运动状态,紧紧抓住与听者的交流;要在整体运筹之中具体加以把握。这样,朗读者就没有心力去考虑其他,连注意的边缘也少有兴奋点的干扰了。

当然,进入不是陷入。陷入,就会失去主动,失去自由。进入则不同,它是一种清醒的、自制的状态,能在体味作品中觉察自我,能在情动于衷时还可以调节检验,时时评价,不会神不守舍,不会贸然失态。

为什么不能进入呢?这种情况的发生,有时是由于某种与朗读内容无关的思维活动闯入脑海,侵犯了注意中心,改变了思维内容与思维方向,因而与朗读需要背道而驰。有时是由于朗读者以主观随意性强加于朗读内容和作品形式。有时是忽进忽出,全无主动性;有时是强迫自己进入而不得,是为进入而进入,丧失了内在的依据性。诸如此类,都应具体分析,具体解决。

犹如演员进入角色,有第一自我(被引动方面)、第二自我(能调节方面)的问题一样,朗读应该学会正确处理二者的关系,使自己在进入朗读内容时,有足够的、适度的控制能力,既不游离于外,也不陷入其中,真正掌握和行使朗读的主动权和自主权。

(三) 动脑动心,有感而发

在朗读的准备过程中,朗读者获得了对朗读内容的深刻理解和具体感受,但这并不能保证在朗读过程中也有相同范围、相同程度的思想感情和运动状态形之于声。换言之,如果在朗读时不能把那深刻的理解、具体的感受再一次唤起,不能在形之于声时既动脑又动心,不能句句情动于衷、有感而发,那么,任何最充分的准备与钻研、体味与酝酿,也只能是功败垂成。

这里的关键,是"第二次唤起"。

第二次唤起,是朗读状态中重要的组成部分,是正确的朗读状态的标志,是进入朗读内容的必备条件。

在朗读时,应该做到"见文生情":看到文字,又看到内涵;再现场景,又引动感情;产生表象,又把握本质……几乎同时涌现出来,在脑际萦回,在脑中激荡,在声音中流露。

当然,激情并不是感情不可遏止的泛滥。在这个意义上,别林斯基说得不错,他认为:"激情永远是观念在人的心灵中激发出来的一种热情,并且永远向往观念。因此,它是一种纯粹的、道德的、极其完美的热情。"像这样认识激情,在朗读时就可以避免浅薄和偏激,当然,也不应该笼统和过分。第二次唤起,是以全部准备工作为根基,取决于朗读者的语言造诣和语言功力(包括语言感受阈限、情感运动阈限)。

我们认为,第二次唤起需要长期培养和训练。当然,各人有各自的具体途径和方法。但是不能因为是第二次的唤起就轻视它。仅仅从第一次唤起中获得一鳞半爪,或只是某种外壳,在第二次唤起时就顺手牵羊,以为驾轻车就熟路,那恐怕连第一次唤起时的星星之火也点燃不起来,又怎么能有第二次唤起的燎原之势呢?

第二次唤起,至少应该同第一次唤起一样,甚至应该比第一次唤起更深刻、更丰满。如果是多次朗读同一作品,像语文教师年复一年地朗读同一篇课文,尤其要注意"常读常新",每一次朗读都要有每一次的新认识、新体会,都要获得新情绪、新表现,用以积聚每一次唤起的能量,使朗读提高到更新的水平。

在朗读中,有时会产生灵感,但那绝不是灵机一动、心血来潮,不是朦胧的巧合,而是厚积薄发、高度注意爆出的火花,也许偶然,但毕竟是处于必然的进程中。

(四)速看慢读,由己达人

除背诵外,朗读总是要按照作品的文字序列进行,我们必须紧紧抓住"看、想、读"这个过程。正确的朗读状态,要求朗读者正确处理这三者的关系,既不颠倒它们的顺序,也不应忽略或省略某一个环节。

我们可以研究一下朗读时是怎样看、怎样读的,这对提高朗读质量恐怕不无裨益。

当我们的眼睛看到作品的字词时,当然要反映到脑子里,而后再就字出声。当读出看过的字词时,我们的眼光又会落到下一组字词。在边看边读、边读边看的过程中,存在着纵横交错、表里合一的复杂情况。从纵向看,有字形、字音、字义的深化,也有字、词、句的深化;从横向看,有见字连词连句和读字读词读句的双重轨道。这双重轨道,是交叉重叠、先后错开的,不是完全重合、同时并进的。在这纵横交错的双轨行进中,我们不但要获得形象感受,还要获得逻辑感受,进而情动于中、声形于外,达到表里合一。

双轨行进,这是朗读中一个非常明显的特点,掌握了它,就可以把看和读紧密结合起来,免去诸多弊端。例如:

"蓖麻∧一天天地▲越长越高。"

这句话,在朗读时并不是先看一遍,然后读一遍。当看过"蓖麻"时就读它,在读它时,又在看"一天天地"了,在读"一天天地"时,又在看"越长越高"了。

这里,准备朗读时的一切必要工作都会发挥作用。在对全篇作品理解、感受的基础上,看见"蓖麻",不但有它的形象,而且会同时产生"长高"的感受,读"蓖麻"时,心中十分清楚重点在后面。层次、主题、背景、目的、重点、基调等等,都融化在字句中,整体感受和具体感受共同体现在字句中,看中有想,想中有读,读中有看……三股绳绞在一起,牵动着有声语言走向预定的目标。

为了说明问题,我们不妨列出一个框架:

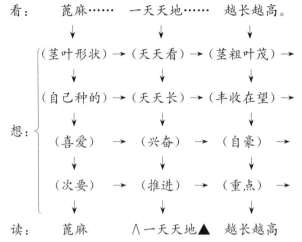

这个框架近似解剖图,从中可以了解"看、想、读"的情况。

在"看、想、读"的过程中,究竟看到哪里才开始读,读到哪里再往下看,是更为复杂的问题,它因人而异,也因文而异。这里,只能就一般情况略谈一二。

首先是标点符号问题。看到可以停顿的标点符号,一般发生两种情况:一是不再向后看,等待读完,甚至回味、遐想,然后再看下面的词语;二是越过标点符号,继续向后看。这两种情况,同停顿的位置与时间,同停顿前后的衔接有关。回味遐想,用于较完整的意思之后,一般有较长时间的停顿。继续向后看,用于词语关系尚不明确或虽明确但需紧连的情况。值得注意的是,在层次、段落、小层次之后,在回味遐想的句子之后,不要等到停顿时间已满,应该马上出声时再去看后面的词语,否则,很容易造成思想感情上的空白。也不要在上文的思路还未展开、一定的感情色彩应稍延续时就急忙看下文,那样,上文的思想感情的运动状态就会受到某些提前进入脑际词语的干扰,甚至立即中断、转移,朗读便可能出现急促、慌乱的语流。

其次,由于听者是从声音上感受作品的,所以要求看和想非常迅捷,而读就要从容。这就是"速看慢读"的意思。"速看"包含"速想",并用"想"把看和读化为有机的整体。速看,是一种要求,并没有绝对速度。一方面,因人而异,有的人字斟句酌,有的人一目十行,不过,我们反对过细,也反对过粗。过细,影响朗读的顺畅;过粗,影响朗读的深度。另一方面,作品的某部分需要快看,另一部分又需要慢看,因此,我们反对看的速度同一且无变化,那样会造成脱离思想感情的运动状态,忽视了看是为想、想中去读的重要性,把朗读的"看"同阅读的"看"混淆了。即使是阅读中,看的速度也不同一,虽然从总体上看,阅读速度要快得多。

读得从容,才能由己达人。滚瓜烂熟并不一定是好事,因为它缺乏与听者的交流,即使自己读自己听也缺乏体味的过程。为了让听者听清、感受、共鸣,"读"一定要慢。当然,这是就整体而言,比"看"要慢,但不可机械处理。一般情况下,按平均速度,500字可以读3分钟左右。这个速度不是以每分钟都读同样的字数得出的,也不能用这个速度去要求每一篇作品的每一句话的朗读。这里主要是说不要太快,也不要太慢。朗读的速度主要由作品的内容和形式来定,又受朗读者水平的影响。太快了,连滚带爬,嘟噜含糊;太慢了,涣漫散乱,黏黏糊糊,都会使听者生厌。

我们是不是可以这样说:看,是回归自我,所以准备得越成熟、修养越深,速度就越快,想得也越准确、丰满。读,是由己达人,要根据有声语言及入于耳、入于心的过程,根据听者的水平,根据作品的包容量、语言的通俗程度,就要慢些。

朗读者的经验和修养,直接关系到看和想的速度与深广度,更关系到读的质量。对文字的视觉扫描,不仅与文字学、语音学、语法、修辞等密不可分,同逻辑学、哲学、美学也直接相通。这些,在语言链条上会建立起多种"染色体"的固定信息,高明的朗读者具有丰富的"染色体"的信息网,使朗读如"千里江陵一日还",中间的误读会及时发现,立即改正,稍有表达上的不自如也会立刻调节。在朗读较不艰深的作品时,即使一遍也没有看过,也能产生"他乡遇故知"的感觉,并马上进行新的"染色体"的综合,组织兴奋中心的新的沟通、新的系列,边读边想、边想边读,毫无生涩迷离之处。因此,要正确处理"看、想、读"三者的关系,首要的是实践,是全面加强文化素养。

(五) 全身松弛,用声自如

全身松弛,并不是懈怠,是指能松能紧,需要松时即松,需要紧时即紧,而不是自始至终地全紧,或自始至终地全松。犹如排球场上的运动员,根据来球情况,可以马上跳起拦网、扣球,也能立即伏地抢接救球。

用声自如,并不是完全像生活中说话那样用声,也不是完全脱离自己说话时的用声,而是选取自如声区,选取最佳音域、最佳音量。不要使用那种勉强的声音、做作的声音,特别不要追求高音大嗓,不要追求虚声虚气。要注意防止模仿别人的声音,甚至改变自己自如的本色声音,去制造"响亮"、"圆润"、"柔和"、"甜美"、"宽厚"等音色。自己的本色声最好用,而那些捏、挤、压、抻的声音最糟糕。哪怕本色声音存在尖、窄、低、暗、沙、左等嗓音上的缺欠,也不必强行改变。有条件可以训练,但不必勉为其难,更不要被所谓"先天条件不好"禁锢住朗读的才能。京剧麒派的周信芳,声音沙哑,却创出刚劲沉稳的风格;配音演员邱岳峰,声音干沙,却独得角色语言的神韵,听众反被这特殊音色吸引,其根本原因就在于有声语言负载着深邃而又丰富的思想感情,致使情声浑然一体。朗读也要如此,不可因声音条件优劣而废弃对朗读的高标准要求。

全身松弛,用声自如,目的是使朗读者在朗读过程中保持一种弹性状态,以自身最大的优势,表情达意,言志传神。

弹性状态,是指丹田(肚脐下三指处,小腹斜肌)、膈肌、胸肋肌、喉肌、声带(甲杓肌等)、唇(嚼肌、眶下区肌等)、舌,都处于能根据朗读需要而伸张、收缩、松、紧、刚、柔、缓、疾的积极活动的状态。好比乒乓球运动员在对方发球时的状态,可以随时去抢任何险球。

弹性状态是一种运动状态,不但能积极地推进语流,还能自觉地调节。如朗读过程中发觉声音偏高,就可以清醒地在适当时机把声音降低一些;发觉气息过促,也可以有意识地在适当停顿时沉缓下来等。这就是一种必要的调节,而不会分散注意力。

弹性状态是一种运动状态,它使朗读者保有一种潜在的能力,一旦具体思想感情产生某种需要,它可以立即供应适当的气息、贴切的声音形式,而不觉吃力,也不致发生供不应求的现象。

当然,弹性状态有自己的局限,这局限的范围和程度因人而异,如音量较小、音高偏低、气息不足等,每个朗读者都应认识自己的不足,以利于扬长避短。有的朗读者气弱声微,就不要硬是大喊大叫;有的朗读者气足声壮,也就不必非得敛气收声,而要善于充分发挥自己具备的客观条件的优越性,在客观条件的局限中,善于充分发挥自己的主观能动性。

总之,在正确的朗读状态下,朗读者将控纵自如、心口相应地完成任务。任何轻视,甚至无视朗读状态的理论和实践都是有害的。

### (六)克服固定腔调

固定腔调是贬义词。诸如"他说话老是拿着腔调"、"这样读,拉腔拖调也不好听",就含有腔调固定、千篇一律的意思,这是一种明显的缺点。

在朗读中,固定腔调指的是使用某种固定不变的声音形式把词语纳入一种单一的格式,以不变的声音形式应万变的朗读材料,不管什么内容、什么体裁,也不管是书面语言还是口头语言,是文言还是白话,是鲁迅的作品还是老舍的作品,都同样对待,从朗读中听不出什么区别。

固定腔调的形成,原因很多:有的是幼年读书时养成了诵读的习惯,一下子改不过来;有的是认为只有某种读法才受听;但最根本的,是对朗读缺乏认识,对朗读理论和朗读过程的研究不够造成的。人们在朗读活动中相习相沿也是形成固定腔调的原因之一。从朗读状态上看,自始至终都是一种缺乏变化的状态,更是造成固定腔调的直接原因。

固定腔调有不同的类型,我们试分为四类,予以简单说明。

一是念书腔。指照字念音,或有字无词,或有词无句。词或词组没有轻重格式的正确区分,更没有具体感受的充实。听不出完整的句、段,毫无思想感情的流露。例如:

　　今天是开学的第一天。

这本是一句很浅显通俗的话,可是用念书腔读,就只给人"今天是"、"开学的"、"第一天"这些割裂的词组,听不出词组之间有什么内在联系,更谈不上语气的色彩和分量。

这种固定腔调,把"今天"读成中重格式,"是"字拖长,"开学的"读成中中重格式,"的"不但不读轻声,反而读成重位音节,甚至改变主要元音,读作"da","第一天"也读成中中重格式,"一"的重音位置消失。由此可见,念书腔的主要问题是停顿多,停顿位置和时间都差不多,没有重音,语气近似。

念书腔还保留着识字的痕迹,这在小学一二年级中更为普遍,值得重视。

二是唱书腔。念书腔还能表达出一些字词的基本意义,唱书腔却只剩下声音的外壳,在"唱"的过程中,表情达意的作用便被大大削弱了。

唱书调的唱法也有几种,大都能谱曲:例如:

$\dot{1}\ -\ |\ \dot{1}\ \ \dot{1}\ \ 5\ |\ 6\ -\ |\ 6\ \ 6\ \ \dot{1}\ -\ |\ 6\ \ \dot{1}\ \ 5\ \dot{1}\ |\ \dot{1}\ \ 6\ \ 5\ 6\ -\ |\ 6\ \ 5\ \ \dot{1}\ \dot{1}\ |\ 6\ \ \dot{1}\ \ 5\overset{3}{\overset{}{-}}\ \|$

　　一、　开学 了,二、　上课 去,三、　见了 老师 行个 礼,四、　见了 同学 问声 好。
"了"均读 liǎo。

这是一种老式的唱书调。例如:

```
i i 5|i i 6 6|i i⁵ ‖
```
　　今天　是开学　的第一　天。

　　这是一种新式的唱书调。

　　这种唱书调,节拍一律,连休止符、符点都极少见;音程变化不大,只是那几个音简单重复。在这样的曲谱上,可以填上不同内容的词语,而不问主次、色彩如何。这样的曲调,就其音乐性方面说,也没有什么可取之处。

　　唱书调的最大弊端是声与义隔,只闻声而不解意、不传情。它不管长句短句,也不论一人多人,都可以连续不断地唱下去,整齐划一地唱下去。越唱,调子越浓;越唱,字音、语气越不讲究。只要学会了这个唱法,对文字作品可以根本不理解,可以没有任何感受,也能把文字变为声音,对听者,只有简单曲调的刺激,不会产生任何感染。

　　三是念经式。这是指那种用小而快的声音读书的方式。它可能是从默读、虚声读沿袭来的,属于单纯为了背书而读。这与朗读的要求在基本点上是完全不同的。即使是自我领略和品味作品,如果要朗读,也应该适当放开声音,不仅从思想感情上,而且从音律韵味上给自己以美感享受。面对听者,就更不应该采取这种念经式的读法了。

　　四是朗诵调。舞台上的朗诵,那夸张、渲染的有声语言显得生动吸引人,不仅激情洋溢,而且音调铿锵。初学朗读者若不分场合、不明目的、不看内容、不管体裁,一味从声音形式上模仿这种朗诵方法,必定给朗读带来不利影响,甚至养成一种固定腔调,难以矫正。

　　综上所述,固定腔调的害处是显而易见的。现在,人们对固定腔调已经有分辨的能力,许多朗读者也正在努力克服它,中小学语文课的老师们更是急切地探寻着有效的方法,并以自己辛勤的积累使初学朗读者耳目一新。这个问题,应该在朗读教学法中探讨、详述。这里,只简单地谈两点。

　　一是要增强语感。语感有两方面的含义:既指对于语言信息接收、储存的能力,又指对于语言信息的发出、驾驭的能力。朗读中存在的固定腔调,同朗读者语感较差有很大关系。只有增强语感,辨别优劣,择其善者而从之,择其不善者而改之。优秀的朗读示范(包括录音),应该充分发挥榜样的力量。

　　二是要注意状态。要打破固定腔调,使语流符合朗读规律,必须改变言不由衷、消极被动的朗读状态,加强思想感情的运动,切实把握语气的色彩和分量,注意气息、声音的变化,使有声语言充满活力。

# 第四节　朗读作品及提示

## 一、朗读作品语音提示说明

　　第一,每篇朗读作品后的注音中,"一"、"不"和上声的变调,一律标本调,考生可依据变调规律正确选择变调读音。

第二,文中语气词"啊"是按变调后读音标出。

第三,文中有些词语既可以按"重次轻式"读,有些词语中的字又可以读轻声的,就在该字前面加"·"。例如,分量 fèn·liàng。

第四,儿化词语的注音,如玩意儿 wányìr,考生朗读时要连读成儿化韵;有些词语虽然有"儿",但不能连读成儿化韵,例如,鸟儿 niǎo'ér。

## 二、普通话水平测试用朗读作品50篇

作品1号

照北京的老规矩①,春节差不多②在腊月的初旬就开始了。"腊七腊八,冻死寒鸦",这是一年里最冷的时候。在腊八这天,家家都熬腊八粥③。粥是用各种米,各种豆,与各种干果熬成的。这不是粥,而是小型的农业展览会。

除此之外,这一天还要泡腊八蒜。把蒜瓣④放进醋里,封起来,为过年吃饺子用。到年底,蒜泡得色如翡翠⑤,醋也有了些辣味⑥,色味双美,使人忍不住⑦要多吃几个饺子。在北京,过年时,家家吃饺子。

孩子们准备过年,第一件大事就是买杂拌儿⑧。这是用花生、胶枣、榛子⑨、栗子⑩等干果与蜜饯⑪掺和⑫成的。孩子们喜欢吃这些零七八碎儿⑬。第二件大事是买爆竹⑭,特别是男孩子们。恐怕第三件事才是买各种玩意儿⑮——风筝⑯、空竹、口琴等。

孩子们欢喜,大人们也忙乱。他们必须预备过年吃的、喝的、穿的、用的,好在新年时显出万象更新的气象。

腊月二十三过小年,差不多就是过春节的"彩排"。天一擦黑儿⑰,鞭炮响起来,便有了过年的味道。这一天,是要吃糖的,街上早有好多卖麦芽糖与江米糖的,糖形或为长方块或为瓜形,又甜又黏⑱,小孩子们最喜欢。

过了二十三,大家更忙。必须大扫除一次,还要把肉、鸡、鱼、青菜、年糕什么的都预备充足——店//铺多数正月初一到初五关门,到正月初六才开张。

节选自老舍《北京的春节》

**语音提示**

① 规矩 guīju　　　　② 差不多 chà·buduō　　③ 粥 zhōu
④ 蒜瓣 suànbànr　　⑤ 翡翠 fěicuì　　　　　⑥ 辣味 làwèir
⑦ 忍不住 rěn·bùzhù　⑧ 杂拌儿 zábànr　　　　⑨ 榛子 zhēnzi
⑩ 栗子 lìzi　　　　　⑪ 蜜饯 mìjiàn　　　　　⑫ 掺和 chānhuo
⑬ 零七八碎儿 língqī-bāsuìr　⑭ 爆竹 bàozhú　　⑮ 玩意儿 wányìr
⑯ 风筝 fēngzheng　　⑰ 擦黑儿 cāhēir　　　　⑱ 黏 nián

作品2号

盼望着,盼望着,东风来了,春天的脚步近了。

一切都像刚睡醒的样子，欣欣然张开了眼。山朗润起来了，水涨①起来了，太阳的脸红起来了。

小草偷偷地从土里钻②出来，嫩嫩的，绿绿的。园子里，田野里，瞧去，一大片一大片满是的。坐着，躺着，打两个滚③，踢几脚球④，赛几趟跑，捉几回迷藏⑤。风轻悄悄的，草软绵绵的。

……

"吹面不寒杨柳风"，不错的，像母亲的手抚摸着你。风里带来些新翻的泥土的气息，混着青草味儿，还有各种花的香，都在微微润湿的空气里酝酿⑥。鸟儿⑦将巢⑧安在繁花嫩叶当中，高兴起来了，呼朋引伴地卖弄⑨清脆的喉咙⑩，唱出宛转⑪的曲子⑫，跟轻风流水应和⑬着。牛背上牧童的短笛，这时候也成天嘹亮地响着。

雨是最寻常的，一下就是三两天。可别恼。看，像牛毛，像花针，像细丝，密密地斜织着，人家屋顶上全笼着一层薄烟⑭。树叶儿却绿得发亮，小草也青得逼你的眼。傍晚时候，上灯了，一点点黄晕⑮的光，烘托出一片这安静而和平的夜。在乡下，小路上，石桥边，有撑起伞慢慢⑯走着的人，地里还有工作的农民，披着蓑⑰戴着笠⑱。他们的房屋，稀稀疏疏的，在雨里静默着。

天上风筝⑲渐渐多了，地上孩子也多了。城里乡下，家家户户，老老小小，//也赶趟儿似的，一个个都出来了。舒活舒活筋骨，抖擞抖擞精神，各做各的一份儿事去。"一年之计在于春"，刚起头儿，有的是工夫，有的是希望。

春天像刚落地的娃娃，从头到脚都是新的，它生长着。

春天像小姑娘，花枝招展的，笑着，走着。

春天像健壮的青年，有铁一般的胳膊和腰脚，领着我们上前去。

节选自朱自清《春》

**语音提示**

① 涨 zhǎng　　　　② 钻 zuān　　　　③ 滚 gǔnr

④ 球 qiúr　　　　　⑤ 迷藏 mícáng　　⑥ 酝酿 yùnniàng

⑦ 鸟儿 niǎo'ér　　　⑧ 巢 cháo　　　　⑨ 卖弄 mài·nòng

⑩ 喉咙 hóu·lóng　　⑪ 宛转 wǎnzhuǎn　⑫ 曲子 qǔzi

⑬ 应和 yìnghè　　　⑭ 薄烟 bóyān　　　⑮ 黄晕 huángyùn

⑯ 慢慢 mànmàn　　⑰ 蓑 suō　　　　　⑱ 笠 lì

⑲ 风筝 fēngzheng

## 作品3号

燕子去了，有再来的时候；杨柳枯了，有再青的时候；桃花谢了，有再开的时候。但是，聪明的，你告诉我，我们的日子为什么一去不复返呢？——是有人偷了他们罢：那是谁？又藏在何处呢？是他们自己逃走了罢：现在又到了哪里呢？

去的尽管①去了，来的尽管来着；去来的中间，又怎样地匆匆呢？早上我起来的时候，小屋里射进两三方斜斜的太阳。太阳他有脚啊②，轻轻悄悄地挪移③了；我也茫茫然跟着旋转④。于是——洗手的时候，日子从水盆里过去；吃饭的时候，日子从饭碗里过去；默默时，便从凝然的双眼前过去。我觉察他去的匆匆了,伸出手遮挽⑤时,他又从遮挽着的手边过去;天黑时,我躺在床上,他便伶伶俐俐地从我身上跨过,从我脚边飞去了。等我睁开眼和太阳再见,这算又溜走了一日。我掩着面叹息,但是新来的日子的影儿⑥又开始在叹息里闪过了。

在逃去如飞的日子里,在千门万户的世界里我能做些什么呢?只有徘徊⑦罢了,只有匆匆罢了;在八千多日的匆匆里,除徘徊外,又剩些什么呢?过去的日子如轻烟,被微风吹散了,如薄雾⑧,被初阳蒸融了;我留着些什么痕迹呢?我何曾留着像游丝样的痕迹呢?我赤裸裸//来到这世界,转眼间也将赤裸裸的回去罢?但不能平的,为什么偏要白白走这一遭啊?

你聪明的,告诉我,我们的日子为什么一去不复返呢?

节选自朱自清《匆匆》

**语音提示**

① 尽管 jǐnguǎn　　② 脚啊 jiǎowa　　③ 挪移 nuóyí
④ 旋转 xuánzhuǎn　⑤ 遮挽 zhēwǎn　　⑥ 影儿 yǐng'ér
⑦ 徘徊 páihuái　　⑧ 薄雾 bówù

## 作品 4 号

有的人在工作、学习中缺乏耐性和韧性①,他们一旦碰了钉子,走了弯路,就开始怀疑自己是否有研究②才能。其实,我可以告诉大家,许多有名的科学家和作家,都是经过很多次失败,走过很多弯路才成功的。有人看见一个作家写出一本好小说,或者看见一个科学家发表几篇有分量③的论文,便仰慕④不已,很想自己能够信手拈来⑤,妙手成章,一觉醒来,誉⑥满天下。其实,成功的作品和论文只不过是作家、学者们整个创作和研究中的极小部分,甚至数量上还不及失败作品的十分之一。大家看到的只是他们成功的作品,而失败的作品是不会公开发表出来的。

要知道,一个科学家在攻克科学堡垒⑦的长征中,失败的次数和经验,远比成功的经验要丰富、深刻得多。失败虽然不是什么令人快乐的事情,但也决不应该因此气馁⑧。在进行研究时,研究方向不正确,走了些岔路⑨,白费了许多精力,这也是常有的事。但不要紧,可以再调换⑩方向进行研究;更重要的是要善于吸取失败的教训,总结已有的经验,再继续前进。

根据我自己的体会,所谓天才,就是坚持不断的努力。有些人也许觉得我在数学方面有什么天分,//其实从我身上是找不到这种天分的。我读小学时,因为成绩不好,没有拿到毕业证书,只拿到一张修业证书。初中一年级时,我的数学也是经过补考才及格的。但是说来奇怪,从初中二年级以后,我就发生了一个根本转变,因为我认识到既然我的资质差些,就应该多用点儿时间来学习。别人学一小时,我就学两小时,这样,我的数学成绩得以不断提高。

一直到现在我也贯彻这个原则:别人看一篇东西要三小时,我就花三个半小时。经过长期积累,就多少可以看出成绩来。并且在基本技巧烂熟之后,往往能够一个钟头就看懂一篇人家看十天半月也解不透的文章。所以,前一段时间的加倍努力,在后一段时间能达到预想不到的效果。

是的,聪明在于学习,天才由于积累。

节选自华罗庚《聪明在于学习,天才在于积累》

**语音提示**

① 韧性 rènxìng　　② 研究 yánjiū　　③ 分量 fèn·liàng

④ 仰慕 yǎngmù　　⑤ 信手拈来 xìnshǒu-niānlái

⑥ 誉 yù　　⑦ 堡垒 bǎolěi　　⑧ 气馁 qìněi

⑨ 岔路 chàlù　　⑩ 调换 diàohuàn

**作品 5 号**

去过故宫大修现场的人，就会发现这里和外面工地的劳作景象有个明显的区别：这里没有起重机，建筑材料都是以手推车的形式送往工地，遇到人力无法运送的木料时，工人们会使用百年不变的工具——滑轮组。故宫修缮①，尊重着"四原"原则，即原材料、原工艺、原结构、原型制。在不影响体现传统工艺技术手法特点的地方②，工匠可以用电动工具，比如开荒料、截头。大多数时候工匠都用传统工具：木匠画线用的是墨斗、画签、毛笔、方尺、杖竿③、五尺；加工制作木构件使用的工具有锛④、凿⑤、斧、锯、刨⑥等等。

最能体现大修难度的便是瓦作中"苫背⑦"的环节。"苫背"是指在房顶做灰背的过程，它相当于为木建筑添上防水层。有句口诀是三浆⑧三压⑨，也就是上三遍石灰浆，然后再压上三遍。但这是个虚数。今天是晴天，干⑩得快，三浆三压硬度就能符合⑪要求，要是赶上阴天，说不定就要六浆六压。任何一个环节的疏漏⑫都可能导致漏雨，而这对建筑的损坏是致命的。

"工"字早在殷墟⑬甲骨卜辞⑭中就已经出现过。《周官》与《春秋左传》记载⑮周王朝与诸侯⑯都设有掌管营造的机构。无数的名工巧匠为我们留下了那么多宏伟的建筑，但却//很少被列入史籍，扬名于后世。

匠人之所以称之为"匠"，其实不仅仅是因为他们拥有了某种娴熟的技能，毕竟技能还可以通过时间的累积"熟能生巧"，但蕴藏在"手艺"之上的那种对建筑本身的敬畏和热爱却需要从历史的长河中去寻觅。

将壮丽的紫禁城完好地交给未来，最能仰仗的便是这些默默奉献的匠人。故宫的修护注定是一场没有终点的接力，而他们就是最好的接力者。

节选自单霁翔《大匠无名》

**语音提示**

① 修缮 xiūshàn　　② 地方 dìfang　　③ 杖竿 zhànggān

④ 锛 bēn　　⑤ 凿 záo　　⑥ 刨 bào

⑦ 苫背 shànbèi　　⑧ 浆 jiāng　　⑨ 压 yā

⑩ 干 gān　　⑪ 符合 fúhé　　⑫ 疏漏 shūlòu

⑬ 殷墟 yīnxū　　⑭ 卜辞 bǔcí　　⑮ 记载 jìzǎi

⑯ 诸侯 zhūhóu

**作品 6 号**

立春过后，大地渐渐从沉睡中苏醒过来。冰雪融化，草木萌发①，各种花次第开放。再过两个月，燕子翩然②归来。不久，布谷鸟也来了。于是转入炎热的夏季，这是植物孕育果实的时期。到了秋天,果实成熟③,植物的叶子④渐渐变黄,在秋风中簌簌⑤地落下来。北雁南飞,活跃⑥在田间草际的昆虫也都销声匿迹⑦。到处呈现一片衰草⑧连天的景象,准备迎接风雪载途⑨的寒冬。在地球上温带和亚热带区域里,年年如是,周而复始。

几千年来,劳动人民注意了草木荣枯、候⑩鸟去来等自然现象同气候的关系,据以安排农事。杏花开了,就好像大自然在传语⑪要赶快耕地;桃花开了,又好像在暗示要赶快种谷子。布谷鸟开始唱歌,劳动人民懂得它在唱什么:"阿公阿婆,割麦插禾。"这样看来,花香鸟语,草长莺飞⑫,都是大自然的语言。

这些自然现象,我国古代劳动人民称⑬它为物候⑭。物候知识在我国起源很早。古代流传下来的许多农谚⑮就包含了丰富的物候知识。到了近代,利用物候知识来研究农业生产,已经发展为一门科学,就是物候学。物候学记录植物的生长荣枯,动物的养育往来,如桃花开、燕子来等自然现象,从而了解随着时节//推移的气候变化和这种变化对动植物的影响。

节选自竺可桢《大自然的语言》

**语音提示**

① 萌发 méngfā　　② 翩然 piānrán　　③ 成熟 chéngshú
④ 叶子 yèzi　　　⑤ 簌簌 sùsù　　　⑥ 活跃 huóyuè
⑦ 销声匿迹 xiāoshēng-nìjì　⑧ 衰草 shuāicǎo　⑨ 载途 zàitú
⑩ 候 hòu　　　　⑪ 传语 chuányǔ　　⑫ 草长莺飞 cǎozhǎng-yīngfēi
⑬ 称 chēng　　　⑭ 物候 wùhòu　　　⑮ 农谚 nóngyàn

## 作品7号

当高速列车从眼前呼啸而过时,那种转瞬即逝①的感觉让人们不得不发问:高速列车跑得那么快,司机能看清路吗?

高速列车的速度非常快,最低时速标准是二百公里。且不说能见度低的雾霾②天,就是晴空万里的大白天,即使③是视力好的司机,也不能保证正确识别地面的信号。当肉眼看到前面有障碍时,已经来不及反应。

专家告诉我,目前,我国时速三百公里以上的高铁线路不设置信号机,高速列车不用看信号行车,而是通过列控系统自动识别前进方向。其工作流程为,由铁路专用的全球数字移动通信系统来实现数据传输,控制中心实时接收无线电波信号,由计算机自动排列出每趟列车的最佳运行速度和最小行车间隔④距离,实现实时追踪控制,确保高速列车间隔合理地安全运行。当然,时速二百至二百五十公里的高铁线路,仍然⑤设置信号灯控制装置,由传统的轨道电路进行信号传输。

中国自古就有"千里眼"的传说,今日高铁让古人的传说成为现实。

所谓"千里眼",即高铁沿线的摄像头,几毫米⑥见方的石子儿⑦也逃不过它的法眼⑧。通过摄像头实时采集沿线高速列车运行的信息,一旦//出现故障或者异物侵限,高铁调度指挥中心监控终端的界面上就会出现一个红色的框将目标锁定,同时,监控系统马上报警显示。调度指挥中心会迅速把指令传递给高速列车司机。

节选自王雄《当今"千里眼"》

**语音提示**

① 转瞬即逝 zhuǎnshùn-jíshì　② 雾霾 wùmái　③ 即使 jíshǐ
④ 间隔 jiàngé　⑤ 仍然 réngrán　⑥ 毫米 háomǐ
⑦ 石子儿 shízǐr　⑧ 法眼 fǎyǎn

## 作品 8 号

从肇庆①市驱车半小时左右,便到了东郊风景名胜鼎②湖山。下了几天的小雨刚停,满山笼罩③着轻纱似的④薄雾⑤。

过了寒翠桥,就听到淙淙⑥的泉声。进山一看,草丛石缝,到处都涌流着清亮的泉水。草丰林茂,一路上泉水时隐时现,泉声不绝于耳。有时几股泉水交错流泻,遮断路面,我们得⑦寻找着垫脚的石块跳跃⑧着前进。愈⑨往上走树愈密,绿阴愈浓。湿漉漉⑩的绿叶,犹如大海的波浪,一层一层涌向山顶。泉水隐到了浓阴的深处,而泉声却更加清纯悦耳。忽然,云中传来钟声,顿时山鸣谷应⑪,悠悠扬扬。安详厚重的钟声和欢快活泼⑫的泉声,在雨后宁静的暮色中,汇成一片美妙的音响。

我们循⑬着钟声,来到了半山腰的庆云寺。这是一座建于明代、规模宏大的岭南⑭著名古刹⑮。庭院里繁花似锦,古树参天。有一株与古刹同龄的茶花,还有两株从斯里兰卡引种⑯的、有二百多年树龄的菩提⑰树。我们决定就在这座寺院里借宿。

入夜,山中万籁俱寂⑱,只有泉声一直传送到枕边。一路上听到的各种泉声,这时候躺在床上,可以用心细细地聆听⑲、辨识、品味。那像小提琴一样轻柔的,是草丛中流淌的小溪的声音;那像琵琶⑳一样清脆的,//是在石缝间跌落的涧水的声音;那像大提琴一样厚重回响的,是无数道细流汇聚于空谷的声音;那像铜管齐鸣一样雄浑磅礴的,是飞瀑急流跌入深潭的声音。还有一些泉声忽高忽低,忽急忽缓,忽清忽浊,忽扬忽抑,是泉水正在绕过树根,拍打卵石,穿越草丛,流连花间……

蒙眬中,那滋润着鼎湖山万木,孕育出蓬勃生机的清泉,仿佛汩汩地流进了我的心田。

节选自谢大光《鼎湖山听泉》

**语音提示**

① 肇庆 Zhàoqìng　② 鼎 dǐng　③ 笼罩 lǒngzhào
④ 似的 shìde　⑤ 薄雾 bówù　⑥ 淙淙 cóngcóng
⑦ 得 děi　⑧ 跳跃 tiàoyuè　⑨ 愈 yù
⑩ 湿漉漉 shīlùlù　⑪ 山鸣谷应 shānmíng-gǔyìng
⑫ 活泼 huópō　⑬ 循 xún　⑭ 岭南 lǐngnán
⑮ 古刹 gǔchà　⑯ 引种 yǐnzhòng　⑰ 菩提 pútí
⑱ 万籁俱寂 wànlài-jùjì　⑲ 聆听 língtīng　⑳ 琵琶 pí·pá

## 作品 9 号

我常想读书人是世间幸福①人,因为②他除了拥有现实的世界之外,还拥有另一个更为③浩瀚也更为丰富的世界。现实的世界是人人都有的,而后一个世界却为读书人所独有。由此我想,那些失去或不能阅读的人是多么的不幸,他们的丧失是不可补偿的。世间有诸④多的不平等,财富的不平等,权力的不平等,而阅读能力的拥有或丧失却体现为精神⑤的不平等。

一个人的一生,只能经历自己拥有的那一份欣悦,那一份苦难⑥,也许再加上他亲自闻知的那一些关于自身以外的经历和经验。然而,人们通过阅读,却能进入不同时空的诸多他人的世界。这样,具有阅读能力的人,无形间获得了超越有限生命的无限可能性。阅读不仅使他多识了草木虫鱼之名,而且可以上溯⑦远古下及未来,饱览存在的与非存在的奇风异俗。

更为重要的是,读书加惠于人们的不仅是知识的增广,而且还在于精神的感化与陶冶⑧。人们从读书学做人,从那些往哲先贤以及当代才俊的著述中学得⑨他们的人格。人们从《论语》⑩中学得智慧的思考,从《史记》中学得严肃的历史精神,从《正气歌》中学得人格的刚烈,从马克思学得人世//的激情,从鲁迅学得批判精神,从托尔斯泰学得道德的执着。歌德的诗句刻写着睿智的人生,拜伦的诗句呼唤着奋斗的热情。一个读书人,一个有机会拥有超乎个人生命体验的幸运人。

节选自谢冕《读书人是幸福的人》

**语音提示**

① 幸福 xìngfú　　　② 因为 yīn·wèi　　　③ 为 wéi
④ 诸 zhū　　　　　⑤ 精神 jīngshén　　　⑥ 苦难 kǔnàn
⑦ 上溯 shàngsù　　⑧ 陶冶 táoyě　　　　⑨ 学得 xuédé
⑩ 《论语》《Lúnyǔ》

## 作品 10 号

我爱月夜,但我也爱星天。从前在家乡七八月的夜晚在庭院里纳凉的时候,我最爱看天上密密麻麻的繁星。望着星天,我就会忘记一切,仿佛①回到了母亲的怀里似的②。

三年前在南京我住的地方③有一道后门,每晚我打开后门,便看见一个静寂的夜。下面是一片菜园,上面是星群密布的蓝天。星光在我们的肉眼里虽然微小,然而它使我们觉得光明无处不在。那时候我正在读一些天文学的书,也认得④一些星星,好像它们就是我的朋友⑤,它们常常在和我谈话一样。

如今在海上,每晚和繁星相对,我把它们认得很熟⑥了。我躺在舱面上,仰望天空。深蓝色的天空里悬着无数半明半昧⑦的星。船在动,星也在动,它们是这样低,真是摇摇欲坠呢!渐渐地我的眼睛模糊⑧了,我好像看见无数萤火虫在我的周围飞舞。海上的夜是柔和的,是静寂的,是梦幻的。我望着许多认识的星,我仿佛看见它们在对我眨眼,我仿佛听见它们在小声说话。这时我忘记了一切。在星的怀抱中我微笑着,我沉睡着。我觉得自己是一个小孩子,现在睡在母亲的怀里了。

有一夜,那个在哥伦波上船的英国人指给我看天上的巨人。他用手指着://那四颗明亮的星是头,下面的几颗是身子,这几颗是手,那几颗是腿和脚,还有三颗星算是腰带。经他这一番指点。我果然看清楚了那个天上的巨人。看,那个巨人还在跑呢!

节选自巴金《繁星》

**语音提示**

① 仿佛 fǎngfú  ② 似的 shìde  ③ 地方 dìfang
④ 认得 rènde  ⑤ 朋友 péngyou  ⑥ 熟 shú
⑦ 昧 mèi  ⑧ 模糊 móhu  ⑨ 萤 yíng

## 作品 11 号

钱塘江大潮，自古以来被称为①天下奇观。

农历八月十八是一年一度的观潮日。这一天早上，我们来到了海宁市的盐官镇，据说这里是观潮最好的地方②。我们随着观潮的人群，登上了海塘大堤③。宽阔的钱塘江横卧在眼前。江面很平静，越往东越宽，在雨后的阳光下，笼罩着一层蒙蒙的薄雾④。镇海古塔、中山亭和观潮台屹立⑤在江边。远处，几座小山在云雾中若隐若现。江潮还没有来，海塘大堤上早已人山人海。大家昂首东望，等着，盼着。

午后一点左右，从远处传来隆隆的响声，好像闷雷⑥滚动。顿时人声鼎沸⑦，有人告诉我们，潮来了！我们踮⑧着脚往东望去，江面还是风平浪静，看不出有什么变化。过了一会儿，响声越来越大，只见东边水天相接的地方出现了一条白线，人群又沸腾起来。

那条白线很快地向我们移来，逐渐拉长，变粗，横贯⑨江面。再近些，只见白浪翻滚，形成一堵两长多高的水墙。浪潮越来越近，犹如千万匹白色战马齐头并进，浩浩荡荡地飞奔⑩而来；那声音如同山崩地裂，好像大地都被震得颤动⑪起来。

霎时⑫，潮头奔腾西去，可是余波还在漫天卷地⑬般涌来，江面上依旧风号⑭浪吼。过了好久，钱塘江才恢复了//平静。看看堤下，江水已经涨了两丈来高了。

节选自赵宗成、朱明元《观潮》

**语音提示**

① 称为 chēngwéi  ② 地方 dìfang  ③ 堤 dī
④ 薄雾 bówù  ⑤ 屹立 yìlì  ⑥ 闷雷 mènléi
⑦ 人声鼎沸 rénshēng-dǐngfèi  ⑧ 踮 diǎn
⑨ 横贯 héngguàn  ⑩ 飞奔 fēibēn  ⑪ 颤动 chàndòng
⑫ 霎时 shàshí  ⑬ 漫天卷地 màntiān-juǎndì
⑭ 风号 fēngháo

## 作品 12 号

我和几个孩子站在一片园子里，感受秋天的风。园子里长着几棵高大的梧桐①树，我们的脚底下，铺②了一层厚厚的梧桐叶。叶枯黄，脚踩在上面，嘎吱③嘎吱脆响。风还在一个劲儿④地刮，吹打着树上可怜的几片叶子，那上面，就快成光秃秃的了。

我给孩子们上写作课，让孩子们描摹⑤这秋天的风。以为他们一定会说寒冷、残酷和荒凉之类的，结果⑥却出乎我的意料。

一个孩子说，秋天的风，像把大剪刀，它剪呀剪的，就把树上的叶子全剪光了。

我赞许了这个比喻。有二月春风似剪刀之说，秋天的风，何尝不是一把剪刀呢？只不过,它剪出来的不是花红叶绿,而是败柳残荷。

剪完了,它让阳光来住,这个孩子突然接着说一句。他仰向我的小脸,被风吹着,像只通红的小苹果。我怔⑦住,抬头看树,那上面,果真的,爬满阳光啊⑧,每根枝条上都是。失与得,从来都是如此均衡⑨,树在失去叶子的同时,却承接⑩了满树的阳光。

一个孩子说,秋天的风,像个魔术师,它会变出好多好吃的,菱角⑪呀,花生呀,苹果呀,葡萄呀。还有桂花,可以做桂花糕。我昨天吃了桂花糕,妈妈说,是风变出来的。

我笑了。小可爱,经你这么一说,秋天的风,还真是香的。我和孩//子们一起嗅,似乎就闻见了风的味道,像块蒸得热气腾腾的桂花糕。

节选自丁立梅《孩子和秋风》

**语音提示**

① 梧桐 wútóng　　② 铺 pū　　③ 嘎吱 gāzhī
④ 劲儿 jìnr　　⑤ 描摹 miáomó　　⑥ 结果 jiéguǒ
⑦ 怔 zhèng　　⑧ 阳光啊 yángguāng nga
⑨ 均衡 jūnhéng　　⑩ 承接 chéngjiē　　⑪ 菱角 língjiao

## 作品 13 号

夕阳落山不久,西方的天空,还燃烧着一片橘红色的晚霞。大海,也被这霞光染①成了红色,而且比天空的景色更要壮观。因为②它是活动的,每当一排排波浪涌起的时候,那映照③在浪峰上的霞光,又红又亮,简直就像一片片霍霍④燃烧着的火焰,闪烁着,消失了。而后面的一排,又闪烁着,滚动着,涌了过来。

天空的霞光渐渐地淡下去了,深红的颜色变成了绯⑤红,绯红又变为浅红。最后,当这一切红光都消失了的时候,那突然显得高而远了的天空,则呈现出一片肃穆⑥的神色。最早出现的启明星,在这蓝色的天幕上闪烁起来了。它是那么大,那么亮,整个广漠的天幕上只有它在那里放射着令人注目的光辉,活像一盏悬挂在高空的明灯。

夜色加浓,苍空中的"明灯"越来越多了。而城市各处的真的灯火也次第亮了起来,尤其是围绕⑦在海港周围山坡上的那一片灯光,从半空倒映⑧在乌蓝的海面上,随着波浪,晃动着,闪烁着,像一串流动着的珍珠,和那一片片密布在苍穹⑨里的星斗互相辉映,煞⑩是好看。

在这幽美的夜色中,我踏着软绵绵⑪的沙滩,沿着海边,慢慢地⑫向前走去。海水,轻轻地抚摸着细软的沙滩,发出温柔的//刷刷声。晚来的海风,清新而又凉爽。我的心里,有着说不出的兴奋和愉快。

夜风轻飘飘地吹拂着,空气中飘荡着一种大海和田禾相混合的香味儿,柔软的沙滩上还残留着白天太阳炙晒的余温。那些在各个工作岗位上劳动了一天的人们,三三两两地来到这软绵绵的沙滩上,他们浴着凉爽的海风,望着那缀满了星星的夜空,尽情地说笑,尽情地休憩。

节选自峻青《海滨仲夏夜》

**语音提示**

① 染 rǎn　　② 因为 yīn·wèi　　③ 映照 yìngzhào
④ 霍霍 huòhuò　　⑤ 绯 fēi　　⑥ 肃穆 sùmù

⑦ 围绕 wéirào　　　　⑧ 倒映 dàoyìng　　　　⑨ 苍穹 cāngqióng
⑩ 煞 shà　　　　　　⑪ 软绵绵 ruǎnmiánmián　⑫ 慢慢地 mànmàn de

**作品 14 号**

　　生命在海洋里诞生绝不是偶然的,海洋的物理和化学性质,使它成为孕育原始生命的摇篮。

　　我们知道,水是生物的重要组成部分①,许多动物组织的含水量在百分之八十以上,而一些海洋生物的含水量高达百分之九十五。水是新陈代谢的重要媒介,没有它,体内的一系列生理和生物化学反应就无法进行,生命也就停止。因此,在短时期内动物缺水要比缺少食物更加危险。水对今天的生命是如此重要,它对脆弱的原始生命,更是举足轻重了。生命在海洋里诞生,就不会有缺水之忧。

　　水是一种良好的溶剂。海洋中含有许多生命所必需的无机盐,如氯化钠②、氯化钾③、碳酸盐、磷酸盐,还有溶解氧,原始生命可以毫不费力地从中吸取它所需要的元素。

　　水具有很高的热容量,加之海洋浩大,任凭④夏季烈日曝晒⑤,冬季寒风扫荡,它的温度变化却比较小。因此,巨大的海洋就像是天然的"温箱",是孕育原始生命的温床。

　　阳光虽然为⑥生命所必需,但是阳光中的紫外线却有扼杀⑦原始生命的危险。水能有效地吸收紫外线,因而又为原始生命提供⑧了天然的"屏障⑨"。

　　这一切都是原始生命得以⑩产生和发展的必要条件。//

节选自童裳亮《海洋与生命》

**语音提示**

① 部分 bùfen　　　　② 氯化钠 lǜhuànà　　　③ 氯化钾 lǜhuàjiǎ
④ 任凭 rènpíng　　　⑤ 曝晒 pùshài　　　　　⑥ 为 wéi
⑦ 扼杀 èshā　　　　　⑧ 提供 tígōng　　　　　⑨ 屏障 píngzhàng
⑩ 得以 déyǐ

**作品 15 号**

　　在我国历史地理中,有三大都城①密集区,它们是:关中盆地、洛阳盆地、北京小平原。其中每一个地区都曾②诞生过四个以上大型王朝③的都城。而关中盆地、洛阳盆地是前朝历史的两个都城密集区,正是它们构成了早期文明核心地带中最重要的内容。

　　为什么这个地带会成为华夏文明最先进的地区？这主要是由两个方面的条件促成的,一个是自然环境方面的,一个是人文环境方面的。

　　在自然环境方面,这里是我国温带季风气候带的南部,降雨、气温、土壤等条件都可以满足旱作农业的需求。中国北方的古代农作物,主要是一年生的粟④和黍⑤。黄河中下游的自然环境为粟黍作物的种植和高产提供⑥了得天独厚⑦的条件。农业生产的发达,会促进整个社会经济的发展,从而推动社会的进步。

　　在人文环境方面,这里是南北方、东西方大交流的轴心⑧地区。在最早的六大新石器文化分布形势图中可以看到,中原处于⑨这些文化分布的中央地带。无论是考古发现还是历史传说,都有南北文化长距离交流、东西文化相互碰撞的证据。中原地区在空间上恰恰位居中心,成为⑩信息最发达、眼界最宽广、活动最//繁忙,竞争最激烈的地方。正是这些活动,推动了各项人文事务的发展,文明的方方面面就是在处理各类事务的过程中被开创出来的。

节选自唐晓峰《华夏文明的发展与融合》

**语音提示**

① 都城 dūchéng　　② 曾 céng　　③ 王朝 wángcháo
④ 粟 sù　　⑤ 黍 shǔ　　⑥ 提供 tígōng
⑦ 得天独厚 détiān-dúhòu　　⑧ 轴心 zhóuxīn　　⑨ 处于 chǔyú
⑩ 成为 chéngwéi

## 作品 16 号

于很多中国人而言,火车就是故乡。在中国人的心中,故乡的地位尤为①重要,老家的意义非同寻常,所以,即便②是坐过无数次火车,但印象最深刻的,或许还是返乡那一趟车。那一列列返乡的火车所停靠的站台边,熙攘③的人流中,匆忙的脚步里,张望的目光下,涌动着的都是思乡的情绪。每一次看见返乡那趟火车,总觉得是那样可爱与亲切,仿佛看见了千里之外的故乡。上火车后,车启动的一刹那④,在车轮与铁轨碰撞的"况且⑤"声中,思乡的情绪便陡然⑥在车厢里弥漫⑦开来。你知道,它将驶向的,是你最熟悉⑧也最温暖的故乡。再过几个或者十几个小时,你就会回到故乡的怀抱。这般感受,相信在很多人的身上都曾发生过。尤其在春节、中秋等传统节日到来之际,亲人团聚的时刻,更为⑨强烈。

火车是故乡,火车也是远方。速度的提升,铁路的延伸⑩,让人们通过火车实现了向远方自由流动的梦想。今天的中国老百姓,坐着火车,可以去往九百六十多万平方公里土地上的天南地北,来到祖国东部的平原,到达祖国南方的海边,走进祖国西部的沙漠,踏上祖国北方的草原,去观三山五岳,去看大江大河……

火车与空//间有着密切的联系,与时间的关系也让人觉得颇有意思。那长长的车厢,仿佛一头连着中国的过去,一头连着中国的未来。

节选自舒翼《记忆像铁轨一样长》

**语音提示**

① 尤为 yóuwéi　　② 即便 jíbiàn　　③ 熙攘 xīrǎng
④ 刹那 chànà　　⑤ 况且 kuàngqiě　　⑥ 陡然 dǒurán
⑦ 弥漫 mímàn　　⑧ 熟悉 shú·xī　　⑨ 为 wéi
⑩ 延伸 yánshēn

## 作品 17 号

奶奶给我讲过这样一件事:有一次她去商店,走在她前面的一位阿姨推开沉重的大门,一直等到她跟上来才松开手。当奶奶向她道谢的时候,那位阿姨轻轻地说:"我的妈妈和您①的年龄差不多,我希望她遇到这种时候,也有人为她开门。"听了这件事,我的心温暖了许久。

一天,我陪患病的母亲去医院输液②,年轻的护士为母亲扎③了两针也没有扎进血管④

里,眼见针眼处鼓起青包。我正要抱怨几句,一抬头看见了母亲平静的眼神——她正在注视着护士额头上密密的汗珠,我不禁⑤收住了涌到嘴边的话。只见母亲轻轻地对护士说:"不要紧,再来一次!"第三针果然成功了。那位护士终于长出了一口气,她连声说:"阿姨,真对不起。我是来实习的,这是我第一次给病人扎针,太紧张了。要不是您的鼓励,我真不敢给您扎了。"母亲用另一只手拉着我,平静地对护士说:"这是我的女儿,和你差不多⑥大小,正在医科大学读书,她也将面对自己的第一个患者。我真希望她第一次扎针的时候,也能得到患者的宽容和鼓励。"听了母亲的话,我的心里充满了温暖与幸福。

是啊⑦,如果我们在生活中能将⑧心比心,就会对老人生出一份//尊重,对孩子增加一份关爱,就会使人与人之间多一些宽容和理解。

节选自姜桂华《将心比心》

**语音提示**

① 您 nín　　　　② 输液 shūyè　　　　③ 扎 zhā
④ 血管 xuèguǎn　　⑤ 不禁 bùjīn　　　　⑥ 差不多 chà·buduō
⑦ 是啊 shì ra　　　⑧ 将 jiāng

**作品18号**

晋祠①之美,在山,在树,在水。

这里的山,巍巍②的,有如一道屏障③;长长的,又如伸开的两臂,将晋祠拥在怀中。春日黄花满山,径幽④香远;秋来草木萧疏⑤,天高水清。无论什么时候拾级⑥登山都会心旷神怡。

这里的树,以古老苍劲⑦见长⑧。有两棵老树:一棵是周柏⑨,另一棵是唐槐。那周柏,树干⑩劲直,树皮皱裂,顶上挑⑪着几根青青的疏枝,偃卧⑫于石阶旁。那唐槐,老干粗大,虬枝⑬盘屈,一簇簇⑭柔条,绿叶如盖。还有水边殿外的松柏槐柳,无不显出苍劲的风骨。以造型奇特见长的,有的偃如老妪⑮负水,有的挺如壮士托天,不一而足。圣母殿前的左扭柏,拔⑯地而起,直冲⑰云霄,它的树皮上的纹理一齐向左边拧⑱去,一圈一圈,丝纹不乱,像地下旋⑲起了一股烟,又似天上垂下了一根绳。晋祠在古木的荫护⑳下,显得分外幽静、典雅。

这里的水,多、清、静、柔。在园里信步,但见这里一泓㉑深潭,那里一条小渠。桥下有河,亭中有井,路边有溪。石间细流脉脉㉒,如线如缕㉓;林中碧波闪闪,如锦如缎。这些水都来自"难老泉"。泉上有亭,亭上悬挂着清代著名学者傅山写的"难老泉"三个字。这么多的水长流不息,日日夜夜发出叮叮咚咚的响声。水的清澈真令人叫绝,无论//多深的水,只要光线好,游鱼碎石,历历可见。水的流势都不大,清清的微波,将长长的草蔓拉成一缕缕的丝,铺在河底,挂在岸边,合着那些金鱼、青苔以及石栏的倒影,织成一条条大飘带,穿亭绕榭,冉冉不绝。当年李白来到这里,曾赞叹说:"晋祠流水如碧玉。"当你沿着流水去观赏那亭台楼阁时,也许会这样问:这几百间建筑怕都是在水上漂着的吧!

节选自梁衡《晋祠》

**语音提示**

① 晋祠 jìncí　　　② 巍巍 wēiwēi　　　③ 屏障 píngzhàng
④ 径幽 jìngyōu　　⑤ 萧疏 xiāoshū　　　⑥ 拾级 shíjí

⑦ 苍劲 cāngjìng　　⑧ 见长 jiàncháng　　⑨ 柏 bǎi
⑩ 树干 shùgàn　　⑪ 挑 tiāo　　⑫ 偃卧 yǎnwò
⑬ 虬枝 qiúzhī　　⑭ 簇 cù　　⑮ 妪 yù
⑯ 拔 bá　　⑰ 冲 chōng　　⑱ 拧 nǐng
⑲ 旋 xuán　　⑳ 荫护 yìnhù　　㉑ 泓 hóng
㉒ 脉脉 mòmò　　㉓ 缕 lǚ

**作品 19 号**

　　人们常常把人与自然对立起来,宣称①要征服自然。殊不知在大自然面前,人类永远只是一个天真幼稚的孩童,只是大自然机体上普通的一部分,正像一株小草只是她的普通一部分一样。如果说自然的智慧是大海,那么,人类的智慧就只是大海中的一个小水滴,虽然这个水滴也能映照②大海,但毕竟不是大海。可是,人们竟然不自量力③地宣称要用这滴水来代替大海。

　　看着人类这种狂妄④的表现,大自然一定会窃笑——就像母亲面对无知的孩子那样的笑。人类的作品飞上了太空,打开了一个个微观世界,于是人类沾沾自喜⑤,以为揭开了大自然的秘密。可是,在自然看来,人类上下翻飞的这片巨大空间,不过是咫尺⑥之间而已,就如同鲲鹏⑦看待斥鷃⑧一般,只是蓬蒿⑨之间罢了。即使⑩从人类自身智慧发展史的角度看,人类也没有理由过分自傲:人类的知识与其祖先相比诚然有了极大的进步,似乎有嘲笑古人的资本;可是,殊不知对于后人而言我们也是古人,一万年以后的人们也同样会嘲笑今天的我们,也许在他们看来,我们的科学观念还幼稚得很,我们的航天器在他们眼中不过是个非常简单的//儿童玩具。

节选自严春友《敬畏自然》

**语音提示**

① 宣称 xuānchēng　　② 映照 yìngzhào　　③ 不自量力 bùzì-liànglì
④ 狂妄 kuángwàng　　⑤ 沾沾自喜 zhānzhān-zìxǐ　　⑥ 咫尺 zhǐchǐ
⑦ 鲲鹏 kūnpéng　　⑧ 斥鷃 chìyàn　　⑨ 蓬蒿 pénghāo
⑩ 即使 jíshǐ

**作品 20 号**

　　舞台上的幕布拉开了,音乐奏起来了。演员们踩着音乐的拍子,以庄重而有节奏的步法走到灯光前面来了。灯光射在他们五颜六色的服装和头饰上,一片金碧辉煌的彩霞。

　　当女主角①穆②桂英以轻盈而矫健③的步子出场的时候,这个平静的海面陡然④动荡起来了,它上面卷起了一阵暴风雨:观众像触了电似的⑤迅即⑥对这位女英雄报以雷鸣般的掌声。她开始唱了。她圆润的歌喉在夜空中颤动⑦,听起来辽远而又切近,柔和而又铿锵⑧。戏词像珠子似的从她的一笑一颦⑨中,从她优雅的"水袖"中,从她婀娜⑩的身段中,一粒一粒地滚下来,滴在地上,溅到空中,落进每一个人的心里,引起一片深远的回音。这回音听不见,却淹没了刚才涌起的那一阵热烈的掌声。

观众像着⑪了魔一样,忽然变得鸦雀无声⑫。他们看得入了神。他们的感情和舞台上女主角的感情融在了一起。女主角的歌舞渐渐进入高潮。观众的情感也渐渐进入高潮。潮在涨。没有谁能控制住它。这个一度平静下来的人海忽然又动荡起来了。戏就在这时候要到达顶点。我们的女主角在这时候就像一朵盛开的鲜花,观众想把这朵鲜花捧在手里,不让//它消逝。他们不约而同地从座位上立起来,像潮水一样,涌到我们这位艺术家面前。舞台已经失去了界限,整个的剧场成了一个庞大的舞台。

我们这位艺术家是谁呢?他就是梅兰芳同志。半个世纪的舞台生涯过去了,六十六岁的高龄,仍然能创造出这样富有朝气的美丽形象,表现出这样充沛的青春活力,这不能不说是奇迹。这奇迹的产生是必然的,因为我们拥有这样热情的观众和这样热情的艺术家。

节选自叶君健《看戏》

**语音提示**

① 主角 zhǔjué　② 穆 Mù　③ 矫健 jiǎojiàn
④ 陡然 dǒurán　⑤ 似的 shìde　⑥ 迅即 xùnjí
⑦ 颤动 chùndòng　⑧ 铿锵 kēngqiāng　⑨ 颦 pín
⑩ 婀娜 ēnuó　⑪ 着 zháo　⑫ 鸦雀无声 yāquè-wúshēng

**作品21号**

十年,在历史上不过是一瞬间①。只要稍加注意,人们就会发现:在这一瞬间里,各种事物都悄悄经历了自己的千变万化。

这次重新访日,我处处感到亲切和熟悉②,也在许多方面发觉③了日本的变化。就拿奈良④的一个角落⑤来说吧,我重⑥游了为⑦之感受很深的唐招提寺,在寺内各处匆匆走了一遍,庭院依旧,但意想不到还看到了一些新的东西⑧。其中之一,就是近几年从中国移植来的"友谊⑨之莲"。

在存放鉴真遗像的那个院子里,几株中国莲昂然⑩挺立,翠绿的宽大荷叶正迎风而舞,显得十分愉快。开花的季节已过,荷花朵朵已变为莲蓬累累⑪。莲子⑫的颜色正在由青转紫,看来已经成熟⑬了。

我禁不住⑭想:"因"已转化为"果"。

中国的莲花开在日本,日本的樱花开在中国,这不是偶然。我希望这样一种盛况延续不衰。

在这些日子里,我看到了不少多年不见的老朋友⑮,又结识了一些新朋友。大家喜欢涉及的话题之一,就是古长安和古奈良。那还用得着⑯问吗,朋友们缅怀⑰过去,正是瞩望⑱未来。瞩目⑲于未来的人们必将获得未来。

我不例外,也希望一个美好的未来。

为了中日人民之间的友谊,我将不会浪费今后生命的每一瞬间。//

节选自严文井《莲花和樱花》

**语音提示**

① 一瞬间 yī shùnjiān　② 熟悉 shú·xī　③ 发觉 fājué
④ 奈良 Nàiliáng　⑤ 角落 jiǎoluò　⑥ 重 chóng

⑦ 为 wèi　　⑧ 东西 dōngxi　　⑨ 友谊 yǒuyì
⑩ 昂然 ángrán　　⑪ 莲蓬累累 liánpeng léiléi
⑫ 莲子 liánzǐ　　⑬ 成熟 chéngshú　　⑭ 禁不住 jīn·bùzhù
⑮ 朋友 péngyou　　⑯ 用得着 yòng de zháo　　⑰ 缅怀 miǎnhuái
⑱ 瞩望 zhǔwàng　　⑲ 瞩目 zhǔmù

**作品 22 号**

我打猎归来，沿着花园的林阴路走着。狗跑在我前边。

突然，狗放慢脚步，蹑足潜行①，好像嗅②到了前边有什么野物。

我顺着林阴路望去，看见了一只嘴边还带黄色、头上生着柔毛的小麻雀。风猛烈地吹打着林阴路上的白桦③树，麻雀从巢④里跌落⑤下来，呆呆地伏在地上，孤立无援地张开两只羽毛还未丰满的小翅膀。

我的狗慢慢⑥向它靠近。忽然，从附近一棵树上飞下一只黑胸脯⑦的老麻雀，像一颗石子似的⑧落到狗的跟前。老麻雀全身倒竖⑨着羽毛，惊恐万状，发出绝望、凄惨的叫声，接着向露出⑩牙齿、大张着的狗嘴扑去。

老麻雀是猛扑下来救护幼雀的。它用身体掩护着自己的幼儿……但它整个小小的身体因恐怖而战栗⑪着，它小小的声音也变得粗暴嘶哑⑫，它在牺牲自己！

在它看来，狗该是多么庞大的怪物啊⑬！然而，它还是不能站在自己高高的、安全的树枝上……一种比它的理智更强烈的力量，使它从那儿扑下身来。

我的狗站住了，向后退了退……看来，它也感到了这种力量。

我赶紧唤住惊慌失措的狗，然后我怀着崇敬的心情，走开了。

是啊⑭，请不要见笑。我崇敬那只小小的、英勇的鸟儿⑮，我崇敬它那种爱的冲动和力量。

爱，我//想，比死和死的恐惧更强大。只有依靠它，依靠这种爱，生命才能维持下去，发展下去。

节选自〔俄〕屠格涅夫《麻雀》

**语音提示**

① 蹑足潜行 nièzú-qiánxíng　　② 嗅 xiù　　③ 白桦 báihuà
④ 巢 cháo　　⑤ 跌落 diēluò　　⑥ 慢慢 mànmàn
⑦ 胸脯 xiōngpú　　⑧ 似的 shìde　　⑨ 倒竖 dàoshù
⑩ 露出 lòuchū　　⑪ 战栗 zhànlì　　⑫ 嘶哑 sīyǎ
⑬ 怪物啊 guàiwu wa　　⑭ 是啊 shì ra　　⑮ 鸟儿 niǎo'ér

**作品 23 号**

在浩瀚无垠①的沙漠里，有一片美丽的绿洲，绿洲里藏着一颗闪光的珍珠。这颗珍珠就是敦煌②莫高窟③。它坐落在我国甘肃④省敦煌市三危山和鸣沙山的怀抱中。

鸣沙山东麓⑤是平均高度为⑥十七米的崖壁。在一千六百多米长的崖壁上，凿⑦有大小洞窟七百余个，形成了规模宏伟的石窟群。其中四百九十二个洞窟中，共有彩色塑像⑧两千一百余尊,各种壁画共四万五千多平方米。莫高窟是我国古代无数艺术匠师留给人类的珍贵文化遗产。

莫高窟的彩塑,每一尊都是一件精美的艺术品。最大的有九层楼那么高,最小的还不如一个手掌大。这些彩塑个性鲜明,神态各异。有慈眉善目的菩萨⑨,有威风凛凛⑩的天王,还有强壮勇猛的力士……

莫高窟壁画的内容丰富多彩,有的是描绘古代劳动人民打猎、捕鱼、耕田、收割的情景,有的是描绘人们奏乐、舞蹈、演杂技的场面,还有的是描绘大自然的美丽风光。其中最引人注目的是飞天。壁画上的飞天,有的臂⑪挎花篮,采摘⑫鲜花;有的反弹琵琶⑬,轻拨银弦⑭;有的倒悬⑮身子,自天而降;有的彩带飘拂,漫天遨游⑯;有的舒展着双臂,翩翩⑰起舞。看看这些精美动人的壁画,就像走进了//灿烂辉煌的艺术殿堂。

莫高窟里还有一个面积不大的洞窟——藏经洞。洞里曾藏有我国古代的各种经卷、文书、帛画、刺绣、铜像等共六万多件。由于清朝政府腐败无能,大量珍贵的文物被外国强盗掠走。仅存的部分经卷,现在陈列于北京故宫等处。

莫高窟是举世闻名的艺术宝库。这里的每一尊彩塑、每一幅壁画、每一件文物,都是中国古代人民智慧的结晶。

节选自《莫高窟》

**语音提示**

① 无垠 wúyín　　　② 敦煌 Dūnhuáng　　　③ 莫高窟 Mògāokū
④ 甘肃 Gānsù　　　⑤ 东麓 dōnglù　　　⑥ 为 wéi
⑦ 凿 záo　　　⑧ 塑像 sùxiàng　　　⑨ 菩萨 pú·sà
⑩ 凛凛 lǐnlǐn　　　⑪ 臂 bì　　　⑫ 采摘 cǎizhāi
⑬ 琵琶 pí·pá　　　⑭ 轻拨银弦 qīng bō yínxián
⑮ 倒悬 dàoxuán　　　⑯ 遨游 áoyóu　　　⑰ 翩翩 piānpiān

## 作品 24 号

森林涵养水源,保持水土,防止水旱灾害的作用非常大。据专家测算,一片十万亩①面积②的森林,相当于一个两百万立方米的水库,这正如农谚③所说的:"山上多栽树,等于修水库。雨多它能吞,雨少它能吐④。"

说起森林的功劳,那还多得很。它除了为人类提供⑤木材及许多种生产、生活的原料之外,在维护生态环境方面也是功劳卓著⑥,它用另一种"能吞能吐"的特殊功能孕育了人类。因为⑦地球在形成之初,大气中的二氧化碳含量很高,氧气很少,气温也高,生物是难以生存的。大约在四亿年之前,陆地才产生了森林。森林慢慢⑧将大气中的二氧化碳吸收,同时吐出新鲜⑨氧气,调节气温:这才具备了人类生存的条件,地球上才最终有了人类。

森林,是地球生态系统的主体,是大自然的总调度⑩室,是地球的绿色之肺。森林维护地球生态环境的这种"能吞能吐"的特殊功能是其他任何物体都不能取代的。然而,由于地球上的燃烧物增多,二氧化碳的排放量急剧增加,使得地球生态环境急剧恶化,主要表现为全球气候变暖,水分蒸发加快,改变了气流的循环,使气候变化加剧,从而引发热浪、飓风⑪、暴雨、洪涝⑫及干旱。

为了//使地球的这个"能吞能吐"的绿色之肺能恢复健壮,以改善生态环境,抑制全球变暖,减少水旱等自然灾害,我们应该大力造林、护林,使每一座荒山都绿起来。

节选自《"能吞能吐"的森林》

**语音提示**

① 亩 mǔ　　　　　② 面积 miànjī　　　　③ 农谚 nóngyàn
④ 吐 tǔ　　　　　⑤ 提供 tígōng　　　　⑥ 卓著 zhuózhù
⑦ 因为 yīn·wèi　　⑧ 慢慢 mànmàn　　　⑨ 新鲜 xīnxiān
⑩ 调度 diàodù　　⑪ 飓风 jùfēng　　　　⑫ 洪涝 hónglào

**作品 25 号**

中国没有人不爱荷花的。可我们楼前池塘中独独缺少荷花。每次看到或想到,总觉得是一块心病。有人从湖北来,带来了洪湖的几颗莲子①,外壳②呈黑色,极硬。据说,如果埋在淤泥③中,能够千年不烂。我用铁锤在莲子上砸开了一条缝④,让莲芽⑤能够破壳而出,不至永远埋在泥中。把五六颗敲破的莲子投入池塘中,下面就是听天由命了。

这样一来,我每天就多了一件工作:到池塘边上去看上几次。心里总是希望,忽然有一天,"小荷才露⑥尖尖角",有翠绿的莲叶长出水面。可是,事与愿违⑦,投下去的第一年,一直到秋凉落叶,水面上也没有出现什么东西⑧。但是到了第三年,却忽然出了奇迹。有一天,我忽然发现,在我投莲子的地方⑨长出了几个圆圆的绿叶,虽然颜色极惹人喜爱,但是却细弱单薄⑩,可怜兮兮⑪地平卧在水面上,像水浮莲的叶子一样。

真正的奇迹出现在第四年上。到了一般荷花长叶的时候,在去年飘浮着五六个叶片的地方,一夜之间,突然长出了一大片绿叶,叶片扩张的速度,范围的扩大,都是惊人地快。几天之内,池塘内不小一部分,已经全为⑫绿叶所覆盖⑬。而且原来平卧在水面上的像是水浮莲一样的//叶片,不知道是从哪里聚集来了力量,有一些竟然跃出了水面,长成了亭亭的荷叶。这样一来,我心中的疑云一扫而光:池塘中生长的真正是洪湖莲花的子孙了。我心中狂喜,这几年总算是没有白等。

节选自季羡林《清塘荷韵》

**语音提示**

① 莲子 liánzǐ　　　　　② 外壳 wàiké　　　　　③ 淤泥 yūní
④ 缝 fèngr　　　　　　⑤ 莲芽 liányár　　　　⑥ 露 lù
⑦ 事与愿违 shìyǔyuànwéi　⑧ 东西 dōngxi　　　　⑨ 地方 dìfang
⑩ 单薄 dānbó　　　　　⑪ 可怜兮兮 kěliánxīxī　⑫ 为 wéi
⑬ 覆盖 fùgài

**作品 26 号**

在原始社会里,文字还没有创造出来,却先有了歌谣①一类的东西。这也就是文艺。
文字创造出来以后,人就用它把所见所闻所想所感的一切记录下来。一首歌谣,不但口头唱,还要刻呀,漆②呀,把它保留在什么东西③上。这样,文艺和文字就并了家。

后来纸和笔普遍地使用了,而且发明了印刷术。凡是需要记录下来的东西,要多少份就可以有多少份。于是所谓文艺,从外表说,就是一篇稿子,一部书,就是许多文字的集合体。

文字是一道桥梁,通过了这一道桥梁,读者才和作者会面。不但会面,并且了解作者的心情,和作者的心情相契合④。

就作者的方面说,文艺的创作决不是随便取许多文字来集合在一起。作者着手⑤创作,必然对于人生先有所见,先有所感。他把这些所见所感写出来,不作抽象的分析,而作具体的描写,不作刻板的记载⑥,而作想象的安排。他准备写的不是普通的论说文、记叙文;他准备写的是文艺。他动手写,不但选择那些最适当⑦的文字,让它们集合起来,还要审查那些写下来的文字,看有没有应当⑧修改或是增减的。总之,作者想做到的是:写下来的文字正好传达出他的所见所感。

就读者的//方面说,读者看到的是写在纸面或者印在纸面的文字,但是看到文字并不是他们的目的。他们要通过文字去接触作者的所见所感。

节选自叶圣陶《驱遣我们的想象》

**语音提示**

① 歌谣 gēyáo  ② 漆 qī  ③ 东西 dōngxi
④ 契合 qìhé  ⑤ 着手 zhuóshǒu  ⑥ 记载 jìzǎi
⑦ 适当 shìdàng  ⑧ 应当 yīngdāng

**作品 27 号**

语言,也就是说话,好像是极其稀松平常的事儿。可是仔细想想,实在是一件了不起的大事。正是因为①说话跟吃饭、走路一样的平常,人们才不去想它究竟②是怎么回事儿。其实这三件事儿都是极不平常的,都是使人类不同于别的动物的特征。

记得在小学里读书的时候,班上有一位"能文"的大师兄,在一篇作文的开头写下这么两句:"鹦鹉能言,不离于禽;猩猩能言,不离于兽。"我们看了都非常佩服。后来知道这两句是有来历的,只是字句有些出入。又过了若干年,才知道这两句话都有问题。鹦鹉能学人说话,可只是作为现成的公式来说,不会加以变化。只有人们说话是从具体情况出发,情况一变,话也跟着变。

西方学者拿黑猩猩做实验,它们能学会极其有限的一点儿符号语言,可是学不会把它变成有声语言。人类语言之所以能够"随机应变",在于一方面能把语音分析成若干音素,又把这些音素组合成音节,再把音节连缀③起来。另一方面,又能分析外界事物及其变化,形成无数的"意念",一一配以语音,然后综合运用,表达各种复杂的意思④。一句话,人类语言的特点就在于能用变化无穷的语音,表达变化无穷的//意义。这是任何其他动物办不到的。

节选自吕叔湘《人类的语言》

**语音提示**

① 因为 yīn·wèi  ② 究竟 jiūjìng  ③ 连缀 liánzhuì
④ 意思 yìsi

作品 28 号

父亲①喜欢下象棋。那一年,我大学回家度假,父亲教②我下棋。

我们俩摆好棋,父亲让我先走三步,可不到三分钟,三下五除二,我的兵将③损失大半,棋盘上空荡荡的,只剩下老帅、士和一车④两卒在孤军奋战。我还不肯罢休,可是已无力回天,眼睁睁看着父亲"将军⑤",我输了。

我不服气,摆棋再下。几次交锋,基本上都是不到十分钟我就败下阵来。我不禁⑥有些泄气。父亲对我说:"你初学下棋,输是正常的。但是你要知道输在什么地方⑦;否则,你就是再下上十年,也还是输。"

"我知道,输在棋艺上。我技术上不如你,没经验。"

"这只是次要因素,不是最重要的。"

"那最重要的是什么?"我奇怪地问。

"最重要的是你的心态不对。你不珍惜你的棋子⑧。"

"怎么不珍惜呀?我每走一步,都想半天。"我不服气地说。

"那是后来,开始你是这样吗?我给你计算过,你三分之二的棋子是在前三分之一的时间内丢失的。这期间你走棋不假思索⑨,拿起来就走,失了也不觉得可惜。因为⑩你觉得棋子很多,失一两个不算什么。"

我看看父亲,不好意思地低下头。"后三分之二的时间,你又犯了相反的错误:对棋子过于珍惜,每走一步,都思前想后,患得患失⑪,一个棋也不想失,//结果一个一个都失去了。"

节选自林夕《人生如下棋》

**语音提示**

① 父亲 fù•qīn　　② 教 jiāo　　③ 兵将 bīngjiàng
④ 车 jū　　⑤ 将军 jiāngjūn　　⑥ 不禁 bùjīn
⑦ 地方 dìfang　　⑧ 棋子 qízǐ　　⑨ 不假思索 bùjiǎ-sīsuǒ
⑩ 因为 yīn•wèi　　⑪ 患得患失 huàndé-huànshī

作品 29 号

仲夏①,朋友②相邀游十渡。在城里住久了,一旦进入山水之间,竟有一种生命复苏的快感。下车后,我们舍弃了大路,挑选了一条半隐半现在庄稼③地里的小径④,弯弯绕绕⑤地来到了十渡渡口。夕阳下的拒马河慷慨地撒⑥出一片散金碎玉,对我们表示欢迎。

岸边山崖上刀斧痕犹存的崎岖⑦小道,高低凸凹⑧,虽没有"难于上青天"的险恶⑨,却也有踏空了滚到拒马河洗澡的风险。狭窄⑩处只能手扶岩石贴壁而行。当"东坡草堂"几个红漆大字赫然⑪出现在前方岩壁时,一座镶嵌⑫在岩崖间的石砌⑬茅草屋同时跃⑭进眼底。草屋被几级石梯托得高高的,屋下俯瞰⑮着一湾河水,屋前顺山势辟⑯出了一片空地⑰,算是院落吧!右侧有一小小的蘑菇⑱形的凉亭,内设石桌石凳,亭顶褐黄色的茅草像流苏般向下垂泻,把现实和童话串成了一体。草屋的构思者最精彩的一笔,是设在院落边沿的柴门和篱笆⑲,走近这儿,便有了"花径不曾缘客扫,蓬门今始为君开"的意思。

当我们重登凉亭时,远处的蝙蝠⑳山已在夜色下化为㉑剪影,好像就要展翅扑来,拒马河趁人们看不清它的容貌时豁㉒开了嗓门儿㉓韵味十足地唱呢!偶有不安分的小鱼儿和青蛙蹦跳//成声,像是为了强化这夜曲的节奏。此时,只觉世间唯有水声和我,就连偶尔从远处赶来歇脚的晚风,也悄无声息。

当我渐渐被夜的凝重与深邃所融蚀,一缕新的思绪涌动时,对岸沙滩上燃起了篝火,那鲜亮的火光,使夜色有了躁动感。篝火四周,人影绰约,如歌似舞。朋友说,那是北京的大学生们,结伴来这儿度周末的。遥望那明灭无定的火光,想象着篝火映照的青春年华,也是一种意想不到的乐趣。

节选自刘延《十渡游趣》

**语音提示**

① 仲夏 zhòngxià　　② 朋友 péngyou　　③ 庄稼 zhuāngjia
④ 径 jìng　　⑤ 绕绕 ràorào　　⑥ 撒 sǎ
⑦ 崎岖 qíqū　　⑧ 凸凹 tū'āo　　⑨ 险恶 xiǎn'è
⑩ 狭窄 xiázhǎi　　⑪ 赫然 hèrán　　⑫ 镶嵌 xiāngqiàn
⑬ 砌 qì　　⑭ 跃 yuè　　⑮ 俯瞰 fǔkàn
⑯ 辟 pì　　⑰ 空地 kòngdì　　⑱ 蘑菇 mógu
⑲ 篱笆 líba　　⑳ 蝙蝠 biānfú　　㉑ 化为 huàwéi
㉒ 豁 huō　　㉓ 嗓门儿 sǎngménr

## 作品 30 号

在闽①西南和粤②东北的崇山峻岭中,点缀③着数以千计的圆形围屋或土楼,这就是被誉④为"世界民居奇葩⑤"的客家民居。

客家人是古代从中原繁盛的地区迁到南方的。他们的居住地大多在偏僻⑥、边远的山区,为了防备盗匪的骚扰⑦和当地人的排挤,便建造了营垒式住宅,在土中掺⑧石灰,用糯米饭、鸡蛋清作黏合⑨剂,以竹片、木条作筋骨,夯⑩筑起墙厚一米,高十五米以上的土楼。它们大多为三至六层楼,一百至二百多间房屋如橘瓣状排列,布局均匀,宏伟壮观。大部分土楼有两三百年甚至五六百年的历史,经受无数次地震撼动⑪、风雨侵蚀⑫以及炮火攻击而安然无恙⑬,显示了传统建筑文化的魅力。

客家先民崇尚圆形,认为圆是吉祥、幸福和安宁的象征。土楼围成圆形的房屋均按八卦⑭布局排列,卦与卦之间设有防火墙,整齐划一。

客家人在治家、处事⑮、待人、立身等方面,无不体现出明显的文化特征。比如,许多房屋大门上刻着这样的正楷⑯对联:"承前祖德勤和俭,启后子孙读与耕",表现了先辈希望子孙和睦⑰相处、勤俭持家的愿望。楼内房间大小一模一样⑱,他们不分贫富、贵贱,每户人家平等地分到底层至高层各//一间房。各层房屋的用途惊人地统一,底层是厨房兼饭堂,二层当贮仓,三层以上作卧室,两三百人聚居一楼,秩序井然,毫不混乱。土楼内所保留的民俗文化,让人感受到中华传统文化的深厚久远。

节选自张宇生《世界民居奇葩》

**语音提示**

① 闽 Mǐn    ② 粤 Yuè    ③ 点缀 diǎnzhuì
④ 誉 yù    ⑤ 奇葩 qípā    ⑥ 偏僻 piānpì
⑦ 骚扰 sāorǎo    ⑧ 掺 chān    ⑨ 黏合 niánhé
⑩ 夯 hāng    ⑪ 撼动 hàndòng    ⑫ 侵蚀 qīnshí
⑬ 安然无恙 ānrán-wúyàng    ⑭ 八卦 bāguà    ⑮ 处事 chǔshì
⑯ 正楷 zhèngkǎi    ⑰ 和睦 hémù    ⑱ 一模一样 yīmú-yīyàng

**作品 31 号**

我国的建筑,从古代的宫殿到近代的一般住房,绝大部分是对称①的,左边怎么样,右边也怎么样。苏州园林可绝不讲究②对称,好像故意避免似的③。东边有了一个亭子或者一道回廊,西边决不会来一个同样的亭子或者一道同样的回廊。这是为什么?我想,用图画来比方,对称的建筑是图案画,不是美术画,而园林是美术画,美术画要求自然之趣,是不讲究对称的。

苏州园林里都有假山和池沼④。

假山的堆叠⑤,可以说是一项艺术而不仅是技术。或者是重峦叠嶂⑥,或者是几座小山配合着竹⑦花木,全在乎设计者和匠师们生平多阅历,胸中有丘壑⑧,才能使浏览者攀登的时候忘却苏州城市,只觉得身在山间。

至于池沼,大多引用活水。有些园林池沼宽敞,就把池沼作为全园的中心,其他景物配合着布置。水面假如成河道模样⑨,往往安排桥梁。假如安排两座以上的桥梁,那就一座一个样,决不雷同。

池沼或河道的边沿很少砌⑩齐整的石岸,总是高低屈曲⑪任其自然。还在那儿布置几块玲珑的石头,或者种些花草。这也是为了取得从各个角度看都成一幅⑫画的效果。池沼里养着金鱼或各色鲤鱼,夏秋季节荷花或睡莲//开放,游览者看"鱼戏莲叶间",又是入画的一景。

节选自叶圣陶《苏州园林》

**语音提示**

① 对称 duìchèn    ② 讲究 jiǎngjiu    ③ 似的 shìde
④ 池沼 chízhǎo    ⑤ 堆叠 duīdié
⑥ 重峦叠嶂 chóngluán-diézhàng    ⑦ 竹子 zhúzi
⑧ 丘壑 qiūhè    ⑨ 模样 múyàng    ⑩ 砌 qì
⑪ 屈曲 qūqū    ⑫ 一幅 yīfú

**作品 32 号**

泰山极顶看日出,历来被描绘成十分壮观的奇景。有人说:登泰山而看不到日出,就像一出大戏没有戏眼,味儿终究有点①寡淡。

我去爬山那天,正赶上个难得的好天,万里长空,云彩②丝儿都不见。素常烟雾腾腾的山头,显得眉目分明。同伴们都欣喜地说:"明天早晨准可以看见日出了。"我也是抱着这种想头③,爬上山去。

一路从山脚往上爬,细看山景,我觉得挂在眼前的不是五岳独尊的泰山,却像一幅④规模惊人的青绿山水画,从下面倒⑤展开来。在画卷⑥中最先露出⑦的是山根⑧底那座明朝建筑岱宗坊⑨,慢慢⑩地便现出王母池、斗母宫⑪、经石峪⑫。山是一层比一层深,一叠比一叠奇,层层叠叠,不知还会有多深多奇。万山丛中,时而点染⑬着极其工细的人物。王母池旁的吕祖殿里有不少尊明塑⑭,塑着吕洞宾等一些人,姿态神情是那样有生气,你看了,不禁⑮会脱口赞叹说:"活啦。"

画卷继续展开,绿阴森森的柏洞⑯露面⑰不太久,便来到对松山。两面奇峰对峙⑱着,满山峰都是奇形怪状的老松,年纪怕都有上千岁了,颜色竟那么浓,浓得好像要流下来似的⑲。来到这儿,你不妨⑳权当一次画里的写意人物,坐在路旁的对松亭里,看看山色,听听流//水和松涛。

一时间,我又觉得自己不仅是在看画卷,却又像是在零零乱乱翻着一卷历史稿本。

节选自杨朔《泰山极顶》

**语音提示**

① 有点 yǒu diǎnr　　② 云彩 yúncai　　③ 想头 xiǎngtou
④ 幅 fú　　⑤ 倒 dào　　⑥ 画卷 huàjuàn
⑦ 露出 lòuchū　　⑧ 山根 shāngēnr　　⑨ 岱宗坊 Dàizōngfāng
⑩ 慢慢 mànmàn　　⑪ 斗母宫 Dǒumǔgōng　　⑫ 峪 yù
⑬ 点染 diǎnrǎn　　⑭ 塑 sù　　⑮ 不禁 bùjīn
⑯ 柏洞 Bǎidòng　　⑰ 露面 lòumiàn　　⑱ 对峙 duìzhì
⑲ 似的 shìde　　⑳ 不妨 bùfáng

## 作品 33 号

在太空的黑幕上,地球就像站在宇宙舞台中央那位最美的大明星,浑身散发①出夺人心魄②的、彩色的、明亮的光芒,她披着浅蓝色的纱裙和白色的飘带,如同天上的仙女缓缓飞行。

地理知识告诉我,地球上大部分地区覆盖③着海洋,我果然看到了大片蔚蓝色的海水,浩瀚的海洋骄傲地披露④着广阔壮观的全貌,我还看到了黄绿相间⑤的陆地,连绵的山脉纵横其间⑥;我看到我们平时所说的天空,大气层中飘浮着片片雪白的云彩,那么轻柔,那么曼妙,在阳光普照下,仿佛贴在地面上一样。海洋、陆地、白云,它们呈现在飞船下面,缓缓驶来,又缓缓离去。

我知道自己还是在轨道上飞行,并没有完全脱离地球的怀抱,冲向宇宙的深处,然而这也足以让我震撼了,我并不能看清宇宙中众多的星球,因为⑦实际上它们离我们的距离非常遥远,很多都是以光年计算。正因为如此,我觉得宇宙的广袤⑧真实地摆在我的眼前,即便⑨作为中华民族第一个飞天的人我已经跑到离地球表面四百公里的空间,可以称为⑩太空人了,但是实际上在浩瀚的宇宙面前,我仅像一粒尘埃⑪。

虽然独自在太空飞行,但我想到了此刻千万//中国人翘首以待,我不是一个人在飞,我是代表所有中国人,甚至人类来到了太空。我看到的一切证明了中国航天技术的成功,我认为我的心情一定要表达一下,就拿出太空笔,在工作日志的背面写了一句话:"为了人类的和平与进步,中国人来到太空了。"以此来表达一个中国人的骄傲和自豪。

节选自杨利伟《天地九重》

**语音提示**

① 散发 sànfā　　② 心魄 xīnpò　　③ 覆盖 fùgài
④ 披露 pīlù　　⑤ 相间 xiāngjiàn　　⑥ 其间 qíjiān
⑦ 因为 yīn·wèi　　⑧ 广袤 guǎngmào　　⑨ 即便 jíbiàn
⑩ 称为 chēngwéi　　⑪ 尘埃 chénāi

**作品 34 号**

最使我难忘的,是我小学时候的女教师蔡芸芝先生①。

现在回想起来,她那时有十八九岁。右嘴角边有榆钱②大小一块③黑痣④。在我的记忆里,她是一个温柔和美丽的人。

她从来不打骂我们。仅仅有一次,她的教鞭好像要落下来,我用石板一迎,教鞭轻轻地敲在石板边上,大伙笑了,她也笑了。我用儿童的狡猾的眼光察觉,她爱我们,并没有存心要打的意思。孩子们是多么善于观察这一点啊⑤。

在课外的时候,她教我们跳舞,我现在还记得她把我扮成女孩子表演跳舞的情景。

在假日⑥里,她把我们带到她的家里和女朋友⑦的家里。在她的女朋友的园子里,她还让我们观察蜜蜂;也是在那时候,我认识了蜂王,并且平生第一次吃了蜂蜜。

她爱诗,并且爱用歌唱的音调教我们读诗。直到现在我还记得她读诗的音调,还能背诵她教我们的诗:

圆天盖着大海,

黑水托着孤舟,

远看不见山,

那天边只有云头,

也看不见树,

那水上只有海鸥……

今天想来,她对我的接近文学和爱好文学,是有着多么有益的影响!

像这样的教师,我们怎么会不喜欢她,怎么会不愿意和她亲近呢?我们见了她不由得⑧就围上去。即使⑨她写字的时候,我//们也默默地看着她,连她握铅笔的姿势都急于模仿。

节选自魏巍《我的老师》

**语音提示**

① 先生 xiānsheng　　② 榆钱 yúqián　　③ 一块 yī kuàir
④ 黑痣 hēizhì　　⑤ 点啊 diǎn na　　⑥ 假日 jiàrì
⑦ 朋友 péngyou　　⑧ 不由得 bùyóude　　⑨ 即使 jíshǐ

**作品 35 号**

我喜欢出发。

凡是到达了的地方①,都属于昨天。哪怕那山再青,那水再秀,那风再温柔。太深的流连便成了一种羁绊②,绊住的不仅有双脚,还有未来。

怎么能不喜欢出发呢？没见过大山的巍峨③,真是遗憾；见了大山的巍峨,没见过大海的浩瀚,仍然④遗憾；见了大海的浩瀚没见过大漠的广袤⑤,依旧遗憾；见了大漠的广袤没见过森林的神秘,还是遗憾。世界上有不绝的风景,我有不老的心情。

我自然知道,大山有坎坷⑥,大海有浪涛,大漠有风沙,森林有猛兽。即便⑦这样,我依然喜欢。

打破生活的平静便是另一番景致,一种属于年轻的景致。真庆幸,我还没有老。即便真老了又怎么样,不是有句话叫老当益壮吗？

于是,我还想从大山那里学习深刻,我还想从大海那里学习勇敢,我还想从大漠那里学习沉着⑧,我还想从森林那里学习机敏。我想学着品味一种缤纷⑨的人生。

人能走多远？这话不是要问两脚而是要问志向。人能攀多高？这事不是要问双手而是要问意志。于是,我想用青春的热血⑩给自己树起一个高远的目标。不仅是为了争取一种光荣,更是为了追求一种境界。目标实现了,便是光荣；目标实现不了,人生也会因//这一路风雨跋涉变得丰富而充实；在我看来,这就是不虚此生。

是的,我喜欢出发,愿你也喜欢。

节选自汪国真《我喜欢出发》

**语音提示**

① 地方 dìfang　　② 羁绊 jībàn　　③ 巍峨 wēi'é
④ 仍然 réngrán　　⑤ 广袤 guǎngmào　　⑥ 坎坷 kǎnkě
⑦ 即便 jíbiàn　　⑧ 沉着 chénzhuó　　⑨ 缤纷 bīnfēn
⑩ 热血 rèxuè

**作品36号**

乡下人家总爱在屋前搭一瓜架,或种南瓜,或种丝瓜,让那些瓜藤攀上棚架,爬上屋檐①。当花儿②落了的时候,藤上便结出了青的、红的瓜,它们一个个挂在房前,衬着那长长的藤,绿绿的叶。青、红的瓜,碧绿的藤和叶,构成了一道别有风趣的装饰,比那高楼门前蹲着一对石狮子或是竖着两根大旗杆,可爱多了。

有些人家,还在门前的场地上种几株花,芍药③、凤仙、鸡冠花④、大丽菊,它们依着时令,顺序开放,朴素中带着几分华丽,显出一派独特的农家风光。还有些人家,在屋后种几十枝竹,绿的叶,青的竿⑤,投下一片浓浓的绿荫⑥。几场⑦春雨过后,到那里走走,你常常会看见许多鲜嫩的笋⑧,成群地从土里探出头来。

鸡,乡下人家照例总要养几只的。从他们的房前屋后走过,你肯定会瞧见一只母鸡,率领一群小鸡,在竹林中觅食⑨；或是瞧见耸⑩着尾巴的雄鸡,在场地上大踏步地走来走去。

他们的屋后倘若有一条小河,那么在石桥旁边,在绿树荫下,你会见到一群鸭子游戏水中,不时地把头扎到水下去觅食。即使⑪附近的石头上有妇女在捣衣⑫,它们也从不吃惊。

若是在夏天的傍晚出去散步,你常常会瞧见乡下人家吃晚饭//的情景。他们把桌椅饭菜搬到门前,天高地阔地吃起来。天边的红霞,向晚的微风,头上飞过的归巢的鸟儿,都是他们的好友。它们和乡下人家一起,绘成了一幅自然、和谐的田园风景画。

节选自陈醉云《乡下人家》

**语音提示**

① 屋檐 wūyán　　　　② 花儿 huā'ér　　　　③ 芍药 sháoyao
④ 鸡冠花 jīguānhuā　⑤ 竿 gān　　　　　　⑥ 绿荫 lùyīn
⑦ 场 cháng　　　　　⑧ 笋 sǔn　　　　　　⑨ 觅食 mìshí
⑩ 耸 sǒng　　　　　　⑪ 即使 jíshǐ　　　　　⑫ 捣衣 dǎoyī

### 作品 37 号

我们的船渐渐地逼近榕树了。我有机会看清它的真面目:是一棵大树,有数不清的丫枝①,枝上又生根,有许多根一直垂到地上,伸进泥土里。一部分树枝垂到水面,从远处看,就像一棵大树斜躺在水面上一样。

现在正是枝繁叶茂的时节。这棵榕树好像在把它的全部生命力展示给我们看。那么多的绿叶,一簇②堆在另一簇的上面,不留一点儿缝隙③。翠绿的颜色明亮地在我们的眼前闪耀,似乎每一片树叶上都有一个新的生命在颤动④,这美丽的南国的树!

船在树下泊⑤了片刻,岸上很湿,我们没有上去。朋友⑥说这里是"鸟的天堂",有许多鸟在这棵树上做窝,农民不许人去捉它们。我仿佛听见几只鸟扑翅的声音,但是等到我的眼睛注意地看那里时,我却看不见一只鸟的影子。只有无数的树根立在地上,像许多根木桩。地是湿的,大概涨潮时河水常常冲上岸去。"鸟的天堂"里没有一只鸟,我这样想到。船开了,一个朋友拨⑦着船,缓缓地流到河中间去。

第二天,我们划着船到一个朋友的家乡去,就是那个有山有塔的地方⑧。从学校出发,我们又经过那"鸟的天堂"。

这一次是在早晨,阳光照在水面上,也照在树梢⑨上。一切都//显得非常光明。我们的船也在树下泊了片刻。

起初四周围非常清静。后来忽然起了一声鸟叫。我们把手一拍,便看见一只大鸟飞了起来,接着又看见第二只,第三只。我们继续拍掌,很快地这个树林就变得很热闹了。到处都是鸟声,到处都是鸟影。大的,小的,花的,黑的,有的站在枝上叫,有的飞起来,在扑翅膀。

节选自巴金《鸟的天堂》

**语音提示**

① 丫枝 yāzhī　　　　② 簇 cù　　　　　　③ 缝隙 fèngxì
④ 颤动 chàndòng　　⑤ 泊 bó　　　　　　⑥ 朋友 péngyou
⑦ 拨 bō　　　　　　⑧ 地方 dìfang　　　　⑨ 树梢 shùshāo

### 作品 38 号

两百多年前,科学家做了一次实验。他们在一间屋子里横七竖八地拉了许多绳子,绳子上系①着许多铃铛②,然后把蝙蝠③的眼睛蒙上④,让它在屋子里飞。蝙蝠飞了几个钟头,铃铛一个也没响,那么多的绳子,它一根也没碰着⑤。

科学家又做了两次实验:一次把蝙蝠的耳朵塞上,一次把蝙蝠的嘴封住,让它在屋子里飞。蝙蝠就像没头苍蝇似的⑥到处乱撞⑦,挂在绳子上的铃铛响个不停。

三次实验的结果⑧证明,蝙蝠夜里飞行,靠的不是眼睛,而是靠嘴和耳朵配合起来探路的。

后来,科学家经过反复研究⑨,终于揭开了蝙蝠能在夜里飞行的秘密。它一边飞,一边从嘴里发出超声波。而这种声音,人的耳朵是听不见的,蝙蝠的耳朵却能听见。超声波向前传播时,遇到障碍物就反射回来,传到蝙蝠的耳朵里,它就立刻改变飞行的方向。

知道蝙蝠在夜里如何飞行,你猜到飞机夜间飞行的秘密了吗?现代飞机上安装了雷达,雷达的工作原理与蝙蝠探路类似。雷达通过天线发出无线电波,无线电波遇到障碍物就反射回来,被雷达接收到,显示在荧光屏⑩上。从雷达的荧光屏上,驾驶员能够清楚地看到前方有没有障碍物,所//以飞机飞行就更安全了。

节选自《夜间飞行的秘密》

**语音提示**

① 系 jì　　　② 铃铛 língdang　　　③ 蝙蝠 biānfú

④ 蒙上 méng·shàng　　⑤ 碰着 pèngzháo　　⑥ 似的 shìde

⑦ 撞 zhuàng　　⑧ 结果 jiéguǒ　　⑨ 研究 yánjiū

⑩ 荧光屏 yíngguāngpíng

## 作品 39 号

北宋时期,有位画家叫张择端。他画了一幅①名扬中外的画《清明上河图》。这幅画长五百二十八厘米,高二十四点八厘米,画的是北宋都城②汴梁③热闹的场面。这幅画已经有八百多年的历史了,现在还完整地保存在北京的故宫博物院里。

张择端画这幅画的时候,下了很大的功夫④。光是画上的人物,就有五百多个:有从乡下来的农民,有撑船的船工,有做各种买卖⑤的生意⑥人,有留着长胡子的道士⑦,有走江湖的医生,有摆小摊⑧的摊贩,有官吏⑨和读书人,三百六十行⑩,哪一行的人都画在上面了。

画上的街市可热闹了。街上有挂着各种招牌⑪的店铺、作坊⑫、酒楼、茶馆⑬,走在街上的,是来来往往、形态各异的人:有的骑着马,有的挑⑭着担,有的赶着毛驴⑮,有的推着独轮车,有的悠闲地在街上溜达⑯。画面上的这些人,有的不到一寸,有的甚至只有黄豆那么大。别看画上的人小,每个人在干什么,都能看得清清楚楚。

最有意思的是桥北头⑰的情景:一个人骑着马,正往桥下走。因为⑱人太多,眼看就要碰上对面来的一乘⑲轿子。就在这个紧急时刻,那个牧马人一下子拽⑳住了马笼头㉑,这才没碰上那乘轿子。不过,这么一来,倒㉒把马右边的//两头小毛驴吓得又踢又跳。站在桥栏杆边欣赏风景的人,被小毛驴惊扰了,连忙回过头来赶小毛驴。你看,张择端画的画,是多么传神啊!

《清明上河图》使我们看到了八百年以前的古都风貌,看到了当时普通老百姓的生活场景。

节选自滕明道《一幅名扬中外的画》

**语音提示**

① 幅 fú　　② 都城 dūchéng　　③ 汴梁 biànliáng

④ 功夫 gōngfu　　⑤ 买卖 mǎimai　　⑥ 生意 shēngyi
⑦ 道士 dàoshi　　⑧ 小摊 xiǎotānr　　⑨ 官吏 guānlì
⑩ 行 háng　　⑪ 招牌 zhāopai　　⑫ 作坊 zuōfang
⑬ 茶馆 cháguǎnr　　⑭ 挑 tiāo　　⑮ 毛驴 máolú
⑯ 溜达 liūda　　⑰ 北头 běitou　　⑱ 因为 yīn·wèi
⑲ 乘 shèng　　⑳ 拽 zhuài　　㉑ 马笼头 mǎlóngtou
㉒ 倒 dào

**作品 40 号**

　　二〇〇〇①年，中国第一个以科学家名字命名的股票"隆平高科"上市。八年后，名誉董事长袁隆平所持有的股份以市值计算已经过亿。从此，袁隆平又多了个"首富科学家"的名号。而他身边的学生②和工作人员，却很难把这位老人和"富翁"联系起来。

　　"他哪里有富人的样子。"袁隆平的学生们笑着议论。在学生们的印象里，袁老师永远黑黑瘦瘦，穿一件软塌塌③的衬衣。在一次会议上，袁隆平坦言："不错，我身价二〇〇八④年就一千零八亿了，可我真的有那么多钱吗？没有。我现在就是靠每个月六千多元的工资生活，已经很满足了。我今天穿的衣服就五十块钱，但我喜欢的还是昨天穿的那件十五块钱的衬衫，穿着⑤很精神⑥。"袁隆平认为，"一个人的时间和精力是有限的，如果老想着享受，哪有心思⑦搞科研？搞科学研究就是要淡泊名利，踏实⑧做人"。

　　在工作人员眼中，袁隆平其实就是一位身板硬朗的"人民农学家"，"老人下田从不要人搀扶⑨，拿起套鞋，脚一蹬⑩就走"。袁隆平说："我有八十岁的年龄⑪，五十多岁的身体，三十多岁的心态，二十多岁的肌肉弹性。"袁隆平的业余生活非常丰富，钓鱼、打排球、听音乐……他说，就是喜欢这些//不花钱的平民项目。

　　二〇一〇年九月，袁隆平度过了他的八十岁生日。当时，他许了个愿：到九十岁时，要实现亩产一千公斤！如果全球百分之五十的稻田种植杂交水稻，每年可增产一点五亿吨粮食，可多养活四亿到五亿人口。

节选自刘畅《一粒种子造福世界》

**语音提示**

① 二〇〇〇 Èr líng líng líng　　② 学生 xuésheng　　③ 软塌塌 ruǎntātā
④ 二〇〇八 èr líng líng bā　　⑤ 穿着 chuānzhe　　⑥ 精神 jīngshen
⑦ 心思 xīnsi　　⑧ 踏实 tāshi　　⑨ 搀扶 chānfú
⑩ 蹬 dēng　　⑪ 年龄 niánlíng

**作品 41 号**

　　北京的颐和园①是个美丽的大公园。

　　进了颐和园的大门，绕②过大殿，就来到有名的长廊。绿漆的柱子，红漆的栏杆，一眼望不到头。这条长廊有七百多米长，分成二百七十三间。每一间的横槛③上都有五彩的画，画着人物、花草、风景，几千幅④画没有哪两幅是相同的。长廊两旁栽满了花木，这一种花还没谢,那一种花又开了。微风从左边的昆明湖上吹来,使人神清气爽。

走完长廊,就来到了万寿山脚下。抬头一看,一座八角宝塔形的三层建筑耸立⑤在半山腰上,黄色的琉璃⑥瓦闪闪发光。那就是佛香阁。下面的一排排金碧辉煌的宫殿,就是排云殿。

登上万寿山,站在佛香阁的前面向下望,颐和园的景色大半收在眼底。葱郁的树丛,掩映⑦着黄的绿的琉璃瓦屋顶和朱红的宫墙。正前面,昆明湖静得像一面镜子,绿得像一块碧玉。游船、画舫⑧在湖面慢慢⑨地滑过,几乎不留一点儿痕迹。向东远眺⑩,隐隐约约可以望见几座古老的城楼和城里的白塔。

从万寿山下来,就是昆明湖。昆明湖围着长长的堤岸⑪,堤上有好几座式样不同的石桥,两岸栽着数不清的垂柳。湖中心有个小岛,远远望去,岛上一片葱绿,树丛中露出⑫宫殿的一角。//游人走过长长的石桥,就可以去小岛上玩。这座石桥有十七个桥洞,叫十七孔桥。桥栏杆上有上百根石柱,柱子上都雕刻着小狮子。这么多的狮子,姿态不一,没有哪两只是相同的。

颐和园到处有美丽的景色,说也说不尽,希望你有机会去细细游赏。

节选自袁鹰《颐和园》

**语音提示**

① 颐和园 Yíhéyuán  ② 绕 rào  ③ 横槛 héngjiàn
④ 幅 fú  ⑤ 耸立 sǒnglì  ⑥ 琉璃 liú·lí
⑦ 掩映 yǎnyìng  ⑧ 画舫 huàfǎng  ⑨ 慢慢 mànmàn
⑩ 眺 tiào  ⑪ 堤岸 dī'àn  ⑫ 露出 lòuchū

**作品 42 号**

一谈到读书,我的话就多了!

我自从会认字后不到几年,就开始读书。倒不是四岁时读母亲给我的商务印书馆出版的国文教科书第一册的"天、地、日、月、山、水、土、木"以后的那几册,而是七岁时开始自己读的"话说天下大势,分久必合,合久必分……"的《三国演义》。

那时,我的舅父杨子敬先生①每天晚饭后必给我们几个表兄妹讲一段《三国演义》,我听得津津有味②,什么"宴桃园豪杰三结义,斩③黄巾英雄首立功",真是好听极了。但是他讲了半个钟头,就停下去干他的公事了。我只好带着对于故事下文的无限悬念,在母亲的催促下,含泪上床。

此后,我决定咬了牙,拿起一本《三国演义》来,自己一知半解地读了下去,居然越看越懂,虽然字音都读得不对,比如把"凯"念作"岂"④,把"诸"⑤念作"者"之类,因为⑥就只学过那个字一半部分⑦。

谈到《三国演义》,我第一次读到关羽死了,哭了一场⑧,把书丢下了。第二次再读到诸葛亮死了,又哭了一场,又把书丢下了,最后忘了是什么时候才把全书读到"分久必合"的结局。

这时我同时还看了母亲针线笸箩⑨里常放着的那几本《聊斋⑩志异》,聊斋故事是短篇的,可以随时拿起放下,又是文言的,这对于我的//作文课很有帮助,因为老师曾在我的作文本上批着"柳州风骨,长吉清才"的句子,其实我那时还没有读过柳宗元和李贺的文章,只因那时的作文,都是用文言写的。

书看多了,从中也得到一个体会,物怕比,人怕比,书也怕比,"不比不知道,一比吓一跳"。

因此,某年的六一国际儿童节,有个儿童刊物要我给儿童写几句指导读书的话,我只写了九个字,就是:

读书好,多读书,读好书。

节选自冰心《忆读书》

**语音提示**

① 先生 xiānsheng　② 津津有味 jīnjīn-yǒuwèi　③ 斩 zhǎn
④ 岂 qǐ　⑤ 诸 zhū　⑥ 因为 yīn·wèi
⑦ 部分 bùfen　⑧ 场 cháng　⑨ 笸箩 pǒluo
⑩ 聊斋 Liáozhāi

## 作品 43 号

徐霞客是明朝末年的一位奇人。他用双脚,一步一步地走遍了半个中国大陆,游览过许多名山大川,经历过许多奇人异事。他把游历的观察和研究①记录下来,写成了《徐霞客游记》这本千古奇书。

当时的读书人,都忙着追求科举功名,抱着"十年寒窗无人问,一举成名天下知"的观念,埋头于经书之中。徐霞客却卓尔不群②,醉心于古今史籍③及地志、山海图经的收集和研读。他发现此类书籍很少,记述简略且多有相互矛盾之处,于是他立下雄心壮志,要走遍天下,亲自考察。

此后三十多年,他与长风为④伍,云雾为伴,行程九万里,历尽千辛万苦,获得了大量第一手考察资料。徐霞客日间攀险峰,涉⑤危涧⑥,晚上就是再疲劳,也一定录下当日⑦见闻。即使⑧荒野露宿⑨,栖身⑩洞穴⑪,也要"燃松拾穗⑫,走笔为记"。

徐霞客的时代,没有火车,没有汽车,没有飞机,他所去的许多地方⑬连道路都没有,加上明朝末年治安不好,盗匪横行⑭,长途旅行是非常艰苦又非常危险的事。

有一次,他和三个同伴到西南地区,沿路考察石灰岩地形和长江源流。走了二十天,一个同伴难耐旅途劳顿,不辞而别。到了衡阳附近又遭遇土匪抢劫,财物尽⑮失,还险//些被杀害。好不容易到了南宁,另一个同伴不幸病死,徐霞客忍痛继续西行。到了大理,最后一个同伴也因为吃不了苦,偷偷地走了,还带走了他仅存的行囊。但是,他还是坚持目标,继续他的研究工作,最后找到了答案,推翻历史上的错误,证明长江的源流不是岷江而是金沙江。

节选自《阅读大地的徐霞客》

**语音提示**

① 研究 yánjiū　② 卓尔不群 zhuó'ěr-bùqún　③ 史籍 shǐjí
④ 为 wéi　⑤ 涉 shè　⑥ 涧 jiàn
⑦ 当日 dàngrì　⑧ 即使 jíshǐ　⑨ 露宿 lùsù

⑩ 栖身 qīshēn　　⑪ 洞穴 dòngxué　　⑫ 拾穗 shísuì
⑬ 地方 dìfang　　⑭ 横行 héngxíng　　⑮ 尽 jìn

**作品 44 号**

　　造纸术的发明,是中国对世界文明的伟大贡献之一。
　　早在几千年前,我们的祖先就创造了文字。可那时候还没有纸,要记录一件事情,就用刀把文字刻在龟甲①和兽骨上,或者把文字铸刻②在青铜器上。后来,人们又把文字刻在竹片和木片上。这些竹片、木片用绳子穿起来,就成了一册书。但是,这种书很笨重,阅读、携带③、保存都很不方便。古时候用"学富五车④"形容一个人学问高,是因为⑤书多的时候需要用车来拉。再后来,有了蚕丝织成的帛⑥,就可以在帛上写字了。帛比竹片、木片轻便,但是价钱太贵,只有少数人能用,不能普及。
　　人们用蚕茧⑦制作丝绵时发现,盛放⑧蚕茧的篾席⑨上,会留下一层薄片⑩,可用于书写。考古学家发现,在两千多年前的西汉时代,人们已经懂得了用麻来造纸。但麻纸比较⑪粗糙⑫,不便书写。
　　大约在一千九百年前的东汉时代,有个叫蔡伦的人,吸收了人们长期积累⑬的经验,改进了造纸术。他把树皮、麻头、稻草、破布等原料剪碎或切断,浸⑭在水里捣烂⑮成浆⑯;再把浆捞出来晒干,就成了一种既轻便又好用的纸。用这种方法造的纸,原料容易得到,可以大量制造,价格又便宜,能满足多数人的需要,所//以这种造纸方法就传承下来了。
　　我国的造纸术首先传到邻近的朝鲜半岛和日本,后来又传到阿拉伯世界和欧洲,极大地促进了人类社会的进步和文化的发展,影响了全世界。

节选自《纸的发明》

**语音提示**

① 龟甲 guījiǎ　　② 铸刻 zhùkè　　③ 携带 xiédài
④ 学富五车 xuéfùwǔchē　　⑤ 因为 yīn·wèi　　⑥ 帛 bó
⑦ 蚕茧 cánjiǎn　　⑧ 盛放 chéngfàng　　⑨ 篾席 mièxí
⑩ 薄片 báopiàn　　⑪ 比较 bǐjiào　　⑫ 粗糙 cūcāo
⑬ 积累 jīlěi　　⑭ 浸 jìn　　⑮ 捣烂 dǎolàn
⑯ 浆 jiāng

**作品 45 号**

　　中国的第一大岛、台湾省的主岛台湾,位于中国大陆架的东南方,地处①东海和南海之间,隔着台湾海峡和大陆相望。天气晴朗的时候,站在福建沿海较②高的地方③,就可以隐隐约约地望见岛上的高山和云朵。
　　台湾岛形状狭长,从东到西,最宽处只有一百四十多公里;由南至北,最长的地方约有三百九十多公里。地形像一个纺织用的梭子④。
　　台湾岛上的山脉⑤纵贯⑥南北,中间的中央山脉犹如全岛的脊梁⑦。西部为海拔⑧近四千米的玉山山脉,是中国东部的最高峰。全岛约有三分之一的地方是平地,其余为山地。岛内有缎带般的瀑布,蓝宝石似的⑨湖泊⑩,四季常青的森林和果园,自然景色十分优美。西南部的阿里山和日月潭,台北市郊的大屯山⑪风景区,都是闻名世界的游览胜地。

台湾岛地处热带和温带之间,四面环海,雨水充足,气温受到海洋的调剂⑫,冬暖夏凉,四季如春,这给水稻和果木生长提供⑬了优越的条件。水稻、甘蔗⑭、樟脑⑮是台湾的"三宝"。岛上还盛产⑯鲜果和鱼虾。

台湾岛还是一个闻名世界的"蝴蝶王国"。岛上的蝴蝶共有四百多个品种,其中有不少是世界稀有的珍贵品种。岛上还有不少鸟语花香的蝴//蝶谷,岛上居民利用蝴蝶制作的标本和艺术品,远销许多国家。

节选自《中国的宝岛——台湾》

**语音提示**

① 地处 dìchǔ  ② 较 jiào  ③ 地方 dìfang
④ 梭子 suōzi  ⑤ 山脉 shānmài  ⑥ 纵贯 zòngguàn
⑦ 脊梁 jǐliang  ⑧ 海拔 hǎibá  ⑨ 似的 shìde
⑩ 湖泊 húpō  ⑪ 大屯山 Dàtún shān  ⑫ 调剂 tiáojì
⑬ 提供 tígōng  ⑭ 甘蔗 gānzhe  ⑮ 樟脑 zhāngnǎo
⑯ 盛产 shèngchǎn

## 作品 46 号

对于中国的牛,我有着一种特别尊敬的感情。

留给我印象最深的,要算在田垄①上的一次"相遇"。

一群朋友②郊游,我领头在狭窄③的阡陌④上走,怎料迎面来了几头耕牛,狭道容不下人和牛,终有一方要让路。它们还没有走近,我们已经预计斗不过畜牲⑤,恐怕难免踩到田地泥水里,弄⑥得鞋袜又泥又湿了。正踟蹰⑦的时候,带头的一头牛,在离我们不远的地方⑧停下来,抬起头看看,稍迟疑一下,就自动走下田去。一队耕牛,全跟着它离开阡陌,从我们身边经过。

我们都呆了,回过头来,看着深褐色⑨的牛队,在路的尽头消失,忽然觉得自己受了很大的恩惠。

中国的牛,永远沉默地为人做着沉重的工作。在大地上,在晨光或烈日下,它拖着沉重的犁⑩,低头一步又一步,拖出了身后一列又一列松土,好让人们下种⑪。等到满地金黄或农闲时候,它可能还得⑫担当搬运负重的工作;或终日绕⑬着石磨,朝⑭同一方向,走不计程的路。

在它沉默的劳动中,人便得到应得⑮的收成⑯。

那时候,也许,它可以松一肩重担,站在树下,吃几口嫩草。偶尔摇摇尾巴⑰,摆摆耳朵,赶走飞附⑱身上的苍蝇⑲,已经算是它最闲适的生活了。

中国的牛,没有成群奔跑的习//惯,永远沉沉实实的,默默地工作,平心静气。这就是中国的牛!

节选自(香港)小思《中国的牛》

**语音提示**

① 田垄 tiánlǒng　② 朋友 péngyou　③ 狭窄 xiázhǎi
④ 阡陌 qiānmò　⑤ 畜牲 chùsheng　⑥ 弄 nòng
⑦ 踟蹰 chíchú　⑧ 地方 dìfang　⑨ 褐色 hèsè
⑩ 犁 lí　⑪ 种 zhǒng　⑫ 得 děi
⑬ 绕 rào　⑭ 朝 cháo　⑮ 应得 yīngdé
⑯ 收成 shōucheng　⑰ 尾巴 wěiba　⑱ 附 fù
⑲ 苍蝇 cāngying

**作品 47 号**

石拱桥的桥洞成弧形①,就像虹。古代神话里说,雨后彩虹是"人间天上的桥",通过彩虹就能上天。我国的诗人爱把拱桥比作虹,说拱桥是"卧虹""飞虹",把水上拱桥形容为"长虹卧波"。

我国的石拱桥有悠久的历史。《水经注》里提到的"旅人桥",大约建成于公元二八二年,可能是有记载②的最早的石拱桥了。我国的石拱桥几乎到处都有。这些桥大小不一,形式多样,有许多是惊人的杰作。其中最著名的当推河北省赵县的赵州桥。

赵州桥非常雄伟,全长五十点八二米。桥的设计完全合乎科学原理,施工技术更是巧妙绝伦③。全桥只有一个大拱,长达三十七点四米,在当时可算是世界上最长的石拱。桥洞不是普通半圆形,而是像一张弓,因而④大拱上面的道路没有陡坡⑤,便于车马上下。大拱的两肩上,各有两个小拱。这个创造性的设计,不但节约了石料,减轻了桥身的重量,而且在河水暴涨的时候,还可以增加桥洞的过水量,减轻洪水对桥身的冲击。同时,拱上加拱,桥身也更美观。大拱由二十八道拱圈⑥拼成,就像这么多同样形状的弓合拢⑦在一起,做成一个弧形的桥洞。每道拱圈都能独立支撑⑧上面的重量,一道坏了,其//他各道不致受到影响。全桥结构匀称,和四周景色配合得十分和谐;桥上的石栏石板也雕刻得古朴美观。赵州桥高度的技术水平和不朽的艺术价值,充分显示了我国劳动人民的智慧和力量。

节选自茅以升《中国石拱桥》

**语音提示**

① 弧形 húxíng　② 记载 jìzǎi　③ 绝伦 juélún
④ 因而 yīn'ér　⑤ 陡坡 dǒupō　⑥ 拱圈 gǒngquān
⑦ 合拢 hélǒng　⑧ 支撑 zhīchēng

**作品 48 号**

不管我的梦想能否成为事实,说出来总是好玩儿的:

春天,我将要住在杭州。二十年前,旧历的二月初,在西湖上我看见了嫩柳与菜花,碧浪与翠竹。由我看到的那点儿春光,已经可以断定,杭州的春天必定会教①人整天生活在诗与图画之中。所以,春天我的家应当②是在杭州。

夏天,我想青城山应当算作最理想的地方③。在那里,我虽然只住过十天,可是它的幽静④已拴住⑤了我的心灵。在我所看见过的山水中,只有这里没有使我失望。到处都是绿,目之所及,那片淡而光润的绿色都在轻轻地颤动⑥,仿佛⑦要流入空中与心中似的⑧。这个绿色会像音乐,涤清⑨了心中的万虑。

秋天一定要住北平。天堂是什么样子,我不知道,但是从我的生活经验去判断,北平之秋便是天堂。论天气,不冷不热。论吃的,苹果、梨、柿子、枣儿⑩、葡萄,每样都有若干种。论花草,菊花种类之多,花式之奇,可以甲天下。西山有红叶可见,北海可以划船——虽然荷花已残,荷叶可还有一片清香。衣食住行,在北平的秋天,是没有一项不使人满意的。

冬天,我还没有打好主意⑪,成都或者相当地合适,虽然并不怎样和暖⑫,可是为了水仙,素心腊梅,各色的茶花,仿佛就受一点儿寒//冷,也颇值得去了。昆明的花也多,而且天气比成都好,可是旧书铺与精美而便宜的小吃远不及成都那么多。好吧,就暂这么规定:冬天不住成都便住昆明吧。

节选自老舍《"住"的梦》

**语音提示**

① 教 jiào　　　　② 应当 yīngdāng　　　③ 地方 dìfang
④ 幽静 yōujìng　　⑤ 拴住 shuānzhù　　　⑥ 颤动 chàndòng
⑦ 仿佛 fǎngfú　　⑧ 似的 shìde　　　　　⑨ 涤清 díqīng
⑩ 枣儿 zǎor　　　⑪ 主意 zhǔyi　　　　　⑫ 和暖 hénuǎn

## 作品 49 号

在北京市东城区著名的天坛公园东侧,有一片占地面积①近二十万平方米的建筑区域,大大小小的十余栋②训练馆坐落其间③。这里就是国家体育总局训练局。许多我们耳熟能详④的中国体育明星都曾在这里挥汗如雨,刻苦练习。

中国女排的一天就是在这里开始的。

清晨八点钟,女排队员们早已集合完毕,准备开始一天的训练。主教练郎平坐在场外长椅上,目不转睛地注视着跟随助理教练们做热身运动的队员们,她身边的座位上则横七竖八地堆放着女排姑娘们的各式用品:水、护具、背包⑤,以及各种外行⑥人叫不出名字的东西⑦。不远的墙上悬挂⑧着一面鲜艳的国旗,国旗两侧是"顽强拼搏"和"为国争光"两条红底黄字的横幅⑨,格外醒目。

"走下领奖台,一切从零开始"十一个大字,和国旗遥遥相望,姑娘们训练之余偶尔一瞥⑩就能看到。只要进入这个训练馆,过去的鲜花、掌声与荣誉皆成为⑪历史,所有人都只是最普通的女排队员。曾经的辉煌、骄傲、胜利,在踏入这间场馆的瞬间⑫全部归零。

踢球跑、垫球跑、夹⑬球跑……这些对普通人而言和杂技差不多的项目是女排队员们必须熟练⑭掌握的基本技能。接下来//的任务是小比赛。郎平将队员们分为几组,每一组由一名教练监督,最快完成任务的小组会得到一面小红旗。

看着这些年轻的姑娘们在自己的眼前来来去去,郎平的思绪常飘回到三十多年前。那时风华正茂的她是中国女排的主攻手,她和队友们也曾在这间训练馆里夜以继日地并肩备战。三十多年来,这间训练馆从内到外都发生了很大的变化:原本粗糙的地面变成了光滑的地板,训练用的仪器越来越先进,中国女排的团队中甚至还出现了几张陌生的外国面孔……但时光荏苒,不变的是这支队伍对排球的热爱和"顽强拼搏,为国争光"的初心。

节选自宋元明《走下领奖台,一切从零开始》

**语音提示**

① 面积 miànjī　　② 栋 dòng　　③ 间 jiān
④ 耳熟能详 ěrshú-néngxiáng　　⑤ 背包 bēibāo
⑥ 外行 wàiháng　　⑦ 东西 dōngxi　　⑧ 悬挂 xuánguà
⑨ 横幅 héngfú　　⑩ 瞥 piē　　⑪ 成为 chéngwéi
⑫ 瞬间 shùnjiān　　⑬ 夹 jiā　　⑭ 熟练 shúliàn

## 作品 50 号

在一次名人访问中,被问及上个世纪最重要的发明是什么时,有人说是电脑,有人说是汽车,等等。但新加坡的一位知名人士却说是冷气机。他解释,如果没有冷气,热带地区如东南亚①国家,就不可能有很高的生产力,就不可能达到今天的生活水准。他的回答实事求是,有理有据。

看了上述报道,我突发奇想:为什么没有记者问:"二十世纪最糟糕的发明是什么?"其实二〇〇二②年十月中旬,英国的一家报纸就评出了"人类最糟糕的发明"。获此"殊荣"的,就是人们每天大量使用的塑料③袋。

诞生④于上个世纪三十年代的塑料袋,其家族包括用塑料制成的快餐饭盒、包装纸、餐用杯盘、饮料瓶、酸奶杯、雪糕杯等。这些废弃物形成的垃圾⑤,数量多、体积⑥大、重量轻、不降解⑦,给治理工作带来很多技术难题和社会问题⑧。

比如,散落⑨在田间、路边及草丛中的塑料餐盒,一旦被牲畜⑩吞食,就会危及健康甚至导致死亡。填埋废弃塑料袋、塑料餐盒的土地,不能生长庄稼⑪和树木,造成土地板结⑫,而焚烧⑬处理⑭这些塑料垃圾,则会释放出多种化学有毒气体,其中一种称为二噁⑮英的化合物,毒性极大。

此外,在生产塑料袋、塑料餐盒的过//程中使用的氟利昂,对人体免疫系统和生态环境造成的破坏也极为严重。

节选自林光如《最糟糕的发明》

**语音提示**

① 亚 yà　　② 二〇〇二 èr líng líng èr　　③ 塑料 sùliào
④ 诞生 dànshēng　　⑤ 垃圾 lājī　　⑥ 体积 tǐjī
⑦ 降解 jiàngjiě　　⑧ 问题 wèntí　　⑨ 散落 sànluò
⑩ 牲畜 shēngchù　　⑪ 庄稼 zhuāngjia　　⑫ 板结 bǎnjié
⑬ 焚烧 fénshāo　　⑭ 处理 chǔlǐ　　⑮ 噁 è

# 第六章 说话训练

## 第一节 说话训练的意义和要求

### 一、说话训练的意义

（一）人的认识发展需要训练说话

人的认识的发展主要是思维的发展。人的思维不是赤裸裸的,而是靠语词来进行的,因而话语表达与思维有密切的关系。无论是口头语言表达,还是书面文字表述的话语,都是思维的结晶,是人们对客观事物的认识和反映。叶圣陶先生主张"怎么说就怎么写",实际上就是指把想的说出来或写出来。但是,说和写在时空上是有差异的。书面语言可以反复思考、琢磨、修改,口头语言却要求在特定的时间和环境下快速组词成句,并通过语言表达出来。口语表达过程中的边想边说,能培养思维的敏捷性和灵活性。正因为这样,说话训练有助于思维品质的提高。

（二）现代社会的发展需要训练说话

当今社会已经进入信息社会,尤其是声光技术在通信领域的应用,广播、电视、电话的普及,对口头语言表达提出了新的要求,要求每一个社会成员的语言应规范、准确、简洁。

现代社会生活的快节奏和高效率,使人们的交际越来越频繁。因为语言交际不当而影响社会文化、经济和日常交往活动的不乏其例。在国外,口语表达能力是谋取职业的重要条件,不少大学有语言学系、演讲学系或演讲学院,培养社会需要的各类人才。我们应加快说话训练的步伐。

（三）各级各类学校的教学需要训练说话

在小学、中学、师范院校、职业院校及其他各类学校的培养目标和教学大纲里,都提出了培养说标准的普通话和提高口头表达能力的要求。教育部、国家语言文字工作委员会也多次发文,提出不同阶段普及普通话的工作目标。虽然普及普通话工作取得了不小的成绩,但是普通话的普及范围、程度和总体水平,与工作目标都有一定差距,在教学和训练上还没有持之以恒的科学制度和方法。语言学家倪海曙先生说过:"普通话只有通过教学才能推广。"各级各类学校必须加强普通话教学和说话教学。

(四) 普通话水平测试需要训练说话

普通话水平测试是使推广普通话工作走向规范化、制度化的有力措施。目前要求持普通话水平等级证书上岗的有关人员,有的要达到一级水平,有的至少要达到二级乙等水平。其中,"说话"一项是应试人员普通话水平的综合反映。话题涉及社会生活的各个方面,应试者必须根据题目敏捷地组织语言材料,用普通话流畅地表达出来。如果不进行一定形式的训练,是难以达到规定的要求的。因此,普通话水平测试需要训练说话。

## 二、说话训练的要求

(一) 语音自然

自然,指的是能按照日常口语的语音、语调来说话,不要带着朗读或背诵的腔调。按道理说,这是一个不成问题的问题。谁会在日常生活中对着自己的亲朋好友朗读呢?问题是,由于方言区不少人在日常生活中是讲地方话的,除非背书、读报才用普通话。许多人都是用朗诵来作为学习普通话的主要手段。再加上方言区的人大多没有机会听到规范的日常口语,久而久之,就把戏剧、朗诵的发音当作楷模来仿效。这就造成不少人说话时的朗诵腔。

其实,仔细考究起来,说话是一种交际手段。人与人交往时贵在真诚,人们希望听到的是亲切、自然、朴实无华的语音。朗诵是一种艺术表演。由于表演的特殊环境(如场子大、观众多、表演者与听众距离远等),它需要进行艺术加工,也允许美化、夸张。这两种语音在发声、共鸣,甚至吐字、节奏等方面都是各有特点的。它们各有各的用途,不能相互代替。一位名演员下台回家之后,对家人使用的必须是日常口语发音而绝不可能仍然用台词的发音,就是这个道理。

(二) 用词恰当

用词恰当首先是要用词规范,不用方言词语。例如,有的上海人把"用抹布擦擦桌子"说成"用揩布揩揩台子",把"自行车"说成"脚踏车",这就是用词不规范。除此之外,还有三点是应该注意的。

1. 多用口语词,少用书面语

在说话时,应该尽可能多用口语词,少用"之乎者也"之类的古语词,或"基本上"、"一般说来"之类的书面、公文用语。汉语书面语中保留了许多古汉语中的词语。这些词语很文雅,很精炼,使用这些古语词可以使语言有庄重的色彩,但同时会使语句减少了几分生动和亲切,因而不适合在说话时使用。例如,"诸如"常用在公文里,口头上说时不妨改为"比方说……"更好;"无须乎"也不如"不必"来得生动自然;"午后二时许"就是"下午两点多钟"的意思,但用在小型联欢会上,就不如"下午两点多钟"更为活泼。运用口语词可以使话语显得生动。我们试看一位学生在讲述自己爱好滑冰时的一段话:

  所以回到家里呢,我妈看见挺心疼的。但是我说我一定要学会。现在呢,将就着学会了。就是不会转弯,转弯就要摔跟斗。

这段话里全是大白话。"我妈"、"心疼"、"将就着"、"摔跟斗"这些词如果改成书面语,效果就不一样了,现在试试:

  所以回到家里母亲很舍不得。但是我下定了决心要学会。现在已经基本上学会了。就是不会转弯,转弯就要跌倒。

2. 不用时髦语

社会上常常流行一种时髦语。前些年从北方传来"没治了"、"震了"、"盖帽儿了"、"毙了"(都是"好极了"的时髦说法)。这些年又从港台地区传来"做骚"(表演)、"挂咪"(告别舞台)、"发烧友"(歌迷)。上海地区又土生土长了"不要太(=太)"、"淘糨糊"、"巴子"等时髦说法。这些时髦语虽然可以风靡一时,但它们是不规范的,因而也是没有生命力的。满口时髦语不单会削弱语言的表现力,而且会暴露出说话人素质低下。

3. 避免同音词

在口语中没有文字材料作依托,如果遇到同音现象,就容易造成误解。"向前看"容易被误听为"向钱看","期中"容易被误听为"期终"。因此,人们在说话时,应尽可能避免使用有同音词的语词。据说有人出差到安徽,想品尝一下当地的小吃。服务员指着一种宽面条问:"面皮要不要?"当她听到"不要"的答复时,随口说了一句:"你们上海人来这儿,怎么都是不要面皮的?"想不到这句话引起了旁边站着的一对年轻的上海夫妇极大的愤慨,认为这位服务员侮辱了上海人。这是方言词语加上同音现象造成的一场误会,服务员使用了一个方言词"面皮",而这个词正好与上海话中表示脸面的"面皮"相同。这样一来,原来服务员所讲的意思"不吃宽面条"就被误解为"不要脸"了。由此可见,在口语中避免使用同音词是非常重要的。

(三) 语句流畅

在口语表达中,语句流畅与否对表达效果影响很大。语句流畅的,好像行云流水,听起来非常容易理解,而且很有吸引力,也不易疲劳。语句不流畅的,听上去断断续续,不但不容易领会,而且容易疲劳或烦躁,效果就很差了。要使语句流畅,应该注意以下几点。

1. 多用短句,多用单句

在口语中,人们接收信息不像看书可以一目十行,句子长一点也可以一眼扫到。听话时语音信号是按线性次序一个挨一个进入耳朵的。如果句子长了,或者结构复杂了,那么当句子末尾进入脑海中时,句子的开头或许已经印象不深。在听话人的脑海中,句子便不完整。因此,口语中的句子千万不要太长。在作文时,教师往往教导学生要惜墨如金,能够用一句话说清楚的,千万不要讲两句。在讨论口头表达效果时,我们正好要颠倒过来:凡能够讲两句的,千万不要合并为一句。同样,能够分拆为单句的,千万不要合成复句,任何欧化句法在口语表达中都是不受欢迎的,就连长修饰语也要尽可能地避免。

2. 冗余适当,避免口头禅

口语表达时,有时为了强调某个意思,加深听众的印象,可以采用有目的地重复这种方法。例如,我们现在还可以从孙中山先生的讲话录音中听到,他在一次演讲中为了强调国人必须觉醒而一连重复了四次"醒、醒、醒、醒"。这是有计划、有目的的重复,并不是啰唆。

有些人在说话时会出现机械的无意义重复的现象。例如,有的人老是重复一句话的末尾几个音节,甚至不管这几个音节是否是一个词。时间长了,这种重复就会令人生厌,再加上"嗯"、"啊"就成了官腔。特别是夹在句子中间的"这个"、"的话"、"就是说"等口头语,更是一种毫无积极作用的冗余成分,会使语句断断续续,使听众感到语句很不流畅。听这种讲话有一种受折磨的感觉,因此,这种口头语是讲话时应避免的。

但是,我们并不是反对在口语表达中加进一些冗余成分。在口语中适当地穿插冗余成分,可以使句子舒缓,还可以有助于听众理解。以下几种冗余成分便是有积极作用的。

(1) 提顿性冗余。

在语句的主语与谓语之间,或者在话题说出之后加一个语气词"呢"(当然不能重读),可以起到提顿作用。句中多一个停顿,使语气变得舒缓和亲切。例如:

这个时候呢活动筋骨也是必要的,所以我就喜欢打乒乓球。

不去呢有点抱歉,去呢实在没有兴趣。

这两句话中的"呢"都起到提顿的作用,也使语句变得舒缓亲切。

(2) 强调性冗余。

这种冗余部分是为了强调句中某一个词。多半用重复的方法来加强信息。例如:

何况我们都是同龄人,我们同龄人相处应该是非常融洽的。

这句话中后半句重复了"同龄人",这是为了强调。

(3) 解释性冗余。

这种冗余是为了使听众更加清楚明白。例如:

近日的上海街头出现了无人售报摊,无人售报摊就是没有人卖报纸的摊点,是靠每一个读者自觉地把钱投进箱子里然后拿一份报纸。

这段话里"无人售报摊"如果写在书面上,应该说很容易理解,但在口头一晃而过时,就难免抓不住要领,尤其这是一个新出现的、不熟悉的事物。因此,说话人先重复了这个词,再加上一段说明,这是因为解释的需要。

有时候,在脱口而出之后,觉得说得不够清楚,也可以用原来的语词加上修饰语再重复的方法来对自己的话作某些注解,这也是一种解释性冗余。例如:

就在那天我花了半天的时间制作了,亲手制作了一张卡片。

这句话中后半句"亲手制作"就是说话人为了进一步说明不是一般制作而临时加上去的。口语与书面语相比,最大的优越性就是可以边说边修正。这种修正部分常常是通过冗余部分来完成的。

3. 思路清晰,符合逻辑

语句的流畅与否在很大程度上取决于思路是否清晰。说不清楚常常是因为想不清楚。当人们从思维(也有人称"内部语言")转换为语句(也有人称"外部语言")时,正确的程序应该是：① 确定说话的中心；② 确定最关键的词语；③ 选定句式；④ 选定第一句所使用的词语。

当然，有时②与③的次序会互换。但根据心理学家的研究，确定中心和层次肯定在选定第一句所使用的词语之前。换言之，人们在开口说第一句话之前，心中应该有一个讲话大纲。因此，第一句话、第一个词就有了依据，以后的词和句也有了基调。这时，说话的人便可以胸有成竹、出口成章了。如果说话的人没有按照这个程序行事，而是边想边说，并且没有一个确定的中心，"脚踩西瓜皮，滑到哪里是哪里"，就会出现各种各样的思维障碍。如果不能排除这些障碍，就会造成说话的中断。即使最后能够排除，也会严重影响听感，造成语句不流畅的感觉。这是我们应该尽量避免的。思维障碍也有不同类型。

(1) 选词困难造成的障碍。例如：

他最反对老师的那种……嗯……老师用很多作业……用很多作业来……影响同学的学……影响同学的业余生活。

这里出现的重复和延长，显然是因为说话的人没有选出适当的后续词语而形成的思维障碍。

选词障碍有时表现为几次换用。例如：

在这个问题上我们要呃……就是说我们一定……呃……应该要注意自己……呃要讲究自己语言的美……语言美就表现出……呃表现在用词上。

这段话中几次停顿、障碍都与选词有关。这位说话者显然有边想边说的习惯，往往在脱口而出之后又感到不合适，再进行修改，这就造成语言上的不流畅。

(2) 句法结构混乱造成的障碍。例如：

我们国家、国家田径队的马家军自从在世界上扬名以来各种各样的鳖精呵……一开始他们浙江圣达、圣达中华鳖精老……各种各样的鳖精还有甚至什么鸡精啊什么蛇精啊各种各样的精都出来了。

这句话按说话者的本意重新安排一下应该是这样：

自从我们的国家田径队马家军在世界上扬名以来，各种各样的"精"——鳖精、鸡精、蛇精都出来了。

说话的人开始就用错了"自从"，这样一来，整个句子变成了对马家军的评论。在句子中间又插入浙江圣达，说到一半又觉得这一点与话题无关，于是又放弃，整个句子在逻辑上就混乱不堪了。

(3) 突然变换说话内容形成的障碍。突然变换说话内容，使听众感到前言不搭后语。例如：

<u>但是现在我们现在的广告就是</u>√我记得我刚刚开始看电视的时候有条叫作，√十几年前吧√<u>十一二年前的时候开，</u>开始看电视的时候，那个时候的广告一般都是指那种<u>一般都是那种大型的机械呵</u>√我记得小时候看电视那个"再向虎山行"<u>它都是广告是那种锅炉啊汽车啊嗯这些这些广告。</u>然后到现在的话十二年以后的话电视里的广告都是<u>那种充斥了</u>√比如说六点六点多钟左右的时候都是那种儿童食品广告。

请注意有"√"号的地方，说话人在那儿出现了思维障碍并突然转向，与之相伴随的还有

无意义的重复,把整段话搅得一团糟。我们如果去掉多余的部分(下边用横线标出),情况就会得到很大的改善。

(四) 谋篇得法

口头表达的效果,除了语音自然、用词恰当、语句流畅之外,谋篇得法也是重要的一点。因为既然是表达,就必须有审题、选材、结构方面的问题。审题不当、跑题偏题、无的放矢,是不可能说好话的。剪裁不当,当详不详就会表达不清,当简不简又会显得啰唆。结构不完整不行,结构混乱也不符合要求。在谋篇方面,需注意以下三点。

1. 审题准确

我们可以把一段话题加以分类,找出它们的类型来。总的来说,可以把话题分为记叙和议论两大类。在各类中又可以按所记所议的对象不同,分为记人、记事、记生活、记所爱四种"记",以及论人、论事、论物三种"论"。

由于题目的类型不同,它们的要求也不相同。例如记叙,它要求中心突出,交代清楚,信息丰富。记人的,要有外貌的描述,也要有精神的描述。写事的,时间、地点、事件的发生、发展和结局要交代。议论的讲话要求立论明确,发挥充分,结构完整,不能有头无尾或者虎头蛇尾。无论是立论或者驳论,都不能中途偷换话题。

2. 剪裁合理

在讲话时,应该选取适量的材料,所选的材料应该紧扣中心。要避免拉拉杂杂、离题万里,也要防止无话可说。我们常常听到有的人说话善于组织材料,从容不迫,有条不紊,但也有的人不善于选取材料,说起话来不得要领。例如,有的学生讲自己最尊敬的人是老师,结果把这位老师的优点、缺点一股脑儿全讲了,讲到后来这位同学自己也犯糊涂了,说:"这位老师的许多看法我也不同意……"听她讲话的同学也糊涂了,不知道她是尊敬这位老师,还是反对这位老师,这就是取材芜杂造成的后果。还有许多同学则相反,他们不善发挥,三两句一说,就觉得该说的都说完了。

3. 结构完整

无论是记叙还是议论,讲话都有个结构问题。一篇讲话结构完整,会给人留下深刻的印象,否则就会感到残缺不全,影响效果。

结构与话题有关,不同的话题有不同的结构。大体说来,议论性的讲话多少有点像即席演讲,它应该有一个小小的开场白,讲清自己所讲的话题,然后进入主体。主体部分应该摆出自己的观点,结论部分应该用简洁的语言总结,并把自己的观点强调一下,提示听众,留下深刻的印象。例如,一位学生谈喜欢的天气,她选择了雨,从雨谈到水。说话时在解题部分从人们对自然的奥秘谈起,谈到变化无穷的自然。接着话锋一转,就谈到自然界中最平常,然而又变化很大、对生命影响极大的水,这就引入了正题。主体部分详述水的各种姿态:上天入地,雨雪云露,水与人类生命的密切关联,甚至人生的哲理。结论部分谈到自己受到水的启示,想到要在自己的性格中学习水的能方能圆的灵活性,还要学习水的宽容性、包容性。这是结构较为成功的例子。

记叙性的讲话也要解题,自然引入主体后,要详细交代人物、事件的来龙去脉。信息要丰富，条理要清楚，结语部分可以用总结方式，也可以用感情交流的方式。

## 第二节　说话训练指导

　　说话项目的测试，是对应试者普通话水平的综合检测。它考查应试人员在没有文字凭借的情况下讲用普通话的水平，重点测查语音标准程度、词汇语法规范程度和自然流畅程度。

　　普通话水平测试中说话项的总的要求是：语音要清晰，词汇、语法要规范，语句要完整，语速要自然。应试者应该根据话题，在规定时间（3 分钟）之内，用普通话说出有中心、有条理、有内容的 500 字左右的内容。

　　要使词汇语法规范，除了向规范的书面语学习，向普通话广播电影电视学习之外，还可以结合本地方言实际，找出一些方言和普通话的对应规律，并且在日常生活中使用，才能形成好的语感，从而不出或少出方言词汇和语法的错误。

　　要自然流畅，必须在平时养成良好的说普通话的习惯，无论什么场合，坚持讲普通话。特别是要用普通话思维，使内部言语同外部言语一致，才能做到自然流畅。

　　自然流畅还必须有话可说，这就需要在平常观察生活，积累说话材料。应试时必须快速地组织语言材料，怎么想就怎么说，切忌心口不一，以免结巴或中断。思维连贯了，表述就会顺畅。

　　要做到自然流畅，还要避免出现重复和啰唆。说错了可以纠正，但同一句话不要重复两次以上。重复给人的感觉是没话可说、不会说话。

　　要自然流畅，还要避免出现不必要的口头禅，避免出现不必要的"嗯嗯啊啊"之类的停顿。

　　总之，平时坚持用普通话来思维和表达，就会自然流畅，普通话水平就会不断提高。

### 一、说话题目分析和参考提纲

　　1. 我的一天
　　（1）话题分析。
　　此话题可以采用记叙的方式，叙述自己一天的生活经历；也可以采用议论的方式，归纳总结自己一天中的得与失，或者每一天度过的方式有何价值等等。无论哪一种方式，都需要说话人具体详细地展开讲解。
　　（2）参考提纲。
　　① 开头说出所选的话题。"我说话的题目是我的一天。"
　　② 话题展开。可以按照时间顺序"早上—上午—中午—下午—晚上"，叙述我做了哪些事情。为了避免说话内容过于细碎，也可以选择一天中的关键事件着重叙述。

③ 话题结尾。说话人可以在时间滚动条大约剩余 10 秒时开始设计话题结尾。比如："我的一天是普通的一天,做了人每天必须要做的事情,如吃饭、睡觉,也做了为人生目标而努力的一些事情,希望通过一天天的积累,未来我能实现自己的人生理想。"

2. 老师

(1) 话题分析。

此话题可以对一位老师或多个老师进行人物形象的描述,包括老师的外在特征、性格特点、品质特点等等;可以讲述我与老师之间的代表性事例,丰富话题内容;还可以谈谈我对老师这个职业的理解认识,列出优秀老师的成就和事迹,结合自己的师范专业畅想未来自己当老师的打算。另外,对老师二字的理解可以更加宽泛,不单单把老师界定为学校里的老师,也可以定义为能够教会自己某方面成长进步的人。

(2) 参考提纲。

① 开头说出所选的话题。"我说话的题目是老师。"

② 话题展开。可以列举 1~3 个老师,具体描述老师的外貌特征、姓名、身份、年龄、性格特点;再举例讲述我与某位老师相识相处的经历,或者详细讲述老师教育教学工作中的趣事、让我感动或印象深刻的事例。一个老师的事例讲完了还可以再讲另一个老师的事例。

③ 话题结尾。说话人可以在时间滚动条大约剩余 10 秒时开始设计话题结尾。比如:"这(几)位老师在我的成长道路上给予我很大的帮助,他(们)也是我学习的榜样。"

3. 珍贵的礼物

(1) 话题分析。

此话题可以介绍自己认为珍贵的礼物是什么,可以是具体的一个物体,如鲜花、奖状、项链、手工制作的物品等等;也可以是抽象的概念,如爱心、陪伴、理解、鼓励等等。接着就可以讲述礼物的来历,某天某地发生了什么事情,谁送谁的礼物,为什么礼物是珍贵的。一件礼物详细介绍完毕后可以再介绍另一件珍贵的礼物,以此类推,直到时间截止。

(2) 参考提纲。

① 开头说出所选的话题。"我说话的题目是珍贵的礼物。"

② 话题展开。我收到的礼物有哪些,其中珍贵的礼物有哪些;我为什么定义为珍贵的礼物,珍贵的意义体现在哪里;详细介绍说明这珍贵的礼物来自哪里,某天某人在某种场合因为什么送给我的,我当时的感受如何;这份礼物在我心中的份量如何,它对于我的成长或人生经历有何影响;这份礼物至今有多久了,保存得怎么样,有什么具体的价值,发挥着什么重要作用。

③ 话题结尾。说话人可以在时间滚动条大约剩余 10 秒时开始设计话题结尾。比如:"这份珍贵的礼物来之不易,虽然并不怎么值钱,但在我心中却重之又重,我将永远珍藏下去。"

4. 假日生活

(1) 话题分析。

此话题可以讲述自己的假日生活,包括双休日短期假日、节日小长假、寒暑假等等;概括假日生活的各种活动安排,如旅游、爬山、运动、兼职、学习、看书、睡觉、打游戏等等;也可以介绍假日的重要性,或休息放松,或充电锻炼,或消遣娱乐。无论哪一种方式,都需要说话人具体详细地展开讲解。

(2) 参考提纲。

① 开头说出所选的话题。"我说话的题目是假日生活。"

② 话题展开。选择印象深刻的一次假日,详细讲述我在假日的一天(或几天)里具体做了哪些事情?围绕讲故事的"六要素",讲清时间、地点、人物,以及事件发生的起因、经过和结果。一次假日生活讲完了还可以再选择另外一次假日讲述。

③ 话题结尾。说话人可以在时间滚动条大约剩余 10 秒时开始设计话题结尾。比如:"我的假日生活丰富多彩,有时我会肆无忌惮地睡大觉玩手机,有时也会合理利用假日努力生活。"

5. 我喜爱的植物

(1) 话题分析。

此话题可以介绍我喜爱的植物名称或类型,描述植物的外在形状、颜色、味道、生长环境或习性等等;解释说明我喜爱这种植物的原因或理由;也可以总结植物的作用,对于人类生存或生活有哪些重要性,比如食疗、环保、愉悦心情等等。建议说话人具体展开讲述我与这种植物接触的经历、接触的频率,说明植物的哪种特性吸引了我,给我带来什么样的积极影响。

(2) 参考提纲。

① 开头说出所选的话题。"我说话的题目是我喜爱的植物。"

② 话题展开。我喜爱的植物有哪些,他们各自的特征是什么;我为什么喜爱他们,具体表现在哪些方面;我与植物接触过程中有什么有趣的经历。

③ 话题结尾。说话人可以在时间滚动条大约剩余 10 秒时开始设计话题结尾。比如:"我喜爱的植物虽然貌不惊人,但它有很多实用价值,在我们的日常生活中也是不可或缺的。"

6. 我的理想(或愿望)

(1) 话题分析。

此话题可以介绍我的理想(或愿望)是什么,理想(或愿望)对我的重要意义是什么;也可以具体讲述我成长过程中几个重要阶段的理想(或愿望),如小学时的理想(或愿望)、中学时的理想(或愿望)、大学时的理想(或愿望);也可以探讨理想(或愿望)对于每个人成长进步的意义,人们为了实现理想(或愿望)需要奋斗的必要性,实现理想(或愿望)的步骤或方法,如何克服过程中的困难和挫折等等。无论采用哪种方式,都不能泛泛而谈,一定要做到言之有物。

(2) 参考提纲。

① 开头说出所选的话题。"我说话的题目是我的理想(或愿望)。"

② 话题展开。我小时候的理想(或愿望)是什么,因为我受到了什么启发,具体讲述在什么时间什么地点受到哪个人或哪件事的启发;接着再讲述我中学时期的理想(或愿望)是什么,怎么产生的,我是怎么为之努力和奋斗的,结果如何;最后讲述我大学时期的理想(或愿望)是什么,为什么会和以前的理想(或愿望)不一样,我打算今后怎么做,有哪些职业规划或学习目标等等。注意:说话人不要背诵或朗诵与理想有关的诗歌。

③ 话题结尾。说话人可以在时间滚动条大约剩余 10 秒时开始设计话题结尾。比如:"我的理想(或愿望)在我的成长过程中不断地变化,变得越来越清晰具体,因此我要加强学习,努力实现我的理想(或愿望)。"

7. 过去的一年

(1) 话题分析。

此话题可以采用记叙的方式,叙述我过去一年里的生活经历,包括学习成绩、工作经验、业余爱好、健康习惯、家庭生活、朋友交往等;也可以采用议论的方式,归纳总结我一年中的收获与失败教训,或者过去一年经历的重大事情等等。说话人要详细讲述一年里某个时间段发生的具体事情,谈谈个人的感悟和想法。

(2) 参考提纲。

① 开头说出所选的话题。"我说话的题目是过去的一年。"

② 话题展开。可以按照时间顺序"春季—夏季—秋季—冬季"或"上半年—下半年",叙述我做了哪些事情?有什么收获?可以选择一年里发生的几个重大事件着重详细叙述。

③ 话题结尾。说话人可以在时间滚动条大约剩余 10 秒时开始设计话题结尾。比如:"过去的一年对我来说,也算是承上启下的一年。我从一名高中生变成了大学生,我也十八岁了成年了。"

8. 朋友

(1) 话题分析。

此话题可以介绍我的朋友有哪些,具体说明朋友的外貌特征、年龄性别、身份职业、性格特点、兴趣爱好、优缺点等等;也可以解析"朋友"的含义,我对"朋友"二字的理解,朋友对于每个人的影响,不同类型的朋友对我的帮助。说话人一定要举例讲述我与朋友交往相处的经历,我与朋友一起做了哪些事情、朋友在我成长过程中给予我哪些帮助,包括物质上的援助、精神上的安慰和鼓励等等。

(2) 参考提纲。

① 开头说出所选的话题。"我说话的题目是朋友。"

② 话题展开。我的朋友是×××,她(他)×岁,性格开朗活泼,是一个爱笑的人。我与她(他)从幼儿园就开始成为了朋友,现在她(他)在××上大学。我们仍然保持着纯真的友谊,相互支持相互帮助,共同进步。记得有一年暑假,我们一起去××旅游。讲述旅游过程中我们相处的场景。还有一次我们相处的生活场景……按着这个思路讲述完一个朋友,再讲述另外一位朋友。

③ 话题结尾。说话人可以在时间滚动条大约剩余 10 秒时开始设计话题结尾。比如:"我的这位(些)朋友在我的人生道路上总是能及时给予我帮助和鼓励,他(们)是我一生的财富,我很庆幸有这样的朋友(们)。"

9. 童年生活

(1) 话题分析。

此话题可以采用记叙的方式,叙述我的童年生活经历,介绍我的出生地、我的家庭成员、幼儿园和小学的名称或地点、我童年的小伙伴、常玩的游戏、常看的动画片、常去的地方等等;选择一两件发生在童年时期让我最难忘的事情或经历,详细地讲述;也可以采用议论的方式,发表自己对童年的看法、童年对于个人成长的影响、童年的重要作用。

(2) 参考提纲。

① 开头说出所选的话题。"我说话的题目是童年生活。"

② 话题展开。先介绍童年生活环境:我出生在什么地方,我家里有哪些成员,我有哪些小伙伴;再描述我上幼儿园和小学的地点、校园基本情况;接着介绍我童年的生活:平常跟谁玩什么游戏、周末在哪里怎么度过、跟父母去过哪里玩;重点讲述童年里某一次有趣的经历或某一件重要的事情。

③ 话题结尾。说话人可以在时间滚动条大约剩余10秒时开始设计话题结尾。比如:"总之,我的童年是多姿多彩,也是快乐美好的。童年对我的成长有很深远的影响。"

10. 我的兴趣爱好

(1) 话题分析。

此话题可以描述我的兴趣爱好有哪些,介绍这些兴趣爱好产生的原因、时间,以及他们的作用、乐趣所在;也可以说明我的兴趣爱好在生活中发挥哪些作用,包括丰富生活、愉悦心情、增进感情、锻炼身体、提升技能等等;还可以探讨在我的成长道路上还应该拓展哪些新的兴趣爱好,如何合理安排时间充实日常生活。

(2) 参考提纲。

① 开头说出所选的话题。"我说话的题目是我的兴趣爱好。"

② 话题展开。可以按照我的成长时间顺序"小学时期—中学时期—大学时期",介绍说明我的兴趣爱好在各个时期分别是哪些。例如:小学时期我的兴趣爱好是跳绳。因为那时候有位体育老师总教我们跳绳,上体育课跳绳,放学后也跳绳,渐渐地我越来越喜欢跳绳;接着介绍跳绳有哪些好处,我从几岁跳到几岁。我对跳绳痴迷到什么程度,我的跳绳水平达到什么程度;小学时期介绍完后再继续介绍中学时期的兴趣爱好,以此类推,中间可以举例介绍某件具体的事情。

③ 话题结尾。说话人可以在时间滚动条大约剩余10秒时开始设计话题结尾。比如:"每个人都有一些兴趣爱好,他们可以帮助我们增强自信心,强身健体,放松心情。"

11. 家乡(或熟悉的地方)

(1) 话题分析。

此话题可以采用描述的方式,介绍我的家乡(或熟悉的地方),包括地理位置、名称的由来、风土人情、经济发展状况、有名的美食、名胜古迹、打卡景点、历史名人、历史事件、近几年的发展变化等等。说话人根据自己熟悉的程度选择其中几个方面详细讲述,勿抄袭、勿背诵。

(2) 参考提纲。

① 开头说出所选的话题。"我说话的题目是家乡(或熟悉的地方)。"

② 话题展开。我的家乡(或熟悉的地方)是××,我在那里生活了××年,我非常热爱这个地方;接着介绍这个地方的特点,有哪些历史名人,有哪些有名景点,有哪些美食;我在这个地方生活时经常去过哪些具体的地点,比如学校、公园、小吃街等,中间可以展开讲述一

两件记忆深刻的经历。

③ 话题结尾。说话人可以在时间滚动条大约剩余 10 秒时开始设计话题结尾。比如:"我的家乡(或熟悉的地方)山好水好人更好,无论走多远我最爱这个地方。我也希望它会发展得越来越好。"

12. 我喜欢的季节(或天气)

(1) 话题分析。

此话题可以采用描述的方式,介绍说明一年四季的特点,包括气候、自然景观、适合的运动、节日特色等;也可以采用叙述的方式,说说我在喜欢的季节里做过哪些事情,那个季节里有什么特别的故事,我在喜欢的季节里有哪些愉悦的感受。

(2) 参考提纲。

① 开头说出所选的话题。"我说话的题目是我喜欢的季节。"

② 话题展开。我喜欢的季节是夏季。理由有三个:第一,夏季的假期最长,有近两个月的暑假。我可以在这个假期里计划做哪些事情,比如暑期社会实践、学车、旅行、打暑假工、帮父母做家务等等。第二,夏季有我最喜欢的水果——西瓜、杨梅。西瓜甘甜多汁,清热解暑。杨梅富含维生素 C,开胃生津、消食解暑还有助于减肥。第三,我人生的几个时期的转折点也都是发生在夏季,比如小升初、初升高、高考、上大学等等。

③ 话题结尾。说话人可以在时间滚动条大约剩余 10 秒时开始设计话题结尾。比如:"我喜欢夏季的风、夏季的雨、夏季的火锅、西瓜……我也喜欢在夏季迈向成长的另一阶段。"

13. 印象深刻的书籍(或报刊)

(1) 话题分析。

此话题可以举例介绍我比较熟悉的书籍,包括作者、创作背景、书籍类型、内容梗概、结构框架、主要人物、重要情节、矛盾冲突等等。如果是报刊,介绍报刊的名称、栏目、出版单位、报刊类型、报刊的作用和影响、印象深刻的内容等等。说话人选择其中几个方面详细介绍,不要抄袭、不要背诵。

(2) 参考提纲。

① 开头说出所选的话题。"我说话的题目是印象深刻的书籍。"

② 话题展开。我喜欢《红楼梦》,它是中国四大名著之一,作者曹雪芹;接着介绍这本书的内容、人物、情节、价值与影响等等;还可以讲述我读这本书的感悟、我对其中人物形象的看法、我为什么喜欢这本书,我喜欢哪些人物和情节等等。

③ 话题结尾。说话人可以在时间滚动条大约剩余 10 秒时开始设计话题结尾。比如:"让人印象深刻的书籍还有很多,书籍是人类进步的阶梯。读书可以启智,可以明理,可以医愚。"

14. 难忘的旅行

(1) 话题分析。

此话题可以介绍旅行的计划、地点、行程、同行亲友、景点特征、旅行地的美食、风俗、特色等等;也可以讲述旅行中发生难忘的事情、经历、个人的感受;还可以采用议论的方式,探讨旅行的意义,旅行可以开拓视野、结交朋友、锻炼身体、放松心情等等,鼓励大家"读万卷书,行万里路"。

(2) 参考提纲。

① 开头说出所选的话题。"我说话的题目是难忘的旅行。"

② 话题展开。我难忘的一次旅行是跟我的朋友去××。提前两周我们做好了旅行攻略,规划了旅行路线,后来买好车票,预订了酒店。到了目的地后,第一天我们去了××,叙述当天的行程;第二天我们去了××,叙述当天的行程,有什么难忘的经历;第三天……

③ 话题结尾。说话人可以在时间滚动条大约剩余10秒时开始设计话题结尾。比如:"那次旅行是一次非常愉快的旅行,旅行可以让我更加热爱生活,见识更美丽的世界。"

15. 我喜欢的美食

(1) 话题分析。

此话题可以介绍说明我喜欢的美食的特点,包括美食名称、来历、色香味如何、我喜欢的理由等等;也可以采用记叙的方式,讲述我什么时间什么地点吃过什么美食,有什么特别的感受和经历;也可以采用议论的方式,探讨美食本身的文化寓意、美食的健康元素、美食的食疗价值、美食带来的幸福感等等。

(2) 参考提纲。

① 开头说出所选的话题。"我说话的题目是我喜欢的美食。"

② 话题展开。我喜欢的美食有很多,有时是一种零食,有时是一道菜,有时是泡面。在某个特别的时期不同的食物带给我幸福的感受,我都可以视它为美食。接着举例介绍几种我认为的美食,第一种是××,讲述我享受这种美食的经历或故事;第二种是××,讲述我享受这种美食的经历或故事;第三种是××……以此类推,有话多说,无话短说。注意该话题不要出现雷同或抄袭的内容。

③ 话题结尾。说话人可以在时间滚动条大约剩余10秒时开始设计话题结尾。比如:"现在生活条件越来越好,每个人对食物的要求也越来越高,不光要吃饱,更要吃好。人人都需要美食。"

16. 我所在的学校(或公司、团队、其他机构)

(1) 话题分析。

此话题可以介绍我所在的学校(或公司、团队、其他机构),包括学校名称、地理位置、面积大小、社会地位、办学规模、师生人数、硬件设施、主要建筑、球场、校园环境、校训、校史校情、特色活动、管理模式、取得的成绩等等;也可以采用讲述的方式,举例详细讲述我在学校学习生活中的一些印象深刻的故事或经历。

(2) 参考提纲。

① 开头说出所选的话题。"我说话的题目是我所在的学校。"

② 话题展开。我所在的学校是××,它在××;接着介绍学校的概况和特点,具体讲解我熟悉的学校环境、教学设施、食堂、运动场、宿舍楼等;我在学校参加过哪些活动比赛,学习生活得如何,我对学校有什么建议等等。

③ 话题结尾。说话人可以在时间滚动条大约剩余10秒时开始设计话题结尾。比如:"我的学校环境优美、设施齐全、学风端正、生活便利,我很喜欢我的学校。"

17. 尊敬的人

(1) 话题分析。

此话题可以介绍一两个尊敬的人,包括性别、年龄、职业、外貌特征、性格特点、品质特点等等;也可以讲述我与尊敬的人之间的关系,我为什么尊敬他(她),举例讲述我们的故事,他(她)对我的积极影响。

(2) 参考提纲。

① 开头说出所选的话题。"我说话的题目是尊敬的人。"

② 话题展开。我尊敬的人是××,具体描述他(她)的外貌特征、姓名、身份、年龄、性格特点、优秀品质、他(她)取得的辉煌成绩;然后再举例讲述我与他(她)相识相处的经历,或者讲述他(她)做过的让我敬佩的事情。

③ 话题结尾。说话人可以在时间滚动条大约剩余 10 秒时开始设计话题结尾。比如:"我尊敬的人具有的优秀品质是我目前缺少的,他(她)也是我努力学习的榜样。"

18. 我喜爱的动物

(1) 话题分析。

此话题介绍说明我喜爱的动物,包括动物的名称、种类、习性、外形特征、来历等等;也可以采用讲述的方式,讲述我与我喜爱的动物之间发生的趣事,我与动物第一次接触和后来的相处时光……

(2) 参考提纲。

① 开头说出所选的话题。"我说话的题目是我喜爱的动物。"

② 话题展开。我喜爱的动物是××,接着说明我喜欢它的理由:它有哪些外貌魅力、性格特点、作用和影响、与人的亲密情谊,再讲述我与它之间的故事,发生在它身上的一些经历或趣事。

③ 话题结尾。说话人可以在时间滚动条大约剩余 10 秒时开始设计话题结尾。比如:"人与动物共同生活在地球上,我们要尊重动物并爱护它们,它们是人类的朋友。"

19. 我了解的地域文化(或风俗)

(1) 话题分析。

此话题可介绍我熟悉的地域文化(或风俗),包括饮食文化、服饰文化、节日习俗、婚嫁风俗、丧俗等等;也可以讲述我亲身体验这些地域文化或风俗的经历;还可以采用议论的方式,探讨中国各种地域文化(或风俗)的异同、它们不同的文化价值以及对当地人民生活的影响。

(2) 参考提纲。

① 开头说出所选的话题。"我说话的题目是我了解的地域文化(或风俗)。"

② 话题展开。先讲明我熟悉的一些地域文化(或风俗),比如火锅文化、汉服文化、春节风俗、端午节风俗、清明节风俗等;接着可以举例讲述我在某个时间某个地点体验某些文化风俗的过程,比如家乡的春节前后的风俗,我在春节期间的所见所闻所感。

③ 话题结尾。说话人可以在时间滚动条大约剩余 10 秒时开始设计话题结尾。比如:"地域文化有明显的地域特色,中国地大物博,我们要走出去多看看多体验。"

20. 体育运动的乐趣

(1) 话题分析。

此话题可以介绍体育运动的乐趣,包括锻炼身体、磨炼意志、愉悦心情、增进友谊、休闲刺激等等;也可以举例讲述我在不同阶段体验不同体育项目的经历;还可以分析探讨各种体育运动项目的作用和价值、体育运动的发展状况。

(2) 参考提纲。

① 开头说出所选的话题。"我说话的题目是体育运动的乐趣。"

② 话题展开。可以从三个成长阶段(小学时期—中学时期—大学时期)展开讲述我参与的体育运动,比如跳绳、踢毽子、骑自行车、游泳、篮球、羽毛球、乒乓球、跑步等;详细讲述我第一次接触这些体育运动时的过程,以后我是如何坚持这些体育运动的,它们带给我什么样的乐趣。

③ 话题结尾。说话人可以在时间滚动条大约剩余10秒时开始设计话题结尾。比如:"生命在于运动。在运动过程中我可以挥洒汗水、挑战自我、增强体质,我喜欢运动。"

21. 让我快乐的事情

(1) 话题分析。

此话题可以采用记叙的方式,叙述一两件让我快乐的事情;也可以采用议论的方式,讨论快乐的定义、快乐的价值,快乐可以理解成开心、满意、幸福、安宁、满足等等。

(2) 参考提纲。

① 开头说出所选的话题。"我说话的题目是让我快乐的事情。"

② 话题展开。以讲故事的方式,讲述几件让我快乐的事情,讲清每个故事的"六要素":时间、地点、人物、事件的发生、事件的经过、事件的结尾。

③ 话题结尾。说话人可以在时间滚动条大约剩余10秒时开始设计话题结尾。比如:"快乐是一天,不快乐也是一天。我为什么不让自己天天快乐呢?"

22. 我喜欢的节日

(1) 话题分析。

此话题可以介绍我所了解的节日类别,包括中国的节日、西方的节日;分类说明每种节日的习俗和活动形式;也可以讲述我在喜欢的节日里做什么事;还可以采用议论的方式,探讨节日的意义、节日的文化价值、节日仪式感的重要性等等。

(2) 参考提纲。

① 开头说出所选的话题。"我说话的题目是我喜欢的节日。"

② 话题展开。我喜欢的节日有××、××。先来介绍第一个节日——春节,春节的习俗,我的春节是什么样的;第二个节日——中秋节,中秋节的习俗,我的中秋节是什么样的;第三个节日——端午节;以此类推。

③ 话题结尾。说话人可以在时间滚动条大约剩余10秒时开始设计话题结尾。比如:"我喜欢过节,每逢节日我们家人朋友就可以团聚,热热闹闹的,大家都特别快乐。"

23. 我欣赏的历史人物

(1) 话题分析。

历史人物是在历史上的某一领域有重大影响的已经去世的人物。此话题可以采用描述的方式,介绍一位或多位历史人物,包括他(她)的姓名、生平简介、品格特质、主要贡献或成就等;也可以讲述我为什么欣赏他(她),举例讲述他(她)的主要事迹或故事,他(她)对我的积极影响。

(2) 参考提纲。

① 开头说出所选的话题。"我说话的题目是我欣赏的历史人物。"

② 话题展开。我欣赏的历史人物是××,他(她)是什么样的人,他有哪些成就;举例讲述他(她)的一些主要事迹。一位历史人物的事例讲完了还可以再讲另一历史人物的事例。

③ 话题结尾。说话人可以在时间滚动条大约剩余10秒时开始设计话题结尾。比如:"我欣赏这些历史人物的智慧、勇敢、正直,他们为后世做出了许多贡献,我们将永远铭记在心。"

24. 劳动的体会

(1) 话题分析。

劳动是指人类创造财富的活动,包括脑力劳动和体力劳动。此话题可以介绍劳动在不同领域(农业、工业、服务业)的特点,也可以采用记叙方式,讲述我一两次劳动的经历,我做了哪些事情,收获如何,感受如何;也可以采用议论方式,探讨劳动的价值、劳动不分高低贵贱、劳动与个人成长的关系等等。

(2) 参考提纲。

① 开头说出所选的话题。"我说话的题目是劳动的体会。"

② 话题展开。学校教育我们要成为德智体美劳全面发展的好学生,我在学校参加哪些劳动,比如打扫卫生、办黑板报、种花浇水、手工制作等等,举例讲述中小学时期一两次劳动经历;上大学后,我在学校参加哪些劳动,比如校园劳动实践、栽树种花、志愿服务、义务送教等等,举例讲述大学时期一两次劳动经历,同时也要谈谈个人劳动感受。

③ 话题结尾。说话人可以在时间滚动条大约剩余10秒时开始设计话题结尾。比如:"劳动可以锻炼我的体力和意志,改变我懒惰、依赖的缺点,劳动可以帮助我更好地成长进步。"

25. 我喜欢的职业(或专业)

(1) 话题分析。

此话题可以介绍不同职业类别的特点。社会分工不同,职业也有不同的种类,包括生产、加工、制造、服务、娱乐、政治、教育、科研、农业、管理等方向。说话人可以选取自己熟悉的几种职业类别进行详细说明介绍,再讲述为什么喜欢这几种职业,他们有哪些优势,他们的发展趋势怎么样,喜欢他们是受到什么影响,以后如何努力争取从事这些喜欢的职业。

专业是指高等学校或中等专业学校所分的学业门类,包括哲学、经济学、法学、文学、历史学、医学、管理学、军事学、艺术学、工学、理学、农学等,每个学科大类下面还有若干种小类别。结合自己喜欢或就读的专业进行介绍说明,再讲述为什么喜欢这几种专业,它们有哪些优势,它们的发展趋势怎么样,喜欢它们是受到什么影响,如何努力实现学有专长。

(2) 参考提纲。

① 开头说出所选的话题。"我说话的题目是我喜欢的职业。"

② 话题展开。我喜欢的职业是教师,理由有三个:一是因为我妈妈是老师,我从小深受

她的影响,展开讲述我妈妈的职业经历或一两件让我钦佩的事情;二是因为我接触过很多好老师,展开讲述他们一两件让我钦佩的事情;三是我看过很多教育家和优秀教师的事迹,深受他们启发,比如陶行知、叶圣陶、黄大年、张桂梅等,展开讲述他们的主要事迹。

③ 话题结尾。说话人可以在时间滚动条大约剩余10秒时开始设计话题结尾。比如:"我喜欢教师这个职业,不仅仅是因为教师每年有两三个月的假期,还因为教师是特别有成就感的职业。"

26. 向往的地方

(1) 话题分析。

此话题可以用描述的方式介绍自己向往的地方,应具体说清楚向往的地方名称和向往的理由。地方可以是一个地区、一个城市、一个景点或者其他具体的地点。考生既可以全面概述该地的地理地貌、自然风光、风土人情等,也可以详细介绍该地的突出特色或最吸引自己之处,还能介绍自己到该地最想做的事情,同时可以谈谈为了达成向往所做的准备工作。

(2) 参考提纲。

① 开头说出所选的话题。"我说话的题目是我向往的地方。"

② 话题展开。说出向往的地方名称、所处的地理位置、向往的地方特点、向往的理由等,如我向往的地方是北京,北京是我们中国的首都,是中国的政治经济文化中心;北京有天安门、故宫、长城、颐和园等,逐一介绍一下各处的风光和特点;谈谈这些地方自己最想去哪里,想做什么事情;北京有什么特产和美食,可选择自己最感兴趣的做出介绍。

③ 话题结尾。说话人可以在时间滚动条大约剩余10秒时开始设计话题结尾。比如:"我计划暑假到北京游玩一次,目前正在做一份详细的旅游攻略,希望玩得开心!"

27. 让我感动的事情

(1) 话题分析。

此话题可以讲述自己为之感动的一件事情或者一类事情,可以谈自己在新闻、报纸、网络媒体上看到的事情,也可以谈自己身边发生的事情;注意把时间、地点、人物、发生发展过程、结果讲述清楚,特别要讲出令人感动的原因和要素是什么;同时也可以谈谈自己受到的启发和今后行动的目标。

(2) 参考提纲。

① 开头说出所选的话题。"我说话的题目是让我感动的事情。"

② 话题展开。说出让我感动的事情发生的时间、地点和人物,如大学期间,最让我感动的事情是同学对我的一次帮助;具体谈谈自己因何种原因在学习和生活上出现了困难,一两个同学帮助自己的具体事例。

③ 话题结尾。说话人可以在时间滚动条大约剩余10秒时开始设计话题结尾。比如"同学们给予我无私的关心和爱护,反映了他们身上的优良品德和同学之间的深厚情谊。今后我也会向他们学习,关心同学,助人为乐。"

27. 我喜爱的艺术形式

(1) 话题分析。

此话题可以介绍个人喜爱的一种或几种艺术形式。首先要了解艺术形式包含有音乐、舞蹈、戏曲、绘画、摄影、书法、雕塑、剪纸、杂技、魔术、影视等等。这些形式比较笼统,我们可以从中选择某种形式中的一个或者几个具体项目谈谈喜爱的理由,如该艺术形式的发展历程、突出的艺术特点、自身参与其中的过程和体验,可采用一到两个典型案例进行描述。

(2) 参考提纲。

① 开头说出所选的话题。"我说话的题目是我喜爱的艺术形式。"

② 话题展开。说出我喜爱的艺术形式是什么,如我喜爱的艺术形式是舞蹈,舞蹈分为很多种类,我最喜欢的是民族民间舞。中国的民族民间舞非常丰富,举例说明有哪些民族的舞蹈,他们各有什么来由、什么特点;民族民间舞和现代舞、芭蕾舞等舞种有什么区别;我们国家民族民间舞的艺术家有很多,介绍有哪些舞蹈家,代表作品有哪些;个人最喜欢的舞蹈家和舞蹈作品是什么。

③ 话题结尾。说话人可以在时间滚动条大约剩余10秒时开始设计话题结尾。比如"中国民族民间舞形式多样,内涵丰富,特点鲜明,是我们中华各民族的瑰宝,是我最喜爱的艺术形式。"

29. 我了解的十二生肖

(1) 话题分析。

此话题可以介绍自己所了解的十二生肖的来由、每种生肖的含义,也可以介绍自己所属或者喜欢的生肖,谈谈为什么喜欢,有什么相关的传说故事,这个生肖的人有什么特点,从哪些具体的表现上能够反映这个特点。

(2) 参考提纲。

① 开头说出所选的话题。"我说话的题目是我了解的十二生肖。"

② 话题展开。说出我最了解十二生肖中的哪一个,如我最了解最喜爱的生肖是龙;讲述龙在中国文化中的重要位置,这个生肖包含的美好意义,属龙的人有什么特点,从哪些事情上可以反映出来,建议讲述一两个具体的案例。

③ 话题结尾。说话人可以在时间滚动条大约剩余10秒时开始设计话题结尾。比如"我属龙,我希望所有属龙的人都能够奋发图强,勇毅前行,做优秀的龙的传人。"

30. 学习普通话(或其他语言)的体会

(1) 话题分析。

此话题主要谈个人学习普通话(或其他语言)的感受与体会。可以谈学习普通话(或其他语言)的重要意义、学习方法和途径、学习的成效,如学习普通话,有利于表达与沟通,有利于文化素质的提升,有利于国家统一、民族团结、社会进步;普通话和自身方言的区别有哪些;自己如何纠正不规范的普通话发音;如何从听、说、读、写等方面提高普通话水平;如何准备普通话水平测试。

(2) 参考提纲。

① 开头说出所选的话题。"我说话的题目是学习普通话(或其他语言)的体会。"

② 话题展开。首先讲清楚我要说的是学习什么语言的体会,如学习普通话的体会;说说自己是哪里人,是什么专业或者从事什么工作,本专业或工作对普通话有什么具体要求;分析自己的普通话基础,主要有哪些方面不足;通过哪些途径学习,如语言类课程、广播电视

学习、网课学习等,自己如何纠正不规范的普通话发音;学习中自己有什么体会。

③ 话题结尾。说话人可以在时间滚动条大约剩余 10 秒时开始设计话题结尾。比如"学习普通话,虽然过程有些困难,但是我相信,只要坚持练习,一定会让自己的普通话越来越标准!"

31. 家庭对个人成长的影响

(1) 话题分析。

此话题既可以站在第三者角度论述家庭对个人成长的影响,也可以站在第一人角度谈谈自身受到的家庭影响。重点可以分析家庭环境对个人成长主要包括哪些影响因素,如经济条件、父母关系、亲子关系、父母文化、性格、人品、行为方式等,可以选择一至两个正面、反面典型案例进行剖析。

(2) 参考提纲。

① 开头说出所选的话题。"我说话的题目是家庭对个人成长的影响。"

② 话题展开。说出自己的观点,如我认为家庭对个人成长影响很大;介绍自己家庭的情况,父母的性格特点,如父母亲关系很好,相处融洽,严于律己,宽于待人,建议讲一两件突出反映相关特点的具体事情;家庭对自己成长有什么影响。

③ 话题结尾。说话人可以在时间滚动条大约剩余 10 秒时开始设计话题结尾。比如"我从父母的相处中,自己也学会了如何与人相处,掌握了尊重、理解、宽容等待人处事之道。"

32. 生活中的诚信

(1) 话题分析。

此话题可以讲述诚信的含义、诚信对个人和社会的重要意义、我们目前面临的诚信危机以及诚信体系的建设,也可以从典型案例入手,讲述案例发生的具体情况,分析案例中相关人物的思想、心理和行为,从自身角度谈谈如何做一个诚信的人。

(2) 参考提纲。

① 开头说出所选的话题。"我说话的题目是生活中的诚信。"

② 话题展开。建议先讲一个案例,身边发生的或者是电视、报纸、网络上看到的案例,可以详细讲述;分析这个案例当中不同人物的行为,自己认为做法对还是不对?是什么理由?从而讲讲诚信的重要作用;还可以结合自己的感受说说怎样做一个诚信的人。

③ 话题结尾。说话人可以在时间滚动条大约剩余 10 秒时开始设计话题结尾。比如"诚信是为人之本,人人都讲诚信,会让我们的社会变得越来越美好!"

33. 谈服饰

(1) 话题分析。

此话题可讲述内容较为丰富,可以选择服饰的搭配、服饰的欣赏、服饰的购买、服饰的发展等等各个方面分别讲述。服饰的搭配可以结合自己的专业或职业表述如何穿着得体;服饰的欣赏可以谈谈各国各地区各民族服饰的特点;服饰的购买可以谈谈自己如何买衣服,在颜色、款式、质量、价格等方面有何考虑;服饰的发展可以谈古代、现代服饰的特点和演变进程。

(2) 参考提纲。

① 开头说出所选的话题。"我说话的题目是谈谈服饰。"

② 话题展开。首先说一说主要选择谈服饰的哪一方面内容,如谈谈服饰的搭配;服饰的搭配对我们塑造个人形象、进行交际起到什么样的重要作用;穿着得当与不得当会怎样;服饰搭配要注重与时间、地点、对象、事宜相符,注意颜色、款式、质地,列出做具体的事情(工作、逛街、运动等)要怎样穿着。

③ 话题结尾。说话人可以在时间滚动条大约剩余 10 秒时开始设计话题结尾。比如"大学生穿衣服既要符合大学生身份,彰显青春靓丽的特点,也要根据自己的经济情况量力而行。"

34. 自律与我

(1) 话题分析。

此话题可以谈谈自律的表现、自律的意义,具体结合个人情况谈如何在学习、工作、生活中实现自律,怎样成为一个自律的人,如正确认识自己、善于分析面临的形势、养成良好的习惯、做事有底线意识等等,可以举例子讲述,重点要强调自律与我的关系。

(2) 参考提纲。

① 开头说出所选的话题。"我说话的题目是自律与我。"

② 话题展开。说一说什么是自律,自律有什么好处。建议谈谈在自律方面做得较好的同学和朋友,具体是怎么做的,比如有的人学习上自律,能够管住自己玩乐的时间;有的人饮食自律,能够管住自己的嘴巴;有的人时间上自律,能够做到绝不迟到;为成为一个自律的人,目前正在做什么。

③ 话题结尾。说话人可以在时间滚动条大约剩余 10 秒时开始设计话题结尾。比如"做一个自律的人并不容易,但是我愿意去尝试改变自己,并且坚持下去。"

35. 对终身学习的看法

(1) 话题分析。

此话题可以说说终身学习的好处,包括对个人的好处、对社会的好处和对国家的好处;终身学习的途径,如学校教育、家庭教育、社会教育等;终身学习的案例,选择名人或者自己身边的人讲述终身学习的榜样;建设学习型社会,国家正在推进终身学习的激励措施;个人是如何树立终身学习理念、形成良好学习习惯的。

(2) 参考提纲。

① 开头说出所选的话题。"我说话的题目是对终身学习的看法。"

② 话题展开。首先谈谈终身学习的好处,对个人和社会、国家分别有什么重要作用;结合自己或亲人、朋友的经历谈谈如何开展终身学习,如工作以后参加继续教育、对感兴趣的领域深入学习、考到不同领域的资格证书、退休老人上老年大学等等。

③ 话题结尾。说话人可以在时间滚动条大约剩余 10 秒时开始设计话题结尾。比如"学到老、活到老,不断学习接受新鲜事物,是我们永葆心灵年轻的法宝。"

36. 谈谈卫生与健康

(1) 话题分析。

此话题主要谈卫生与健康的关系,可以谈个人卫生、公共卫生,可以谈学校卫生、班级卫生、寝室卫生,可以谈环境卫生、食品卫生、心理卫生等,还可以结合自己的做法谈如何讲卫生,要注意强调讲卫生对健康的重要作用,不讲卫生对于健康的负面影响。

(2) 参考提纲。

① 开头说出所选的话题。"我说话的题目是谈谈卫生与健康。"

② 话题展开。说说本人要讲卫生与健康的哪一方面,如关于卫生与健康这个话题,我要讲的是个人卫生和公共卫生。谈谈个人卫生要怎么注意,如洗漱、饮食等方面;若不注意,对个人身体健康会有什么影响。公共卫生可以首先谈谈寝室卫生怎么打扫,再谈谈在校园里、大街上要注意卫生,如不乱扔纸屑、不随地吐痰等等。

③ 话题结尾。说话人可以在时间滚动条大约剩余10秒时开始设计话题结尾。比如"希望所有同学能够从小事做起,从现在做起,养成良好的卫生习惯和健康的体魄!"

37. 对环境保护的认识

(1) 话题分析。

此话题可以谈谈环境保护的重要性、环境保护的政策、环境保护的对象、环境保护的举措、环境保护的成效等。可以说说个人是否参与了环境保护,具体做了哪些事情,我们如何树立保护环境人人有责的理念。建议正反举例说明环境保护的重要性。

(2) 参考提纲。

① 开头说出所选的话题。"我说话的题目是对环境保护的认识。"

② 话题展开。先简要介绍环境对我们生存的重要性,再谈谈如何保护环境,比如从身边说起,如何保护好校园环境。用一段话描述校园环境,可以从爱护花草树木、打扫清洁卫生等方面具体说说怎么保护好环境,建议举出正反案例。

③ 话题结尾。说话人可以在时间滚动条大约剩余10秒时开始设计话题结尾。比如"保护环境,人人有责,希望我们共同努力,让校园的花草树木一直陪伴我们健康成长!"

38. 谈谈社会公德(或职业道德)

(1) 话题分析。

此话题可以谈什么是社会公德,其内涵、表现、具体案例,主要有文明礼貌、助人为乐、爱护公物、保护环境、遵纪守法等内容,也可以从具体案例谈起,先讲案例,再提出自己的观点,如公共交通让座问题、噪音扰民问题、破坏环境问题等等。如谈职业道德,可以结合自己正在或即将从事的职业谈谈熟悉的职业道德要求,说说自己为达到职业道德标准正在做的努力,比如师范生可以谈谈新时代教师职业行为准则的相关内容。

(2) 参考提纲。

① 开头说出所选的话题。"我说话的题目是谈谈社会公德(或职业道德)。"

② 话题展开。讲一个与社会公德相关的案例,具体时间、地点、发生过程和结果,如见义勇为的案例,也可以讲反面案例。分析案例中相关人物的行为,反映其具备什么样的道德品质。

③ 话题结尾。说话人可以在时间滚动条大约剩余10秒时开始设计话题结尾。比如"社会公德要求每个人具备公共的意识和高度的自律,建议大家都要严格要求自己,做一个有社会公德的人。"

39. 对团队精神的理解

(1) 话题分析。

此话题首先可以说说什么是团队,什么是团队精神。个人所在的单位、学校、班级、宿舍、小组都可以称为团队,可以从团结、互助、集体荣誉感等方面具体阐述团队精神,后面讲述自身所在集体发挥团队精神进行的一项工作,从而总结自己对团队精神的认识和理解。

(2) 参考提纲。

① 开头说出所选的话题。"我说话的题目是对团队精神的理解。"

② 话题展开。介绍自己所在团队的基本情况和主要特点,如自己所在的专业、班级、人数,这个团队特别活泼团结;谈谈自己所在的团队发挥团队精神,共同完成一件事情的经历,比如自己的班级要参加学校运动会,大家是怎么训练的,怎么比赛的,取得了什么样的成绩。列举一两名同学的例子。

③ 话题结尾。说话人可以在时间滚动条大约剩余 10 秒时开始设计话题结尾。比如"团队精神就是要讲团结,讲奉献,每个人都要为团队的荣誉而努力。我也会为我所在的团队贡献自己的力量。"

40. 谈中国传统文化

(1) 话题分析。

此话题可以谈中国传统文化的类别与特点,如书法、武术、戏曲、服饰、中医、民间工艺、传统节日风俗等等,选择其中熟悉的内容具体阐述;中国传统文化的传承与发扬,如政府弘扬优秀传统文化所做的工作、高校对优秀传统文化的传承和创新、个人在弘扬优秀传统文化方面所做的努力;中国传统文化和其他国家、地区文化的比较,从不同的来由、习俗、表现讲讲差异,要讲出我们对中国优秀传统文化的自信和热爱。

(2) 参考提纲。

① 开头说出所选的话题。"我说话的题目是谈中国传统文化。"

② 话题展开。说出我最喜欢的中国传统文化是什么,如我喜欢的中国传统文化是武术;讲一讲为什么喜欢武术,练习武术的好处是不仅能够强身健体,还可以培养爱国思想,培养公平正义的侠义精神;自己喜欢的武术是什么类型,如太极拳有什么特点,自己是怎样练习的。

③ 话题结尾。说话人可以在时间滚动条大约剩余 10 秒时开始设计话题结尾。比如"我现在选修了武术课程,我希望通过我和同学们的学习能让武术这个中国传统文化在我们身上传承下去。"

41. 科技发展与社会生活

(1) 话题分析。

此话题主要谈谈科技发展给我们的社会生活带来的方方面面的改变与影响。宏观角度可以谈谈国家科技发展的主要成果和对国家富强、民族振兴、人民幸福生活的重要作用,比如载人航天、探月工程、深海钻探、人工智能、移动通信等。微观角度可以谈个人在学习、工作、生活中感受到的科技发展带来的诸多改变,如网络学习、移动支付、高铁出行等等。此话题还可以谈谈对科技创新的认识,如何建立创新机制,如何培养创新能力,如何用好创新人才,如何通过创新改变我们的生活。

(2) 参考提纲。

① 开头说出所选的话题。"我说话的题目是科技发展与社会生活。"

② 话题展开。说说科技发展给我们的生活带来了哪些方面的便利,如沟通的便利、出行的便利、购物的便利等等;结合自己熟悉的具体内容,如购物的便利方面,说说线上购物有什么平台,怎样在线上选择商品,线上购物比线下购物有哪些便利之处。建议谈一谈自己购物的亲身经历。

③ 话题结尾。说话人可以在时间滚动条大约剩余10秒时开始设计话题结尾。比如"信息技术的发展虽然给我们带来了生活便利,但也要注意不良的方面,如购物中要注意防止网络诈骗等。"

42. 谈个人修养

(1) 话题分析。

此话题主要可以谈谈以下几个方面:个人修养的主要内容和作用,如诚实、善良、文明、礼貌、正直、谦虚等,对个人形象、家庭和谐、社会文明起到的重要作用,可以举例阐述;如何具备良好的个人修养,具体途径有加强学习、加强自律、学会表达与沟通、学会尊重与理解等等;评价自己的修养如何,有哪些优良品质,有哪些不足,准备怎么改进。

(2) 参考提纲。

① 开头说出所选的话题。"我说话的题目是谈个人修养。"

② 话题展开。首先谈谈自己认为个人的修养主要包括哪些方面,自己要说的是哪个方面。如我要讲的个人修养主要是文明和礼貌;建议大家结合自身和他人实际情况,谈谈具体案例,从发生发展的过程评价相关人物修养如何,给大家什么感受,如公共场所高声喧哗、购物插队等反面案例可以做剖析。

③ 话题结尾。说话人可以在时间滚动条大约剩余10秒时开始设计话题结尾。比如"一个人具备良好的修养,才能获得他人的尊重和信赖,大家都具备良好的修养,社会文明程度才能不断提高。"

43. 对幸福的理解

(1) 话题分析。

每个人对幸福都有自己的理解,此话题考生可以从个人角度谈谈对幸福的认识。具体可先说自己认为什么是幸福,如家庭和睦、身体健康、工作顺利、出行平安、学业进步、心想事成等等都可以是幸福;怎么追求幸福,从自己的努力、亲人的关心、他人的支持等方面举例说说获得幸福体会的过程。

(2) 参考提纲。

① 开头说出所选的话题。"我说话的题目是对幸福的理解。"

② 话题展开。首先谈谈每个人对幸福都有不同的理解,自己对幸福的理解是什么,如把一件事情做成功了是幸福,获得自己喜欢的一件物品是幸福,全家人在一起平安快乐也是幸福等等;我为什么是这种想法,怎样才能追求到这种幸福,可以举出一两个例子,说说自己为幸福所做的努力,如家人遇到困难,我是如何帮助和安慰他们的。

③ 话题结尾。说话人可以在时间滚动条大约剩余10秒时开始设计话题结尾。比如"平安快乐看似毫不起眼,实际上却来之不易,祝福我的亲人、朋友都能够幸福安康!"

44. 如何保持良好的心态

(1) 话题分析。

首先我们可以自行界定在哪些领域保持良好的心态,如学习、工作、生活、表达、沟通等等,选择其中一个领域,谈如何保持良好的心态,这样讲述思路更加清晰,内容更加具体;其次要谈谈保持良好心态的方法,如培养乐观、开朗、自信的性格、保持稳定理性的情绪、对事物有客观正确的认识、学会倾听和倾诉、有知足常乐的心态、有勇于接受挑战和面对困境的勇气等等。

(2) 参考提纲。

① 开头说出所选的话题。"我说话的题目如何保持良好的心态。"

② 话题展开。首先谈谈自己要说的话题是在哪个方面保持良好心态,如我要说的是在大学学习中如何保持良好的心态。在大学学习中,我们会碰到什么样的挑战?比如课程的学习、技能的训练、社会实践等。如何应对挑战?首先要保持良好的心态正确认识这些困难,第二要积极想办法解决困难,第三是要有不折不挠的信心和勇气。建议结合个人的具体专业、课程、活动讲述。

③ 话题结尾。说话人可以在时间滚动条大约剩余10秒时开始设计话题结尾。比如"保持良好的心态,有助于我们保持学习的信心,克服学习中的困难,成为一个阳光健康的人。"

45. 对垃圾分类的认识

(1) 话题分析。

此话题可以从以下几个方面进行表述:垃圾分类的重要性;个人对垃圾分类的认知和判断方法,谈谈可回收垃圾、厨余垃圾、有害垃圾和其他垃圾的区别;不同垃圾处理的方式,如填埋、焚烧、堆肥等;个人处理垃圾的一些习惯和建议等等。

(2) 参考提纲。

① 开头说出所选的话题。"我说话的题目是对垃圾分类的认识。"

② 话题展开。首先谈谈什么是垃圾分类?自己所知道的垃圾分类的方法和垃圾分类的重要性;自己在对待生活垃圾时是怎么处理的?建议结合自己的生活习惯说说对待厨余垃圾、电池、玻璃碎片、旧衣物等不同的处理方法。

③ 话题结尾。说话人可以在时间滚动条大约剩余10秒时开始设计话题结尾。比如"垃圾分类关系我们的生活环境和身心健康,关系节能减排和资源再利用,大家都要做好垃圾分类,为保护环境贡献力量。"

46. 网络时代的生活

(1) 话题分析。

此话题限定了网络时代的生活,主要谈网络对我们生活的影响,可谈内容十分丰富,如网络时代生活的特征,网络给我们生活带来的便捷,以及网络给我们带来的负面影响,可以结合具体的案例详细表述。

(2) 参考提纲。

① 开头说出所选的话题。"我说话的题目是网络时代的生活。"

② 话题展开。首先谈谈网络给我们的生活带来了哪些改变,如沟通方式的改变、表达

方式的改变、消费方式的改变、学习方式的改变等等；结合网络课程学习、网上购物、移动支付、自媒体等等自身的经历，谈谈如何体验到网络时代生活变化，具体讲一两个案例；也可以说说在网络时代生活中虽然享受到了便利，也要注意负面影响，网络上的言行也要遵纪守法。

③ 话题结尾。说话人可以在时间滚动条大约剩余 10 秒时开始设计话题结尾。比如"网络让我们的世界变得很大，网上有各种各样繁杂的信息，所以我们既要通过网络认识世界，也需要学会分辨网络信息的真真假假。"

47. 对美的看法

（1）话题分析。

此话题可以谈什么是美？如何发现美、欣赏美、创造美？具体可以从美的内涵、美的形式、美的赏析等方面去谈谈，例如自然美、人文美、艺术美、内在美、外在美等其中具体的人、事、物、景，还可以谈谈如何进行美育。

（2）参考提纲。

① 开头说出所选的话题。"我说话的题目是对美的看法。"

② 话题展开。首先说出美包含的内容非常广，自己想谈的是什么？如我想谈的是外表美和心灵美；可以说说每个人都很关注自己的外表美，也喜欢欣赏美的外表，但心灵美是更重要的内容；具体谈一个案例，比如见义勇为或者助人为乐等，也可以举出反面案例。

③ 话题结尾。说话人可以在时间滚动条大约剩余 10 秒时开始设计话题结尾。比如"外表美需要我们注重个人形象，心灵美需要我们有正确的世界观和人生观以及良好的修养，美是需要我们共同呵护、共同创造的。"

48. 谈传统美德

（1）话题分析。

此话题首先可以说说中国的传统美德有哪些，如尽忠报国、孝老爱亲、勤俭节约、助人为乐、诚实守信、清正廉洁等等；选择其中的一种或两种，具体谈谈其内涵，讲述正面典型案例和反面典型案例，强调其重要作用，个人应该怎样学习和发扬。

（2）参考提纲。

① 开头说出所选的话题。"我说话的题目是谈传统美德。"

② 话题展开。首先说清楚关于中国的传统美德，自己主要讲哪一方面。如我想讲的中国传统美德是助人为乐；讲讲自己所看到的助人为乐的典型案例，具体讲清楚是怎么发生发展的，对相关人物言行进行评价；中国的传统美德需要我们每个人去继承发扬，谈谈自己会怎么做。

③ 话题结尾。说话人可以在时间滚动条大约剩余 10 秒时开始设计话题结尾。比如"赠人玫瑰，手留余香，帮助别人的同时，自己也能够得到快乐。"

49. 对亲情（友情、爱情）的理解

（1）话题分析。

此话题主要谈个人如何看待亲情（友情、爱情），亲情可以谈亲人与亲人之间如何相处，友情可以谈与同学、同事、朋友之间如何相处，爱情则谈与爱人、恋人、对象之间如何相处。相处的原则有尊重、理解、包容、关爱、支持等等，可以用自身的经历和体会详细说开。

(2) 参考提纲。

① 开头说出所选的话题。"我说话的题目是对亲情(友情、爱情)的理解。"

② 话题展开。首先可以说清楚自己所讲的话题内容,如我要说的是对友情的理解;谈谈自己大学生活中结交的好朋友,朋友给予自己什么样的帮助,如举例说说自己在遇到学习、生活困难时朋友是怎么帮助自己的。

③ 话题结尾。说话人可以在时间滚动条大约剩余 10 秒时开始设计话题结尾。比如"要想获得宝贵的友情,需要尊重、平等、关爱、支持。付出一颗真心,一定能够收获友情!"

50. 小家、大家与国家

(1) 话题分析。

这个话题主要谈个人、家庭、社会、国家之间的关系,谈个人对家国情怀的认识。可以从时间顺序来说过去、现在、未来家国情怀在不同时期不同人身上的表现,可以从职业领域谈个人对家庭和谐、社会进步、国家发展起到的作用,可以谈在民族生死存亡和国家发展关键时期,重大自然灾害与社会危机面前,我们是如何团结一心、众志成城、舍小家为大家的。在此话题中,应反映出个人对国家和民族的责任感和使命感,自己对国家和人民的深深热爱。

(2) 参考提纲。

① 开头说出所选的话题。"我说话的题目是小家、大家与国家。"

② 话题展开。首先说出小家、大家与国家就是个人、集体与国家的关系,有国才有家,爱家才爱国;讲讲地震、疫情、洪水、风雪、冰冻等自然灾害后,很多人舍小家顾大家的行为,如解放军战士、消防队员、医护人员、志愿服务者等等,具体结合一两个典型案例进行叙述和分析。

③ 话题结尾。说话人可以在时间滚动条大约剩余 10 秒时开始设计话题结尾。比如"有的人虽然很平凡,但是在我们的国家和人民遇到了困难的时候却能挺身而出,他们是值得我们敬重和学习的英雄!"

## 二、普通话水平测试用话题

本材料共有话题 50 例,供普通话水平测试第五项——命题说话测试使用。本材料仅是对话题范围的规定,并不规定话题的具体内容。

① 我的一天
② 老师
③ 珍贵的礼物
④ 假日生活
⑤ 我喜爱的植物
⑥ 我的理想(或愿望)
⑦ 过去的一年
⑧ 朋友
⑨ 童年生活
⑩ 我的兴趣爱好
⑪ 家乡(或熟悉的地方)
⑫ 我喜欢的季节(或天气)
⑬ 印象深刻的书籍(或报刊)
⑭ 难忘的旅行
⑮ 我喜欢的美食
⑯ 我所在的学校(或公司、团队、其他机构)
⑰ 尊敬的人
⑱ 我喜爱的动物

⑲ 我了解的地域文化(或风俗)
⑳ 体育运动的乐趣
㉑ 让我快乐的事情
㉒ 我喜欢的节日
㉓ 我欣赏的历史人物
㉔ 劳动的体会
㉕ 我喜欢的职业(或专业)
㉖ 向往的地方
㉗ 让我感动的事情
㉘ 我喜爱的艺术形式
㉙ 我了解的十二生肖
㉚ 学习普通话(或其他语言)的体会
㉛ 家庭对个人成长的影响
㉜ 生活中的诚信
㉝ 谈服饰
㉞ 自律与我
㉟ 对终身学习的看法
㊱ 谈谈卫生与健康
㊲ 对环境保护的认识
㊳ 谈社会公德(或职业道德)
㊴ 对团队精神的理解
㊵ 谈中国传统文化
㊶ 科技发展与社会生活
㊷ 谈个人修养
㊸ 对幸福的理解
㊹ 如何保持良好的心态
㊺ 对垃圾分类的认识
㊻ 网络时代的生活
㊼ 对美的看法
㊽ 谈传统美德
㊾ 对亲情(或友情、爱情)的理解
㊿ 小家、大家与国家

# 附　录

## 1　普通话水平测试用必读轻声词语表

| | | | | | |
|---|---|---|---|---|---|
| 爱人 | àiren | 鞭子 | biānzi | 绸子 | chóuzi |
| 案子 | ànzi | 扁担 | biǎndan | 出息 | chūxi |
| 巴结 | bājie | 辫子 | biànzi | 除了 | chúle |
| 巴掌 | bāzhang | 别扭 | bièniu | 锄头 | chútou |
| 把子 | bǎzi | 饼子 | bǐngzi | 畜生 | chùsheng |
| 把子 | bàzi | 脖子 | bózi | 窗户 | chuānghu |
| 爸爸 | bàba | 薄荷 | bòhe | 窗子 | chuāngzi |
| 白净 | báijing | 簸箕 | bòji | 锤子 | chuízi |
| 班子 | bānzi | 补丁 | bǔding | 伺候 | cihou |
| 板子 | bǎnzi | 不由得 | bùyóude | 刺猬 | ciwei |
| 帮手 | bāngshou | 步子 | bùzi | 凑合 | còuhe |
| 梆子 | bāngzi | 部分 | bùfen | 村子 | cūnzi |
| 膀子 | bǎngzi | 财主 | cáizhu | 耷拉 | dāla |
| 棒槌 | bàngchui | 裁缝 | cáifeng | 答应 | dāying |
| 棒子 | bàngzi | 苍蝇 | cāngying | 打扮 | dǎban |
| 包袱 | bāofu | 差事 | chāishi | 打点 | dǎdian |
| 包子 | bāozi | 柴火 | cháihuo | 打发 | dǎfa |
| 刨子 | bàozi | 肠子 | chángzi | 打量 | dǎliang |
| 豹子 | bàozi | 厂子 | chǎngzi | 打算 | dǎsuan |
| 杯子 | bēizi | 场子 | chǎngzi | 打听 | dǎting |
| 被子 | bèizi | 车子 | chēzi | 打招呼 | dǎzhāohu |
| 本事 | běnshi | 称呼 | chēnghu | 大方 | dàfang |
| 本子 | běnzi | 池子 | chízi | 大爷 | dàye |
| 鼻子 | bízi | 尺子 | chǐzi | 大意 | dàyi |
| 比方 | bǐfang | 虫子 | chóngzi | 大夫 | dàifu |

| 带子 | dàizi | 队伍 | duìwu | 弓子 | gōngzi |
|---|---|---|---|---|---|
| 袋子 | dàizi | 对付 | duìfu | 公公 | gōnggong |
| 单子 | dānzi | 对头 | duìtou | 功夫 | gōngfu |
| 耽搁 | dānge | 对子 | duìzi | 钩子 | gōuzi |
| 耽误 | dānwu | 多么 | duōme | 姑姑 | gūgu |
| 胆子 | dǎnzi | 哆嗦 | duōsuo | 姑娘 | gūniang |
| 担子 | dànzi | 蛾子 | ézi | 谷子 | gǔzi |
| 刀子 | dāozi | 儿子 | érzi | 骨头 | gǔtou |
| 道士 | dàoshi | 耳朵 | ěrduo | 故事 | gùshi |
| 稻子 | dàozi | 贩子 | fànzi | 寡妇 | guǎfu |
| 灯笼 | dēnglong | 房子 | fángzi | 褂子 | guàzi |
| 凳子 | dèngzi | 废物 | fèiwu | 怪不得 | guàibude |
| 提防 | dīfang | 份子 | fènzi | 怪物 | guàiwu |
| 滴水 | dīshui | 风筝 | fēngzheng | 关系 | guānxi |
| 笛子 | dízi | 疯子 | fēngzi | 官司 | guānsi |
| 嘀咕 | dígu | 福气 | fúqi | 棺材 | guāncai |
| 底子 | dǐzi | 斧子 | fǔzi | 罐头 | guàntou |
| 地道 | dìdao | 富余 | fùyu | 罐子 | guànzi |
| 地方 | dìfang | 盖子 | gàizi | 规矩 | guīju |
| 弟弟 | dìdi | 甘蔗 | gānzhe | 闺女 | guīnü |
| 弟兄 | dìxiong | 杆子 | gānzi | 鬼子 | guǐzi |
| 点心 | diǎnxin | 杆子 | gǎnzi | 柜子 | guìzi |
| 点子 | diǎnzi | 干事 | gànshi | 棍子 | gùnzi |
| 调子 | diàozi | 杠子 | gàngzi | 果子 | guǒzi |
| 碟子 | diézi | 高粱 | gāoliang | 哈欠 | hāqian |
| 钉子 | dīngzi | 膏药 | gāoyao | 蛤蟆 | háma |
| 东家 | dōngjia | 稿子 | gǎozi | 孩子 | háizi |
| 东西 | dōngxi | 告诉 | gàosu | 含糊 | hánhu |
| 动静 | dòngjing | 疙瘩 | gēda | 汉子 | hànzi |
| 动弹 | dòngtan | 哥哥 | gēge | 行当 | hángdang |
| 豆腐 | dòufu | 胳膊 | gēbo | 合同 | hétong |
| 豆子 | dòuzi | 鸽子 | gēzi | 和尚 | héshang |
| 嘟囔 | dūnang | 格子 | gézi | 核桃 | hétao |
| 肚子 | dǔzi | 个子 | gèzi | 盒子 | hézi |
| 肚子 | dùzi | 根子 | gēnzi | 恨不得 | hènbude |
| 端详 | duānxiang | 跟头 | gēntou | 红火 | hónghuo |
| 缎子 | duànzi | 工夫 | gōngfu | 猴子 | hóuzi |

| 后头 | hòutou | 芥末 | jièmo | 老子 | lǎozi |
| 厚道 | hòudao | 金子 | jīnzi | 姥姥 | lǎolao |
| 狐狸 | húli | 精神 | jīngshen | 累赘 | léizhui |
| 胡萝卜 | húluóbo | 镜子 | jìngzi | 篱笆 | líba |
| 胡琴 | húqin | 舅舅 | jiùjiu | 里头 | lǐtou |
| 胡子 | húzi | 橘子 | júzi | 力气 | lìqi |
| 葫芦 | húlu | 句子 | jùzi | 厉害 | lìhai |
| 糊涂 | hútu | 卷子 | juànzi | 利落 | lìluo |
| 护士 | hùshi | 开通 | kāitong | 利索 | lìsuo |
| 皇上 | huángshang | 靠得住 | kàodezhù | 例子 | lìzi |
| 幌子 | huǎngzi | 咳嗽 | késou | 栗子 | lìzi |
| 活泼 | huópo | 客气 | kèqi | 痢疾 | lìji |
| 火候 | huǒhou | 空子 | kòngzi | 连累 | liánlei |
| 伙计 | huǒji | 口袋 | kǒudai | 帘子 | liánzi |
| 机灵 | jīling | 口子 | kǒuzi | 凉快 | liángkuai |
| 记号 | jìhao | 扣子 | kòuzi | 粮食 | liángshi |
| 记性 | jìxing | 窟窿 | kūlong | 两口子 | liǎngkǒuzi |
| 夹子 | jiāzi | 裤子 | kùzi | 料子 | liàozi |
| 家伙 | jiāhuo | 快活 | kuàihuo | 林子 | línzi |
| 架势 | jiàshi | 筷子 | kuàizi | 铃铛 | língdang |
| 架子 | jiàzi | 框子 | kuàngzi | 翎子 | língzi |
| 嫁妆 | jiàzhuang | 阔气 | kuòqi | 领子 | lǐngzi |
| 尖子 | jiānzi | 拉扯 | lāche | 溜达 | liūda |
| 茧子 | jiǎnzi | 喇叭 | lǎba | 聋子 | lóngzi |
| 剪子 | jiǎnzi | 喇嘛 | lǎma | 笼子 | lóngzi |
| 见识 | jiànshi | 来得及 | láidejí | 炉子 | lúzi |
| 毽子 | jiànzi | 篮子 | lánzi | 路子 | lùzi |
| 将就 | jiāngjiu | 懒得 | lǎnde | 轮子 | lúnzi |
| 交情 | jiāoqing | 榔头 | lángtou | 啰唆 | luōsuo |
| 饺子 | jiǎozi | 浪头 | làngtou | 萝卜 | luóbo |
| 叫唤 | jiàohuan | 唠叨 | láodao | 骡子 | luózi |
| 轿子 | jiàozi | 老婆 | lǎopo | 骆驼 | luòtuo |
| 结实 | jiēshi | 老实 | lǎoshi | 妈妈 | māma |
| 街坊 | jiēfang | 老太太 | lǎotàitai | 麻烦 | máfan |
| 姐夫 | jiěfu | 老头子 | lǎotóuzi | 麻利 | máli |
| 姐姐 | jiějie | 老爷 | lǎoye | 麻子 | mázi |
| 戒指 | jièzhi | 老爷子 | lǎoyézi | 马虎 | mǎhu |

| | | | | | |
|---|---|---|---|---|---|
| 码头 | mǎtou | 暖和 | nuǎnhuo | 拳头 | quántou |
| 买卖 | mǎimai | 疟疾 | nüèji | 裙子 | qúnzi |
| 麦子 | màizi | 拍子 | pāizi | 热闹 | rènao |
| 馒头 | mántou | 牌楼 | páilou | 人家 | rénjia |
| 忙活 | mánghuo | 牌子 | páizi | 人们 | rénmen |
| 冒失 | màoshi | 盘算 | pánsuan | 认识 | rènshi |
| 帽子 | màozi | 盘子 | pánzi | 日子 | rìzi |
| 眉毛 | méimao | 胖子 | pàngzi | 褥子 | rùzi |
| 媒人 | méiren | 狍子 | páozi | 塞子 | sāizi |
| 妹妹 | mèimei | 袍子 | páozi | 嗓子 | sǎngzi |
| 门道 | méndao | 盆子 | pénzi | 嫂子 | sǎozi |
| 眯缝 | mīfeng | 朋友 | péngyou | 扫帚 | sàozhou |
| 迷糊 | míhu | 棚子 | péngzi | 沙子 | shāzi |
| 面子 | miànzi | 皮子 | pízi | 傻子 | shǎzi |
| 苗条 | miáotiao | 脾气 | píqi | 扇子 | shànzi |
| 苗头 | miáotou | 痞子 | pǐzi | 商量 | shāngliang |
| 苗子 | miáozi | 屁股 | pìgu | 晌午 | shǎngwu |
| 名堂 | míngtang | 片子 | piānzi | 上司 | shàngsi |
| 名字 | míngzi | 便宜 | piányi | 上头 | shàngtou |
| 明白 | míngbai | 骗子 | piànzi | 烧饼 | shāobing |
| 模糊 | móhu | 票子 | piàozi | 勺子 | sháozi |
| 蘑菇 | mógu | 漂亮 | piàoliang | 少爷 | shàoye |
| 木匠 | mùjiang | 瓶子 | píngzi | 哨子 | shàozi |
| 木头 | mùtou | 婆家 | pójia | 舌头 | shétou |
| 那么 | nàme | 婆婆 | pópo | 舍不得 | shěbude |
| 奶奶 | nǎinai | 铺盖 | pūgai | 舍得 | shěde |
| 难为 | nánwei | 欺负 | qīfu | 身子 | shēnzi |
| 脑袋 | nǎodai | 旗子 | qízi | 什么 | shénme |
| 脑子 | nǎozi | 前头 | qiántou | 婶子 | shěnzi |
| 能耐 | néngnai | 钳子 | qiánzi | 生意 | shēngyi |
| 你们 | nǐmen | 茄子 | qiézi | 牲口 | shēngkou |
| 念叨 | niàndao | 亲戚 | qīnqi | 绳子 | shéngzi |
| 念头 | niàntou | 勤快 | qínkuai | 师父 | shīfu |
| 娘家 | niángjia | 清楚 | qīngchu | 师傅 | shīfu |
| 镊子 | nièzi | 亲家 | qìngjia | 虱子 | shīzi |
| 奴才 | núcai | 曲子 | qǔzi | 狮子 | shīzi |
| 女婿 | nǚxu | 圈子 | quānzi | 石匠 | shíjiang |

| | | | | | |
|---|---|---|---|---|---|
| 石榴 | shíliu | 梯子 | tīzi | 下巴 | xiàba |
| 石头 | shítou | 蹄子 | tízi | 吓唬 | xiàhu |
| 时辰 | shíchen | 甜头 | tiántou | 先生 | xiānsheng |
| 时候 | shíhou | 挑剔 | tiāoti | 乡下 | xiāngxia |
| 实在 | shízai | 挑子 | tiāozi | 箱子 | xiāngzi |
| 拾掇 | shíduo | 条子 | tiáozi | 相声 | xiàngsheng |
| 使唤 | shǐhuan | 跳蚤 | tiàozao | 消息 | xiāoxi |
| 世故 | shìgu | 铁匠 | tiějiang | 小伙子 | xiǎohuǒzi |
| 似的 | shìde | 亭子 | tíngzi | 小气 | xiǎoqi |
| 事情 | shìqing | 头发 | tóufa | 小子 | xiǎozi |
| 试探 | shìtan | 头子 | tóuzi | 笑话 | xiàohua |
| 柿子 | shìzi | 兔子 | tùzi | 歇息 | xiēxi |
| 收成 | shōucheng | 妥当 | tuǒdang | 蝎子 | xiēzi |
| 收拾 | shōushi | 唾沫 | tuòmo | 鞋子 | xiézi |
| 首饰 | shǒushi | 挖苦 | wāku | 谢谢 | xièxie |
| 叔叔 | shūshu | 娃娃 | wáwa | 心思 | xīnsi |
| 梳子 | shūzi | 袜子 | wàzi | 星星 | xīngxing |
| 舒服 | shūfu | 外甥 | wàisheng | 猩猩 | xīngxing |
| 舒坦 | shūtan | 外头 | wàitou | 行李 | xíngli |
| 疏忽 | shūhu | 晚上 | wǎnshang | 行头 | xíngtou |
| 爽快 | shuǎngkuai | 尾巴 | wěiba | 性子 | xìngzi |
| 思量 | sīliang | 委屈 | wěiqu | 兄弟 | xiōngdi |
| 俗气 | súqi | 为了 | wèile | 休息 | xiūxi |
| 算计 | suànji | 位置 | wèizhi | 秀才 | xiùcai |
| 岁数 | suìshu | 位子 | wèizi | 秀气 | xiùqi |
| 孙子 | sūnzi | 温和 | wēnhuo | 袖子 | xiùzi |
| 他们 | tāmen | 蚊子 | wénzi | 靴子 | xuēzi |
| 它们 | tāmen | 稳当 | wěndang | 学生 | xuésheng |
| 她们 | tāmen | 窝囊 | wōnang | 学问 | xuéwen |
| 踏实 | tāshi | 我们 | wǒmen | 丫头 | yātou |
| 台子 | táizi | 屋子 | wūzi | 鸭子 | yāzi |
| 太太 | tàitai | 稀罕 | xīhan | 衙门 | yámen |
| 摊子 | tānzi | 席子 | xízi | 哑巴 | yǎba |
| 坛子 | tánzi | 媳妇 | xífu | 胭脂 | yānzhi |
| 毯子 | tǎnzi | 喜欢 | xǐhuan | 烟筒 | yāntong |
| 桃子 | táozi | 瞎子 | xiāzi | 眼睛 | yǎnjing |
| 特务 | tèwu | 匣子 | xiázi | 燕子 | yànzi |

| | | | | | |
|---|---|---|---|---|---|
| 秧歌 | yāngge | 月亮 | yuèliang | 侄子 | zhízi |
| 养活 | yǎnghuo | 云彩 | yúncai | 指甲 | zhǐjia(zhījia) |
| 样子 | yàngzi | 运气 | yùnqi | 指头 | zhǐtou(zhítou) |
| 吆喝 | yāohe | 在乎 | zàihu | 种子 | zhǒngzi |
| 妖精 | yāojing | 咱们 | zánmen | 珠子 | zhūzi |
| 钥匙 | yàoshi | 早上 | zǎoshang | 竹子 | zhúzi |
| 椰子 | yēzi | 怎么 | zěnme | 主意 | zhǔyi(zhúyi) |
| 爷爷 | yéye | 扎实 | zhāshi | 主子 | zhǔzi |
| 叶子 | yèzi | 眨巴 | zhǎba | 柱子 | zhùzi |
| 一辈子 | yībèizi | 栅栏 | zhàlan | 爪子 | zhuǎzi |
| 一揽子 | yīlǎnzi | 宅子 | zháizi | 转悠 | zhuànyou |
| 衣服 | yīfu | 寨子 | zhàizi | 庄稼 | zhuāngjia |
| 衣裳 | yīshang | 张罗 | zhāngluo | 庄子 | zhuāngzi |
| 椅子 | yǐzi | 丈夫 | zhàngfu | 壮实 | zhuàngshi |
| 意思 | yìsi | 丈人 | zhàngren | 状元 | zhuàngyuan |
| 银子 | yínzi | 帐篷 | zhàngpeng | 锥子 | zhuīzi |
| 影子 | yǐngzi | 帐子 | zhàngzi | 桌子 | zhuōzi |
| 应酬 | yìngchou | 招呼 | zhāohu | 自在 | zìzai |
| 柚子 | yòuzi | 招牌 | zhāopai | 字号 | zìhao |
| 芋头 | yùtou | 折腾 | zhēteng | 粽子 | zòngzi |
| 冤家 | yuānjia | 这个 | zhège | 祖宗 | zǔzong |
| 冤枉 | yuānwang | 这么 | zhème | 嘴巴 | zuǐba |
| 园子 | yuánzi | 枕头 | zhěntou | 作坊 | zuōfang |
| 院子 | yuànzi | 芝麻 | zhīma | 琢磨 | zuómo |
| 月饼 | yuèbing | 知识 | zhīshi | 做作 | zuòzuo |

## 2　普通话水平测试用儿化词语表

| | | | | | |
|---|---|---|---|---|---|
| 板擦儿 | bǎncār | 差点儿 | chàdiǎnr | 打晃儿 | dǎhuàngr |
| 刀把儿 | dāobàr | 拉链儿 | lāliànr | 天窗儿 | tiānchuāngr |
| 没法儿 | méifǎr | 露馅儿 | lòuxiànr | 蛋黄儿 | dànhuángr |
| 找碴儿 | zhǎochár | 冒尖儿 | màojiānr | 包圆儿 | bāoyuánr |
| 打杂儿 | dǎzár | 馅儿饼 | xiànrbǐng | 绕远儿 | ràoyuǎnr |
| 号码儿 | hàomǎr | 心眼儿 | xīnyǎnr | 手绢儿 | shǒujuànr |
| 戏法儿 | xìfǎr | 一点儿 | yīdiǎnr | 杂院儿 | záyuànr |
| 壶盖儿 | húgàir | 雨点儿 | yǔdiǎnr | 出圈儿 | chūquānr |
| 名牌儿 | míngpáir | 扇面儿 | shànmiànr | 人缘儿 | rényuánr |
| 鞋带儿 | xiédàir | 小辫儿 | xiǎobiànr | 烟卷儿 | yānjuǎnr |
| 加塞儿 | jiāsāir | 牙签儿 | yáqiānr | 刀背儿 | dāobèir |
| 小孩儿 | xiǎoháir | 有点儿 | yǒudiǎnr | 摸黑儿 | mōhēir |
| 包干儿 | bāogānr | 照片儿 | zhàopiānr | 把门儿 | bǎménr |
| 快板儿 | kuàibǎnr | 鼻梁儿 | bíliángr | 大婶儿 | dàshěnr |
| 脸蛋儿 | liǎndànr | 透亮儿 | tòuliàngr | 高跟儿鞋 | gāogēnrxié |
| 门槛儿 | ménkǎnr | 花样儿 | huāyàngr | 后跟儿 | hòugēnr |
| 蒜瓣儿 | suànbànr | 大褂儿 | dàguàr | 老本儿 | lǎoběnr |
| 笔杆儿 | bǐgǎnr | 马褂儿 | mǎguàr | 纳闷儿 | nàmènr |
| 老伴儿 | lǎobànr | 小褂儿 | xiǎoguàr | 小人儿书 | xiǎorénrshū |
| 脸盘儿 | liǎnpánr | 牙刷儿 | yáshuār | 压根儿 | yàgēnr |
| 收摊儿 | shōutānr | 麻花儿 | máhuār | 走神儿 | zǒushénr |
| 栅栏儿 | zhàlanr | 脑瓜儿 | nǎoguār | 别针儿 | biézhēnr |
| 赶趟儿 | gǎntàngr | 笑话儿 | xiàohuar | 刀刃儿 | dāorènr |
| 香肠儿 | xiāngchángr | 一块儿 | yīkuàir | 哥们儿 | gēmenr |
| 瓜瓤儿 | guārángr | 茶馆儿 | cháguǎnr | 花盆儿 | huāpénr |
| 药方儿 | yàofāngr | 大腕儿 | dàwànr | 面人儿 | miànrénr |
| 掉价儿 | diàojiàr | 拐弯儿 | guǎiwānr | 嗓门儿 | sǎngménr |
| 一下儿 | yīxiàr | 火罐儿 | huǒguànr | 杏仁儿 | xìngrénr |
| 豆芽儿 | dòuyár | 打转儿 | dǎzhuànr | 一阵儿 | yīzhènr |
| 半点儿 | bàndiǎnr | 饭馆儿 | fànguǎnr | 脖颈儿 | bógěngr |
| 坎肩儿 | kǎnjiānr | 好玩儿 | hǎowánr | 夹缝儿 | jiāfèngr |
| 聊天儿 | liáotiānr | 落款儿 | luòkuǎnr | 钢镚儿 | gāngbèngr |

| | | | | | |
|---|---|---|---|---|---|
| 提成儿 | tíchéngr | 门铃儿 | ménlíngr | 灯泡儿 | dēngpàor |
| 半截儿 | bànjiér | 图钉儿 | túdīngr | 叫好儿 | jiàohǎor |
| 小鞋儿 | xiǎoxiér | 蛋清儿 | dànqīngr | 口哨儿 | kǒushàor |
| 旦角儿 | dànjuér | 火星儿 | huǒxīngr | 蜜枣儿 | mìzǎor |
| 主角儿 | zhǔjuér | 人影儿 | rényǐngr | 跳高儿 | tiàogāor |
| 耳垂儿 | ěrchuír | 眼镜儿 | yǎnjìngr | 豆角儿 | dòujiǎor |
| 跑腿儿 | pǎotuǐr | 毛驴儿 | máolǘr | 开窍儿 | kāiqiàor |
| 一会儿 | yīhuìr | 小曲儿 | xiǎoqǔr | 跑调儿 | pǎodiàor |
| 墨水儿 | mòshuǐr | 痰盂儿 | tányúr | 火苗儿 | huǒmiáor |
| 围嘴儿 | wéizuǐr | 合群儿 | héqúnr | 面条儿 | miàntiáor |
| 走味儿 | zǒuwèir | 挨个儿 | āigèr | 鱼漂儿 | yúpiāor |
| 冰棍儿 | bīnggùnr | 打嗝儿 | dǎgér | 个头儿 | gètóur |
| 光棍儿 | guānggùnr | 唱歌儿 | chànggēr | 门口儿 | ménkǒur |
| 没准儿 | méizhǔnr | 单个儿 | dāngèr | 纽扣儿 | niǔkòur |
| 砂轮儿 | shālúnr | 逗乐儿 | dòulèr | 小丑儿 | xiǎochǒur |
| 打盹儿 | dǎdǔnr | 模特儿 | mótèr | 衣兜儿 | yīdōur |
| 开春儿 | kāichūnr | 饭盒儿 | fànhér | 老头儿 | lǎotóur |
| 胖墩儿 | pàngdūnr | 泪珠儿 | lèizhūr | 年头儿 | niántóur |
| 小瓮儿 | xiǎowèngr | 没谱儿 | méipǔr | 线轴儿 | xiànzhóur |
| 瓜子儿 | guāzǐr | 媳妇儿 | xífur | 小偷儿 | xiǎotōur |
| 石子儿 | shízǐr | 梨核儿 | líhúr | 顶牛儿 | dǐngniúr |
| 没词儿 | méicír | 碎步儿 | suìbùr | 棉球儿 | miánqiúr |
| 挑刺儿 | tiāocìr | 有数儿 | yǒushùr | 加油儿 | jiāyóur |
| 记事儿 | jìshìr | 抽空儿 | chōukòngr | 抓阄儿 | zhuājiūr |
| 墨汁儿 | mòzhīr | 胡同儿 | hútòngr | 被窝儿 | bèiwōr |
| 锯齿儿 | jùchǐr | 门洞儿 | méndòngr | 大伙儿 | dàhuǒr |
| 垫底儿 | diàndǐr | 果冻儿 | guǒdòngr | 绝活儿 | juéhuór |
| 玩意儿 | wányìr | 酒盅儿 | jiǔzhōngr | 邮戳儿 | yóuchuōr |
| 肚脐儿 | dùqír | 小葱儿 | xiǎocōngr | 出活儿 | chūhuór |
| 针鼻儿 | zhēnbír | 小熊儿 | xiǎoxióngr | 火锅儿 | huǒguōr |
| 脚印儿 | jiǎoyìnr | 半道儿 | bàndàor | 小说儿 | xiǎoshuōr |
| 有劲儿 | yǒujìnr | 红包儿 | hóngbāor | 做活儿 | zuòhuór |
| 送信儿 | sòngxìnr | 绝着儿 | juézhāor | 耳膜儿 | ěrmór |
| 打鸣儿 | dǎmíngr | 口罩儿 | kǒuzhàor | 粉末儿 | fěnmòr |
| 花瓶儿 | huāpíngr | 手套儿 | shǒutàor | | |

## 3 难读易错的字

| | | | | | |
|---|---|---|---|---|---|
| 哀号 | āiháo | 半晌 | bànshǎng | 毕竟 | bìjìng |
| 嗳气 | ǎiqì | 拌种 | bànzhǒng | 庇护 | bìhù |
| 艾绒 | àiróng | 傍晚 | bàngwǎn | 庇荫 | bìyìn |
| 爱护 | àihù | 磅秤 | bàngchèng | 婢女 | bìnǚ |
| 爱怜 | àilián | 包庇 | bāobì | 碧绿 | bìlǜ |
| 爱慕 | àimù | 包场 | bāochǎng | 避讳 | bìhuì |
| 隘路 | àilù | 包扎 | bāozā | 边陲 | biānchuí |
| 暧昧 | àimèi | 雹子 | báozi | 边卡 | biānqiǎ |
| 安瓿 | ānbù | 薄饼 | báobǐng | 边塞 | biānsài |
| 谙练 | ānliàn | 薄脆 | báocuì | 边寨 | biānzhài |
| 按捺 | ànnà | 宝藏 | bǎozàng | 编纂 | biānzuǎn |
| 盎司 | àngsī | 保藏 | bǎocáng | 蝙蝠 | biānfú |
| 凹凸 | āotū | 保荐 | bǎojiàn | 便秘 | biànmì |
| 敖包 | áobāo | 报偿 | bàocháng | 膘情 | biāoqíng |
| 懊丧 | àosàng | 抱佛脚 | bàofójiǎo | 鳔胶 | biàojiāo |
| 跋扈 | báhù | 抱负 | bàofù | 憋气 | biēqì |
| 掰开 | bāikāi | 曝光 | bàoguāng | 别墅 | biéshù |
| 白炽 | báichì | 卑鄙 | bēibǐ | 摈斥 | bìnchì |
| 白搭 | báidā | 碑帖 | bēitiè | 摈除 | bìnchú |
| 白垩 | bái'è | 被褥 | bèirù | 殡殓 | bìnliàn |
| 白桦 | báihuà | 奔赴 | bēnfù | 殡仪馆 | bìnyíguǎn |
| 白芨 | báijī | 奔丧 | bēnsāng | 髌骨 | bìngǔ |
| 白蛉 | báilíng | 贲门 | bēnmén | 鬓发 | bìnfà |
| 白鳍豚 | báiqítún | 笨拙 | bènzhuō | 鬓角 | bìnjiǎo |
| 白芍 | báisháo | 绷带 | bēngdài | 冰雹 | bīngbáo |
| 白翳 | báiyì | 迸发 | bèngfā | 冰窖 | bīngjiào |
| 白芷 | báizhǐ | 鼻窦 | bídòu | 屏除 | bǐngchú |
| 百感 | bǎigǎn | 比拟 | bǐnǐ | 屏气 | bǐngqì |
| 柏油 | bǎiyóu | 秕糠 | bǐkāng | 屏弃 | bǐngqì |
| 拜谒 | bàiyè | 笔直 | bǐzhí | 禀性 | bǐngxìng |
| 班蝥 | bānmáo | 鄙薄 | bǐbó | 并蒂莲 | bìngdìlián |
| 板栗 | bǎnlì | 必得 | bìděi | 并吞 | bìngtūn |

| | | | | | |
|---|---|---|---|---|---|
| 病菌 | bìngjūn | 残喘 | cánchuǎn | 肠炎 | chángyán |
| 病灶 | bìngzào | 残骸 | cánhái | 常例 | chánglì |
| 拨付 | bōfù | 蚕箔 | cánbó | 偿还 | chánghuán |
| 剥夺 | bōduó | 蚕茧 | cánjiǎn | 场次 | chǎngcì |
| 剥削 | bōxuē | 仓储 | cāngchǔ | 场合 | chǎnghé |
| 播种 | bōzhǒng | 苍穹 | cāngqióng | 场景 | chǎngjǐng |
| 驳壳枪 | bókéqiāng | 苍术 | cāngzhú | 倡议 | chàngyì |
| 泊位 | bówèi | 藏掖 | cángyē | 唱和 | chànghè |
| 帛画 | bóhuà | 糙米 | cāomǐ | 抄袭 | chāoxí |
| 帛书 | bóshū | 草寇 | cǎokòu | 超载 | chāozài |
| 舶来品 | bóláipǐn | 草莽 | cǎomǎng | 巢穴 | cháoxué |
| 鹁鸽 | bógē | 测量 | cèliáng | 朝鲜族 | Cháoxiǎnzú |
| 不忿 | búfèn | 恻隐 | cèyǐn | 潮汐 | cháoxī |
| 不济 | bújì | 参差 | cēncī | 嘲讽 | cháofěng |
| 不吝 | búlìn | 碴口 | chákǒu | 车把 | chēbǎ |
| 不屑 | búxiè | 茶匙 | cháchí | 车辆 | chēliàng |
| 不逊 | búxùn | 茶褐色 | cháhèsè | 车辙 | chēzhé |
| 卜辞 | bǔcí | 茶几 | chájī | 车轴 | chēzhóu |
| 补偿 | bǔcháng | 查勘 | chákān | 沉溺 | chénnì |
| 补给 | bǔjǐ | 杈子 | chàzi | 沉渣 | chénzhā |
| 补课 | bǔkè | 刹那 | chànà | 衬映 | chènyìng |
| 捕捉 | bǔzhuō | 拆除 | chāichú | 称心 | chènxīn |
| 哺育 | bǔyù | 拆台 | chāitái | 称愿 | chènyuàn |
| 不迭 | bùdié | 差遣 | chāiqiǎn | 蛏子 | chēngzi |
| 不乏 | bùfá | 差使 | chāishǐ | 承载 | chéngzài |
| 不妨 | bùfáng | 觇标 | chānbiāo | 乘法 | chéngfǎ |
| 不遂 | bùsuí | 孱弱 | chánruò | 澄清 | chéngqīng |
| 不暇 | bùxiá | 缠绕 | chánrào | 嗤笑 | chīxiào |
| 布帛 | bùbó | 蝉蜕 | chántuì | 驰骋 | chíchěng |
| 簿籍 | bùjí | 蟾蜍 | chánchú | 迟钝 | chídùn |
| 簿子 | bùzi | 蟾酥 | chánsū | 尺蠖 | chǐhuò |
| 财贸 | cáimào | 谄媚 | chǎnmèi | 侈谈 | chǐtán |
| 裁撤 | cáichè | 颤动 | chàndòng | 耻骨 | chǐgǔ |
| 裁处 | cáichǔ | 菖蒲 | chāngpú | 耻辱 | chǐrǔ |
| 采纳 | cǎinà | 长臂猿 | chángbìyuán | 褫夺 | chǐduó |
| 菜肴 | càiyáo | 长眠 | chángmián | 叱咤 | chìzhà |
| 参谒 | cānyè | 场院 | chángyuàn | 斥责 | chìzé |

| | | | | | |
|---|---|---|---|---|---|
| 翅膀 | chìbǎng | 踹开 | chuàikāi | 攒聚 | cuánjù |
| 冲刺 | chōngcì | 穿山甲 | chuānshānjiǎ | 璀璨 | cuǐcàn |
| 冲撞 | chōngzhuàng | 穿凿 | chuānzáo | 淬火 | cuìhuǒ |
| 充分 | chōngfèn | 穿着 | chuānzhuó | 存疑 | cúnyí |
| 充其量 | chōngqíliàng | 船舶 | chuánbó | 搓板 | cuōbǎn |
| 充盈 | chōngyíng | 船埠 | chuánbù | 撮合 | cuōhé |
| 憧憬 | chōngjǐng | 船坞 | chuánwù | 痤疮 | cuóchuāng |
| 崇奉 | chóngfèng | 船舷 | chuánxián | 搭配 | dāpèi |
| 崇尚 | chóngshàng | 橡子 | chuánzi | 打劫 | dǎjié |
| 冲床 | chòngchuáng | 喘气 | chuǎnqì | 打圆场 | dǎyuánchǎng |
| 冲模 | chòngmú | 喘息 | chuǎnxī | 大氅 | dàchǎng |
| 冲压 | chòngyā | 喘吁吁 | chuǎnxūxū | 大赦 | dàshè |
| 冲子 | chòngzi | 创痕 | chuānghén | 大手笔 | dàshǒubǐ |
| 抽搐 | chōuchù | 创面 | chuāngmiàn | 大跃进 | dàyuèjìn |
| 抽穗 | chōusuì | 创伤 | chuāngshāng | 呆板 | dāibǎn |
| 抽噎 | chōuyē | 床铺 | chuángpù | 呆滞 | dāizhì |
| 惆怅 | chóuchàng | 吹拂 | chuīfú | 逮捕 | dàibǔ |
| 筹谋 | chóumóu | 吹捧 | chuīpěng | 单薄 | dānbó |
| 丑角 | chǒujué | 垂危 | chuíwēi | 胆囊 | dǎnnáng |
| 丑陋 | chǒulòu | 垂涎 | chuíxián | 胆识 | dǎnshí |
| 出殡 | chūbìn | 春笋 | chūnsǔn | 胆汁 | dǎnzhī |
| 出场 | chūchǎng | 纯粹 | chúncuì | 淡薄 | dànbó |
| 出去 | chūqu | 纯净 | chúnjìng | 淡漠 | dànmò |
| 出诊 | chūzhěn | 纯正 | chúnzhèng | 当差 | dāngchāi |
| 刍议 | chúyì | 淳朴 | chúnpǔ | 当场 | dāngchǎng |
| 除法 | chúfǎ | 醇厚 | chúnhòu | 当啷 | dānglāng |
| 雏形 | chúxíng | 戳穿 | chuōchuān | 党参 | dǎngshēn |
| 处暑 | chǔshǔ | 绰号 | chuòhào | 当作 | dàngzuò |
| 储蓄 | chǔxù | 辍学 | chuòxué | 荡漾 | dàngyàng |
| 畜肥 | chùféi | 词缀 | cízhuì | 档案 | dàng'àn |
| 畜力 | chùlì | 祠堂 | cítáng | 刀刃 | dāorèn |
| 搐动 | chùdòng | 雌蕊 | círuǐ | 导师 | dǎoshī |
| 触角 | chùjiǎo | 刺激 | cìjī | 灯泡 | dēngpào |
| 触觉 | chùjué | 从容 | cóngróng | 低估 | dīgū |
| 揣紧 | chuāijǐn | 粗糙 | cūcāo | 堤岸 | dī'àn |
| 揣测 | chuǎicè | 促成 | cùchéng | 堤坝 | dībà |
| 揣摩 | chuǎimó | 簇拥 | cùyōng | 嫡传 | díchuán |

| | | | | | |
|---|---|---|---|---|---|
| 嫡亲 | díqīn | 阿谀 | ēyú | 妃子 | fēizi |
| 嫡系 | díxì | 婀娜 | ēnuó | 非得 | fēiděi |
| 抵押 | dǐyā | 讹传 | échuán | 非难 | fēinàn |
| 地壳 | dìqiào | 讹诈 | ézhà | 扉页 | fēiyè |
| 缔约 | dìyuē | 厄运 | èyùn | 蜚声 | fēishēng |
| 颠沛 | diānpèi | 扼杀 | èshā | 菲薄 | fěibó |
| 癫痫 | diānxián | 恶习 | èxí | 斐然 | fěirán |
| 电钻 | diànzuàn | 愕然 | èrán | 废黜 | fèichù |
| 玷污 | diànwū | 遏止 | èzhǐ | 分泌 | fēnmì |
| 刁难 | diāonàn | 噩耗 | èhào | 分娩 | fēnmiǎn |
| 雕琢 | diāozhuó | 噩梦 | èmèng | 分蘖 | fēnniè |
| 吊唁 | diàoyàn | 恩赐 | ēncì | 汾酒 | fénjiǔ |
| 钓饵 | diào'ěr | 耳塞 | ěrsāi | 坟茔 | fényíng |
| 调换 | diàohuàn | 发酵 | fājiào | 粉笔 | fěnbǐ |
| 调配 | diàopèi | 发蒙 | fāméng | 愤慨 | fènkǎi |
| 跌宕 | diēdàng | 发难 | fānàn | 丰硕 | fēngshuò |
| 叮嘱 | dīngzhǔ | 发蔫 | fāniān | 风纪 | fēngjì |
| 顶撞 | dǐngzhuàng | 发炎 | fāyán | 风骚 | fēngsāo |
| 侗族 | dòngzú | 法宝 | fǎbǎo | 封存 | fēngcún |
| 洞穴 | dòngxué | 法纪 | fǎjì | 蜂拥 | fēngyōng |
| 恫吓 | dònghè | 砝码 | fǎmǎ | 缝纫 | féngrèn |
| 抖擞 | dǒusǒu | 发指 | fàzhǐ | 奉行 | fèngxíng |
| 豆豉 | dòuchǐ | 珐琅 | fàláng | 缝隙 | fèngxì |
| 豆荚 | dòujiá | 帆布 | fānbù | 佛法 | fófǎ |
| 督促 | dūcù | 帆船 | fānchuán | 佛教 | Fójiào |
| 毒药 | dúyào | 烦恼 | fánnǎo | 佛经 | fójīng |
| 渎职 | dúzhí | 烦扰 | fánrǎo | 否定 | fǒudìng |
| 犊子 | dúzi | 烦躁 | fánzào | 麸子 | fūzi |
| 笃信 | dǔxìn | 樊篱 | fánlí | 茯苓 | fúlíng |
| 杜撰 | dùzhuàn | 繁茂 | fánmào | 俘获 | fúhuò |
| 肚脐 | dùqí | 反刍 | fǎnchú | 抚摩 | fǔmó |
| 妒忌 | dùjì | 反诘 | fǎnjié | 抚恤 | fǔxù |
| 蠹虫 | dùchóng | 反省 | fǎnxǐng | 府邸 | fǔdǐ |
| 对峙 | duìzhì | 犯浑 | fànhún | 俯角 | fǔjiǎo |
| 钝角 | dùnjiǎo | 犯忌 | fànjì | 俯瞰 | fǔkàn |
| 驮子 | duòzi | 防疫 | fángyì | 腐蚀 | fǔshí |
| 阿胶 | ējiāo | 防御 | fángyù | 讣告 | fùgào |

| | | | | | |
|---|---|---|---|---|---|
| 付讫 | fùqì | 高跷 | gāoqiāo | 佝偻病 | gōulóubìng |
| 负荷 | fùhè | 高血压 | gāoxuèyā | 篝火 | gōuhuǒ |
| 负疚 | fùjiù | 稿约 | gǎoyuē | 苟且 | gǒuqiě |
| 负隅 | fùyú | 告假 | gàojià | 枸杞 | gǒuqǐ |
| 妇孺 | fùrú | 戈壁 | gēbì | 勾当 | gòudàng |
| 附笔 | fùbǐ | 咯噔 | gēdēng | 估计 | gūjì |
| 附和 | fùhè | 割据 | gējù | 估价 | gūjià |
| 附属 | fùshǔ | 割舍 | gēshě | 沽名 | gūmíng |
| 附着 | fùzhuó | 搁置 | gēzhì | 古朴 | gǔpǔ |
| 复辟 | fùbì | 歌诀 | gējué | 古筝 | gǔzhēng |
| 复姓 | fùxìng | 阁楼 | gélóu | 谷物 | gǔwù |
| 富庶 | fùshù | 格律 | gélǜ | 谷雨 | gǔyǔ |
| 腹泻 | fùxiè | 隔热 | gérè | 骨骼 | gǔgé |
| 覆没 | fùmò | 给以 | gěiyǐ | 蛊惑 | gǔhuò |
| 咖喱 | gālí | 更动 | gēngdòng | 雇佣 | gùyōng |
| 嘎巴 | gābā | 更衣 | gēngyī | 瓜葛 | guāgé |
| 概率 | gàilǜ | 耕牛 | gēngniú | 刮脸 | guāliǎn |
| 概论 | gàilùn | 羹匙 | gēngchí | 拐骗 | guǎipiàn |
| 概念 | gàiniàn | 耿耿 | gěnggěng | 怪诞 | guàidàn |
| 干瘪 | gānbiě | 哽咽 | gěngyè | 关卡 | guānqiǎ |
| 干戈 | gāngē | 梗概 | gěnggài | 关押 | guānyā |
| 甘薯 | gānshǔ | 公干 | gōnggàn | 观瞻 | guānzhān |
| 泔水 | gānshuǐ | 公积金 | gōngjījīn | 官吏 | guānlì |
| 柑橘 | gānjú | 公仆 | gōngpú | 惯性 | guànxìng |
| 尴尬 | gāngà | 公顷 | gōngqǐng | 灌溉 | guàngài |
| 杆秤 | gǎnchèng | 公寓 | gōngyù | 灌输 | guànshū |
| 感触 | gǎnchù | 功率 | gōnglǜ | 广场 | guǎngchǎng |
| 干练 | gànliàn | 供给 | gōngjǐ | 归档 | guīdàng |
| 刚毅 | gāngyì | 供求 | gōngqiú | 龟甲 | guījiǎ |
| 肛门 | gāngmén | 供养 | gōngyǎng | 龟缩 | guīsuō |
| 缸子 | gāngzi | 宫廷 | gōngtíng | 瑰宝 | guībǎo |
| 岗楼 | gǎnglóu | 恭敬 | gōngjìng | 瑰丽 | guīlì |
| 岗哨 | gǎngshào | 拱手 | gǒngshǒu | 轨迹 | guǐjì |
| 岗位 | gǎngwèi | 贡品 | gòngpǐn | 诡辩 | guǐbiàn |
| 杠铃 | gànglíng | 供奉 | gòngfèng | 诡诈 | guǐzhà |
| 高呼 | gāohū | 沟壑 | gōuhè | 鬼祟 | guǐsuì |
| 高亢 | gāokàng | 沟渠 | gōuqú | 刽子手 | guìzishǒu |

| | | | | | |
|---|---|---|---|---|---|
| 国粹 | guócuì | 豪爽 | háoshuǎng | 后缀 | hòuzhuì |
| 国库券 | guókùquàn | 号召 | hàozhào | 候诊 | hòuzhěn |
| 国营 | guóyíng | 好胜 | hàoshèng | 呼哧 | hūchī |
| 果脯 | guǒfǔ | 浩瀚 | hàohàn | 呼号 | hūháo |
| 果汁 | guǒzhī | 浩劫 | hàojié | 呼应 | hūyìng |
| 裹挟 | guǒxié | 呵斥 | hēchì | 忽而 | hū'ér |
| 过磅 | guòbàng | 合谋 | hémóu | 囫囵 | húlún |
| 过场 | guòchǎng | 合宜 | héyí | 狐臭 | húchòu |
| 过硬 | guòyìng | 合约 | héyuē | 狐疑 | húyí |
| 过誉 | guòyù | 合辙 | hézhé | 弧度 | húdù |
| 哈密瓜 | hāmìguā | 何尝 | hécháng | 胡同 | hútòng |
| 嗨哟 | hāiyō | 何妨 | héfáng | 胡诌 | húzhōu |
| 海拔 | hǎibá | 河蚌 | hébàng | 湖泊 | húpō |
| 海龟 | hǎiguī | 河豚 | hétún | 花圃 | huāpǔ |
| 海洛因 | hǎiluòyīn | 和睦 | hémù | 花蕊 | huāruǐ |
| 海鸥 | hǎi'ōu | 和谐 | héxié | 华裔 | huáyì |
| 海参 | hǎishēn | 和煦 | héxù | 哗然 | huárán |
| 海豚 | hǎitún | 核定 | hédìng | 滑稽 | huájī |
| 海蜇 | hǎizhé | 贺年 | hènián | 划拨 | huàbō |
| 害臊 | hàisào | 喝彩 | hècǎi | 画供 | huàgòng |
| 酣睡 | hānshuì | 喝令 | hèlìng | 画卷 | huàjuàn |
| 酣战 | hānzhàn | 褐色 | hèsè | 画轴 | huàzhóu |
| 憨厚 | hānhòu | 赫赫 | hèhè | 淮海 | huáihǎi |
| 鼾声 | hānshēng | 赫兹 | hèzī | 槐树 | huáishù |
| 含蓄 | hánxù | 黑枣 | hēizǎo | 踝骨 | huáigǔ |
| 函数 | hánshù | 亨通 | hēngtōng | 环绕 | huánrào |
| 寒噤 | hánjìn | 恒温 | héngwēn | 涣散 | huànsàn |
| 罕见 | hǎnjiàn | 横竖 | héngshù | 豢养 | huànyǎng |
| 汗腺 | hànxiàn | 横行 | héngxíng | 荒诞 | huāngdàn |
| 旱情 | hànqíng | 衡量 | héngliáng | 荒漠 | huāngmò |
| 焊接 | hànjiē | 横祸 | hènghuò | 荒芜 | huāngwú |
| 焊锡 | hànxī | 哄抬 | hōngtái | 荒淫 | huāngyín |
| 撼动 | hàndòng | 烘焙 | hōngbèi | 黄鹂 | huánglí |
| 行情 | hángqíng | 红晕 | hóngyùn | 黄芪 | huángqí |
| 号哭 | háokū | 哄骗 | hǒngpiàn | 恍惚 | huǎnghū |
| 号啕 | háotáo | 猴子 | hóuzi | 灰烬 | huījìn |
| 豪绅 | háoshēn | 后裔 | hòuyì | 回复 | huífù |

| | | | | | |
|---|---|---|---|---|---|
| 回溯 | huísù | 奇数 | jīshù | 家眷 | jiājuàn |
| 回旋 | huíxuán | 积弊 | jībì | 戛然 | jiárán |
| 回执 | huízhí | 积蓄 | jīxù | 甲壳 | jiǎqiào |
| 茴香 | huíxiāng | 积攒 | jīzǎn | 甲乙 | jiǎyǐ |
| 蛔虫 | huíchóng | 犄角 | jījiǎo | 假日 | jiàrì |
| 悔悟 | huǐwù | 缉捕 | jībǔ | 嫁接 | jiàjiē |
| 毁誉 | huǐyù | 缉拿 | jīná | 间架 | jiānjià |
| 汇兑 | huìduì | 缉私 | jīsī | 歼击 | jiānjī |
| 讳言 | huìyán | 畸形 | jīxíng | 歼灭 | jiānmiè |
| 会晤 | huìwù | 跻身 | jīshēn | 监督 | jiāndū |
| 会诊 | huìzhěn | 稽查 | jīchá | 缄默 | jiānmò |
| 贿赂 | huìlù | 激昂 | jī'áng | 茧子 | jiǎnzi |
| 晦气 | huìqì | 汲取 | jíqǔ | 俭朴 | jiǎnpǔ |
| 晦涩 | huìsè | 吉祥 | jíxiáng | 减法 | jiǎnfǎ |
| 昏厥 | hūnjué | 吉兆 | jízhào | 检疫 | jiǎnyì |
| 昏聩 | hūnkuì | 即兴 | jíxìng | 简捷 | jiǎnjié |
| 荤腥 | hūnxīng | 急诊 | jízhěn | 间谍 | jiàndié |
| 浑噩 | hún'è | 棘手 | jíshǒu | 间隔 | jiàngé |
| 浑厚 | húnhòu | 辑录 | jílù | 饯别 | jiànbié |
| 浑浊 | húnzhuó | 嫉恨 | jíhèn | 腱鞘 | jiànqiào |
| 魂魄 | húnpò | 瘠薄 | jíbó | 豇豆 | jiāngdòu |
| 混沌 | hùndùn | 济济 | jǐjǐ | 疆场 | jiāngchǎng |
| 混淆 | hùnxiáo | 给养 | jǐyǎng | 奖惩 | jiǎngchéng |
| 豁出去 | huōchuqu | 脊髓 | jǐsuǐ | 奖券 | jiǎngquàn |
| 豁口 | huōkǒu | 脊椎骨 | jǐzhuīgǔ | 犟嘴 | jiàngzuǐ |
| 活佛 | huófó | 计谋 | jìmóu | 交纳 | jiāonà |
| 火锅 | huǒguō | 伎俩 | jìliǎng | 交融 | jiāoróng |
| 货栈 | huòzhàn | 纪律 | jìlǜ | 茭白 | jiāobái |
| 获悉 | huòxī | 纪年 | jìnián | 骄横 | jiāohèng |
| 祸患 | huòhuàn | 既是 | jìshì | 蛟龙 | jiāolóng |
| 霍乱 | huòluàn | 祭奠 | jìdiàn | 侥幸 | jiǎoxìng |
| 豁达 | huòdá | 祭祀 | jìsì | 矫健 | jiǎojiàn |
| 豁免 | huòmiǎn | 加冕 | jiāmiǎn | 矫捷 | jiǎojié |
| 藿香 | huòxiāng | 夹角 | jiājiǎo | 皎洁 | jiǎojié |
| 几乎 | jīhū | 夹杂 | jiāzá | 脚本 | jiǎoběn |
| 击毙 | jībì | 夹注 | jiāzhù | 脚镣 | jiǎoliào |
| 机械 | jīxiè | 家畜 | jiāchù | 搅浑 | jiǎohún |

| | | | | | |
|---|---|---|---|---|---|
| 搅扰 | jiǎorǎo | 尽量 | jǐnliàng | 救应 | jiùying |
| 缴获 | jiǎohuò | 尽先 | jǐnxiān | 拘泥 | jūnì |
| 缴纳 | jiǎonà | 尽力 | jìnlì | 拘押 | jūyā |
| 缴械 | jiǎoxiè | 尽职 | jìnzhí | 拘役 | jūyì |
| 校点 | jiàodiǎn | 浸泡 | jìnpào | 驹子 | jūzi |
| 校正 | jiàozhèng | 浸透 | jìntòu | 局促 | júcù |
| 教诲 | jiàohuì | 浸种 | jìnzhǒng | 沮丧 | jǔsàng |
| 酵母 | jiàomǔ | 晋级 | jìnjí | 咀嚼 | jǔjué |
| 疖子 | jiēzi | 晋升 | jìnshēng | 举荐 | jǔjiàn |
| 接济 | jiējì | 禁忌 | jìnjì | 矩尺 | jǔchǐ |
| 接纳 | jiēnà | 经络 | jīngluò | 矩形 | jǔxíng |
| 接吻 | jiēwěn | 荆棘 | jīngjí | 句读 | jùdòu |
| 接踵 | jiēzhǒng | 惊诧 | jīngchà | 拒捕 | jùbǔ |
| 揭发 | jiēfā | 惊骇 | jīnghài | 俱乐部 | jùlèbù |
| 孑孓 | jiéjué | 惊厥 | jīngjué | 飓风 | jùfēng |
| 孑然 | jiérán | 惊蛰 | jīngzhé | 锯末 | jùmò |
| 节拍 | jiépāi | 晶莹 | jīngyíng | 聚歼 | jùjiān |
| 诘问 | jiéwèn | 精湛 | jīngzhàn | 卷尺 | juǎnchǐ |
| 拮据 | jiéjū | 井然 | jǐngrán | 绝壁 | juébì |
| 结扎 | jiézā | 颈椎 | jǐngzhuī | 倔强 | juéjiàng |
| 捷径 | jiéjìng | 景致 | jǐngzhì | 爵士乐 | juéshìyuè |
| 睫毛 | jiémáo | 警备 | jǐngbèi | 镢头 | juétóu |
| 竭诚 | jiéchéng | 警惕 | jǐngtì | 攫取 | juéqǔ |
| 截然 | jiérán | 胫骨 | jìnggǔ | 军衔 | jūnxián |
| 截肢 | jiézhī | 痉挛 | jìngluán | 军饷 | jūnxiǎng |
| 解聘 | jiěpìn | 竟自 | jìngzì | 均衡 | jūnhéng |
| 解剖 | jiěpōu | 敬慕 | jìngmù | 卡尺 | kǎchǐ |
| 戒备 | jièbèi | 静脉 | jìngmài | 咯血 | kǎxiě |
| 戒律 | jièlǜ | 静默 | jìngmò | 开拔 | kāibá |
| 届期 | jièqī | 静穆 | jìngmù | 开场 | kāichǎng |
| 疥疮 | jièchuāng | 境况 | jìngkuàng | 开赴 | kāifù |
| 巾帼 | jīnguó | 迥然 | jiǒngrán | 开凿 | kāizáo |
| 津液 | jīnyè | 窘况 | jiǒngkuàng | 开绽 | kāizhàn |
| 矜持 | jīnchí | 究竟 | jiūjìng | 慨然 | kǎirán |
| 襟怀 | jīnhuái | 揪心 | jiūxīn | 看管 | kānguǎn |
| 尽管 | jǐnguǎn | 久仰 | jiǔyǎng | 看护 | kānhù |
| 尽快 | jǐnkuài | 臼齿 | jiùchǐ | 看家 | kānjiā |

| | | | | | |
|---|---|---|---|---|---|
| 看守 | kānshǒu | 库仑 | kùlún | 垒球 | lěiqiú |
| 看押 | kānyā | 酷暑 | kùshǔ | 累次 | lěicì |
| 勘探 | kāntàn | 宽容 | kuānróng | 累积 | lěijī |
| 坎坷 | kǎnkě | 宽恕 | kuānshù | 累进 | lěijìn |
| 糠秕 | kāngbǐ | 宽窄 | kuānzhǎi | 肋骨 | lèigǔ |
| 扛活 | kánghuó | 髋骨 | kuāngǔ | 肋条 | lèitiáo |
| 亢奋 | kàngfèn | 匡算 | kuāngsuàn | 泪花 | lèihuā |
| 抗生素 | kàngshēngsù | 诳语 | kuángyǔ | 类比 | lèibǐ |
| 考场 | kǎochǎng | 旷野 | kuàngyě | 擂台 | lèitái |
| 犒劳 | kàoláo | 框子 | kuàngzi | 冷场 | lěngchǎng |
| 犒赏 | kàoshǎng | 岿然 | kuīrán | 冷敷 | lěngfū |
| 苛刻 | kēkè | 盔甲 | kuījiǎ | 冷漠 | lěngmò |
| 磕碰 | kēpèng | 窥测 | kuīcè | 离间 | líjiàn |
| 可鄙 | kěbǐ | 窥探 | kuītàn | 黎明 | límíng |
| 可恶 | kěwù | 葵扇 | kuíshàn | 礼仪 | lǐyí |
| 渴望 | kěwàng | 傀儡 | kuǐlěi | 力戒 | lìjiè |
| 客栈 | kèzhàn | 匮乏 | kuìfá | 历届 | lìjiè |
| 嗑瓜子 | kèguāzǐ | 愧恨 | kuìhèn | 立定 | lìdìng |
| 吭声 | kēngshēng | 馈赠 | kuìzèng | 沥青 | lìqīng |
| 铿锵 | kēngqiāng | 昆曲 | kūnqǔ | 利诱 | lìyòu |
| 空袭 | kōngxí | 困惑 | kùnhuò | 例证 | lìzhèng |
| 空转 | kōngzhuàn | 阔绰 | kuòchuò | 脸颊 | liǎnjiá |
| 恐吓 | kǒnghè | 邋遢 | lāta | 炼乳 | liànrǔ |
| 空额 | kòng'é | 辣酱 | làjiàng | 凉棚 | liángpéng |
| 空缺 | kòngquē | 蜡笔 | làbǐ | 量杯 | liángbēi |
| 空暇 | kòngxiá | 蜡梅 | làméi | 量度 | liángdù |
| 空闲 | kòngxián | 阑尾 | lánwěi | 量具 | liángjù |
| 口吃 | kǒuchī | 阑尾炎 | lánwěiyán | 量筒 | liángtǒng |
| 口齿 | kǒuchǐ | 谰言 | lányán | 两栖 | liǎngqī |
| 口角 | kǒujiǎo | 劳碌 | láolù | 两翼 | liǎngyì |
| 口头禅 | kǒutóuchán | 老茧 | lǎojiǎn | 潦倒 | liáodǎo |
| 口吻 | kǒuwěn | 老翁 | lǎowēng | 临摹 | línmó |
| 叩拜 | kòubài | 老鹰 | lǎoyīng | 淋浴 | línyù |
| 扣押 | kòuyā | 烙饼 | làobǐng | 琳琅 | línláng |
| 枯槁 | kūgǎo | 烙印 | làoyìn | 鳞甲 | línjiǎ |
| 苦闷 | kǔmèn | 勒令 | lèlìng | 凛冽 | lǐnliè |
| 苦涩 | kǔsè | 勒索 | lèsuǒ | 凛凛 | lǐnlǐn |

| | | | | | |
|---|---|---|---|---|---|
| 吝啬 | lìnsè | 落魄 | luòpò | 明净 | míngjìng |
| 灵验 | língyàn | 落日 | luòrì | 鸣谢 | míngxiè |
| 羚羊 | língyáng | 抹布 | mābù | 冥想 | míngxiǎng |
| 聆听 | língtīng | 麻绳 | máshéng | 铭刻 | míngkè |
| 菱形 | língxíng | 麻疹 | mázhěn | 瞑目 | míngmù |
| 翎毛 | língmáo | 马脚 | mǎjiǎo | 谬误 | miùwù |
| 流弊 | liúbì | 玛瑙 | mǎnǎo | 模拟 | mónǐ |
| 流窜 | liúcuàn | 麦苗 | màimiáo | 磨蹭 | móceng |
| 留影 | liúyǐng | 麦穗 | màisuì | 磨难 | mónàn |
| 龙井 | lóngjǐng | 脉络 | màiluò | 魔爪 | mózhǎo |
| 笼络 | lǒngluò | 蛮横 | mánhèng | 抹黑 | mǒhēi |
| 漏勺 | lòusháo | 谩骂 | mànmà | 没落 | mòluò |
| 露脸 | lòuliǎn | 漫步 | mànbù | 没收 | mòshōu |
| 露马脚 | lòumǎjiǎo | 莽撞 | mǎngzhuàng | 茉莉 | mòlì |
| 露面 | lòumiàn | 毛发 | máofà | 陌生 | mòshēng |
| 芦笙 | lúshēng | 茅屋 | máowū | 漠然 | mòrán |
| 颅骨 | lúgǔ | 冒昧 | màomèi | 墨盒 | mòhé |
| 鲁莽 | lǔmǎng | 贸然 | màorán | 墨迹 | mòjì |
| 鹿角 | lùjiǎo | 霉菌 | méijūn | 默契 | mòqì |
| 鹿茸 | lùróng | 闷气 | mēnqì | 牟取 | móuqǔ |
| 履历 | lǚlì | 闷热 | mēnrè | 谋求 | móuqiú |
| 绿茶 | lǜchá | 门槛 | ménkǎn | 某些 | mǒuxiē |
| 氯化钠 | lǜhuànà | 门闩 | ménshuān | 模样 | múyàng |
| 氯霉素 | lǜméisù | 蒙骗 | mēngpiàn | 募捐 | mùjuān |
| 孪生 | luánshēng | 萌发 | méngfā | 墓穴 | mùxué |
| 卵巢 | luǎncháo | 蒙蔽 | méngbì | 拿办 | nábàn |
| 掠取 | lüèqǔ | 盟约 | méngyuē | 呐喊 | nàhǎn |
| 伦理 | lúnlǐ | 猛兽 | měngshòu | 纳粹 | nàcuì |
| 沦落 | lúnluò | 弥留 | míliú | 纳贿 | nàhuì |
| 沦丧 | lúnsàng | 迷惘 | míwǎng | 纳凉 | nàliáng |
| 沦陷 | lúnxiàn | 秘诀 | mìjué | 纳入 | nàrù |
| 论战 | lùnzhàn | 蜜饯 | mìjiàn | 奶酪 | nǎilào |
| 论著 | lùnzhù | 腼腆 | miǎntiǎn | 奈何 | nàihé |
| 螺旋 | luóxuán | 苗圃 | miáopǔ | 耐性 | nàixìng |
| 裸露 | luǒlù | 渺茫 | miǎománg | 男女 | nánnǚ |
| 络绎 | luòyì | 藐视 | miǎoshì | 南方 | nánfāng |
| 落脚 | luòjiǎo | 泯灭 | mǐnmiè | 难点 | nándiǎn |

| | | | | | |
|---|---|---|---|---|---|
| 难胞 | nànbāo | 年假 | niánjià | 浓郁 | nóngyù |
| 难侨 | nànqiáo | 黏糊 | niánhu | 脓肿 | nóngzhǒng |
| 难友 | nànyǒu | 黏液 | niányè | 弄鬼 | nòngguǐ |
| 囊括 | nángkuò | 捻子 | niǎnzi | 奴婢 | núbì |
| 攮 | nǎng | 碾坊 | niǎnfáng | 奴隶 | núlì |
| 铙钹 | náobó | 念佛 | niànfó | 奴仆 | núpú |
| 蛲虫 | náochóng | 娘胎 | niángtāi | 努力 | nǔlì |
| 恼怒 | nǎonù | 酿造 | niàngzào | 弩弓 | nǔgōng |
| 脑髓 | nǎosuǐ | 鸟瞰 | niǎokàn | 怒号 | nùháo |
| 脑炎 | nǎoyán | 尿炕 | niàokàng | 女婿 | nǚxu |
| 脑溢血 | nǎoyìxuè | 尿潴留 | niàozhūliú | 疟蚊 | nüèwén |
| 闹灾 | nàozāi | 捏合 | niēhé | 虐杀 | nüèshā |
| 内讧 | nèihòng | 涅槃 | nièpán | 暖房 | nuǎnfáng |
| 内踝 | nèihuái | 聂 | niè | 暖壶 | nuǎnhú |
| 内疚 | nèijiù | 啮齿 | nièchǐ | 挪用 | nuóyòng |
| 内涝 | nèilào | 镊子 | nièzi | 诺言 | nuòyán |
| 内省 | nèixǐng | 镍钢 | niègāng | 懦弱 | nuòruò |
| 内宅 | nèizhái | 颞骨 | niègǔ | 糯米 | nuòmǐ |
| 内痔 | nèizhì | 孽障 | nièzhàng | 讴歌 | ōugē |
| 那个 | nèigè | 蘖枝 | nièzhī | 呕吐 | ǒutù |
| 嫩绿 | nènlǜ | 宁日 | níngrì | 呕心 | ǒuxīn |
| 能动 | néngdòng | 狞笑 | níngxiào | 呕血 | ǒuxuè |
| 能耐 | néngnai | 柠檬 | níngméng | 偶尔 | ǒu'ěr |
| 尼姑 | nígū | 凝脂 | níngzhī | 藕荷 | ǒuhé |
| 泥沼 | nízhǎo | 凝滞 | níngzhì | 沤肥 | òuféi |
| 呢喃 | nínán | 宁可 | nìngkě | 怄气 | òuqì |
| 霓虹灯 | níhóngdēng | 牛蒡 | niúbàng | 拍手 | pāishǒu |
| 鲵 | ní | 牛犊 | niúdú | 排场 | páichǎng |
| 拟订 | nǐdìng | 牛虻 | niúméng | 排涝 | páilào |
| 拟稿 | nǐgǎo | 牛鞅 | niúyàng | 排泄 | páixiè |
| 逆境 | nìjìng | 牛蝇 | niúyíng | 徘徊 | páihuái |
| 匿迹 | nìjì | 忸怩 | niǔní | 牌匾 | páibiǎn |
| 匿名 | nìmíng | 扭搭 | niǔda | 迫击炮 | pǎijīpào |
| 溺婴 | nìyīng | 扭结 | niǔjié | 攀亲 | pānqīn |
| 拈来 | niānlái | 纽带 | niǔdài | 盘剥 | pánbō |
| 年庚 | niángēng | 农奴 | nóngnú | 盘踞 | pánjù |
| 年华 | niánhuá | 农谚 | nóngyàn | 盘绕 | pánrào |

| | | | | | |
|---|---|---|---|---|---|
| 磐石 | pánshí | 膨大 | péngdà | 瓢虫 | piáochóng |
| 蹒跚 | pánshān | 捧场 | pěngchǎng | 瓢泼 | piáopō |
| 蟠桃 | pántáo | 捧哏 | pěnggén | 漂白 | piǎobái |
| 叛逆 | pànnì | 碰壁 | pèngbì | 漂染 | piǎorǎn |
| 滂沱 | pāngtuó | 批阅 | pīyuè | 瞟 | piǎo |
| 彷徨 | pánghuáng | 纰漏 | pīlòu | 票额 | piào'é |
| 庞杂 | pángzá | 坯布 | pībù | 撇开 | piēkāi |
| 旁证 | pángzhèng | 坯子 | pīzi | 瞥见 | piējiàn |
| 磅礴 | pángbó | 披露 | pīlù | 撇嘴 | piězuǐ |
| 螃蟹 | pángxiè | 砒霜 | pīshuāng | 拼凑 | pīncòu |
| 抛锚 | pāomáo | 劈手 | pīshǒu | 姘居 | pīnjū |
| 泡桐 | pāotóng | 霹雳 | pīlì | 姘头 | pīntou |
| 咆哮 | páoxiào | 皮尺 | píchǐ | 贫瘠 | pínjí |
| 狍子 | páozi | 皮疹 | pízhěn | 聘书 | pìnshū |
| 炮制 | páozhì | 枇杷 | pípa | 乒乓 | pīngpāng |
| 袍子 | páozi | 毗连 | pílián | 平白 | píngbái |
| 跑鞋 | pǎoxié | 毗邻 | pílín | 平声 | píngshēng |
| 泡影 | pàoyǐng | 疲软 | píruǎn | 平妥 | píngtuǒ |
| 炮兵 | pàobīng | 琵琶 | pípa | 平仄 | píngzè |
| 炮塔 | pàotǎ | 脾性 | píxìng | 凭证 | píngzhèng |
| 炮艇 | pàotǐng | 匹敌 | pǐdí | 屏幕 | píngmù |
| 疱疹 | pàozhěn | 痞子 | pǐzi | 瓶胆 | píngdǎn |
| 胚胎 | pēitāi | 劈叉 | pǐchà | 泼辣 | pōlà |
| 陪衬 | péichèn | 癖好 | pǐhào | 泼墨 | pōmò |
| 赔偿 | péicháng | 癖性 | pǐxìng | 婆娑 | pósuō |
| 赔罪 | péizuì | 辟谣 | pìyáo | 叵测 | pǒcè |
| 佩戴 | pèidài | 媲美 | pìměi | 笸箩 | pǒluo |
| 配给 | pèijǐ | 僻静 | pìjìng | 迫近 | pòjìn |
| 配角 | pèijué | 偏激 | piānjī | 破例 | pòlì |
| 配乐 | pèiyuè | 偏袒 | piāntǎn | 破绽 | pòzhàn |
| 喷壶 | pēnhú | 偏转 | piānzhuǎn | 剖白 | pōubái |
| 喷嚏 | pēntì | 篇章 | piānzhāng | 剖面 | pōumiàn |
| 喷香 | pènxiāng | 剽悍 | piāohàn | 剖析 | pōuxī |
| 棚车 | péngchē | 剽窃 | piāoqiè | 扑打 | pūdǎ |
| 蓬勃 | péngbó | 漂泊 | piāobó | 扑克 | pūkè |
| 蓬松 | péngsōng | 缥缈 | piāomiǎo | 铺垫 | pūdiàn |
| 澎湃 | péngpài | 飘零 | piāolíng | 铺炕 | pūkàng |

| | | | | | |
|---|---|---|---|---|---|
| 仆从 | púcóng | 气馁 | qìněi | 歉疚 | qiànjiù |
| 匍匐 | púfú | 气魄 | qìpò | 羌族 | qiāngzú |
| 菩萨 | púsà | 气筒 | qìtǒng | 镪水 | qiāngshuǐ |
| 蒲棒 | púbàng | 气焰 | qìyàn | 强悍 | qiánghàn |
| 蒲扇 | púshàn | 迄今 | qìjīn | 强劲 | qiángjìng |
| 朴质 | pǔzhì | 弃权 | qìquán | 蔷薇 | qiángwēi |
| 谱曲 | pǔqǔ | 契丹 | qìdān | 抢掠 | qiǎnglüè |
| 铺面 | pùmiàn | 契据 | qìjù | 强求 | qiǎngqiú |
| 瀑布 | pùbù | 契约 | qìyuē | 襁褓 | qiǎngbǎo |
| 凄婉 | qīwǎn | 器皿 | qìmǐn | 敲诈 | qiāozhà |
| 栖身 | qīshēn | 掐算 | qiāsuàn | 乔木 | qiáomù |
| 栖息 | qīxī | 卡具 | qiǎjù | 翘首 | qiáoshǒu |
| 欺侮 | qīwǔ | 卡壳 | qiǎké | 憔悴 | qiáocuì |
| 欺压 | qīyā | 卡子 | qiǎzi | 悄然 | qiǎorán |
| 漆雕 | qīdiāo | 洽商 | qiàshāng | 俏丽 | qiàolì |
| 漆器 | qīqì | 恰如 | qiàrú | 窍门 | qiàomén |
| 蹊跷 | qīqiāo | 迁徙 | qiānxǐ | 峭壁 | qiàobì |
| 祈祷 | qídǎo | 牵掣 | qiānchè | 撬杠 | qiàogàng |
| 祈求 | qíqiú | 牵强 | qiānqiǎng | 切磋 | qiēcuō |
| 祈望 | qíwàng | 签押 | qiānyā | 切割 | qiēgē |
| 歧路 | qílù | 前臂 | qiánbì | 切削 | qiēxiāo |
| 脐带 | qídài | 前夕 | qiánxī | 切忌 | qièjì |
| 麒麟 | qílín | 前兆 | qiánzhào | 切脉 | qièmài |
| 乞丐 | qǐgài | 前缀 | qiánzhuì | 怯懦 | qiènuò |
| 乞怜 | qǐlián | 荨麻 | qiánmá | 怯弱 | qièruò |
| 乞讨 | qǐtǎo | 虔诚 | qiánchéng | 窃据 | qièjù |
| 企鹅 | qǐ'é | 虔敬 | qiánjìng | 窃贼 | qièzéi |
| 企求 | qǐqiú | 钳制 | qiánzhì | 惬意 | qièyì |
| 企图 | qǐtú | 掮客 | qiánkè | 亲眷 | qīnjuàn |
| 启齿 | qǐchǐ | 潜藏 | qiáncáng | 亲昵 | qīnnì |
| 启迪 | qǐdí | 潜泳 | qiányǒng | 亲吻 | qīnwěn |
| 起哄 | qǐhòng | 浅薄 | qiǎnbó | 钦差 | qīnchāi |
| 起锚 | qǐmáo | 浅陋 | qiǎnlòu | 侵扰 | qīnrǎo |
| 气泵 | qìbèng | 遣散 | qiǎnsàn | 侵蚀 | qīnshí |
| 气焊 | qìhàn | 欠缺 | qiànquē | 侵袭 | qīnxí |
| 气囊 | qìnáng | 芡粉 | qiànfěn | 琴弦 | qínxián |
| 气恼 | qìnǎo | 堑壕 | qiànháo | 禽兽 | qínshòu |

273

| | | | | | |
|---|---|---|---|---|---|
| 勤勉 | qínmiǎn | 曲牌 | qǔpái | 绕弯儿 | ràowānr |
| 寝宫 | qǐngōng | 曲艺 | qǔyì | 绕嘴 | ràozuǐ |
| 寝室 | qǐnshì | 取缔 | qǔdì | 惹祸 | rěhuò |
| 青稞 | qīngkē | 取悦 | qǔyuè | 热忱 | rèchén |
| 轻薄 | qīngbó | 娶亲 | qǔqīn | 热诚 | rèchéng |
| 轻捷 | qīngjié | 龋齿 | qǔchǐ | 热处理 | rèchǔlǐ |
| 轻蔑 | qīngmiè | 去处 | qùchù | 热敷 | rèfū |
| 氢弹 | qīngdàn | 圈阅 | quānyuè | 热辣辣 | rèlàlà |
| 倾倒 | qīngdǎo | 权宜 | quányí | 热能 | rènéng |
| 倾覆 | qīngfù | 诠释 | quánshì | 人称 | rénchēng |
| 倾慕 | qīngmù | 泉源 | quányuán | 人和 | rénhé |
| 倾诉 | qīngsù | 拳击 | quánjī | 人祸 | rénhuò |
| 倾听 | qīngtīng | 痊愈 | quányù | 人伦 | rénlún |
| 清澈 | qīngchè | 蜷曲 | quánqū | 人氏 | rénshì |
| 清炖 | qīngdùn | 蜷缩 | quánsuō | 仁政 | rénzhèng |
| 清漆 | qīngqī | 颧骨 | quángǔ | 忍让 | rěnràng |
| 清蒸 | qīngzhēng | 犬齿 | quǎnchǐ | 刃具 | rènjù |
| 情侣 | qínglǚ | 犬马 | quǎnmǎ | 任凭 | rènpíng |
| 顷刻 | qǐngkè | 犬牙 | quǎnyá | 韧带 | rèndài |
| 请柬 | qǐngjiǎn | 劝诫 | quànjiè | 妊娠 | rènshēn |
| 庆幸 | qìngxìng | 劝酒 | quànjiǔ | 扔掉 | rēngdiào |
| 琼脂 | qióngzhī | 劝勉 | quànmiǎn | 仍然 | réngrán |
| 丘疹 | qiūzhěn | 缺德 | quēdé | 日冕 | rìmiǎn |
| 蚯蚓 | qiūyǐn | 缺额 | quē'é | 日趋 | rìqū |
| 囚徒 | qiútú | 缺漏 | quēlòu | 日晕 | rìyùn |
| 求饶 | qiúráo | 瘸子 | quézi | 戎装 | róngzhuāng |
| 泅渡 | qiúdù | 雀跃 | quèyuè | 荣辱 | róngrǔ |
| 酋长 | qiúzhǎng | 确凿 | quèzáo | 荣耀 | róngyào |
| 曲解 | qūjiě | 确诊 | quèzhěn | 绒布 | róngbù |
| 驱邪 | qūxié | 鹊桥 | quèqiáo | 容颜 | róngyán |
| 屈才 | qūcái | 裙带 | qúndài | 溶质 | róngzhì |
| 屈膝 | qūxī | 染坊 | rǎnfáng | 熔岩 | róngyán |
| 屈尊 | qūzūn | 染指 | rǎnzhǐ | 融解 | róngjiě |
| 祛除 | qūchú | 嚷嚷 | rāngrang | 融洽 | róngqià |
| 蛆 | qū | 瓤子 | rángzi | 柔媚 | róumèi |
| 躯壳 | qūqiào | 饶恕 | ráoshù | 柔嫩 | róunèn |
| 趋时 | qūshí | 绕道 | ràodào | 柔韧 | róurèn |

| | | | | | |
|---|---|---|---|---|---|
| 揉搓 | róucuō | 赛车 | sàichē | 纱锭 | shādìng |
| 蹂躏 | róulìn | 三角铁 | sānjiǎotiě | 刹车 | shāchē |
| 肉欲 | ròuyù | 伞兵 | sǎnbīng | 砂纸 | shāzhǐ |
| 如若 | rúruò | 散光 | sǎnguāng | 鲨鱼 | shāyú |
| 儒家 | rújiā | 散场 | sànchǎng | 傻眼 | shǎyǎn |
| 儒雅 | rúyǎ | 散落 | sànluò | 煞白 | shàbái |
| 蠕动 | rúdòng | 丧事 | sāngshì | 霎时间 | shàshíjiān |
| 乳酪 | rǔlào | 丧葬 | sāngzàng | 筛选 | shāixuǎn |
| 乳臭 | rǔxiù | 桑蚕 | sāngcán | 晒图 | shàitú |
| 辱没 | rǔmò | 桑葚 | sāngshèn | 山崩 | shānbēng |
| 入殓 | rùliàn | 嗓音 | sǎngyīn | 山冈 | shāngāng |
| 入侵 | rùqīn | 丧命 | sàngmìng | 山涧 | shānjiàn |
| 入托 | rùtuō | 骚扰 | sāorǎo | 山麓 | shānlù |
| 入狱 | rùyù | 缫丝 | sāosī | 山崖 | shānyá |
| 褥疮 | rùchuāng | 臊气 | sāoqì | 删除 | shānchú |
| 褥套 | rùtào | 扫墓 | sǎomù | 舢板 | shānbǎn |
| 软骨 | ruǎngǔ | 扫兴 | sǎoxìng | 煽动 | shāndòng |
| 软化 | ruǎnhuà | 瘙痒 | sàoyǎng | 闪念 | shǎnniàn |
| 锐角 | ruìjiǎo | 色调 | sèdiào | 闪失 | shǎnshī |
| 锐气 | ruìqì | 色觉 | sèjué | 疝气 | shànqì |
| 闰年 | rùnnián | 色泽 | sèzé | 苫布 | shànbù |
| 润泽 | rùnzé | 塞责 | sèzé | 善终 | shànzhōng |
| 若是 | ruòshì | 森严 | sēnyán | 禅让 | shànràng |
| 偌大 | ruòdà | 僧侣 | sēnglǚ | 缮写 | shànxiě |
| 弱小 | ruòxiǎo | 僧尼 | sēngní | 膳食 | shànshí |
| 撒娇 | sājiāo | 僧俗 | sēngsú | 赡养 | shànyǎng |
| 撒尿 | sāniào | 僧徒 | sēngtú | 伤逝 | shāngshì |
| 撒泼 | sāpō | 杀菌 | shājūn | 伤亡 | shāngwáng |
| 撒手 | sāshǒu | 杀戮 | shālù | 商埠 | shāngbù |
| 撒腿 | sātuǐ | 沙场 | shāchǎng | 商洽 | shāngqià |
| 撒野 | sāyě | 沙尘 | shāchén | 墒情 | shāngqíng |
| 洒扫 | sǎsǎo | 沙砾 | shālì | 赏赐 | shǎngcì |
| 萨其马 | sàqímǎ | 沙弥 | shāmí | 赏识 | shǎngshí |
| 塞子 | sāizi | 沙瓤 | shāráng | 上臂 | shàngbì |
| 腮腺 | sāixiàn | 杉篙 | shāgāo | 上膘 | shàngbiāo |
| 鳃 | sāi | 杉木 | shāmù | 上场 | shàngchǎng |
| 塞外 | sàiwài | 纱窗 | shāchuāng | 上乘 | shàngchéng |

| | | | | | |
|---|---|---|---|---|---|
| 上缴 | shàngjiǎo | 伸缩 | shēnsuō | 失密 | shīmì |
| 上溯 | shàngsù | 身孕 | shēnyùn | 失慎 | shīshèn |
| 上弦 | shàngxián | 呻吟 | shēnyín | 失调 | shītiáo |
| 上谕 | shàngyù | 深耕 | shēngēng | 虱子 | shīzi |
| 尚且 | shàngqiě | 深究 | shēnjiū | 施舍 | shīshě |
| 绱鞋 | shàngxié | 深邃 | shēnsuì | 施斋 | shīzhāi |
| 烧杯 | shāobēi | 神龛 | shénkān | 湿气 | shīqì |
| 烧瓶 | shāopíng | 审慎 | shěnshèn | 湿疹 | shīzhěn |
| 捎脚 | shāojiǎo | 婶母 | shěnmǔ | 什锦 | shíjǐn |
| 艄公 | shāogōng | 肾囊 | shènnáng | 石窟 | shíkū |
| 勺 | sháo | 肾脏 | shènzàng | 石墨 | shímò |
| 捎色 | shāoshǎi | 甚而 | shèn'ér | 石笋 | shísǔn |
| 哨卡 | shàoqiǎ | 渗入 | shènrù | 石英 | shíyīng |
| 稍息 | shàoxī | 渗透 | shèntòu | 时尚 | shíshàng |
| 潲水 | shàoshuǐ | 升腾 | shēngténg | 实症 | shízhèng |
| 奢侈 | shēchǐ | 生辰 | shēngchén | 食指 | shízhǐ |
| 奢华 | shēhuá | 生僻 | shēngpì | 史籍 | shǐjí |
| 奢望 | shēwàng | 生擒 | shēngqín | 矢口 | shǐkǒu |
| 赊购 | shēgòu | 生涩 | shēngsè | 矢量 | shǐliàng |
| 赊欠 | shēqiàn | 生肖 | shēngxiào | 矢志 | shǐzhì |
| 赊账 | shēzhàng | 声速 | shēngsù | 使者 | shǐzhě |
| 猞猁 | shēlì | 声乐 | shēngyuè | 士绅 | shìshēn |
| 舌苔 | shétāi | 牲畜 | shēngchù | 士卒 | shìzú |
| 折本 | shéběn | 笙歌 | shēnggē | 氏族 | shìzú |
| 佘 | Shé | 绳索 | shéngsuǒ | 市侩 | shìkuài |
| 蛇蝎 | shéxiē | 省城 | shěngchéng | 视频 | shìpín |
| 舍命 | shěmìng | 圣诞 | shèngdàn | 视听 | shìtīng |
| 社稷 | shèjì | 圣贤 | shèngxián | 事宜 | shìyí |
| 涉猎 | shèliè | 圣旨 | shèngzhǐ | 侍奉 | shìfèng |
| 涉足 | shèzú | 胜券 | shèngquàn | 饰物 | shìwù |
| 射猎 | shèliè | 胜似 | shèngsì | 适才 | shìcái |
| 赦免 | shèmiǎn | 盛怒 | shèngnù | 释典 | shìdiǎn |
| 摄取 | shèqǔ | 盛誉 | shèngyù | 嗜好 | shìhào |
| 摄政 | shèzhèng | 尸骸 | shīhái | 誓死 | shìsǐ |
| 麝香 | shèxiāng | 失策 | shīcè | 收场 | shōuchǎng |
| 申明 | shēnmíng | 失宠 | shīchǒng | 收敛 | shōuliǎn |
| 申诉 | shēnsù | 失措 | shīcuò | 收押 | shōuyā |

| | | | | | | | |
|---|---|---|---|---|---|---|---|
| 手笔 | shǒubǐ | 树丛 | shùcóng | 司仪 | sīyí |
| 手册 | shǒucè | 树墩 | shùdūn | 丝绸 | sīchóu |
| 手感 | shǒugǎn | 树梢 | shùshāo | 丝弦 | sīxián |
| 手脚 | shǒujiǎo | 树脂 | shùzhī | 私囊 | sīnáng |
| 手铐 | shǒukào | 树种 | shùzhǒng | 思忖 | sīcǔn |
| 手腕 | shǒuwàn | 竖立 | shùlì | 思谋 | sīmóu |
| 手谕 | shǒuyù | 漱口 | shùkǒu | 思索 | sīsuǒ |
| 手镯 | shǒuzhuó | 刷洗 | shuāxǐ | 撕毁 | sīhuǐ |
| 首倡 | shǒuchàng | 耍笔杆 | shuǎbǐgǎn | 嘶哑 | sīyǎ |
| 首府 | shǒufǔ | 耍弄 | shuǎnòng | 死角 | sǐjiǎo |
| 首届 | shǒujiè | 衰竭 | shuāijié | 死囚 | sǐqiú |
| 寿诞 | shòudàn | 衰亡 | shuāiwáng | 死亡 | sǐwáng |
| 受贿 | shòuhuì | 摔跤 | shuāijiāo | 死硬 | sǐyìng |
| 狩猎 | shòuliè | 甩卖 | shuǎimài | 肆虐 | sìnüè |
| 兽欲 | shòuyù | 率先 | shuàixiān | 松弛 | sōngchí |
| 授衔 | shòuxián | 栓剂 | shuānjì | 松懈 | sōngxiè |
| 瘦弱 | shòuruò | 栓塞 | shuānsè | 耸立 | sǒnglì |
| 瘦削 | shòuxuē | 涮洗 | shuànxǐ | 送殡 | sòngbìn |
| 瘦子 | shòuzi | 孀居 | shuāngjū | 诵读 | sòngdú |
| 书斋 | shūzhāi | 爽朗 | shuǎnglǎng | 搜捕 | sōubǔ |
| 抒发 | shūfā | 爽直 | shuǎngzhí | 搜刮 | sōuguā |
| 枢纽 | shūniǔ | 水泵 | shuǐbèng | 苏醒 | sūxǐng |
| 叔父 | shūfù | 水碱 | shuǐjiǎn | 酥脆 | sūcuì |
| 疏浚 | shūjùn | 水井 | shuǐjǐng | 酥软 | sūruǎn |
| 疏松 | shūsōng | 水蜜桃 | shuǐmìtáo | 酥油 | sūyóu |
| 秫秸 | shújiē | 水疱 | shuǐpào | 俗名 | súmíng |
| 赎身 | shúshēn | 水塔 | shuǐtǎ | 夙愿 | sùyuàn |
| 赎罪 | shúzuì | 水域 | shuǐyù | 诉说 | sùshuō |
| 熟知 | shúzhī | 水闸 | shuǐzhá | 诉讼 | sùsòng |
| 属性 | shǔxìng | 税额 | shuì'é | 肃静 | sùjìng |
| 署名 | shǔmíng | 税率 | shuìlǜ | 肃穆 | sùmù |
| 鼠疮 | shǔchuāng | 睡梦 | shuìmèng | 素日 | sùrì |
| 鼠窜 | shǔcuàn | 顺嘴 | shùnzuǐ | 速记 | sùjì |
| 鼠疫 | shǔyì | 舜 | Shùn | 宿敌 | sùdí |
| 曙光 | shǔguāng | 瞬息 | shùnxī | 宿舍 | sùshè |
| 束缚 | shùfù | 说媒 | shuōméi | 宿营 | sùyíng |
| 束手 | shùshǒu | 硕士 | shuòshì | 粟 | sù |

| | | | | | |
|---|---|---|---|---|---|
| 溯源 | sùyuán | 太监 | tàijiàn | 剔除 | tīchú |
| 塑像 | sùxiàng | 贪婪 | tānlán | 提纯 | tíchún |
| 嗉子 | sùzi | 滩涂 | tāntú | 提携 | tíxié |
| 酸楚 | suānchǔ | 瘫软 | tānruǎn | 啼哭 | tíkū |
| 酸枣 | suānzǎo | 昙花 | tánhuā | 蹄筋 | tíjīn |
| 蒜泥 | suànní | 弹劾 | tánhé | 体裁 | tǐcái |
| 算卦 | suànguà | 痰喘 | tánchuǎn | 体罚 | tǐfá |
| 虽则 | suīzé | 痰盂 | tányú | 体魄 | tǐpò |
| 隋 | Suí | 檀香 | tánxiāng | 体恤 | tǐxù |
| 随大溜 | suídàliù | 袒护 | tǎnhù | 体癣 | tǐxuǎn |
| 随葬 | suízàng | 叹赏 | tànshǎng | 剃头 | tìtóu |
| 岁暮 | suìmù | 炭疽 | tànjū | 天分 | tiānfèn |
| 遂心 | suìxīn | 探访 | tànfǎng | 天干 | tiāngān |
| 遂愿 | suìyuàn | 探究 | tànjiū | 天棚 | tiānpéng |
| 隧道 | suìdào | 探望 | tànwàng | 添置 | tiānzhì |
| 穗子 | suìzi | 碳酸 | tànsuān | 田埂 | tiángěng |
| 孙子 | sūnzi | 汤匙 | tāngchí | 填空 | tiánkòng |
| 榫头 | sǔntou | 唐突 | tángtū | 填鸭 | tiányā |
| 榫眼 | sǔnyǎn | 塘堰 | tángyàn | 挑拣 | tiāojiǎn |
| 唆使 | suōshǐ | 搪塞 | tángsè | 条几 | tiáojī |
| 蓑衣 | suōyī | 镗床 | tángchuáng | 条令 | tiáolìng |
| 缩水 | suōshuǐ | 螳螂 | tángláng | 调处 | tiáochǔ |
| 索道 | suǒdào | 倘或 | tǎnghuò | 调羹 | tiáogēng |
| 索取 | suǒqǔ | 倘使 | tǎngshǐ | 调侃 | tiáokǎn |
| 索引 | suǒyǐn | 烫伤 | tàngshāng | 调配 | tiáopèi |
| 唢呐 | suǒnà | 绦虫 | tāochóng | 调唆 | tiáosuō |
| 琐碎 | suǒsuì | 逃奔 | táobèn | 挑拨 | tiǎobō |
| 锁骨 | suǒgǔ | 逃遁 | táodùn | 挑灯 | tiǎodēng |
| 锁链 | suǒliàn | 陶冶 | táoyě | 挑动 | tiǎodòng |
| 塌方 | tāfāng | 陶醉 | táozuì | 挑逗 | tiǎodòu |
| 塌陷 | tāxiàn | 讨饶 | tǎoráo | 挑花 | tiǎohuā |
| 塔吊 | tǎdiào | 讨嫌 | tǎoxián | 挑唆 | tiǎosuō |
| 塔台 | tǎtái | 套色 | tàoshǎi | 挑衅 | tiǎoxìn |
| 拓本 | tàběn | 特赦 | tèshè | 眺望 | tiàowàng |
| 拓片 | tàpiàn | 特约 | tèyuē | 跳行 | tiàoháng |
| 踏青 | tàqīng | 誊清 | téngqīng | 跳脚 | tiàojiǎo |
| 胎动 | tāidòng | 腾越 | téngyuè | 跳伞 | tiàosǎn |

| 跳绳 | tiàoshéng | 头绳 | tóushéng | 陀螺 | tuóluó |
| --- | --- | --- | --- | --- | --- |
| 跳蚤 | tiàozao | 投奔 | tóubèn | 坨子 | tuózi |
| 贴补 | tiēbǔ | 凸版 | tūbǎn | 驼色 | tuósè |
| 贴切 | tiēqiè | 秃顶 | tūdǐng | 鸵鸟 | tuóniǎo |
| 帖子 | tiězi | 突变 | tūbiàn | 妥帖 | tuǒtiē |
| 铁板 | tiěbǎn | 涂抹 | túmǒ | 妥协 | tuǒxié |
| 铁笔 | tiěbǐ | 徒刑 | túxíng | 拓荒 | tuòhuāng |
| 铁饼 | tiěbǐng | 屠户 | túhù | 唾骂 | tuòmà |
| 铁锹 | tiěqiāo | 屠宰 | túzǎi | 唾弃 | tuòqì |
| 铁水 | tiěshuǐ | 土鳖 | tǔbiē | 唾液 | tuòyè |
| 铁索 | tiěsuǒ | 土法 | tǔfǎ | 洼地 | wādì |
| 铁蹄 | tiětí | 土坯 | tǔpī | 瓦砾 | wǎlì |
| 铁腕 | tiěwàn | 吐蕃 | Tǔbō | 佤族 | wǎzú |
| 铁锨 | tiěxiān | 吐穗 | tǔsuì | 瓦刀 | wǎdāo |
| 听筒 | tīngtǒng | 吐血 | tùxiě | 袜套 | wàtào |
| 听诊 | tīngzhěn | 吐泻 | tùxiè | 袜筒 | wàtǒng |
| 庭院 | tíngyuàn | 湍急 | tuānjí | 袜子 | wàzi |
| 停息 | tíngxī | 推崇 | tuīchóng | 外埠 | wàibù |
| 停歇 | tíngxiē | 推却 | tuīquè | 外寇 | wàikòu |
| 挺身 | tǐngshēn | 推卸 | tuīxiè | 外甥 | wàisheng |
| 通牒 | tōngdié | 颓废 | tuífèi | 外债 | wàizhài |
| 通缉 | tōngjī | 颓丧 | tuísàng | 蜿蜒 | wānyán |
| 通铺 | tōngpù | 颓唐 | tuítáng | 丸药 | wányào |
| 通宵 | tōngxiāo | 蜕变 | tuìbiàn | 丸子 | wánzi |
| 同谋 | tóngmóu | 褪色 | tuìshǎi | 玩忽 | wánhū |
| 佟 | Tóng | 吞并 | tūnbìng | 宛然 | wǎnrán |
| 铜锤 | tóngchuí | 吞没 | tūnmò | 宛转 | wǎnzhuǎn |
| 铜臭 | tóngxiù | 屯扎 | túnzhā | 惋惜 | wǎnxī |
| 瞳孔 | tóngkǒng | 囤积 | túnjī | 晚场 | wǎnchǎng |
| 统属 | tǒngshǔ | 囤聚 | túnjù | 万恶 | wàn'è |
| 统帅 | tǒngshuài | 臀尖 | túnjiān | 腕子 | wànzi |
| 统辖 | tǒngxiá | 托起 | tuōqǐ | 亡灵 | wánglíng |
| 痛斥 | tòngchì | 拖把 | tuōbǎ | 亡命 | wángmìng |
| 痛恶 | tòngwù | 拖累 | tuōlěi | 王储 | wángchǔ |
| 偷空 | tōukòng | 拖沓 | tuōtà | 王侯 | wánghóu |
| 头骨 | tóugǔ | 脱档 | tuōdàng | 网络 | wǎngluò |
| 头颅 | tóulú | 脱坯 | tuōpī | 枉法 | wǎngfǎ |

| | | | | | |
|---|---|---|---|---|---|
| 枉然 | wǎngrán | 蔚蓝 | wèilán | 舞弊 | wǔbì |
| 往还 | wǎnghuán | 慰劳 | wèiláo | 舞场 | wǔchǎng |
| 旺盛 | wàngshèng | 慰勉 | wèimiǎn | 舞池 | wǔchí |
| 望族 | wàngzú | 文笔 | wénbǐ | 乌拉草 | wùlacǎo |
| 危难 | wēinàn | 文牍 | wéndú | 物种 | wùzhǒng |
| 威吓 | wēihè | 文墨 | wénmò | 悟性 | wùxìng |
| 威慑 | wēishè | 文摘 | wénzhāi | 晤面 | wùmiàn |
| 威仪 | wēiyí | 吻合 | wěnhé | 晤谈 | wùtán |
| 偎依 | wēiyī | 紊乱 | wěnluàn | 痦子 | wùzi |
| 微薄 | wēibó | 问讯 | wènxùn | 夕阳 | xīyáng |
| 微笑 | wēixiào | 涡流 | wōliú | 西洋参 | xīyángshēn |
| 微型 | wēixíng | 倭瓜 | wōguā | 西药 | xīyào |
| 巍然 | wēirán | 倭寇 | wōkòu | 吸附 | xīfù |
| 违禁 | wéijìn | 窝火 | wōhuǒ | 吸吮 | xīshǔn |
| 围歼 | wéijiān | 卧铺 | wòpù | 吸烟 | xīyān |
| 桅灯 | wéidēng | 斡旋 | wòxuán | 昔日 | xīrì |
| 桅墙 | wéiqiáng | 乌贼 | wūzéi | 析出 | xīchū |
| 帷幔 | wéimàn | 污垢 | wūgòu | 矽肺 | xīfèi |
| 帷幕 | wéimù | 污痕 | wūhén | 奚落 | xīluò |
| 维系 | wéixì | 污秽 | wūhuì | 息怒 | xīnù |
| 伪善 | wěishàn | 污辱 | wūrǔ | 息肉 | xīròu |
| 伪装 | wěizhuāng | 呜咽 | wūyè | 悉心 | xīxīn |
| 苇塘 | wěitáng | 钨丝 | wūsī | 稀奇 | xīqí |
| 委婉 | wěiwǎn | 屋脊 | wūjǐ | 犀角 | xījiǎo |
| 萎靡 | wěimǐ | 无妨 | wúfáng | 犀利 | xīlì |
| 萎缩 | wěisuō | 无赖 | wúlài | 锡纸 | xīzhǐ |
| 萎谢 | wěixiè | 无奈 | wúnài | 膝下 | xīxià |
| 猥琐 | wěisuǒ | 无物 | wúwù | 嬉笑 | xīxiào |
| 猥亵 | wěixiè | 无暇 | wúxiá | 蟋蟀 | xīshuài |
| 卫戍 | wèishù | 无益 | wúyì | 袭扰 | xírǎo |
| 未曾 | wèicéng | 芜杂 | wúzá | 檄文 | xíwén |
| 未尝 | wèicháng | 五更 | wǔgēng | 洗劫 | xǐjié |
| 未遂 | wèisuì | 五谷 | wǔgǔ | 洗雪 | xǐxuě |
| 畏怯 | wèiqiè | 午觉 | wǔjiào | 铣刀 | xǐdāo |
| 畏缩 | wèisuō | 忤逆 | wǔnì | 铣工 | xǐgōng |
| 胃炎 | wèiyán | 妩媚 | wǔmèi | 喜酒 | xǐjiǔ |
| 尉官 | wèiguān | 侮蔑 | wǔmiè | 喜幸 | xǐxìng |

| | | | | | |
|---|---|---|---|---|---|
| 戏谑 | xìxuè | 现役 | xiànyì | 邪恶 | xié'è |
| 细嫩 | xìnèn | 线绳 | xiànshéng | 胁迫 | xiépò |
| 细腻 | xìnì | 陷阱 | xiànjǐng | 谐音 | xiéyīn |
| 细碎 | xìsuì | 献媚 | xiànmèi | 斜井 | xiéjǐng |
| 虾酱 | xiājiàng | 相称 | xiāngchèn | 偕同 | xiétóng |
| 瞎扯 | xiāchě | 相间 | xiāngjiàn | 携手 | xiéshǒu |
| 瞎闹 | xiānào | 香椿 | xiāngchūn | 鞋油 | xiéyóu |
| 瞎子 | xiāzi | 镶嵌 | xiāngqiàn | 写法 | xiěfǎ |
| 匣子 | xiázi | 降伏 | xiángfú | 血晕 | xiěyùn |
| 侠客 | xiákè | 享年 | xiǎngnián | 泻药 | xièyào |
| 狭隘 | xiá'ài | 享用 | xiǎngyòng | 泄劲 | xièjìn |
| 狭长 | xiácháng | 项圈 | xiàngquān | 泄漏 | xièlòu |
| 狭窄 | xiázhǎi | 巷战 | xiàngzhàn | 泄密 | xièmì |
| 瑕疵 | xiácī | 相片 | xiàngpiàn | 卸妆 | xièzhuāng |
| 辖区 | xiáqū | 象形 | xiàngxíng | 械斗 | xièdòu |
| 下笔 | xiàbǐ | 消遣 | xiāoqiǎn | 谢幕 | xièmù |
| 下颌 | xiàhé | 消逝 | xiāoshì | 懈怠 | xièdài |
| 下属 | xiàshǔ | 消长 | xiāozhǎng | 蟹黄 | xièhuáng |
| 下榻 | xiàtà | 萧瑟 | xiāosè | 心肠 | xīncháng |
| 下坠 | xiàzhuì | 销魂 | xiāohún | 心扉 | xīnfēi |
| 夏至 | xiàzhì | 小丑 | xiǎochǒu | 心腹 | xīnfù |
| 仙鹤 | xiānhè | 小葱 | xiǎocōng | 心悸 | xīnjì |
| 纤维 | xiānwéi | 小调 | xiǎodiào | 心弦 | xīnxián |
| 纤细 | xiānxì | 小两口 | xiǎoliǎngkǒu | 辛辣 | xīnlà |
| 籼米 | xiānmǐ | 小妞 | xiǎoniū | 欣慰 | xīnwèi |
| 掀动 | xiāndòng | 小灶 | xiǎozào | 锌版 | xīnbǎn |
| 掀起 | xiānqǐ | 小传 | xiǎozhuàn | 薪俸 | xīnfèng |
| 涎水 | xiánshuǐ | 孝敬 | xiàojìng | 信奉 | xìnfèng |
| 咸菜 | xiáncài | 效法 | xiàofǎ | 信鸽 | xìngē |
| 娴熟 | xiánshú | 哮喘 | xiàochuǎn | 信笺 | xìnjiān |
| 娴雅 | xiányǎ | 笑柄 | xiàobǐng | 信札 | xìnzhá |
| 衔住 | xiánzhù | 笑纳 | xiàonà | 兴衰 | xīngshuāi |
| 舷窗 | xiánchuāng | 些微 | xiēwēi | 兴亡 | xīngwáng |
| 嫌恶 | xiánwù | 些许 | xiēxǔ | 星辰 | xīngchén |
| 冼(姓) | Xiǎn | 楔子 | xiēzi | 星宿 | xīngxiù |
| 显赫 | xiǎnhè | 歇晌 | xiēshǎng | 腥臭 | xīngchòu |
| 险恶 | xiǎn'è | 蝎子 | xiēzi | 腥臊 | xīngsāo |

| | | | | | |
|---|---|---|---|---|---|
| 行乐 | xínglè | 蓄洪 | xùhóng | 巡捕 | xúnbǔ |
| 行乞 | xíngqǐ | 蓄积 | xùjī | 巡抚 | xúnfǔ |
| 行署 | xíngshǔ | 蓄谋 | xùmóu | 循序 | xúnxù |
| 省亲 | xǐngqīn | 蓄养 | xùyǎng | 训斥 | xùnchì |
| 省悟 | xǐngwù | 蓄意 | xùyì | 训诂 | xùngǔ |
| 醒悟 | xǐngwù | 蓄志 | xùzhì | 训诲 | xùnhuì |
| 兴会 | xìnghuì | 萱草 | xuāncǎo | 训诫 | xùnjiè |
| 兴致 | xìngzhì | 喧扰 | xuānrǎo | 训令 | xùnlìng |
| 杏黄 | xìnghuáng | 喧嚣 | xuānxiāo | 训谕 | xùnyù |
| 性急 | xìngjí | 玄学 | xuánxué | 讯问 | xùnwèn |
| 幸事 | xìngshì | 旋梯 | xuántī | 汛期 | xùnqī |
| 姓潘 | xìngpān | 旋涡 | xuánwō | 迅疾 | xùnjí |
| 姓氏 | xìngshì | 悬殊 | xuánshū | 迅猛 | xùnměng |
| 凶残 | xiōngcán | 癣 | xuǎn | 驯服 | xùnfú |
| 凶悍 | xiōnghàn | 炫耀 | xuànyào | 徇情 | xùnqíng |
| 凶煞 | xiōngshà | 绚丽 | xuànlì | 逊色 | xùnsè |
| 凶宅 | xiōngzhái | 眩晕 | xuànyùn | 殉难 | xùnnàn |
| 凶兆 | xiōngzhào | 旋风 | xuànfēng | 压服 | yāfú |
| 兄嫂 | xiōngsǎo | 渲染 | xuànrǎn | 压榨 | yāzhà |
| 胸襟 | xiōngjīn | 楦子 | xuànzi | 押金 | yājīn |
| 雄浑 | xiónghún | 削减 | xuējiǎn | 鸭绒 | yāróng |
| 雄劲 | xióngjìng | 薛(姓) | Xuē | 牙垢 | yágòu |
| 休假 | xiūjià | 穴位 | xuéwèi | 芽眼 | yáyǎn |
| 修辞 | xiūcí | 学籍 | xuéjí | 蚜虫 | yáchóng |
| 修行 | xiūxíng | 学究 | xuéjiū | 衙役 | yáyi |
| 羞愧 | xiūkuì | 雪耻 | xuěchǐ | 哑场 | yǎchǎng |
| 羞辱 | xiūrǔ | 雪莲 | xuělián | 哑铃 | yǎlíng |
| 羞涩 | xiūsè | 雪橇 | xuěqiāo | 雅兴 | yǎxìng |
| 朽木 | xiǔmù | 血癌 | xuè'ái | 轧道机 | yàdàojī |
| 嗅觉 | xiùjué | 血脉 | xuèmài | 轧花机 | yàhuājī |
| 须臾 | xūyú | 血泊 | xuèpō | 亚麻 | yàmá |
| 虚拟 | xūnǐ | 血栓 | xuèshuān | 烟幕 | yānmù |
| 许诺 | xǔnuò | 血债 | xuèzhài | 殷红 | yānhóng |
| 序跋 | xùbá | 血渍 | xuèzì | 淹灌 | yānguàn |
| 恤金 | xùjīn | 勋爵 | xūnjué | 阉割 | yāngē |
| 续弦 | xùxián | 熏陶 | xūntáo | 延髓 | yánsuǐ |
| 絮烦 | xùfan | 寻衅 | xúnxìn | 言辞 | yáncí |

| | | | | | |
|---|---|---|---|---|---|
| 严惩 | yánchéng | 仰承 | yǎngchéng | 疫病 | yìbìng |
| 严谨 | yánjǐn | 仰角 | yǎngjiǎo | 肄业 | yìyè |
| 严酷 | yánkù | 仰慕 | yǎngmù | 荫蔽 | yīnbì |
| 炎凉 | yánliáng | 漾奶 | yàngnǎi | 殷实 | yīnshí |
| 岩层 | yáncéng | 夭折 | yāozhé | 吟咏 | yínyǒng |
| 研究 | yánjiū | 妖孽 | yāoniè | 淫荡 | yíndàng |
| 研磨 | yánmó | 要挟 | yāoxié | 淫秽 | yínhuì |
| 盐场 | yánchǎng | 腰椎 | yāozhuī | 寅时 | yínshí |
| 盐湖 | yánhú | 窑坑 | yáokēng | 引咎 | yǐnjiù |
| 盐井 | yánjǐng | 窈窕 | yǎotiǎo | 引擎 | yǐnqíng |
| 阎罗 | Yánluó | 舀子 | yǎozi | 饮泣 | yǐnqì |
| 阎王 | Yánwang | 疟子 | yàozi | 隐讳 | yǐnhuì |
| 筵席 | yánxí | 药丸 | yàowán | 隐晦 | yǐnhuì |
| 颜面 | yánmiàn | 约皂 | yàozào | 隐匿 | yǐnnì |
| 掩蔽 | yǎnbì | 要塞 | yàosài | 应当 | yīngdāng |
| 掩体 | yǎntǐ | 鹞子 | yàozi | 应该 | yīnggāi |
| 眼馋 | yǎnchán | 耀斑 | yàobān | 应届 | yīngjiè |
| 眼眶 | yǎnkuàng | 椰子 | yēzi | 应允 | yīngyǔn |
| 眼泡 | yǎnpāo | 野炊 | yěchuī | 鹰犬 | yīngquǎn |
| 眼晕 | yǎnyùn | 夜莺 | yèyīng | 迎战 | yíngzhàn |
| 演绎 | yǎnyì | 谒见 | yèjiàn | 荧光 | yíngguāng |
| 厌倦 | yànjuàn | 腋臭 | yèchòu | 盈亏 | yíngkuī |
| 厌恶 | yànwù | 衣钵 | yībō | 营垒 | yínglěi |
| 砚台 | yàntai | 依偎 | yīwēi | 影印 | yǐngyìn |
| 咽气 | yànqì | 一并 | yíbìng | 应诺 | yìngnuò |
| 唁 | yàn | 一瞬 | yíshùn | 应验 | yìngyàn |
| 唁电 | yàndiàn | 胰腺 | yíxiàn | 映衬 | yìngchèn |
| 验尸 | yànshī | 颐养 | yíyǎng | 硬性 | yìngxìng |
| 验算 | yànsuàn | 倚靠 | yǐkào | 佣工 | yōnggōng |
| 谚语 | yànyǔ | 倚门 | yǐmén | 拥戴 | yōngdài |
| 焰火 | yànhuǒ | 倚仗 | yǐzhàng | 痈疽 | yōngjū |
| 赝本 | yànběn | 一沓 | yìdá | 庸碌 | yōnglù |
| 赝品 | yànpǐn | 一瞥 | yìpiē | 佣金 | yòngjīn |
| 央求 | yāngqiú | 屹立 | yìlì | 油坊 | yóufáng |
| 扬帆 | yángfān | 屹然 | yìrán | 油腻 | yóunì |
| 佯攻 | yánggōng | 抑郁 | yìyù | 油毡 | yóuzhān |
| 洋溢 | yángyì | 呓语 | yìyǔ | 莜麦 | yóumài |

| | | | | | |
|---|---|---|---|---|---|
| 鱿鱼 | yóuyú | 约略 | yuēlüè | 糟粕 | zāopò |
| 诱饵 | yòu'ěr | 月晕 | yuèyùn | 糟蹋 | zāotà |
| 诱降 | yòuxiáng | 乐池 | yuèchí | 凿子 | záozi |
| 釉子 | yòuzi | 乐章 | yuèzhāng | 灶神 | zàoshén |
| 迂腐 | yūfǔ | 岳父 | yuèfù | 皂白 | zàobái |
| 淤积 | yūjī | 悦目 | yuèmù | 造诣 | zàoyì |
| 淤塞 | yūsè | 阅兵 | yuèbīng | 责难 | zénàn |
| 余悸 | yújì | 跃然 | yuèrán | 择交 | zéjiāo |
| 余烬 | yújìn | 越轨 | yuèguǐ | 贼星 | zéixīng |
| 余孽 | yúniè | 粤剧 | yuèjù | 曾 | zēng |
| 鱼鳔 | yúbiào | 晕厥 | yūnjué | 憎恨 | zēnghèn |
| 鱼翅 | yúchì | 芸豆 | yúndòu | 憎恶 | zēngwù |
| 渔港 | yúgǎng | 耘锄 | yúnchú | 赠言 | zèngyán |
| 愉悦 | yúyuè | 允诺 | yǔnnuò | 扎营 | zhāyíng |
| 愚氓 | yúméng | 陨落 | yǔnluò | 渣滓 | zhāzǐ |
| 愚蒙 | yúméng | 陨灭 | yǔnmiè | 札记 | zhájì |
| 羽翼 | yǔyì | 陨石 | yǔnshí | 轧钢 | zhágāng |
| 玉帛 | yùbó | 陨星 | yǔnxīng | 闸门 | zhámén |
| 玉玺 | yùxǐ | 孕妇 | yùnfù | 铡刀 | zhádāo |
| 驭手 | yùshǒu | 孕育 | yùnyù | 眨眼 | zhǎyǎn |
| 育种 | yùzhǒng | 郓 | yùn | 诈降 | zhàxiáng |
| 郁积 | yùjī | 恽 | yùn | 蚱蜢 | zhàměng |
| 郁闷 | yùmèn | 晕车 | yùnchē | 榨取 | zhàqǔ |
| 狱吏 | yùlì | 晕船 | yùnchuán | 斋饭 | zhāifàn |
| 狱卒 | yùzú | 酝酿 | yùnniàng | 斋戒 | zhāijiè |
| 浴池 | yùchí | 熨斗 | yùndǒu | 摘编 | zhāibiān |
| 预卜 | yùbǔ | 咂嘴 | zāzuǐ | 摘录 | zhāilù |
| 谕旨 | yùzhǐ | 杂沓 | zátà | 宅院 | zháiyuàn |
| 尉迟 | yùchí | 栽赃 | zāizāng | 宅子 | zháizi |
| 豫剧 | yùjù | 栽种 | zāizhòng | 择菜 | zháicài |
| 鸳鸯 | yuānyāng | 宰割 | zǎigē | 债券 | zhàiquàn |
| 园圃 | yuánpǔ | 崽子 | zǎizi | 寨子 | zhàizi |
| 圆浑 | yuánhún | 载荷 | zàihè | 占卜 | zhānbǔ |
| 圆寂 | yuánjì | 簪子 | zānzi | 粘贴 | zhāntiē |
| 圆锥 | yuánzhuī | 暂行 | zànxíng | 瞻念 | zhānniàn |
| 辕马 | yuánmǎ | 赞誉 | zànyù | 斩首 | zhǎnshǒu |
| 约定 | yuēdìng | 赃物 | zāngwù | 栈道 | zhàndào |

| | | | | | |
|---|---|---|---|---|---|
| 战抖 | zhàndǒu | 真挚 | zhēnzhì | 纸屑 | zhǐxiè |
| 战栗 | zhànlì | 砧板 | zhēnbǎn | 指摘 | zhǐzhāi |
| 战役 | zhànyì | 斟酌 | zhēnzhuó | 咫尺 | zhǐchǐ |
| 湛蓝 | zhànlán | 甄别 | zhēnbié | 趾甲 | zhǐjiǎ |
| 丈量 | zhàngliáng | 榛子 | zhēnzi | 治罪 | zhìzuì |
| 仗势 | zhàngshì | 箴言 | zhēnyán | 质朴 | zhìpǔ |
| 账簿 | zhàngbù | 诊脉 | zhěnmài | 质疑 | zhìyí |
| 瘴气 | zhàngqì | 疹子 | zhěnzi | 挚友 | zhìyǒu |
| 昭雪 | zhāoxuě | 振臂 | zhènbì | 桎梏 | zhìgù |
| 着数 | zhāoshù | 赈济 | zhènjì | 秩序 | zhìxù |
| 朝晖 | zhāohuī | 赈灾 | zhènzāi | 窒息 | zhìxī |
| 着慌 | zháohuāng | 震撼 | zhènhàn | 痔疮 | zhìchuāng |
| 着火 | zháohuǒ | 震慑 | zhènshè | 痔漏 | zhìlòu |
| 着急 | zháojí | 征募 | zhēngmù | 滞留 | zhìliú |
| 着凉 | zháoliáng | 征聘 | zhēngpìn | 智齿 | zhìchǐ |
| 着迷 | zháomí | 狰狞 | zhēngníng | 智谋 | zhìmóu |
| 爪牙 | zhǎoyá | 症结 | zhēngjié | 稚气 | zhìqì |
| 沼气 | zhǎoqì | 蒸饼 | zhēngbǐng | 中将 | zhōngjiàng |
| 召集 | zhàojí | 蒸腾 | zhēngténg | 中枢 | zhōngshū |
| 召开 | zhàokāi | 整饬 | zhěngchì | 中庸 | zhōngyōng |
| 诏书 | zhàoshū | 证券 | zhèngquàn | 终究 | zhōngjiū |
| 笊篱 | zhàoli | 郑 | zhèng | 盅子 | zhōngzi |
| 肇事 | zhàoshì | 诤言 | zhèngyán | 肿胀 | zhǒngzhàng |
| 遮蔽 | zhēbì | 诤友 | zhèngyǒu | 种畜 | zhǒngchù |
| 遮藏 | zhēcáng | 挣命 | zhèngmìng | 仲裁 | zhòngcái |
| 遮挡 | zhēdǎng | 支撑 | zhīchēng | 种痘 | zhòngdòu |
| 遮掩 | zhēyǎn | 枝杈 | zhīchà | 重孝 | zhòngxiào |
| 折叠 | zhédié | 枝蔓 | zhīmàn | 舟楫 | zhōují |
| 蛰伏 | zhéfú | 知悉 | zhīxī | 周旋 | zhōuxuán |
| 蛰居 | zhéjū | 织补 | zhībǔ | 粥 | zhōu |
| 辙 | zhé | 栀子 | zhīzi | 妯娌 | zhóuli |
| 褶皱 | zhězhòu | 执笔 | zhíbǐ | 轴承 | zhóuchéng |
| 浙江 | zhèjiāng | 执拗 | zhíniù | 肘窝 | zhǒuwō |
| 蔗糖 | zhètáng | 执着 | zhízhuó | 肘腋 | zhǒuyè |
| 针灸 | zhēnjiǔ | 直爽 | zhíshuǎng | 咒骂 | zhòumà |
| 侦缉 | zhēnjī | 旨意 | zhǐyì | 皱纹 | zhòuwén |
| 真谛 | zhēndì | 纸捻 | zhǐniǎn | 骤然 | zhòurán |

| | | | | | |
|---|---|---|---|---|---|
| 侏儒 | zhūrú | 篆书 | zhuànshū | 滋生 | zīshēng |
| 诸葛 | Zhūgě | 装扮 | zhuāngbàn | 辎重 | zīzhòng |
| 猪鬃 | zhūzōng | 装甲 | zhuāngjiǎ | 紫癜 | zǐdiàn |
| 竹笋 | zhúsǔn | 装殓 | zhuāngliàn | 紫荆 | zǐjīng |
| 烛光 | zhúguāng | 装帧 | zhuāngzhēn | 字帖 | zìtiè |
| 逐日 | zhúrì | 壮阔 | zhuàngkuò | 自称 | zìchēng |
| 主笔 | zhǔbǐ | 撞击 | zhuàngjī | 自焚 | zìfén |
| 主祭 | zhǔjì | 撞骗 | zhuàngpiàn | 自遣 | zìqiǎn |
| 主角 | zhǔjué | 追捕 | zhuībǔ | 自恃 | zìshì |
| 主谋 | zhǔmóu | 追悔 | zhuīhuǐ | 自诉 | zìsù |
| 主宰 | zhǔzǎi | 追逐 | zhuīzhú | 自刎 | zìwěn |
| 主旨 | zhǔzhǐ | 椎骨 | zhuīgǔ | 自缢 | zìyì |
| 瞩目 | zhǔmù | 锥子 | zhuīzi | 宗祠 | zōngcí |
| 瞩望 | zhǔwàng | 坠毁 | zhuìhuǐ | 宗族 | zōngzú |
| 住宅 | zhùzhái | 赘述 | zhuìshù | 踪影 | zōngyǐng |
| 注脚 | zhùjiǎo | 赘婿 | zhuìxù | 总裁 | zǒngcái |
| 贮藏 | zhùcáng | 赘言 | zhuìyán | 总得 | zǒngděi |
| 贮存 | zhùcún | 准绳 | zhǔnshéng | 总揽 | zǒnglǎn |
| 驻扎 | zhùzhā | 拙见 | zhuōjiàn | 纵队 | zòngduì |
| 祝捷 | zhùjié | 拙劣 | zhuōliè | 纵横 | zònghéng |
| 著称 | zhùchēng | 捉摸 | zhuōmō | 纵览 | zònglǎn |
| 蛀齿 | zhùchǐ | 桌布 | zhuōbù | 纵容 | zòngróng |
| 铸币 | zhùbì | 灼见 | zhuójiàn | 邹(姓) | Zōu |
| 铸铁 | zhùtiě | 灼热 | zhuórè | 走失 | zǒushī |
| 铸造 | zhùzào | 茁壮 | zhuózhuàng | 走兽 | zǒushòu |
| 抓瞎 | zhuāxiā | 卓越 | zhuóyuè | 走卒 | zǒuzú |
| 拽住 | zhuàizhù | 卓著 | zhuózhù | 奏折 | zòuzhé |
| 专横 | zhuānhèng | 酌量 | zhuóliáng | 租佃 | zūdiàn |
| 砖坯 | zhuānpī | 着笔 | zhuóbǐ | 租赁 | zūlìn |
| 砖窑 | zhuānyáo | 着力 | zhuólì | 租约 | zūyuē |
| 转瞬 | zhuǎnshùn | 着陆 | zhuólù | 足迹 | zújì |
| 转赠 | zhuǎnzèng | 着落 | zhuóluò | 族长 | zúzhǎng |
| 转盘 | zhuànpán | 着色 | zhuósè | 诅咒 | zǔzhòu |
| 转轴 | zhuànzhóu | 着眼 | zhuóyǎn | 阻截 | zǔjié |
| 撰述 | zhuànshù | 琢磨 | zhuómó | 阻挠 | zǔnáo |
| 撰著 | zhuànzhù | 镯子 | zhuózi | 组阁 | zǔgé |
| 篆刻 | zhuànkè | 滋润 | zīrùn | 钻研 | zuānyán |

| | | | | | |
|---|---|---|---|---|---|
| 钻营 | zuānyíng | 作坊 | zuōfang | 作死 | zuòsǐ |
| 钻戒 | zuànjiè | 左倾 | zuǒqīng | 作祟 | zuòsuì |
| 钻塔 | zuàntǎ | 佐证 | zuǒzhèng | 作揖 | zuòyī |
| 嘴角 | zuǐjiǎo | 坐骨 | zuògǔ | 柞蚕 | zuòcán |
| 嘴硬 | zuǐyìng | 坐探 | zuòtàn | 做伴 | zuòbàn |
| 罪魁 | zuìkuí | 作弊 | zuòbì | 做事 | zuòshì |
| 醉鬼 | zuìguǐ | 作梗 | zuògěng | 做寿 | zuòshòu |
| 醉意 | zuìyì | 作料 | zuòliào | 做主 | zuòzhǔ |
| 尊称 | zūnchēng | 作难 | zuònán | 做作 | zuòzuo |
| 遵从 | zūncóng | 作弄 | zuònòng | | |
| 遵命 | zūnmìng | 作呕 | zuò'ǒu | | |

# 4 常用多音字表

(按第①音汉语拼音字母顺序排列)

## A

| 阿 | ① ā | 阿姨 阿拉伯 |
|---|---|---|
| | ② ē | 阿谀 阿胶 |
| 挨 | ① āi | 挨次 挨近 |
| | ② ái | 忍饥挨饿 挨时间 |
| 艾 | ① ài | 方兴未艾 艾绒 |
| | ② yì | 自怨自艾 |
| 熬 | ① áo | 熬药 熬夜 |
| | ② āo | 熬豆腐 熬白菜 |

## B

| 扒 | ① bā | 扒着栏杆 扒皮 |
|---|---|---|
| | ② pá | 扒痒 扒手 扒鸡 |
| 把 | ① bǎ | 把握 把关 车把 |
| | ② bà | 刀把儿 话把儿 |
| 耙 | ① bà | 耙地 钉齿耙 |
| | ② pá | 耙子 耙开 |
| 柏 | ① bǎi | 柏树 柏油 姓柏 |
| | ② bó | 柏林 |
| | ③ bò | 黄柏 |
| 膀 | ① bǎng | 肩膀 翅膀 |
| | ② pāng | 膀肿 |
| | ③ páng | 膀胱 |
| 蚌 | ① bàng | 河蚌 鹬蚌相争 |
| | ② bèng | 蚌埠(地名) |
| 磅 | ① bàng | 过磅 磅秤 |
| | ② páng | 磅礴 |
| 薄 | ① báo | 薄冰 薄云 薄地 |
| | ② bó | 淡薄 刻薄 薄弱 |
| | ③ bò | 薄荷 |
| 堡 | ① bǎo | 堡垒 南堡(地名) |
| | ② bǔ | 堡子 瓦窑堡(地名) |
| | ③ pù | 十里堡(地名) |
| 暴 | ① bào | 暴动 凶暴 暴躁 |
| | ② pù | 一暴十寒 |
| 背 | ① bèi | 背脊 违背 背诵 |
| | ② bēi | 背东西 背包袱 |
| 奔 | ① bēn | 奔跑 奔放 奔流 |
| | ② bèn | 投奔 奔头儿 |
| 绷 | ① bēng | 绷带 棕绷 绷紧 |
| | ② běng | 绷着个脸 |
| | ③ bèng | 绷硬 绷脆 绷直 |
| 辟 | ① bì | 复辟 辟邪 |
| | ② pì | 开辟 辟谣 透辟 |
| 臂 | ① bì | 臂膀 臂助 臂章 |
| | ② bei | 胳臂 |
| 扁 | ① biǎn | 扁平 扁豆 扁担 |
| | ② piān | 扁舟 |
| 便 | ① biàn | 方便 随便 便条 |
| | ② pián | 便宜 大腹便便 |
| 别 | ① bié | 分别 类别 别人 |
| | ② biè | 别扭 |
| 瘪 | ① biě | 干瘪 瘪嘴 |
| | ② biē | 瘪三 |
| 剥 | ① bō | 剥削 剥夺 |
| | ② bāo | 剥花生 剥皮 |
| 伯 | ① bó | 伯父 河伯(神名) |
| | ② bǎi | 大伯子 |
| 卜 | ① bǔ | 占卜 预卜 姓卜 |
| | ② bo | 萝卜 |

## C

| 采 | ① cǎi | 采用 采购 神采 |
|---|---|---|
| | ② cài | 采地 采邑 |
| 参 | ① cān | 参加 参考 参谋 |
| | ② shēn | 人参 海参 参商 |
| | ③ cēn | 参差不齐 |
| 藏 | ① cáng | 埋藏 躲藏 藏书 |
| | ② zàng | 西藏 宝藏 藏青 |
| 侧 | ① cè | 侧面 侧目 |
| | ② zhāi | 侧歪 侧棱 |
| | ③ zè | 平侧(仄) |
| 叉 | ① chā | 刀叉 交叉 叉腰 |
| | ② chá | 叉住 |
| | ③ chǎ | 叉着腿 |
| 差 | ① chà | 差不多 成绩差 |
| | ② chā | 差别 差错 差数 |
| | ③ chāi | 差遣 出差 当差 |
| | ④ cī | 参差不齐 |
| 颤 | ① chàn | 颤动 颤音 |
| | ② zhàn | 颤栗 |
| 长 | ① cháng | 长短 特长 长期 |
| | ② zhǎng | 生长 长辈 首长 |
| 场 | ① cháng | 打场 一场雨 场院 |
| | ② chǎng | 广场 市场 立场 |
| 朝 | ① cháo | 朝前 朝代 朝廷 |
| | ② zhāo | 朝阳 朝气 朝夕 |
| 吵 | ① chǎo | 争吵 吵闹 吵醒 |
| | ② chāo | 吵吵 |
| 车 | ① chē | 车辆 车间 车水 |

| | | |
|---|---|---|
| ② jū | 车(象棋棋子名) | |
| 称 ① chēng | 名称 称赞 | |
| ② chèn | 称心 称职 对称 | |
| 匙 ① chí | 汤匙 | |
| ② shi | 钥匙 | |
| 仇 ① chóu | 仇敌 报仇 | |
| ② qiú | 姓仇 | |
| 臭 ① chòu | 臭气 | |
| ② xiù | 乳臭 铜臭 | |
| 处 ① chù | 处所 好处 办事处 | |
| ② chǔ | 处理 处分 相处 | |
| 揣 ① chuāi | 揣在怀里 | |
| ② chuǎi | 揣测 揣摩 | |
| ③ chuài | 挣揣 | |
| 传 ① chuán | 传递 传电 宣传 | |
| ② zhuàn | 小传 传记 | |
| 幢 ① chuáng | 人影幢幢 | |
| ② zhuàng | 一幢楼 | |
| 创 ① chuàng | 创造 创刊 | |
| ② chuāng | 创伤 刀创 | |
| 刺 ① cì | 刺杀 讽刺 鱼刺 | |
| ② cī | 刺溜 | |

**D**

| | | |
|---|---|---|
| 答 ① dá | 问答 报答 | |
| ② dā | 答应 答允 | |
| 打 ① dǎ | 打击 打扫 | |
| ② dá | 一打铅笔 | |
| 大 ① dà | 大众 大约 大小 | |
| ② dài | 大夫(医生) | |
| 待 ① dài | 等待 待遇 | |
| ② dāi | 待一会儿 | |
| 逮 ① dài | 逮捕 力有未逮 | |
| ② dǎi | 逮老鼠 | |
| 担 ① dān | 担水 担任 | |
| ② dàn | 担子 重担 | |

| | | |
|---|---|---|
| 单 ① dān | 简单 单数 单据 | |
| ② shàn | 姓单 | |
| ③ chán | 单于 | |
| 弹 ① dàn | 子弹 炸弹 | |
| ② tán | 弹琴 弹性 | |
| 当 ① dāng | 当选 应当 相当 | |
| ② dàng | 妥当 当真 当铺 | |
| 挡 ① dǎng | 阻挡 挡驾 | |
| ② dàng | 摒挡 | |
| 倒 ① dǎo | 倒下 倒闭 颠倒 | |
| ② dào | 倒退 倒茶 | |
| 得 ① dé | 得到 得意 得当 | |
| ② děi | 可得注意 | |
| ③ de | 好得很 看得见 | |
| 的 ① de | 我的书 红的花 | |
| ② dì | 目的 有的放矢 | |
| ③ dí | 的确 | |
| 翟 ① dí | 墨翟(墨子) | |
| ② zhái | 姓翟 | |
| 地 ① dì | 地球 土地 质地 | |
| ② de | 好好地学习 | |
| 佃 ① diàn | 佃户 佃皮 | |
| ② tián | 佃作 | |
| 调 ① diào | 调查 调动 曲调 | |
| ② tiáo | 调和 调整 调皮 | |
| 钉 ① dīng | 钉子 钉住 钉耙 | |
| ② dìng | 钉扣子 钉本子 | |
| 都 ① dū | 大都(地名) | |
| ② dōu | 都是 都有 都要 | |
| 读 ① dú | 读书 朗读 读音 | |
| ② dòu | 句读 | |
| 肚 ① dù | 肚子 炉肚儿 | |
| ② dǔ | 猪肚子 羊肚儿 | |
| 度 ① dù | 程度 温度 制度 | |
| ② duó | 忖度 揣度 | |
| 囤 ① dùn | 粮囤 花生囤 | |
| ② tún | 囤积 囤粮 | |

**E**

| | | |
|---|---|---|
| 恶 ① è | 恶劣 凶恶 恶化 | |
| ② wù | 可恶 厌恶 | |
| ③ ě | 恶心 | |
| ④ wū | (古代作疑问词或叹词) | |

**F**

| | | |
|---|---|---|
| 发 ① fā | 发生 发表 发达 | |
| ② fà | 理发 发指 | |
| 番 ① fān | 三番五次 番茄 | |
| ② pān | 番禺(地名) | |
| 坊 ① fāng | 牌坊 街坊 | |
| ② fáng | 作坊 染坊 | |
| 菲 ① fēi | 芳菲 菲律宾 | |
| ② fěi | 菲薄 | |
| 分 ① fēn | 分开 分别 分数 | |
| ② fèn | 本分 成分 充分 | |
| 缝 ① féng | 缝纫 缝合 | |
| ② fèng | 裂缝 缝隙 | |
| 佛 ① fó | 佛教 佛山 | |
| ② fú | 仿佛 | |
| 服 ① fú | 服装 服从 服役 | |
| ② fù | 一服药 | |
| 脯 ① fǔ | 肉脯 果脯 | |
| ② pú | 胸脯 | |

**G**

| | | |
|---|---|---|
| 盖 ① gài | 盖子 盖楼 覆盖 | |
| ② gě | 姓盖 | |
| 干 ① gān | 干燥 干涉 干脆 | |
| ② gàn | 干活 干部 才干 | |
| 杆 ① gān | 旗杆 栏杆 桅杆 | |
| ② gǎn | 笔杆儿 一杆枪 | |
| 岗 ① gǎng | 岗位 岗楼 土岗 | |
| ② gāng | 花岗石 | |

289

| | | | | | | | |
|---|---|---|---|---|---|---|---|
| 膏 | ① gāo | 牙膏 膏药 膏腴 | | ② hǎ | 姓哈 哈达 | | 化 |
| | ② gào | 膏油 膏墨 | | ③ hà | 哈什蚂 | | ② huā 化子 |
| 搁 | ① gē | 耽搁 搁浅 | 汗 | ① hàn | 出汗 汗颜 | 划 | ① huà 划分 计划 划一 |
| | ② gé | 搁不住 | | ② hán | 可汗 | | ② huá 划船 划火柴 |
| 蛤 | ① gé | 蛤蜊 蛤蚧 | 好 | ① hǎo | 好人 友好 好看 | 还 | ① huán 还原 还手 归还 |
| | ② há | 蛤蟆 | | ② hào | 爱好 好高骛远 | | ② hái 还是 还有 还要 |
| 葛 | ① gé | 葛布 葛藤 纠葛 | 号 | ① hào | 记号 号码 号令 | 晃 | ① huǎng 晃眼 一晃 明晃晃 |
| | ② gě | 姓葛 | | ② háo | 呼号 干号 | | |
| 个 | ① gè | 个人 个性 个儿 | 喝 | ① hē | 喝水 | | ② huàng 摇晃 晃荡 晃悠 |
| | ② gě | 自个儿 | | ② hè | 喝令 喝彩 | 会 | ① huì 开会 会合 机会 |
| 给 | ① gěi | 送给 | 和 | ① hé | 和平 和解 和数 | | ② kuài 会计 会稽(山名) |
| | ② jǐ | 供给 自给自足 | | ② hè | 和诗 附和 | 混 | ① hún 混蛋 混水摸鱼 |
| 更 | ① gēng | 更改 自力更生 | | ③ huó | 和面 和泥 | | ② hùn 混合 混纺 混日子 |
| | ② gèng | 更加 更上一层楼 | | ④ huò | 和药 头和药 | | |
| 供 | ① gōng | 供给 供销 | | ⑤ huo | 暖和 热和 掺和 | 豁 | ① huō 豁口 豁出命 |
| | ② gòng | 供认 供奉 | | ⑥ hú | 和了(打牌用语) | | ② huò 豁达 豁然开朗 |
| 勾 | ① gōu | 勾结 勾销 勾留 | 合 | ① hé | 合眼 合作 合格 | | J |
| | ② gòu | 勾当 姓勾 | | ② gě | 一合米 | 缉 | ① jī 通缉 缉捕 |
| 估 | ① gū | 估计 估量 估价 | 荷 | ① hé | 荷花 荷包 | | ② qī 缉鞋口 缉边儿 |
| | ② gù | 估衣 | | ② hè | 负荷 感荷 | 几 | ① jǐ 几个 几何 |
| 骨 | ① gǔ | 骨骼 骨肉 骨气 骨头 | 核 | ① hé | 杏核 核心 核对 | | ② jī 几乎 茶几儿 |
| | ② gū | 骨朵儿 骨碌 | | ② hú | 核儿 | 纪 | ① jì 纪念 世纪 纪律 |
| 观 | ① guān | 观看 壮观 乐观 | 横 | ① héng | 横幅 横行 横竖 | | ② jǐ 姓纪 |
| | ② guàn | 寺观 姓观 | | ② hèng | 蛮横 横死 横财 | 济 | ① jì 救济 经济 |
| 冠 | ① guān | 衣冠 冠冕堂皇 | 哄 | ① hōng | 哄闹 哄堂大笑 | | ② jǐ 济南(地名) 济济一堂 |
| | ② guàn | 冠军 姓冠 | | ② hǒng | 哄骗 哄小孩儿 | | |
| 龟 | ① guī | 乌龟 | | ③ hòng | 起哄 一哄而散 | 夹 | ① jiā 夹道 夹杂 夹子 |
| | ② jūn | 龟裂 | 红 | ① hóng | 红色 红人 | | ② jiá 夹袄 夹被 |
| | ③ qiū | 龟兹(地名) | | ② gōng | 女红 | | ③ gā 夹肢窝 |
| 过 | ① guò | 过去 过分 过错 | 虹 | ① hóng | 彩虹 霓虹灯 | 贾 | ① jiǎ 姓贾 |
| | ② guō | 姓过 | | ② jiàng | 出虹了 | | ② gǔ 商贾 余勇可贾 |
| | ③ guo | 吃过 去过 | 糊 | ① hú | 糊涂 裱糊 糊口 | 假 | ① jiǎ 假造 假如 假借 |
| | | H | | ② hù | 辣椒糊 糊弄 | | ② jià 放假 请假 |
| | | | | ③ hū | 用泥把墙缝糊上 | 间 | ① jiān 中间 房间 时间 |
| 哈 | ① hā | 哈哈笑 哈腰 | 华 | ① huá | 中华 华丽 才华 | | ② jiàn 离间 间断 间谍 中间儿 |
| | | | | ② huà | 姓华 华山(山名) | | |
| | | | 化 | ① huà | 化学 化肥 现代 | | |

| | | | | | | | | | |
|---|---|---|---|---|---|---|---|---|---|
| 监 | ① jiān | 监察 监狱 | | ② jìng | 劲敌 劲风 刚劲 | | | L | |
| | ② jiàn | 太监 监利(地名) | 据 | ① jù | 依据 证据 占据 | | | | |
| 溅 | ① jiàn | 水花四溅 | | ② jū | 拮据 | 拉 | ① lā | 拉车 拉杂 拉倒 拉家常 拉呱儿 | |
| | ② jiān | 溅溅 | 卷 | ① juàn | 卷宗 试卷 第一卷 | | ② lá | 拉口子 | |
| 槛 | ① jiàn | 兽槛 槛车 | | ② juǎn | 卷尺 卷烟 花卷儿 | | ③ lǎ | 半拉 | |
| | ② kǎn | 门槛 | | | | 烙 | ① lào | 烙印 烙饼 烙铁 | |
| 将 | ① jiāng | 将来 将军 将息 | 觉 | ① jué | 感觉 觉悟 | | ② luò | 炮烙 | |
| | ② jiàng | 将领 将兵 将官 | | ② jiào | 睡觉 | 勒 | ① lè | 勒索 勒令 | |
| 浆 | ① jiāng | 豆浆 泥浆 浆衣服 | 倔 | ① jué | 倔强 | | ② lēi | 勒紧点 | |
| | | | | ② juè | 倔头倔脑 | 乐 | ① lè | 快乐 取乐 姓乐 | |
| | ② jiàng | 浆糊 | 菌 | ① jūn | 细菌 | | ② yuè | 音乐 姓乐(与 lè 不同姓) | |
| 降 | ① jiàng | 降落 降临 降级 | | ② jùn | 香菌 菌核 | | | | |
| | ② xiáng | 投降 降伏 劝降 | 浚 | ① jùn | 浚河 疏浚 | 累 | ① lěi | 累积 连累 累累 | |
| 嚼 | ① jiáo | 嚼碎 嚼舌 | | ② xùn | 浚县(地名) | | ② lèi | 劳累 | |
| | ② jué | 咀嚼 | | | | | ③ léi | 累赘 累累 | |
| | ③ jiào | 倒嚼 | | K | | 擂 | ① lèi | 擂台 打擂 | |
| 角 | ① jiǎo | 牛角 直角 号角 | 咖 | ① kā | 咖啡 | | ② léi | 擂钵 | |
| | ② jué | 口角 角斗 角色 | | ② gā | 咖喱 | 俩 | ① liǎ | 咱俩 兄弟俩 | |
| 脚 | ① jiǎo | 脚步 山脚 脚镣 | 卡 | ① kǎ | 卡车 卡片 | | ② liǎng | 伎俩 | |
| | ② jué | 脚色 | | ② qiǎ | 关卡 卡子 卡住 | 量 | ① liàng | 数量 计量 胆量 | |
| 教 | ① jiào | 教育 教训 宗教 | 看 | ① kàn | 看见 看病 | | ② liáng | 测量 衡量 思量 | |
| | ② jiāo | 教书 | | ② kān | 看守 看家 | 撩 | ① liāo | 撩起来 | |
| 节 | ① jié | 季节 节日 礼节 | 扛 | ① káng | 扛枪 扛活 | | ② liáo | 撩拨 | |
| | ② jiē | 节子 节骨眼 | | ② gāng | 扛鼎 扛东西 | 燎 | ① liáo | 燎原 | |
| 结 | ① jié | 结合 结论 打结 | 壳 | ① ké | 蛋壳 贝壳 | | ② liǎo | 把头发燎了 | |
| | ② jiē | 结实 结巴 结果子 | | ② qiào | 地壳 甲壳 | 淋 | ① lín | 淋浴 淋漓尽致 | |
| 解 | ① jiě | 分解 解放 解答 | 可 | ① kě | 可以 可能 可爱 | | ② lìn | 淋盐 淋病 | |
| | ② jiè | 起解 解运 解元 | | ② kè | 可汗 | 令 | ① lìng | 命令 时令 | |
| | ③ xiè | 姓解 | 吭 | ① kēng | 一声不吭 | | ② lǐng | 一令纸 | |
| 尽 | ① jìn | 尽力 尽职 尽头 | | ② háng | 引吭高歌 | 溜 | ① liū | 溜冰 溜走 | |
| | ② jǐn | 尽管 尽先 尽可能 | 空 | ① kōng | 空想 空跑 天空 | | ② liù | 大溜 一溜儿烟 | |
| | | | | ② kòng | 空白 空额 空闲 | 馏 | ① liú | 蒸馏 干馏 | |
| 禁 | ① jìn | 禁止 犯禁 禁闭 | 溃 | ① kuì | 溃决 溃败 溃烂 | | ② liù | 把馒头馏一馏 | |
| | ② jīn | 禁受 不禁 | | ② huì | 溃脓 | 六 | ① liù | 第六 | |
| 劲 | ① jìn | 用劲 干劲 劲头儿 | | | | | ② lù | 六安 六合(地名) | |
| | | | | | | 笼 | ① lóng | 笼子 蒸笼 | |

| | | | | | | | | |
|---|---|---|---|---|---|---|---|---|
| | ② lǒng | 笼罩 箱笼 笼统 | | | 芦 | 宁 | ① níng | 安宁 宁夏 |
| 搂 | ① lǒu | 搂抱 | | ② mēn | 闷热 闷饭 | | ② nìng | 宁可 宁死不屈 姓宁 |
| | ② lōu | 搂柴火 搂头盖顶 | 蒙 | ① méng | 启蒙 蒙蔽 蒙难 | 拧 | ① nǐng | 拧螺丝 弄拧了 |
| 陆 | ① lù | 陆地 陆续 | | ② mēng | 蒙骗 打蒙了 | | ② níng | 拧毛巾 |
| | ② liù | "六"的大写 | | ③ měng | 蒙古 | | ③ nìng | 拧脾气 |
| 露 | ① lù | 露水 暴露 果子露 | 眯 | ① mī | 眯缝 笑眯眯 | 弄 | ① nòng | 玩弄 弄饭 |
| | ② lòu | 露底 露面 露马脚 | | ② mí | 沙子眯了眼 | | ② lòng | 弄堂 |
| | | | 靡 | ① mí | 奢靡 靡费 | 疟 | ① nüè | 疟疾 |
| 绿 | ① lǜ | 绿色 | | ② mǐ | 风靡 披靡 萎靡 | | ② yào | 发疟子 |
| | ② lù | 绿林好汉 | 泌 | ① mì | 分泌 泌尿 | | | |
| 率 | ① lǜ | 效率 出勤率 | | ② bì | 泌阳(地名) | | **O** | |
| | ② shuài | 率领 轻率 直率 | 秘 | ① mì | 秘密 秘方 | 哦 | ① ó | 哦,是这么回事。 |
| 论 | ① lùn | 评论 理论 讨论 | | ② bì | 秘鲁 | | ② ò | 哦,我明白了。 |
| | ② lún | 《论语》 | 模 | ① mó | 模范 模仿 模糊 | | ③ é | 吟哦 |
| 落 | ① luò | 降落 没落 落后 | | ② mú | 模具 模样 | | **P** | |
| | ② lào | 落炕 落色 | 磨 | ① mó | 磨炼 折磨 磨灭 | 排 | ① pái | 排列 排除 排演 |
| | ③ là | 丢三落四 | | ② mò | 磨坊 磨豆腐 | | ② pǎi | 排子车 |
| | **M** | | 抹 | ① mǒ | 涂抹 抹眼泪 | 胖 | ① pàng | 肥胖 |
| 蚂 | ① mǎ | 蚂蚁 蚂蟥 | | ② mò | 抹墙 转弯抹角 | | ② pán | 心广体胖 |
| | ② mā | 蚂螂 | | ③ mā | 抹布 抹不下脸 | 刨 | ① páo | 刨土 刨根儿 |
| | ③ mà | 蚂蚱 | | **N** | | | ② bào | 刨床 刨平 |
| 埋 | ① mái | 埋葬 埋没 埋头 | 哪 | ① nǎ | 哪里 | 炮 | ① páo | 炮制 |
| | ② mán | 埋怨 | | ② něi | 哪年(哪一年) | | ② bāo | 炮羊肉 |
| 脉 | ① mài | 动脉 脉搏 山脉 | | ③ na | 干哪 | | ③ pào | 大炮 炮仗 |
| | ② mò | 脉脉含情 | | ④ né | 哪吒 | 跑 | ① pǎo | 跑步 逃跑 跑油 |
| 蔓 | ① màn | 蔓延 蔓草 | 那 | ① nà | 那里 | | ② páo | 虎跑泉 |
| | ② wàn | 瓜蔓儿 花蔓 顺蔓摸瓜 | | ② nèi | 那个(那一个) | 泡 | ① pào | 泡沫 灯泡 泡茶 |
| | ③ mán | 蔓菁 | | ③ nā | 姓那 | | ② pāo | 泡儿 发泡 |
| 氓 | ① máng | 流氓 | 难 | ① nán | 艰难 难免 为难 | 喷 | ① pēn | 喷泉 喷嚏 |
| | ② méng | (古代称百姓) | | ② nàn | 灾难 非难 | | ② pèn | 喷香 |
| 没 | ① méi | 没有 | 呢 | ① ne | 怎么办呢 | 劈 | ① pī | 劈木头 劈面 |
| | ② mò | 沉没 没落 没收 | | ② ní | 呢绒 呢喃 | | ② pǐ | 劈柴 劈麻 |
| 闷 | ① mèn | 苦闷 闷气 闷葫 | 泥 | ① ní | 泥土 印泥 枣泥 | 片 | ① piān | 相片儿 影片儿 |
| | | | | ② nì | 泥墙 拘泥 | | ② piàn | 薄片 片面 一片 |
| | | | 尿 | ① niào | 尿素 尿布 | 漂 | ① piāo | 漂浮 漂流 |
| | | | | ② suī | 尿泡 | | | |

| | ② piǎo | 漂白 |
| | ③ piào | 漂亮 |
| 撇 | ① piē | 撇开 撇清 撇油 |
| | ② piě | 撇嘴 撇捺 一撇 |
| 屏 | ① píng | 屏风 荧光屏 |
| | ② bǐng | 屏除 屏气 屏弃 |
| 迫 | ① pò | 逼迫 迫近 急迫 |
| | ② pǎi | 迫击炮 |
| 仆 | ① pū | 前仆后继 |
| | ② pú | 仆从 仆仆风尘 |
| 铺 | ① pū | 铺平 铺张 |
| | ② pù | 铺子 床铺 |
| 朴 | ① pǔ | 朴素 |
| | ② pò | 厚朴 |
| | ③ pō | 朴刀 |
| | ④ piáo | 姓朴 |

## Q

| 栖 | ① qī | 栖息 栖身 |
| | ② xī | 栖栖 |
| 妻 | ① qī | 夫妻 |
| | ② qì | （以女嫁人） |
| 奇 | ① qí | 奇怪 引以为奇 |
| | ② jī | 奇数 奇偶 |
| 铅 | ① qiān | 铅矿 铅笔 铅字 |
| | ② yán | 铅山（地名） |
| 呛 | ① qiāng | 呛着了 吃呛了 |
| | ② qiàng | 呛人 够呛 |
| 强 | ① qiǎng | 强迫 强词夺理 |
| | ② qiáng | 强大 能力强 |
| | ③ jiàng | 倔强 脾气强 |
| 悄 | ① qiāo | 静悄悄 |
| | ② qiǎo | 悄然 低声悄语 |
| 翘 | ① qiào | 翘舌音 翘尾巴 |
| | ② qiáo | 翘首 翘望 |
| 切 | ① qiē | 切开 切线 切磋 |
| | ② qiè | 切实 迫切 一切 |

| 茄 | ① qié | 茄子 番茄 |
| | ② jiā | 雪茄 |
| 亲 | ① qīn | 亲属 亲热 亲口 |
| | ② qìng | 亲家 亲家母 |
| 区 | ① qū | 区别 地区 |
| | ② ōu | 姓区 |
| 曲 | ① qū | 弯曲 歪曲 姓曲 |
| | ② qǔ | 歌曲 曲艺 |
| 圈 | ① quān | 圆圈 圈点 |
| | ② juàn | 猪圈 |
| | ③ juān | 把鸭圈起来 |
| 雀 | ① què | 麻雀 |
| | ② qiāo | 雀子 |
| | ③ qiǎo | 雀盲眼 |

## R

| 嚷 | ① rǎng | 吵嚷 喧嚷 |
| | ② rāng | 嚷嚷 |
| 任 | ① rèn | 信任 任命 担任 |
| | ② rén | 姓任 任县（地名） |

## S

| 撒 | ① sā | 撒网 撒娇 撒谎 |
| | ② sǎ | 撒种 撒播 |
| 塞 | ① sāi | 塞子 塞住 |
| | ② sè | 阻塞 塞责 塞音 |
| | ③ sài | 要塞 |
| 散 | ① sàn | 散会 散发 散步 |
| | ② sǎn | 散文 散装 丸散 |
| 丧 | ① sàng | 丧失 丧气 颓丧 |
| | ② sāng | 丧事 |
| 扫 | ① sǎo | 扫地 扫兴 扫射 |
| | ② sào | 扫帚 |
| 色 | ① sè | 颜色 脸色 货色 |
| | ② shǎi | 落色 掉色 色子 |
| 刹 | ① shā | 刹车 |
| | ② chà | 古刹 刹那 |

| 煞 | ① shà | 煞费苦心 凶煞 |
| | ② shā | 煞车 煞尾 |
| 杉 | ① shān | 杉树 |
| | ② shā | 杉木 杉篙 |
| 扇 | ① shàn | 扇子 一扇门 |
| | ② shān | 用力扇 扇动 |
| 上 | ① shàng | 山上 上楼 上班 |
| | ② shǎng | 上声 |
| 少 | ① shǎo | 多少 缺少 少许 |
| | ② shào | 少年 少壮 少将 |
| 蛇 | ① shé | 毒蛇 |
| | ② yí | 委蛇 |
| 舍 | ① shě | 舍弃 施舍 舍不得 |
| | ② shè | 宿舍 退避三舍 |
| 甚 | ① shèn | 甚至 日甚一日 |
| | ② shén | 甚么 |
| 省 | ① shěng | 省会 节省 省略 |
| | ② xǐng | 反省 省悟 省亲 |
| 盛 | ① shèng | 茂盛 盛况 姓盛 |
| | ② chéng | 盛饭 盛不下 |
| 什 | ① shí | 什物 什锦 家什 |
| | ② shén | 什么 |
| 石 | ① shí | 石头 石油 石膏 |
| | ② dàn | 一石米 |
| 识 | ① shí | 识别 知识 见识 |
| | ② zhì | 标识 博闻强识 |
| 属 | ① shǔ | 家属 金属 属于 |
| | ② zhǔ | 属文 属望 |
| 术 | ① shù | 技术 战术 术语 |
| | ② zhú | 白术 苍术 |
| 数 | ① shù | 数目 数学 分数 |
| | ② shǔ | 数说 数不清 |
| | ③ shuò | 数见不鲜 |
| 刷 | ① shuā | 刷子 刷牙 刷新 |
| | ② shuà | 刷白 |
| 说 | ① shuō | 说话 说明 学说 |

293

|   |   |   |   |   |   |   |   |   |
|---|---|---|---|---|---|---|---|---|
|   | ② shuì | 游说 |   |   | W |   | 校 ① xiào | 学校 校官 |
| 似 ① sì | 相似 似乎 |   |   |   |   |   | ② jiào | 校场 校对 |
|   | ② shì | 似的 | 瓦 ① wǎ | 瓦器 瓦房 瓦解 |   | 芯 ① xīn | 灯芯 |
| 伺 ① sì | 伺机 |   | ② wà | 瓦刀 |   | ② xìn | 芯子 烛芯 |
|   | ② cì | 伺候 | 万 ① wàn | 万物 万一 万难 |   | 兴 ① xīng | 兴修 兴起 兴旺 |
| 宿 ① sù | 住宿 宿将 宿怨 |   | ② mò | 万俟(复姓) |   | ② xìng | 兴趣 高兴 |
|   | ② xiǔ | 一宿 | 为 ① wéi | 作为 为首 成为 |   | 畜 ① xù | 畜牧 |
|   | ③ xiù | 星宿 |   | ② wèi | 为了 因为 为什么 |   | ② chù | 牲畜 |
| 遂 ① suì | 遂心 未遂 |   |   |   |   | 旋 ① xuán | 旋转 凯旋 旋即 |
|   | ② suí | 半身不遂 | 尾 ① wěi | 尾巴 末尾 尾随 |   | ② xuàn | 旋风 旋子 旋床 |
|   |   |   |   | ② yǐ | 马尾儿 | 血 ① xuè | 血液 血统 心血 |
|   | T |   | 委 ① wěi | 委托 委屈 原委 |   | ② xiě | 流血了 |
| 踏 ① tà | 踏步 践踏 |   | ② wēi | 委蛇 |   | 熏 ① xūn | 熏鱼 熏人 熏风 |
|   | ② tā | 踏实 | 乌 ① wū | 乌鸦 |   | ② xùn | 煤气熏人 |
| 苔 ① tāi | 舌苔 |   | ② wù | 乌拉 |   |   |   |
|   | ② tái | 青苔 苔藓 | 挝 ① wō | 老挝 |   |   | Y |
| 提 ① tí | 提水 提升 提醒 |   | ② zhuā | 挝鼓 |   | 咽 ① yān | 咽喉 咽头 |
|   | ② dī | 提防 提溜 |   |   |   |   | ② yàn | 吞咽 咽气 |
| 体 ① tǐ | 身体 集体 体验 |   |   | X |   | ③ yè | 呜咽 哽咽 |
|   | ② tī | 体己话 | 铣 ① xǐ | 铣床 铣工 |   | 燕 ① yàn | 燕子 燕居 |
| 挑 ① tiāo | 挑担 挑选 挑剔 |   | ② xiǎn | 铣铁 |   | ② yān | 燕山 姓燕 |
|   | ② tiǎo | 挑动 挑战 挑拨 | 系 ① xì | 系统 关系 联系 |   | 要 ① yào | 需要 紧要 将要 |
| 帖 ① tiě | 请帖 字帖儿 |   | ② jì | 系带子 |   | ② yāo | 要求 要挟 |
|   | ② tiē | 妥帖 服帖 | 吓 ① xià | 吓唬 吓了一跳 |   | 叶 ① yè | 树叶 荷叶 姓叶 |
|   | ② tiè | 碑帖 字帖 画帖 |   | ② hè | 恐吓 威吓 恫吓 |   | ② xié | 叶韵 |
| 通 ① tōng | 通行 通信 通商 | 厦 ① xià | 厦门 |   | 掖 ① yè | 奖掖 掖县(地名) |
|   | ② tòng | 说了一通 |   | ② shà | 大厦 |   | ② yē | 把被角掖好 |
| 同 ① tóng | 同样 同意 一同 | 纤 ① xiān | 纤维 |   | 遗 ① yí | 遗失 遗忘 遗憾 |
|   | ② tòng | 胡同 |   | ② qiàn | 拉纤 |   | ② wèi | 遗赠 |
| 吐 ① tǔ | 吐气 吐痰 吐露 | 鲜 ① xiān | 新鲜 鲜艳 鲜美 |   | 殷 ① yīn | 殷切 殷勤 殷朝 |
|   | ② tù | 呕吐 吐血 吐沫 |   | ② xiǎn | 鲜见 朝鲜 |   | ② yān | 殷红 |
| 驮 ① tuó | 驮运 | 相 ① xiāng | 互相 相信 相当 |   | 饮 ① yǐn | 饮食 冷饮 饮恨 |
|   | ② duò | 驮子 |   | ② xiàng | 相貌 真相 相声 |   | ② yìn | 饮马 |
| 拓 ① tuò | 开拓 落拓 | 巷 ① xiàng | 小巷 |   | 应 ① yīng | 应该 应允 姓应 |
|   | ② tà | 拓本 拓片 |   | ② hàng | 巷道 |   | ② yìng | 答应 应付 应用 |
|   |   |   | 削 ① xiāo | 削皮 削铅笔 |   | 佣 ① yōng | 佣工 雇佣 |
|   |   |   |   | ② xuē | 剥削 削减 瘦削 |   | ② yòng | 佣金 |

| 与 | ① yǔ | 与其 相与 赠与 |
| | ② yù | 参与 与会 |
| 吁 | ① yù | 呼吁 吁请 |
| | ② xū | 长吁短叹 气吁吁 |
| 员 | ① yuán | 学员 动员 幅员 |
| | ② yún | 伍员（古人名） |
| | ③ yùn | 姓员 |
| 钥 | ① yuè | 锁钥 |
| | ② yào | 钥匙 |
| 晕 | ① yùn | 日晕 晕车 |
| | ② yūn | 头晕 晕头转向 |

## Z

| 载 | ① zài | 装载 载歌载舞 |
| | ② zǎi | 登载 一年半载 |
| 攒 | ① zǎn | 积攒 |
| | ② cuán | 攒凑 |
| 脏 | ① zāng | 肮脏 |
| | ② zàng | 内脏 |
| 曾 | ① zēng | 曾祖 姓曾 |
| | ② céng | 曾经 |
| 轧 | ① zhá | 轧钢 轧辊 |
| | ② yà | 轧平 轧花机 |
| | ③ gá | 轧账 轧朋友 |
| 咋 | ① zé | 咋舌 |
| | ② zǎ | 咋办 |
| | ③ zhā | 咋呼 |
| 炸 | ① zhà | 爆炸 轰炸 |
| | ② zhá | 炸糕 油炸 |
| 栅 | ① zhà | 栅栏 |
| | ② shān | 栅极 |
| 粘 | ① zhān | 粘牙 粘贴 |
| | ② nián | 旧同"黏" |
| 占 | ① zhàn | 占领 占先 |
| | ② zhān | 占卜 |
| 涨 | ① zhǎng | 涨潮 涨价 |
| | ② zhàng | 涨红了脸 |
| 召 | ① zhào | 号召 召唤 |
| | ② shào | 姓召 |
| 折 | ① zhé | 折断 转折 折叠 |
| | ② shé | 折本 腿摔折了 |
| | ③ zhē | 折跟头 折腾 |
| 挣 | ① zhēng | 挣扎 |
| | ② zhèng | 挣脱 挣钱 |
| 正 | ① zhèng | 正中 正面 正确 |
| | ② zhēng | 正月 |
| 症 | ① zhèng | 急症 症候 |
| | ② zhēng | 症结 |
| 殖 | ① zhí | 繁殖 |
| | ② shi | 骨殖 |
| 只 | ① zhǐ | 只有 只要 只管 |
| | ② zhī | 船只 只身 |
| 峙 | ① zhì | 对峙 相峙 |
| | ② shì | 繁峙（地名） |
| 中 | ① zhōng | 中心 空中 中等 |
| | ② zhòng | 中肯 中毒 |
| 种 | ① zhǒng | 种子 种类 种族 |
| | ② zhòng | 种田 点种 |
| | ③ chóng | 姓种 |
| 重 | ① zhòng | 重量 重任 重视 |
| | ② chóng | 重复 重重 重阳 |
| 轴 | ① zhóu | 轴心 画轴 |
| | ② zhòu | 压轴戏 |
| 爪 | ① zhuǎ | 爪子 |
| | ② zhǎo | 爪牙 张牙舞爪 |
| 拽 | ① zhuāi | 把球拽得老远 |
| | ② zhuài | 拽上 生拉硬拽 |
| 转 | ① zhuǎn | 转变 转送 婉转 |
| | ② zhuàn | 旋转 打转 转台 |
| 椎 | ① zhuī | 脊椎骨 |
| | ② chuí | 椎心泣血 |
| 着 | ① zhuó | 着衣 着落 着眼 |
| | ② zháo | 着凉 着火 睡着 |
| | ③ zhāo | 高着儿 |
| | ④ zhe | 顺着 忙着 为着 |
| 兹 | ① zī | 兹目 兹订于 |
| | ② cí | 龟兹（地名） |
| 仔 | ① zǐ | 仔细 |
| | ② zǎi | 牛仔裤 |
| | ③ zī | 仔肩 |
| 钻 | ① zuān | 钻探 钻研 |
| | ② zuàn | 钻头 钻石 |
| 作 | ① zuò | 工作 振作 作文 |
| | ② zuō | 作坊 |
| 柞 | ① zuò | 柞树 柞蚕 柞绸 |
| | ② zhà | 柞水（地名） |

# 5　普通话异读词审音表

## 关于《普通话异读词审音表》的通知

普通话审音委员会曾于1957年到1962年分三次发表了《普通话异读词审音表初稿》,并于1963年辑录成《普通话异读词三次审音总表初稿》(以下简称《初稿》)。

《初稿》自公布以来,受到文教、出版、广播等部门广泛重视,对现代汉语的语音规范和普通话的推广起了积极作用。但是,随着语言的发展,《初稿》中原审的一些词语的读音需要重新审定;同时,作为语音规范化的标准,《初稿》也亟须定稿。因此,在1982年6月重建了普通话审音委员会,进行修订工作。

这次修订以符合普通话语音发展规律为原则,以便利广大群众学习普通话为着眼点,采取约定俗成、承认现实的态度。对《初稿》原订读音的改动,力求慎重。

修订稿经国家语言文字工作委员会、国家教育委员会、广播电视部审核通过,决定以《普通话异读词审音表》名称予以公布。自公布之日起,文教、出版、广播等部门及全国其他部门、行业所涉及的普通话异读词的读音、标音,均以本表为准。

国家语言文字工作委员会
国家教育委员会
广播电视部
(1985年12月27日)

## 普通话异读词审音表

### 说　明

(一)本表所审,主要是普通话有异读的词和有异读的作为"语素"的字。不列出多音多义字的全部读音和全部义项,与字典、词典形式不同。例如:"和"字有多种义项和读音,而本表仅列出原有异读的八条词语,分列于 hè 和 huo 两种读音之下(有多种读音,较常见的在前。下同);其余无异读的音、义均不涉及。

(二)在字后注明"统读"的,表示此字不论用于任何词语中只读一音(轻声变读不受此限),本表不再举出词例。例如:"阀"字注明"fá(统读)",原表"军阀"、"学阀"、"财阀"条和原表所无的"阀门"等词均不再举。

(三)在字后不注"统读"的,表示此字有几种读音,本表只审订其中可能发生异读的词语的读音。例如:"艾"字本有 ài 和 yì 两义两音,本表只举"自怨自艾"一词,注明此处读 yì 音;至于 ài 音及其义项,并无异读,不再赘列。

（四）有些字有文白二读，本表以"文"和"语"作注。前者一般用于书面语言，用于复音词和文言成语中；后者多用于口语中的单音词及少数日常生活事物的复音词中。这种情况在必要时各举词语为例。例如："杉"字下注"（一）shān（文）：紫～、红～、水～；（二）shā（语）：～篙、～木"。

（五）有些字除附举词例之外，酌加简单说明，以便读者分辨。说明或按具体字义，或按"动作义"、"名物义"等区分。（原表有"动词"、"名词"等附注的，因其本身只是"语素"，不能算词，本表不采用。）例如："畜"字下注"（一）chù（名物义）：～力、家～、牲～、幼～；（二）xù（动作义）：～产、～养、～牧"。

（六）有些字的几种读音中某音用处较窄，另音用处甚宽，则注"除××（较少的词）念乙音外，其他都念甲音"，以避免原表列举词条繁而未尽、挂一漏万的缺点。例如："结"字下注"除'～了个果子'、'开花～果'、'～巴'、'～实'念jiē之外，其他都念jié"，原表jié音的二十多条均删略。

（七）由于轻声问题比较复杂，除《初稿》涉及的部分轻声词之外，本表一般不予审订，并删去部分原审的轻声词，如"麻刀(dao)"、"容易(yi)"等。

（八）本表酌增少量有异读的字或词，做了审订，以补原表的不足。

（九）除因第二、六、七各条说明中所举原因而删略的词条之外，本表又删汰了部分词条。主要原因是：1.本无异读（如"队伍"、"理会"）；2.罕用词语（如"俵分"、"艼荶"）；3.方言土音（如"归里包堆〔zuī〕"、"告送〔song〕"）；4.不常用的文言词语（如"睥睨"、"甗甗"）；5.音变现象（如"胡里八涂〔tū〕"、"毛毛腾腾〔tēngtēng〕"）；6.重复累赘（如原表"色"字的有关词语分列达23条之多）。删汰条目不再编入。

（十）人名、地名的异读审订，除原表已涉及的少量词条外，留待以后再审。

（1985年12月修订）

## 普通话异读词审音表（修订稿）

### 说　明

一、本表为《普通话异读词审音表》(1985年)的修订版。

二、本表条目按照异读音节的音序排列。

三、审音以异读词（包括单音节词和多音节词）为对象。例如：名物义"瓦"没有异读，动作义存在wǎ、wà两读，本表只对动作义"瓦"的读音进行审订。"装订"有zhuāng dīng和zhuāng dìng两读，是审音对象；"订单、预订"等词没有异读，不审。

四、不审订是否轻声、是否儿化，原表涉及轻声、儿化的条目除外。

五、不审订人名、地名等专有名词的读音，原表涉及人名、地名的条目除外。

六、条目后注明"统读"的，表示涉及此字的所有词语均读此音。例如：熏xūn（统读），表示"熏香、烟熏、熏陶、煤气熏着了"等中的"熏"都读xūn。

七、有些条目涉及文白异读，本表以"文"和"语"作注。前者一般用于书面语，后者一般用于口语。这种情况在必要时各举词例。例如：剥 bō(文)，bāo(语)，表示在"剥削"等书面复合词中读 bō，在"剥皮儿"等口语单用时读 bāo。

八、有些异读涉及词义区别，酌加简单说明，以便读者分辨。例如：泊(一) bó 停留、平静：停泊、泊车、淡泊、飘泊；(二) pō 湖泊义：湖泊、血泊。

九、个别条目中的"旧读""口语也读"等括注，表示在推荐读音之外读古书或口语等特定范围内实际存在的常见读音。

十、此次修订基于以下原则：

1. 以北京语音系统为审音依据。
2. 充分考虑北京语音发展趋势，同时适当参考在官话及其他方言区中的通行程度。
3. 以往审音确定的为普通话使用者广泛接受的读音，保持稳定。
4. 尽量减少没有别义作用或语体差异的异读。
5. 在历史理据和现状调查都不足以硬性划一的情况下暂时保留异读并提出推荐读音。

(2016年5月)

## A

| | | | |
|---|---|---|---|
| 阿(一)ā | ~胶 | 癌 ái(统读) | 拗(一)ào |
| ~訇 | ~弥陀佛 | 霭 ǎi(统读) | ~口 |
| ~罗汉 | 挨(一)āi | 蔼 ǎi(统读) | (二)niù |
| ~木林 | ~个 | 隘 ài(统读) | 执~ |
| ~姨 | ~近 | 谙 ān(统读) | 脾气很~ |
| (二)ē | (二)ái | 埯 ǎn(统读) | 坳 ào(统读) |
| ~谀 | ~打 | 昂 áng(统读) | |
| ~附 | ~说 | 凹 āo(统读) | |

## B

| | | | |
|---|---|---|---|
| 拔 bá(统读) | 傍 bàng(统读) | 淡~ | (三)pù |
| 把 bà | 磅 bàng | 尖嘴~舌 | 十里~ |
| 印~子 | 过~ | 单~ | 暴(一)bào |
| 白 bái(统读) | 龅 bāo(统读) | 厚~ | ~露 |
| 拜 bái | 胞 bāo(统读) | 堡(一)bǎo | (二)pù |
| ~~(再见；分手) | 薄(一)báo(语) | 碉~ | 一~(曝)十寒 |
| 膀 bǎng | 常单用，如"纸很~" | ~垒 | 爆 bào(统读) |
| 翅~ | 厚~不均 | (二)bǔ | 焙 bèi(统读) |
| 蚌(一)bàng | (二)bó(文) | ~子 | 惫 bèi(统读) |
| 蛤~ | 多用于复音词 | 吴~ | 背 bèi |
| (二)bèng | ~弱 | 瓦窑~ | ~脊 |
| ~埠 | 稀~ | 柴沟~ | ~静 |

鄙 bǐ(统读)
俾 bǐ(统读)
笔 bǐ(统读)
比 bǐ(统读)
臂(一)bì
　手～
　～膀
　(二)bei
　胳～
庇 bì(统读)
髀 bì(统读)
避 bì(统读)
辟 bì
　复～
裨 bì
　～补
　～益
婢 bì(统读)
痹 bì(统读)
壁 bì(统读)

蝙 biān(统读)
遍 biàn(统读)
骠(一)biāo
　黄～马
　(二)piào
　～骑
　～勇
傧 bīn(统读)
缤 bīn(统读)
濒 bīn(统读)
鬓 bìn(统读)
屏(一)bǐng
　～除
　～弃
　～气
　～息
　(二)píng
　～藩
　～风
柄 bǐng(统读)

波 bō(统读)
播 bō(统读)
菠 bō(统读)
剥(一)bō(文)
　～削
　(二)bāo(语)
泊(一)bó(停留、平静)
　停～
　～车
　淡～
　飘～
　(一)pō
　湖～
　血～
帛 bó(统读)
勃 bó(统读)
钹 bó(统读)
伯(一)bó
　～～(bo)

　老～
　(二)bāi
　大～子(丈夫的哥哥)
箔 bó(统读)
簸(一)bǒ
　颠～
　(二)bò
　～箕
膊 bo
　胳～
卜 bo
　萝～
醭 bú(统读)
哺 bǔ(统读)
捕 bǔ(统读)
鹁 bǔ(统读)
埠 bù(统读)

## C

残 cán(统读)
惭 cán(统读)
灿 càn(统读)
藏(一)cáng
　矿～
　库～(丰富)
　(二)zàng
　宝～
　大～经
糙 cāo(统读)
嘈 cáo(统读)
螬 cáo(统读)
厕 cè(统读)
岑 cén(统读)
差(一)chā(文)

　不～累黍
　偏～
　色～
　～别
　视～
　误～
　电势～
　一念之～
　～池
　～错
　言～语错
　一～二错
　阴错阳～
　～等
　～额

　～价
　～强人意
　～数
　～异
　(二)chà(语)
　不～什么
　～不多
　～不离
　～点儿
　(三)cī
　参～
猹 chá(统读)
搽 chá(统读)
闸 chǎn(统读)
羼 chàn(统读)

颤 chàn(统读)
　(战栗、打战不写作颤)
韂 chàn(统读)
伥 chāng(统读)
场(一)chǎng
　～合
　～所
　冷～
　捧～
　外～
　圩～
　一～大雨
　(二)cháng
　～院

(三)chang
　排～
钞 chāo(统读)
巢 cháo(统读)
嘲 cháo
　～讽
　～骂
　～笑
耖 chào(统读)
车(一)chē
　安步当～
　杯水～薪
　闭门造～
　螳臂当～
(二)jū
　(象棋棋子名称)
晨 chén(统读)
称 chèn
　～心
　～意
　～职
　对～
　相～
撑 chēng(统读)
乘(一)chéng(动作义)
　包～制
　～便
　～风破浪
　～客
　～势

～兴
　(佛教术语)大～
　小～
　上～
(二)shèng(名物义)
　千～之国
橙 chéng(统读)
惩 chéng(统读)
澄(一)chéng(文)
　～清(如"～清混乱"、"～清问题")
(二)dèng(语)
　单用,如"把水～清了"。澄沙
痴 chī(统读)
吃 chī(统读)
驰 chí(统读)
褫 chǐ(统读)
尺 chǐ
　～寸
　～头
诋 chǐ(统读)
侈 chǐ(统读)
炽 chì(统读)
春 chōng(统读)
冲 chòng
　～床
　～模
臭(一)chòu
　遗～万年

(二)xiù
　乳～
　铜～
储 chǔ(统读)
处 chǔ(动作义)
　～罚
　～分
　～决
　～理
　～女
　～置
畜(一)chù(名物义)
　～力
　家～
　牲～
　幼～
　～类
(二)xù(动作义)
　～产
　～牧
　～养
触 chù(统读)
搐 chù(统读)
绌 chù(统读)
黜 chù(统读)
闯 chuǎng(统读)
创(一)chuàng
　草～
　～举
　首～
　～造

～作
(二)chuāng
　～伤
　重～
绰(一)chuò
　～～有余
(二)chuo
　宽～
疵 cī(统读)
雌 cí(统读)
赐 cì(统读)
伺 cì
　～候
枞(一)cōng
　～树
(二)zōng
　～阳(地名)
从 cóng(统读)
丛 cóng(统读)
攒 cuán
　万头～动
　万箭～心
脆 cuì(统读)
撮(一)cuō
　～儿
　一～儿盐
　一～儿匪帮
(二)zuǒ
　一～儿毛
措 cuò(统读)

D

搭 dā(统读)
答(一)dá
　报～
　～复

(二)dā
　～理
　～应
打 dá

苏～
　一～(十二个)
大(一)dà
　～夫(古官名)

～王(如爆破～王、钢铁～王)
　～黄
(二)dài

～夫(医生)　　　　～年(同一年)　　　　悼 dào(统读)　　　　～来了
～王(如山～王)　　～日(同一时候)　　　纛 dào(统读)　　　　(二)dū
呆 dāi(统读)　　　　～天(同一天)　　　　凳 dèng(统读)　　　　～市
傣 dǎi(统读)　　　　档 dàng(统读)　　　 羝 dī(统读)　　　　　首～
逮(一)dài(文)　　　　蹈 dǎo(统读)　　　 氐 dī〔古民族名〕　 　大～(大多)
　如"～捕"　　　　 导 dǎo(统读)　　　 堤 dī(统读)　　　　　堆 duī(统读)
(二)dǎi(语)　　　　 倒(一)dǎo　　　　　提 dī　　　　　　　　吨 dūn(统读)
　单用,如"～蚊子"、　 颠～　　　　　　　　 ～防　　　　　　　　盾 dùn(统读)
"～特务"　　　　　　颠～是非　　　　　　 的(一)dī　　　　　　 多 duō
当(一)dāng　　　　　颠～黑白　　　　　　 　打～　　　　　　　 咄 duō
　～地　　　　　　　 颠三～四　　　　　　 (二)dí　　　　　　　掇(一)duō("拾取、
　～间儿　　　　　　 倾箱～箧　　　　　　 　～当　　　　　　　 采取"义)
　～年(指过去)　　　 排山～海　　　　　　 　～确　　　　　　　 (二)duo
　～日(指过去)　　　 ～板　　　　　　　　 抵 dǐ(统读)　　　　　掇～
　～天(指过去)　　　 ～嚼　　　　　　　　 蒂 dì(统读)　　　　　掂～
　～时(指过去)　　　 ～仓　　　　　　　　 缔 dì(统读)　　　　　裰 duō(统读)
(二)dàng　　　　　　 ～嗓　　　　　　　　 谛 dì(统读)　　　　　踱 duó(统读)
　一个～俩　　　　　 ～戈　　　　　　　　 跌 diē(统读)　　　　 度 duó
　安步～车　　　　　 潦～　　　　　　　　 蝶 dié(统读)　　　　 忖～
　适～　　　　　　　 (二)dào　　　　　　 订 dìng(统读)　　　　～德量力
　勾～　　　　　　　 ～粪(翻动粪肥)　　　都(一)dōu

### E

婀 ē(统读)

### F

伐 fá(统读)　　　　梵 fàn(统读)　　　　谷～　　　　　　　　浮 fú(统读)
阀 fá(统读)　　　　坊(一)fāng　　　　 妨 fáng(统读)　　　　服 fú
砝 fǎ(统读)　　　　牌～　　　　　　　　防 fáng(统读)　　　　～毒
法 fǎ(统读)　　　　～巷　　　　　　　　肪 fáng(统读)　　　　～药
发 fà　　　　　　　(二)fáng　　　　　 沸 fèi(统读)　　　　 拂 fú(统读)
　理～　　　　　　　粉～　　　　　　　　汾 fén(统读)　　　　 辐 fú(统读)
　脱～　　　　　　　磨～　　　　　　　　讽 fěng(统读)　　　　幅 fú(统读)
　结～　　　　　　　碾～　　　　　　　　肤 fū(统读)　　　　　甫 fǔ(统读)
帆 fān(统读)　　　　染～　　　　　　　　敷 fū(统读)　　　　　复 fù(统读)
藩 fān(统读)　　　　油～　　　　　　　　俘 fú(统读)　　　　　缚 fù(统读)

## G

噶 gá(统读)
冈 gāng(统读)
刚 gāng(统读)
岗 gǎng
　～楼
　～哨
　～子
　门～
　站～
　出～子
港 gǎng(统读)
葛 gě(统读)
隔 gé(统读)
革 gé
　～命
　～新
　改～
合 gě(一升的十分之一)
给(一)gěi(语)单用
　(二)jǐ(文)
　补～
　供～
　供～制
　～予
　配～
　自～自足
亘 gèn(统读)
更 gēng
　五～
　～生
供(一)gōng
　～给
　提～
　～销
　(二)gòng
　(二)huo
　掺～
　搅～
　暖～
　热～
　软～
貉(一)hé(文)
　一丘之～
　(二)háo(语)
　～绒
　～子
壑 hè(统读)
褐 hè(统读)
喝 hè
　～采
　口～
　翻～
　上～
佝 gōu(统读)
枸 gǒu
　～杞
勾 gòu
　～当
估(除"～衣"读 gù 外,都读 gū)
骨(除"～碌"、"～朵"读 gū 外,都读 gǔ)
谷 gǔ
　～雨
锢 gù(统读)
冠(一)guān(名物义)
　～心病
　(二)guàn(动作义)
　沐猴而～
　～军
犷 guǎng(统读)
庋 guǐ(统读)
匮 guì(同"柜")
　石室金～
　《金～要略》
桧(一)guì[树名]
　(二)huì[人名]"秦～"
刽 guì(统读)
聒 guō(统读)
蝈 guō(统读)
过(除姓氏读 guō 外,都读 guò)

## H

虾 há
　～蟆
哈 hā(除姓氏和"哈达"的"哈"读 hǎ 外,都读 hā)
汗 hán
　可～
巷 hàng
　～道
号 háo
　寒～虫
和(一)hè
　唱～
　附～
　曲高～寡
　～道
　～令
　～止
　呼幺～六
鹤 hè(统读)
黑 hēi(统读)
亨 hēng(统读)
横(一)héng
　～肉
　～行霸道
　(二)hèng
　蛮～
　～财
訇 hōng(统读)
虹 hóng(统读)
　(口语单说也读 jiàng)
讧 hòng(统读)
囫 hú(统读)
瑚 hú(统读)
蝴 hú(统读)
桦 huà(统读)
徊 huái(统读)
踝 huái(统读)
浣 huàn(统读)
黄 huáng(统读)
荒 huang
　饥～(指经济困难)
诲 huì(统读)
贿 huì(统读)

会 huì
　一~儿
　多~儿
　~厌(生物名词)

混 hùn
　~合
　~乱
　~凝土

~淆
~血儿
~杂
蠖 huò(统读)

霍 huò(统读)
豁 huò
　~亮
获 huò(统读)

## J

羁 jī(统读)
击 jī(统读)
奇 jī
　~数
芨 jī(统读)
缉(一) jī
　通~
　侦~
　(二) qī
　~鞋口
几 jī
　茶~
　条~
　~乎
圾 jī(统读)
戢 jí(统读)
疾 jí(统读)
汲 jí(统读)
棘 jí(统读)
藉 jí
　狼~(籍)
嫉 jí(统读)
脊 jí(统读)
纪 jì(统读)
　(纪姓旧读 jǐ)
偈 jì
　~语
绩 jì(统读)
迹 jì(统读)
寂 jì(统读)
箕 ji

簸~
辑 ji
　逻~
茄 jiā
　雪~
夹 jiā
　(除夹层、双层义读
　jiá, 如"~袄　~
　衣", 其余义读 jiā)
浃 jiā(统读)
甲 jiǎ(统读)
歼 jiān(统读)
鞯 jiān(统读)
间(一) jiān
　~不容发
　中~
　(二) jiàn
　中~儿
　~道
　~谍
　~断
　~或
　~接
　~距
　~隙
　~续
　~阻
　~作
　挑拨离~
趼 jiǎn(统读)
俭 jiǎn(统读)

缰 jiāng(统读)
膙 jiǎng(统读)
嚼(一) jiáo(语)
　味同~蜡
　咬文~字
　(二) jué(文)
　咀~
　过屠门而大~
　(三) jiào
　倒~(倒嚼)
僬 jiāo
　~幸
角(一) jiǎo
　八~(大茴香)
　~落
　独~戏
　~膜
　~度
　~儿(犄~)
　~楼
　勾心斗~
　号~
　口~(嘴~)
　鹿~菜
　头~
　(二) jué
　~斗
　~儿(脚色)
　口~(吵嘴)
　主~儿
　配~儿

霍 huò(统读)
豁 huò
　~亮
获 huò(统读)

~力
捧~儿
脚(一) jiǎo
　根~
　(二) jué
　~儿(也作"角儿",
　脚色)
剿(一) jiǎo
　围~
　(二) chāo
　~说
　~袭
校 jiào
　~勘
　~样
　~正
较 jiào(统读)
酵 jiào(统读)
嗟 jiē(统读)
疖 jiē(统读)
结(除"~了个果子"、
　"开花~果"、"~
　巴"、"~实"念 jiē
　之外, 其他都念 jié)
睫 jié(统读)
芥 jiè(统读)
矜 jīn
　~持
　自~
　~怜
仅 jǐn

| | | | |
|---|---|---|---|
| ~~ | "脖颈子") | 掬 jū(统读) | ~裂(也作"皲裂") |
| 绝无~有 | 境 jìng(统读) | 苴 jū(统读) | 菌(一)jūn |
| 谨 jǐn(统读) | 痉 jìng(统读) | 咀 jǔ | 细~ |
| 觐 jìn(统读) | 劲 jìng | ~嚼 | 病~ |
| 浸 jìn(统读) | 刚~ | 矩(一)jǔ | 杆~ |
| 茎 jīng(统读) | 窘 jiǒng(统读) | ~形 | 霉~ |
| 粳 jīng(统读) | 究 jiū(统读) | (二)ju | (二)jùn |
| 鲸 jīng(统读) | 纠 jiū(统读) | 规~ | 香~ |
| 颈 jǐng(统读) | 鞠 jū(统读) | 俱 jù(统读) | ~子 |
| ("脖梗子"不写作 | 鞫 jū(统读) | 龟 jūn | 俊 jùn(统读) |

K

| | | | |
|---|---|---|---|
| 卡(一)kǎ | 看 kān | 可(一)kě | 眍 kōu(统读) |
| ~宾枪 | ~管 | ~~儿的 | 矻 kū(统读) |
| ~车 | ~护 | (二)kè | 酷 kù(统读) |
| ~介苗 | ~守 | ~汗 | 框 kuàng(统读) |
| ~片 | 慷 kāng(统读) | 恪 kè(统读) | 矿 kuàng(统读) |
| ~通 | 拷 kǎo(统读) | 刻 kè(统读) | 傀 kuǐ(统读) |
| (二)qiǎ | 坷 kē | 克 kè | 溃(一)kuì |
| ~子 | ~拉(垃) | ~扣 | ~烂 |
| 关~ | 疴 kē(统读) | 空(一)kōng | (二)huì |
| 揩 kāi(统读) | 壳 ké | ~心砖 | ~脓 |
| 慨 kǎi(统读) | (除"地壳、金蝉脱 | ~城计 | 篑 kuì(统读) |
| 忾 kài(统读) | 壳"中的"壳"读 qiào | (二)kòng | 括 kuò(统读) |
| 勘 kān(统读) | 外,其余读 ké) | ~心吃药 | |

L

| | | | |
|---|---|---|---|
| 拉 lā(统读) | 烙(一)lào | ~索 | 牵连义) |
| 邋 lā(统读) | ~印 | 悬崖~马 | 劳~ |
| 罱 lǎn(统读) | ~铁 | (二)lēi(语),多 | 受~ |
| 缆 lǎn(统读) | ~饼 | 单用 | 带~ |
| 蓝 lan | (二)luò | 擂(除"~台"、"打~" | ~及 |
| 苤~ | 炮~(古酷刑) | 读 lèi 外,都读 léi) | 连~ |
| 琅 láng(统读) | 勒(一)lè(文) | 礌 léi(统读) | 牵~ |
| 捞 lāo(统读) | ~逼 | 羸 léi(统读) | (二)léi |
| 劳 láo(统读) | ~令 | 蕾 léi(统读) | ~赘 |
| 醪 láo(统读) | ~派 | 累(一)lèi(辛劳义、 | (三)lěi(积累义、 |

多次义)
～积
～教不改
硕果～～
罪行～～
蠡(一)lí
　管窥～测
　(二)lǐ
　～县
　范～
喱 lí(统读)
连 lián(统读)
敛 liǎn(统读)
恋 liàn(统读)
量(一)liàng
　～入为出
　忖～
　(二)liang
　打～
　掂～
踉 liàng
　～跄
潦 liáo
　～草
　～倒
劣 liè(统读)
捩 liè(统读)
趔 liè(统读)

拎 līn(统读)
遴 lín(统读)
淋(一)lín
　～浴
　～漓
　～巴
　(二)lìn
　～硝
　～盐
　～病
蛉 líng(统读)
榴 liú(统读)
馏(一)liú(文) 如"干
　～"、"蒸～"
　(二)liù(语) 如"～
　馒头"
镏 liú
　～金
碌 liù
　～碡
笼(一)lóng(名物义)
　～子
　牢～
　(二)lǒng(动作义)
　～络
　～括
　～统
　～罩

偻(一)lóu
　佝～
　(二)lǚ
　伛～
䁖 lou
　眍～
赂 lù(统读)
掳 lǔ(统读)
露(一)lù(文)
　赤身～体
　～天
　～骨
　～头角
　藏头～尾
　抛头～面
　～头(矿)
　(二)lòu(语)
　～富
　～苗
　～光
　～相
　～马脚
　～头
橹 lǔ(统读)
捋(一)lǚ
　～胡子
　(二)luō
　～袖子

绿(一)lǜ(语)
　(二)lù(文)
　～林
　鸭～江
挛 luán(统读)
孪 luán(统读)
掠 lüè(统读)
囵 lún(统读)
络 luò
　～腮胡子
落(一)luò(文)
　～膘
　～花生
　～魄
　涨～
　～槽
　着～
　(二)lào(语)
　～架
　～色
　～炕
　～枕
　～儿
　～子(一种曲艺)
　(三)là(语), 遗
落义
　丢三～四
　～在后面

M

脉(除"～～"念 mò
外, 一律念 mài)
漫 màn(统读)
蔓(一)màn(文)
　～延
　不～不枝
　(二)wàn(语)

瓜～
压～
牤 māng(统读)
氓 máng
　流～
芒 máng(统读)
铆 mǎo(统读)

瑁 mào(统读)
虻 méng(统读)
盟 méng(统读)
祢 mí(统读)
眯(一)mí
　～了眼(灰尘等入
目, 也作"迷")

(二)mī
　～了一会儿(小睡)
　～缝着眼(微微合
目)
靡 mí(统读)
秘(除"～鲁"读 bì
外, 都读 mì)

| | | | |
|---|---|---|---|
| 泌(一)mì(语) | 酩 mǐng(统读) | ~棱两可 | 嬷 mó(统读) |
| 　分~ | 谬 miù(统读) | (二)mú | 墨 mò(统读) |
| (二)bì(文) | 摸 mō(统读) | 　~子 | 糢 mò(统读) |
| 　~阳(地名) | 模(一)mó | 　~具 | 沫 mò(统读) |
| 娩 miǎn(统读) | 　~范 | 　~样 | 缪 móu(统读) |
| 缈 miǎo(统读) | 　~式 | 膜 mó(统读) | 　绸~ |
| 皿 mǐn(统读) | 　~型 | 摩 mó | |
| 闽 mǐn(统读) | 　~糊 | 　按~ | |
| 茗 míng(统读) | 　~特儿 | 　抚~ | |

## N

| | | | |
|---|---|---|---|
| 难(一)nán | 蛲 náo(统读) | 尿(niào)~ | (二)lòng |
| 　困~(或变轻声) | 讷 nè(统读) | 　~脬 | 　~堂 |
| 　~兄~弟(难得的 | 馁 něi(统读) | 嗫 niè(统读) | 暖 nuǎn(统读) |
| 　兄弟,现多用作贬 | 嫩 nèn(统读) | 宁(一)níng | 衄 nǜ(统读) |
| 　义) | 恁 nèn(统读) | 　安~ | 疟(一)nüè(文) |
| (二)nàn | 妮 nī(统读) | (二)nìng | 　~疾 |
| 　排~解纷 | 拈 niān(统读) | 　~可 | (二)yào(语) |
| 　发~ | 鲇 nián(统读) | 　无~ | 　发~子 |
| 　刁~ | 酿 niàng(统读) | 　[姓] | 娜(一)nuó |
| 　责~ | 尿(一)niào | 忸 niǔ(统读) | 　婀~ |
| 　~兄~弟(共患难 | 　糖~症 | 脓 nóng(统读) | 　袅~ |
| 　或同受苦难的人) | (二)suī(只用于口 | 弄(一)nòng | (二)nà |
| 蝻 nǎn(统读) | 　语名词) | 　玩~ | 　(人名) |

## O

| | |
|---|---|
| 殴 ōu(统读) | 呕 ǒu(统读) |

## P

| | | | |
|---|---|---|---|
| 杷 pá(统读) | 爿 pán(统读) | 滂 pāng(统读) | 　嚏~ |
| 琶 pá(统读) | 胖(一)pán | 脬 pāo(统读) | 澎 péng(统读) |
| 牌 pái(统读) | 　心广体~(安舒义) | 胚 pēi(统读) | 坯 pī(统读) |
| 排 pǎi | (二)pàng | 喷(一)pēn | 披 pī(统读) |
| 　~子车 | 　心宽体~(发胖义) | 　~嚏 | 匹 pǐ(统读) |
| 迫 pǎi | 蹒 pán(统读) | (二)pèn | 僻 pì(统读) |
| 　~击炮 | 畔 pàn(统读) | 　~香 | 譬 pì(统读) |
| 湃 pài(统读) | 乓 pāng(统读) | (三)pen | 片(一)piàn |

~子
唱~
画~
相~
影~
~儿会
(二)piān(口语一部分词)
~子
~儿
唱~儿
画~儿

相~儿
影~儿
瓢(一)piáo
~窃
(二)piào
~悍
缥 piāo
~缈(飘渺)
撇 piē
~弃
聘 pìn(统读)
乒 pīng(统读)

颇 pō(统读)
剖 pōu(统读)
仆(一)pū
前~后继
(二)pú
~从
扑 pū(统读)
朴(一)pǔ
俭~
~素
~质
(二)pō

~刀
(三)pò
~硝
厚~
璞 pǔ(统读)
瀑 pù
~布
曝(一)pù
一~十寒
(二)bào
~光(摄影术语)

## Q

栖 qī
两~
戚 qī(统读)
漆 qī(统读)
期 qī(统读)
蹊 qī
~跷
蛴 qí(统读)
畦 qí(统读)
萁 qí(统读)
骑 qí(统读)
企 qǐ(统读)
绮 qǐ(统读)
杞 qǐ(统读)
槭 qì(统读)
洽 qià(统读)
签 qiān(统读)
潜 qián(统读)
荨 xún(统读)
嵌 qiàn(统读)

欠 qian
打哈~
戕 qiāng(统读)
镪 qiāng
~水
强(一)qiáng
~渡
~取豪夺
~制
博闻~识
~迫
(二)qiǎng
勉~
牵~
~词夺理
~颜为笑
(三)jiàng
倔~
襁 qiǎng(统读)
跄 qiàng(统读)

悄(一)qiāo
~~儿的
(二)qiǎo
~默声儿的
橇 qiāo
翘(一)qiào(语)
~尾巴
(二)qiáo(文)
~首
~楚
连~
怯 qiè(统读)
挈 qiè(统读)
趄 qie
赵~
侵 qīn(统读)
衾 qīn(统读)
噙 qín(统读)
倾 qīng(统读)
亲 qìng

~家
穹 qióng(统读)
黢 qū(统读)
曲(麯)qū
大~
红~
神~
渠 qú(统读)
瞿 qú(统读)
蠼 qú(统读)
苣 qǔ
~荬菜
龋 qǔ(统读)
趣 qù(统读)
雀 què
~斑
~盲症

## R

髯 rán(统读)
攘 rǎng(统读)
桡 ráo(统读)
绕 rào(统读)

| 任 rén[姓，地名] | 容 róng(统读) | 孺 rú(统读) | 捼 ruó(统读) |
| 妊 rèn(统读) | 糅 róu(统读) | 蠕 rú(统读) | |
| 扔 rēng(统读) | 茹 rú(统读) | 辱 rǔ(统读) | |

## S

| 靸 sǎ(统读) | ~尾 | 甚 shèn(统读) | （二）shuì |
| 噻 sāi(统读) | 收~ | 胜 shèng(统读) | 游~ |
| 散（一）sǎn | （二）shà | 识 shí | ~客 |
| 　懒~ | 　~白 | 　常~ | 数 shuò |
| 　零~ | 啥 shá(统读) | 　~货 | 　~见不鲜 |
| 　零零~~ | 厦（一）shà | 　~字 | 硕 shuò(统读) |
| 　~漫 | 　大~ | 似 shì | 蒴 shuò(统读) |
| （二）sàn | （二）xià | 　~的 | 艘 sōu(统读) |
| 　~开 | 　~门 | 室 shì(统读) | 嗾 sǒu(统读) |
| 　~落 | 噶~ | 螫 shì(统读) | 速 sù(统读) |
| 　~布 | 杉 shān(统读) | 　（"蜇人"不写作"螫 | 塑 sù(统读) |
| 　~失 | 衫 shān(统读) | 　人"） | 虽 suī(统读) |
| 丧 sang | 姗 shān(统读) | 匙 shi | 绥 suí(统读) |
| 　哭~着脸 | 苫（一）shàn(动作义) | 　钥~ | 髓 suǐ(统读) |
| 扫（一）sǎo | 　~布 | 殊 shū(统读) | 遂（一）suì |
| 　~兴 | 　把屋顶~上 | 蔬 shū(统读) | 　不~ |
| （二）sào | （二）shān(名物义) | 疏 shū(统读) | 　毛~自荐 |
| 　~帚 | 　草~子 | 叔 shū(统读) | （二）suí |
| 埽 sào(统读) | 墒 shāng(统读) | 淑 shū(统读) | 　半身不~ |
| 色（一）sè(文) | 猞 shē(统读) | 菽 shū(统读) | 隧 suì(统读) |
| 　（二）shǎi(语) | 舍 shè | 熟（一）shú(文) | 隼 sǔn(统读) |
| 塞（一）sè(文) | 　宿~ | 　（二）shóu(语) | 莎 suō |
| 　交通堵~ | 慑 shè(统读) | 署 shǔ(统读) | 　~草 |
| 　堰~湖 | 摄 shè(统读) | 曙 shǔ(统读) | 缩（一）suō |
| （二）sāi(语) | 射 shè(统读) | 漱 shù(统读) | 　收~ |
| 　活~ | 谁 shéi,又音 shuí | 戍 shù(统读) | （二）sù |
| 　瓶~ | 娠 shēn(统读) | 蟀 shuài(统读) | 　~砂蜜（一种植物） |
| 　把瓶口~上 | 什（甚）shén | 孀 shuāng(统读) | 嗍 suō(统读) |
| 森 sēn(统读) | 　~么 | 说（一）shuō | 索 suǒ(统读) |
| 煞 shā（一） | 蜃 shèn(统读) | 　~服 | |

## T

| | | | |
|---|---|---|---|
| 趿 tā(统读) | (二)tāi(语) | 伏伏～～ | 庭 tíng(统读) |
| 鳎 tǎ(统读) | 探 tàn(统读) | 俯首～耳 | 骰 tóu(统读) |
| 獭 tǎ(统读) | 涛 tāo(统读) | (二)tiě | 凸 tū(统读) |
| 沓(一)tà | 悌 tì(统读) | 请～ | 突 tū(统读) |
| 重～ | 佻 tiāo(统读) | 字～儿 | 颓 tuí(统读) |
| 疲～ | 调 tiáo | (三)tiè | 蜕 tuì(统读) |
| (二)dá | ～皮 | 字～ | 臀 tún(统读) |
| 一～纸 | 帖(一)tiē | 碑～ | 唾 tuò(统读) |
| 苔(一)tái(文) | 妥～ | 听 tīng(统读) | |

## W

| | | | |
|---|---|---|---|
| 娲 wā(统读) | 薇 wēi(统读) | 萎 wěi(统读) | 蜗 wō(统读) |
| 挖 wā(统读) | 危 wēi(统读) | 尾(一)wěi(文) | 硪 wò(统读) |
| 瓦 wà | 韦 wéi(统读) | ～巴 | 诬 wū(统读) |
| ～刀 | 违 wéi(统读) | ～部 | 梧 wú(统读) |
| 呙 wāi(统读) | 唯 wéi(统读) | (二)yǐ(语) | 牾 wǔ(统读) |
| 蜿 wān(统读) | 圩(一)wéi | ～巴 | 乌 wù |
| 玩 wán(统读) | ～子 | 马～儿 | ～拉(也作"靰鞡") |
| 惋 wǎn(统读) | (二)xū | 尉 wèi | ～拉草 |
| 脘 wǎn(统读) | ～(墟)场 | ～官 | 杌 wù(统读) |
| 往 wǎng(统读) | 纬 wěi(统读) | 文 wén(统读) | 鹜 wù(统读) |
| 忘 wàng(统读) | 委 wěi | 闻 wén(统读) | |
| 微 wēi(统读) | ～靡 | 紊 wěn(统读) | |
| 巍 wēi(统读) | 伪 wěi(统读) | 喔 wō(统读) | |

## X

| | | | |
|---|---|---|---|
| 夕 xī(统读) | 蜥 xī(统读) | 吓 xià | 纤 xiān |
| 汐 xī(统读) | 螅 xī(统读) | 杀鸡～猴 | ～维 |
| 晰 xī(统读) | 惜 xī(统读) | 鲜(一)xiān | 涎 xián(统读) |
| 析 xī(统读) | 锡 xī(统读) | 屡见不～ | 弦 xián(统读) |
| 皙 xī(统读) | 樨 xī(统读) | 数见不～ | 陷 xiàn(统读) |
| 昔 xī(统读) | 袭 xí(统读) | (二)xiǎn | 霰 xiàn(统读) |
| 溪 xī(统读) | 檄 xí(统读) | ～为人知 | 向 xiàng(统读) |
| 悉 xī(统读) | 峡 xiá(统读) | 寡廉～耻 | 相 xiàng |
| 熄 xī(统读) | 暇 xiá(统读) | 锨 xiān(统读) | ～机行事 |

| | | | |
|---|---|---|---|
| 淆 xiáo(统读) | 德~ | 煦 xù(统读) | 学 xué(统读) |
| 哮 xiào(统读) | 发~ | 蓿 xu | 雪 xuě(统读) |
| 些 xiē(统读) | 品~ | 苜~ | 血 xuě(统读) |
| 颉 xié | 省 xǐng | 癣 xuǎn(统读) | （口语单用也读 |
| ~颃 | 内~ | 削(一)xuē(文) | xiě） |
| 携 xié(统读) | 反~ | 剥~ | 谑 xuè(统读) |
| 偕 xié(统读) | ~亲 | ~减 | 熏 xūn(统读) |
| 挟 xié(统读) | 不~人事 | 瘦~ | 寻 xún(统读) |
| 械 xiè(统读) | 匈 xiōng(统读) | (二)xiāo(语) | 驯 xùn(统读) |
| 馨 xīn(统读) | 朽 xiǔ(统读) | 切~ | 逊 xùn(统读) |
| 囟 xìn(统读) | 宿 xiù | ~铅笔 | 徇 xùn(统读) |
| 行 xíng | 星~ | ~球 | 殉 xùn(统读) |
| 操~ | 二十八~ | 穴 xué(统读) | 蕈 xùn(统读) |

## Y

| | | | |
|---|---|---|---|
| 押 yā(统读) | 椰 yē(统读) | 福~ | 女~ |
| 崖 yá(统读) | 噎 yē(统读) | ~凉 | ~金 |
| 哑 yǎ | 叶 yè | 应 yìng | 庸 yōng(统读) |
| ~然失笑 | ~公好龙 | （除"应该、应当" | 臃 yōng(统读) |
| 亚 yà(统读) | 曳 yè | 义读 yīng 外，其他读 | 壅 yōng(统读) |
| 殷 yān | 弃甲~兵 | yìng） | 拥 yōng(统读) |
| ~红 | 摇~ | ~届 | 踊 yǒng(统读) |
| 芫 yán | ~光弹 | ~名儿 | 咏 yǒng(统读) |
| ~荽 | 屹 yì(统读) | ~许 | 泳 yǒng(统读) |
| 筵 yán(统读) | 轶 yì(统读) | ~承 | 莠 yǒu(统读) |
| 沿 yán(统读) | 谊 yì(统读) | ~付 | 愚 yú(统读) |
| 焰 yàn(统读) | 懿 yì(统读) | ~声 | 娱 yú(统读) |
| 夭 yāo(统读) | 诣 yì(统读) | ~验 | 愉 yú(统读) |
| 肴 yáo(统读) | 艾 yì | ~用 | 伛 yǔ(统读) |
| 杳 yǎo(统读) | 自怨自~ | ~运 | 屿 yǔ(统读) |
| 舀 yǎo(统读) | 荫(一)yīn | 里~外合 | 吁 yù |
| 钥(一)yào(语) | ~蔽 | 萦 yíng(统读) | 呼~ |
| ~匙 | ~翳 | 映 yìng(统读) | 跃 yuè(统读) |
| (二)yuè(文) | 林~道 | 佣 yōng | 晕(一)yūn(昏迷、发 |
| 锁~ | 绿树成~ | （除"佣人"读 yòng | 昏义) |
| 曜 yào(统读) | (二)yìn | 外，都读 yōng） | ~倒 |
| 耀 yào(统读) | 庇~ | 雇~ | 头~ |

| | | | |
|---|---|---|---|
| 血～ | (二)yùn(光圈义) | 红～ | 酝 yùn(统读) |
| ～车 | 月～ | | |

## Z

| | | | |
|---|---|---|---|
| 匝 zā(统读) | 涨 zhǎng | 知 zhī(统读) | 土～ |
| 杂 zá(统读) | ～落 | 织 zhī(统读) | 转 zhuǎn |
| 载(一)zǎi | 高～ | 脂 zhī(统读) | 运～ |
| 　登～ | 着(一)zháo | 植 zhí(统读) | 撞 zhuàng(统读) |
| 　记～ | 　～慌 | 殖 zhí(统读) | 幢(一)zhuàng |
| 　下～ | 　～急 | 指 zhǐ(统读) | 　一～楼房 |
| (二)zài | 　～家 | 掷 zhì(统读) | (二)chuáng |
| 　搭～ | 　～凉 | 质 zhì(统读) | 　经～(佛教所设刻 |
| 　怨声～道 | 　～忙 | 蛭 zhì(统读) | 　有经咒的石柱) |
| 　重～ | 　～迷 | 秩 zhì(统读) | 拙 zhuō(统读) |
| 　装～ | 　～水 | 栉 zhì(统读) | 茁 zhuó(统读) |
| 　～歌～舞 | 　～雨 | 炙 zhì(统读) | 灼 zhuó(统读) |
| 簪 zān(统读) | (二)zhuó | 中 zhōng | 卓 zhuó(统读) |
| 咱 zán(统读) | 　～落 | 　人～(人口上唇当 | 综 zōng |
| 暂 zàn(统读) | 　～手 | 　中处) | 　～合 |
| 凿 záo(统读) | 　～眼 | 种 zhòng | 纵 zòng(统读) |
| 择(一)zé | 　～意 | 　点～(义同"点 | 粽 zòng(统读) |
| 　选～ | 　～重 | 　播"。动宾结构念 | 镞 zú(统读) |
| (二)zhái | 　不～边际 | 　diǎnzhǒng,义为 | 组 zǔ(统读) |
| 　～不开 | (三)zhāo | 　点播种子) | 钻(一)zuān |
| 　～菜 | 　失～ | 诌 zhōu(统读) | 　～孔(从孔穴中通 |
| 　～席 | 沼 zhǎo(统读) | 骤 zhòu(统读) | 　过) |
| 贼 zéi(统读) | 召 zhào(统读) | 轴 zhòu | 　～探 |
| 憎 zēng(统读) | 遮 zhē(统读) | 　大～子戏 | 　～营 |
| 甑 zèng(统读) | 蜇 zhé(统读) | 　压～子 | 　～研 |
| 喳 zhā | 辙 zhé(统读) | 碡 zhou | (二)zuàn |
| 　唧唧～～ | 贞 zhēn(统读) | 　碌～ | 　～床 |
| 轧(除"～钢"、"～辊" | 侦 zhēn(统读) | 烛 zhú(统读) | 　～杆 |
| 　念 zhá 外,其他都 | 帧 zhēn(统读) | 逐 zhú(统读) | 　～具 |
| 　念 yà) | 胗 zhēn(统读) | 属 zhǔ | 　～孔(用钻头打孔) |
| 摘 zhāi(统读) | 枕 zhěn(统读) | 　～望 | 　～头 |
| 粘 zhān | 诊 zhěn(统读) | 筑 zhù(统读) | 佐 zuǒ(统读) |
| 　～贴 | 振 zhèn(统读) | 著 zhù | 唑 zuò(统读) |

柞(一)zuò  做 zuò(统读)  ～践  ～孽
～蚕  作(一)zuō  ～死  ～祟
～绸  ～揖  (二)zuó
(二)zhà  ～坊  ～料
～水(在陕西)  ～弄  (三)zuò

# 6 现代常用汉字表

## 说　　明

1.本表常用字3 755个,次常用字(包括部首)3 008个,共6 763字。

2.本表常用字、次常用字的单字分别按汉语拼音字母顺序排列,并按声调阴平(一)、阳平(ノ)、上声(∨)、去声(\)、轻声(不标调)分类。同调字以笔形顺序横(一)、直(丨)、撇(ノ)、点(、)、折(乙,包括乛、𠃌、乚等笔形)为序,起笔相同按第二笔,依次类推。传统上有两读,都比较通行的,酌收两读。例如:"壳"字,有 ké、qiào 两个读音,分别在两处列出。

## (一) 常用字 3 755 个

### A

ā 啊 阿 āi 埃 挨 哎 哀 ái 皑 癌 ǎi 蔼 矮 ài 艾 碍 爱 隘 ān 鞍 氨 安 ǎn 俺 àn 按 暗 岸 胺 案 āng 肮 áng 昂 àng 盎 āo 凹 áo 敖 熬 翱 ǎo 袄 ào 傲 奥 懊 澳

### B

bā 芭 捌 扒 叭 吧 笆 八 疤 巴 bá 拔 跋 bǎ 靶 把 bà 耙 坝 霸 罢 爸 bái 白 bǎi 柏 百 摆 佰 bài 败 拜 稗 bān 斑 班 搬 扳 般 颁 bǎn 板 版 bàn 扮 拌 伴 瓣 半 办 绊 bāng 邦 帮 梆 bǎng 榜 膀 绑 bàng 棒 磅 蚌 镑 傍 谤 bāo 苞 胞 包 褒 剥 báo 薄 雹 bǎo 保 堡 饱 宝 bào 抱 报 暴 豹 鲍 爆 bēi 杯 碑 悲 卑 běi 北 bèi 辈 背 贝 钡 倍 狈 备 惫 焙 被 bēn 奔 běn 苯 本 bèn 笨 bēng 崩 绷 béng 甭 bèng 泵 蹦 迸 bī 逼 bí 鼻 bǐ 比 鄙 笔 彼 bì 碧 蓖 蔽 毕 毙 毖 币 庇 痹 闭 敝 弊 必 辟 壁 臂 避 陛 biān 鞭 边 编 biǎn 贬 扁 biàn 便 变 卞 辨 辩 辫 遍 biāo 标 彪 biǎo 表 biē 鳖 憋 bié 别 biě 瘪 bīn 彬 斌 濒 滨 宾 bìn 鬓 bīng 兵 冰 bǐng 柄 丙 秉 饼 炳 bìng 病 并 bō 玻 菠 播 拨 钵 波 bó 博 勃 搏 铂 箔 帛 舶 脖 膊 渤 泊 驳 bǔ 捕 卜 哺 补 bù 埠 不 布 步 簿 部 怖

### C

cā 擦 cāi 猜 cái 裁 材 才 财 cǎi 睬 踩 采 彩 cài 菜 蔡 cān 餐 参 cán 蚕 残 惭 cǎn 惨 càn 灿 cāng 苍 舱 仓 沧 cáng 藏 cāo 操 糙 cáo 槽 曹 cǎo 草 cè 厕 策 侧 册 测 céng 层 cèng 蹭 chā 插 叉 chá 茬 茶 查 碴 搭 察 chà 岔 差 诧 chāi 拆 chái 柴 豺 chān 搀 掺 chán 蝉 馋 谗 缠 chǎn 铲 产 阐 chàn 颤 chāng 昌 猖 cháng 场 尝 常 长 偿 肠 chǎng 厂 敞 chàng 畅 唱 倡 chāo 超 抄 钞 cháo 朝 嘲 潮 巢 chǎo 吵 炒 chē 车 chě 扯 chè 撤 掣 彻 澈 chēn 郴

313

chén 臣 辰 尘 晨 忱 沉 陈 chèn 趁 衬 chēng 撑 称 chéng 城 橙 成 呈 乘 程 惩 澄 诚 承 chěng 逞 骋 chèng 秤 chī 吃 痴 chí 持 匙 池 迟 弛 驰 chǐ 耻 齿 侈 尺 chì 赤 翅 斥 炽 chōng 充 冲 chóng 虫 崇 chǒng 宠 chōu 抽 chóu 酬 畴 踌 稠 愁 筹 仇 绸 chǒu 瞅 丑 chòu 臭 chū 初 出 chú 橱 厨 蹰 锄 雏 滁 除 chǔ 楚 础 储 chù 矗 搐 触 处 chuāi 揣 chuān 川 穿 chuán 椽 传 船 chuǎn 喘 chuàn 串 chuāng 疮 窗 chuáng 幢 床 chuǎng 闯 chuàng 创 chuī 吹 炊 chuí 捶 锤 垂 chūn 春 椿 chún 醇 唇 淳 纯 chǔn 蠢 chuō 戳 chuò 绰 cī 疵 cí 茨 磁 雌 辞 慈 瓷 词 cǐ 此 cì 刺 赐 次 cōng 聪 葱 囱 匆 cóng 丛 从 còu 凑 cū 粗 cù 醋 簇 促 cuān 蹿 cuàn 篡 窜 cuī 摧 崔 催 cuì 脆 瘁 粹 淬 翠 cūn 村 cún 存 cùn 寸 cuō 磋 撮 搓 cuò 措 挫 错

D

dā 搭 dá 达 答 瘩 dǎ 打 dà 大 dāi 呆 dǎi 歹 傣 dài 戴 带 殆 代 贷 袋 待 逮 怠 dān 耽 担 丹 单 郸 dǎn 掸 胆 dàn 旦 氮 但 惮 淡 诞 弹 蛋 dāng 当 dǎng 挡 党 dàng 荡 档 dāo 刀 dǎo 捣 蹈 倒 岛 祷 导 dào 稻 悼 道 盗 dé 德 得 de 的 dēng 蹬 灯 登 děng 等 dèng 瞪 凳 邓 dī 堤 低 滴 dí 迪 敌 笛 狄 涤 翟 嫡 dǐ 抵 底 dì 地 蒂 第 帝 弟 递 缔 diān 颠 掂 滇 diǎn 碘 点 典 diàn 靛 垫 电 佃 甸 店 惦 奠 淀 殿 diāo 碉 叼 雕 凋 刁 diào 掉 吊 钓 调 diē 跌 爹 dié 碟 蝶 迭 谍 叠 dīng 丁 盯 叮 钉 dǐng 顶 鼎 dìng 锭 定 订 diū 丢 dōng 东 冬 dǒng 董 懂 dòng 动 栋 侗 恫 冻 洞 dōu 兜 dǒu 抖 斗 陡 dòu 豆 逗 痘 dū 都 督 dú 毒 犊 独 读 dǔ 堵 睹 赌 dù 杜 镀 肚 度 渡 妒 duān 端 duǎn 短 duàn 锻 段 断 缎 duī 堆 duì 兑 队 对 dūn 墩 吨 蹲 敦 dùn 顿 囤 钝 盾 遁 duō 掇 哆 多 duó 夺 duǒ 垛 躲 朵 duò 跺 舵 剁 惰 堕

E

é 蛾 峨 鹅 俄 额 讹 娥 ě 恶 è 厄 扼 遏 鄂 饿 ēn 恩 ér 而 儿 ěr 耳 尔 饵 洱 èr 二 贰

F

fā 发 fá 罚 筏 伐 乏 阀 fǎ 法 fà 发 fān 藩 帆 番 翻 fán 樊 矾 钒 繁 凡 烦 fǎn 反 返 fàn 范 贩 犯 饭 泛 fāng 坊 芳 方 fáng 肪 房 防 妨 fǎng 仿 访 纺 fàng 放 fēi 菲 非 啡 飞 féi 肥 fěi 匪 诽 fèi 吠 肺 废 沸 费 fēn 芬 酚 吩 氛 分 纷 fén 坟 焚 汾 fěn 粉 fèn 奋 份 忿 愤 粪 fēng 丰 封 枫 蜂 峰 锋 风 疯 烽 féng 逢 冯 缝 fěng 讽 fèng 奉 凤 fó 佛 fǒu 否 fū 夫 敷 肤 孵 fú 扶 拂 辐 幅 氟 符 伏 俘 服 浮 涪 福 袱 弗 fǔ 甫 抚 辅 俯 釜 斧 脯 腑 府 腐 fù 赴 副 覆 赋 复 傅 付 阜 父 腹 负 富 讣 附 妇 缚 fu 咐

G

gá 噶 嘎 gāi 该 gǎi 改 gài 概 钙 盖 溉 gān 干 甘 杆 柑 竿 肝 gǎn 赶 感 秆 敢 gàn 赣 gāng 冈 刚 钢 缸 肛 纲 gǎng 岗 港 gàng 杠 gāo 篙 皋 高 膏 羔 糕 gǎo 搞 镐 稿 gào 告 gē 哥 歌 搁 戈 鸽 胳 疙 割 gé 革 葛 格 蛤 阁 隔 gè 铬 个 各 gěi 给 gēn 根 跟 gēng 耕 更 庚 羹 gěng 埂 耿 梗 gōng 工 攻 功 恭 龚 供 躬 公 宫 gǒng 巩 汞 拱 gòng 贡 共 gōu 钩 勾 沟 gǒu 苟 狗 gòu 垢 构 购 够 gū 辜 菇 咕 箍 估 沽 孤 姑 gǔ 鼓 古 蛊 骨 谷 股 gù 故 顾 固 雇 guā 刮 瓜

guǎ 剐 寡 guà 挂 褂 guāi 乖 guǎi 拐 guài 怪 guān 棺 关 官 冠 观 guǎn 管 馆 guàn 罐 惯 灌 贯 guāng 光 guǎng 广 guàng 逛 guī 瑰 规 圭 硅 归 龟 闺 guǐ 轨 鬼 诡 癸 guì 桂 柜 跪 贵 刽 gǔn 辊 滚 gùn 棍 guō 锅 郭 guó 国 guǒ 果 裹 guò 过

## H

hā 哈 hái 骸 孩 hǎi 海 hài 氦 亥 害 骇 hān 酣 憨 hán 邯 韩 含 涵 寒 函 hǎn 喊 罕 hàn 翰 撼 捍 焊 汗 汉 旱 憾 悍 hāng 夯 háng 杭 航 háo 壕 嚎 豪 毫 hǎo 郝 好 hào 耗 号 浩 hē 呵 喝 hé 荷 菏 核 禾 和 何 合 盒 貉 阂 河 涸 hè 赫 褐 鹤 贺 hēi 嘿 黑 hén 痕 hěn 很 狠 hèn 恨 hēng 哼 亨 héng 横 衡 恒 hōng 轰 哄 烘 hóng 虹 鸿 洪 宏 弘 红 hóu 喉 侯 猴 hǒu 吼 hòu 厚 候 后 hū 呼 乎 忽 hú 瑚 壶 葫 胡 蝴 狐 糊 湖 弧 hǔ 虎 唬 hù 护 互 沪 户 huā 花 哗 huá 猾 华 滑 huà 画 划 化 话 huái 槐 徊 怀 淮 huài 坏 huān 欢 huán 环 桓 还 huǎn 缓 huàn 换 患 唤 痪 豢 焕 涣 宦 幻 huāng 荒 慌 huáng 黄 磺 蝗 凰 惶 煌 簧 皇 huǎng 晃 幌 恍 谎 huī 灰 挥 辉 徽 恢 huí 蛔 回 huǐ 毁 悔 huì 慧 卉 惠 晦 贿 秽 会 烩 汇 讳 诲 绘 hūn 荤 昏 婚 hún 魂 浑 混 huō 豁 huó 活 huǒ 伙 火 huò 获 或 惑 霍 货 祸

## J

jī 击 圾 基 机 畸 稽 积 箕 肌 饥 迹 激 讥 鸡 姬 绩 缉 jí 吉 极 棘 辑 籍 集 及 急 疾 汲 即 嫉 级 jǐ 挤 几 脊 己 jì 蓟 技 冀 季 伎 祭 剂 悸 济 寄 寂 计 记 既 忌 际 妓 继 纪 jiā 嘉 枷 夹 佳 家 加 jiá 荚 颊 jiǎ 贾 甲 钾 假 jià 稼 价 架 驾 嫁 jiān 奸 监 坚 尖 笺 间 煎 兼 肩 艰 歼 缄 jiǎn 茧 检 柬 碱 硷 拣 捡 简 俭 剪 减 jiàn 荐 槛 鉴 践 贱 见 键 箭 件 健 舰 剑 饯 渐 溅 涧 建 jiāng 僵 姜 将 浆 江 疆 jiǎng 蒋 桨 奖 讲 jiàng 匠 酱 降 jiāo 蕉 椒 礁 焦 胶 交 郊 浇 骄 娇 jiáo 嚼 jiǎo 搅 铰 矫 侥 脚 狡 角 饺 缴 绞 剿 jiào 教 酵 轿 较 叫 窖 jiē 揭 接 皆 秸 街 阶 jié 截 劫 节 桔 杰 捷 睫 竭 洁 结 jiě 解 姐 jiè 戒 藉 芥 界 借 介 疥 诫 届 jīn 巾 筋 斤 金 今 津 襟 jǐn 紧 锦 仅 谨 jìn 进 靳 晋 禁 近 烬 浸 尽 劲 jīng 荆 兢 茎 睛 晶 鲸 京 惊 精 粳 经 jǐng 井 警 景 颈 jìng 静 境 敬 镜 径 痉 靖 竟 竞 净 jiǒng 炯 窘 jiū 揪 究 纠 jiǔ 玖 韭 久 灸 九 酒 jiù 厩 救 旧 臼 舅 咎 就 疚 jū 鞠 拘 狙 疽 居 驹 jú 菊 局 jǔ 咀 矩 举 沮 jù 聚 拒 据 巨 具 距 踞 锯 俱 句 惧 炬 剧 juān 捐 鹃 娟 juàn 倦 眷 卷 绢 juē 撅 jué 攫 抉 掘 倔 爵 觉 决 诀 绝 jūn 均 菌 钧 军 君 jùn 峻 俊 竣 浚 郡 骏

## K

kā 喀 咖 kǎ 卡 咯 kāi 开 揩 kǎi 楷 凯 慨 kān 刊 堪 勘 kǎn 坎 砍 kàn 看 kāng 康 慷 糠 káng 扛 kàng 抗 亢 炕 kǎo 考 拷 烤 kào 靠 kē 坷 苛 柯 棵 磕 颗 科 ké 壳 咳 kě 可 渴 kè 克 刻 客 课 kěn 肯 啃 垦 恳 kēng 坑 吭 kōng 空 kǒng 恐 孔 kòng 控 kōu 抠 kǒu 口 kòu 扣 寇 kū 枯 哭 窟 kǔ 苦 kù 酷 库 裤 kuā 夸 kuǎ 垮 kuà 挎 跨 胯 kuài 块 筷 侩 快 kuān 宽 kuǎn 款 kuāng 匡 筐 kuáng 狂 kuàng 框 矿 眶 旷 况 kuī 亏 盔 岿 窥 kuí 葵 奎 魁 kuǐ 傀 kuì 馈 愧 溃 kūn 坤 昆 kǔn 捆 kùn 困 kuò 括 扩 廓 阔

## L

lā 垃 拉 lǎ 喇 là 蜡 腊 辣 la 啦 lái 莱 来 lài 赖 lán 蓝 婪 栏 拦 蓝 阑 兰 澜 谰 lǎn 揽 览 懒 缆 làn 烂 滥 láng 琅 榔 狼 廊 郎 lǎng 朗 làng 浪 lāo 捞 láo 劳 牢 lǎo 老 佬 姥 lào 酪 烙 涝 lè 勒 乐 léi 雷 镭 lěi 蕾 磊 累 儡 垒 lèi 擂 肋 类 泪 léng 棱 楞 lěng 冷 lí 厘 梨 犁 黎 篱 狸 离 漓 lǐ 理 李 里 鲤 礼 lì 莉 荔 吏 栗 丽 厉 励 砾 历 利 俐 例 俐 痢 立 粒 沥 隶 力 li 璃 哩 liǎ 俩 lián 联 莲 连 镰 廉 怜 涟 帘 liǎn 敛 脸 liàn 链 恋 炼 练 liáng 粮 凉 梁 粱 良 liǎng 两 liàng 辆 量 晾 亮 谅 liāo 撩 liáo 聊 僚 疗 燎 寥 辽 liǎo 潦 了 liào 撂 镣 廖 料 liè 列 裂 烈 劣 猎 līn 拎 lín 琳 林 磷 霖 临 邻 鳞 淋 lǐn 凛 lìn 赁 吝 líng 玲 菱 零 龄 铃 伶 羚 凌 灵 陵 lǐng 岭 领 lìng 另 令 liū 溜 liú 琉 榴 硫 馏 留 刘 瘤 流 liǔ 柳 liù 六 lóng 龙 聋 咙 笼 窿 隆 lǒng 垄 拢 陇 lóu 楼 娄 lǒu 搂 篓 lòu 漏 陋 lú 芦 卢 颅 庐 炉 lǔ 掳 卤 虏 鲁 lù 麓 碌 露 路 赂 鹿 潞 禄 录 陆 戮 lú 驴 lǚ 吕 铝 侣 旅 履 屡 缕 lǜ 虑 氯 律 率 滤 绿 luán 峦 挛 孪 滦 luǎn 卵 luàn 乱 lüè 掠 略 lūn 抡 lún 轮 伦 仑 沦 纶 lùn 论 luó 萝 螺 罗 逻 锣 箩 骡 luǒ 裸 luò 落 洛 骆 络

## M

mā 妈 má 麻 mǎ 玛 码 蚂 马 mà 骂 ma 嘛 吗 mái 埋 mǎi 买 mài 麦 卖 迈 脉 mán 瞒 瞒 馒 蛮 mǎn 满 màn 蔓 曼 慢 漫 谩 máng 芒 茫 盲 氓 忙 mǎng 莽 māo 猫 máo 茅 锚 毛 矛 mǎo 铆 卯 mào 茂 冒 帽 貌 贸 me 么 méi 玫 枚 梅 酶 霉 煤 没 眉 媒 měi 镁 每 美 mèi 昧 寐 妹 媚 mén 门 mèn 闷 men 们 méng 萌 蒙 檬 盟 měng 锰 猛 mèng 梦 孟 mī 眯 mí 醚 靡 糜 迷 谜 弥 mǐ 米 mì 秘 觅 泌 蜜 密 幂 mián 棉 眠 绵 miǎn 冕 免 勉 娩 缅 miàn 面 miáo 苗 描 瞄 miǎo 藐 秒 渺 miào 庙 妙 miē 乜 蔑 灭 mín 民 mǐn 抿 皿 敏 悯 闽 míng 明 螟 鸣 铭 名 mìng 命 miù 谬 mō 摸 mó 摹 蘑 模 膜 磨 摩 魔 mǒ 抹 mò 末 莫 墨 默 沫 漠 寞 陌 móu 谋 牟 mǒu 某 mǔ 拇 牡 亩 姆 母 mù 墓 暮 幕 募 慕 木 目 睦 牧 穆

## N

ná 拿 nǎ 哪 nà 呐 钠 那 娜 纳 nǎi 氖 乃 奶 nài 耐 奈 nán 南 男 难 nāng 囊 náo 挠 nǎo 脑 恼 nào 闹 淖 ne 呢 něi 馁 nèi 内 nèn 嫩 néng 能 nī 妮 ní 霓 倪 泥 尼 nǐ 拟 你 nì 匿 腻 逆 溺 niān 蔫 拈 nián 年 niǎn 辗 撵 捻 niàn 念 niáng 娘 niàng 酿 niǎo 鸟 niào 尿 niē 捏 niè 聂 孽 啮 镊 镍 涅 nín 您 níng 柠 狞 凝 宁 nǐng 拧 nìng 泞 niú 牛 niǔ 扭 钮 纽 nóng 脓 浓 农 nòng 弄 nú 奴 nǔ 努 nù 怒 nǚ 女 nuǎn 暖 nüè 虐 疟 nuó 挪 nuò 懦 糯 诺

## O

ó 哦 ōu 欧 鸥 殴 ǒu 藕 呕 偶 òu 沤

## P

pā 啪 趴 pá 爬 pà 帕 怕 pá 琶 pāi 拍 pái 排 牌 徘 pài 湃 派 pān 攀 潘 pán 盘 磐 pàn 盼 畔

判 叛 pāng 乓 páng 庞 旁 pǎng 耪 pàng 胖 pāo 抛 páo 咆 刨 炮 袍 pǎo 跑 pào 泡 pēi 呸 胚 péi 培 裴 赔 陪 pèi 配 佩 沛 pēn 喷 pén 盆 pēng 怦 抨 烹 péng 澎 彭 蓬 棚 硼 篷 膨 朋 鹏 pěng 捧 pèng 碰 pī 坯 砒 霹 批 披 劈 pí 琵 毗 啤 脾 疲 皮 pǐ 匹 痞 pì 僻 屁 譬 piān 篇 偏 片 piàn 骗 piāo 飘 漂 piáo 瓢 piào 票 piē 撇 瞥 pīn 拼 pín 频 贫 pǐn 品 pìn 聘 pīng 乒 píng 坪 苹 萍 平 凭 瓶 评 屏 pō 坡 泼 颇 pó 婆 pò 破 魄 迫 粕 pōu 剖 pū 扑 铺 仆 pú 莆 葡 菩 蒲 pǔ 埔 朴 圃 普 浦 谱 pù 曝 瀑

## Q

qī 期 欺 栖 戚 妻 七 凄 漆 柒 沏 qí 其 棋 奇 歧 畦 崎 脐 齐 旗 祈 祁 骑 qǐ 起 岂 乞 企 启 qì 契 砌 器 气 迄 弃 汽 泣 讫 qiā 掐 qià 恰 洽 qiān 牵 扦 钎 铅 千 迁 签 仟 谦 qián 乾 黔 钱 钳 前 潜 qiǎn 遣 浅 谴 qiàn 堑 嵌 欠 歉 qiāng 枪 呛 腔 羌 qiáng 墙 蔷 强 qiǎng 抢 qiāo 橇 锹 敲 悄 qiáo 桥 瞧 乔 侨 qiǎo 巧 qiào 鞘 撬 翘 峭 俏 窍 qiē 切 qié 茄 qiě 且 qiè 怯 窃 qīn 钦 侵 亲 qín 秦 琴 勤 芹 擒 禽 qǐn 寝 qìn 沁 qīng 青 轻 氢 倾 卿 清 qíng 擎 晴 氰 情 qǐng 顷 请 qìng 庆 qióng 琼 穷 qiū 秋 丘 邱 qiú 球 求 囚 酋 泅 qū 趋 区 蛆 曲 躯 屈 驱 qú 渠 qǔ 取 娶 龋 qù 趣 去 quān 圈 quán 颧 权 醛 泉 全 痊 拳 quǎn 犬 quàn 券 劝 quē 缺 炔 qué 瘸 què 却 鹊 榷 确 雀 qún 裙 群

## R

rán 然 燃 rǎn 冉 染 ráng 瓤 rǎng 壤 攘 嚷 ràng 让 ráo 饶 rǎo 扰 绕 rě 惹 rè 热 rén 壬 仁 人 rěn 忍 rèn 韧 任 认 刃 妊 纫 rēng 扔 réng 仍 rì 日 róng 戎 茸 蓉 荣 融 熔 溶 容 绒 rǒng 冗 róu 揉 柔 ròu 肉 rú 茹 蠕 儒 孺 如 rǔ 辱 乳 汝 rù 入 褥 ruǎn 软 阮 ruǐ 蕊 ruì 瑞 锐 rùn 闰 润 ruò 若 弱

## S

sā 撒 sǎ 洒 sà 萨 sāi 腮 鳃 塞 sài 赛 sān 三 叁 sǎn 伞 sàn 散 sāng 桑 sǎng 嗓 sàng 丧 sāo 搔 骚 sǎo 扫 嫂 sè 瑟 色 涩 sēn 森 sēng 僧 shā 莎 砂 杀 刹 沙 纱 shá 啥 shǎ 傻 shà 煞 shāi 筛 shài 晒 shān 珊 苫 杉 山 删 煽 衫 shǎn 闪 陕 shàn 擅 赡 膳 善 汕 扇 缮 shāng 墒 伤 商 shǎng 赏 晌 shàng 上 尚 shang 裳 shāo 梢 捎 稍 烧 sháo 芍 勺 韶 shǎo 少 shào 哨 邵 绍 shē 奢 赊 shé 蛇 舌 shě 舍 shè 赦 摄 射 慑 涉 社 设 shēn 砷 申 呻 伸 身 深 娠 绅 shén 神 shěn 沈 审 婶 shèn 甚 肾 慎 渗 shēng 声 生 甥 牲 升 shéng 绳 shěng 省 shèng 盛 剩 胜 圣 shī 师 失 狮 施 湿 诗 尸 虱 shí 十 石 拾 时 什 食 蚀 实 识 shǐ 史 矢 使 屎 驶 始 shì 式 示 士 世 柿 事 试 誓 逝 势 是 嗜 噬 适 仕 侍 释 饰 氏 市 恃 室 视 试 shōu 收 shǒu 手 首 守 shòu 寿 授 售 受 瘦 兽 shū 蔬 枢 梳 殊 抒 输 叔 舒 淑 疏 书 shú 赎 孰 熟 shǔ 薯 暑 曙 署 蜀 黍 鼠 属 shù 术 述 树 束 戍 竖 墅 庶 数 漱 恕 shuā 刷 shuǎ 耍 shuāi 摔 衰 shuǎi 甩 shuài 帅 shuān 栓 拴 shuāng 霜 双 shuǎng 爽 shuí 谁 shuǐ 水 shuì 睡 税 shǔn 吮 shùn 瞬 顺 舜 shuō 说 shuò 硕 朔 烁 sī 斯 撕 嘶 思 私 司 丝 sǐ 死 sì 肆 寺 嗣 四 伺 似 饲 巳 sōng 松 耸 怂 sòng 颂 送 宋 讼 诵 sōu 搜 艘 sǒu 擞 sòu 嗽 sū 苏 酥 sú 俗 sù 素 速 粟 僳 塑 溯 宿 诉 肃

suān 酸 suàn 蒜 算 suī 虽 suí 隋 随 绥 suǐ 髓 suì 碎 岁 穗 遂 隧 祟 sūn 孙 sǔn 损 笋 suō 蓑 梭 唆 缩 suǒ 琐 索 锁 所

## T

tā 塌 他 它 她 tǎ 塔 獭 tà 挞 蹋 踏 tāi 胎 苔 tái 抬 台 tài 泰 酞 太 态 汰 tān 坍 摊 贪 瘫 滩 tán 坛 檀 痰 潭 谭 谈 tǎn 坦 毯 袒 tàn 碳 探 叹 炭 tāng 汤 táng 塘 搪 堂 棠 膛 唐 糖 tǎng 倘 躺 淌 tàng 趟 烫 tāo 掏 涛 滔 绦 táo 萄 桃 逃 淘 陶 tǎo 讨 tào 套 tè 特 téng 藤 腾 疼 誊 tī 梯 剔 踢 锑 tí 提 题 蹄 啼 tǐ 体 tì 替 嚏 惕 涕 剃 屉 tiān 天 添 tián 填 田 甜 恬 tiǎn 舔 腆 tiāo 挑 tiáo 条 迢 tiǎo 眺 跳 tiē 贴 tiě 铁 贴 tīng 厅 听 烃 汀 tíng 廷 停 亭 庭 tǐng 挺 艇 tōng 通 tóng 桐 酮 瞳 同 铜 彤 童 tǒng 桶 捅 筒 统 tòng 痛 tōu 偷 tóu 投 头 tòu 透 tū 凸 秃 突 tú 图 徒 途 涂 屠 tǔ 土 吐 tù 兔 tuān 湍 tuán 团 tuī 推 tuí 颓 tuǐ 腿 tuì 蜕 褪 退 tūn 吞 tún 屯 臀 tuō 拖 托 脱 tuó 鸵 陀 驮 驼 tuǒ 椭 妥 tuò 拓 唾

## W

wā 挖 哇 蛙 洼 wá 娃 wǎ 瓦 wà 袜 wāi 歪 wài 外 wān 豌 弯 湾 wán 玩 顽 丸 烷 完 wǎn 碗 挽 晚 皖 惋 宛 婉 wàn 万 腕 wāng 汪 wáng 王 亡 wǎng 枉 网 往 wàng 旺 望 忘 妄 维 wēi 威 巍 微 危 wéi 韦 违 桅 围 唯 惟 为 潍 维 wěi 苇 萎 委 伟 伪 尾 纬 wèi 未 蔚 味 畏 胃 喂 魏 位 渭 谓 尉 慰 卫 wēn 瘟 温 wén 蚊 文 闻 纹 wěn 吻 稳 紊 wèn 问 wēng 嗡 翁 wèng 瓮 wō 挝 蜗 涡 窝 wǒ 我 wò 斡 卧 握 沃 wū 巫 呜 钨 乌 污 诬 屋 wú 无 芜 梧 吾 吴 毋 wǔ 武 五 捂 午 舞 伍 侮 wù 坞 戊 雾 晤 物 勿 务 悟 误

## X

xī 昔 熙 析 西 硒 矽 晰 嘻 吸 锡 牺 稀 息 希 悉 膝 夕 惜 熄 烯 溪 汐 犀 xí 檄 袭 席 习 媳 xǐ 喜 铣 洗 xì 系 隙 戏 细 xiā 瞎 虾 xiá 匣 霞 辖 暇 峡 侠 狭 xià 下 厦 夏 吓 xiān 掀 锨 先 仙 鲜 纤 xián 咸 贤 衔 舷 闲 涎 弦 嫌 xiǎn 显 险 xiàn 现 献 县 腺 馅 羡 宪 陷 限 线 xiāng 相 厢 镶 香 箱 襄 湘 乡 xiáng 翔 祥 详 xiǎng 想 响 享 xiàng 项 巷 橡 像 向 象 xiāo 萧 硝 霄 削 哮 嚣 销 消 宵 xiáo 淆 xiǎo 晓 小 xiào 孝 哮 校 肖 啸 笑 效 xiē 楔 些 歇 蝎 xié 鞋 协 挟 携 邪 斜 胁 谐 xiě 写 xiè 械 卸 蟹 懈 泄 泻 谢 屑 xīn 薪 芯 锌 欣 辛 新 忻 心 xìn 信 衅 xīng 星 腥 猩 惺 兴 xíng 刑 型 形 邢 行 xǐng 醒 xìng 幸 杏 性 姓 xiōng 兄 凶 胸 匈 汹 xióng 雄 熊 xiū 休 修 羞 xiǔ 朽 xiù 嗅 锈 秀 袖 绣 xū 墟 戌 需 虚 嘘 须 xú 徐 xǔ 许 xù 蓄 酗 叙 旭 序 畜 恤 絮 婿 绪 续 xuān 轩 喧 宣 xuán 悬 旋 玄 xuǎn 选 癣 xuàn 眩 绚 xuē 靴 薛 xué 学 穴 xuě 雪 xuè 血 xūn 勋 熏 xún 循 旬 询 寻 巡 xùn 驯 殉 汛 训 讯 逊 迅

## Y

yā 压 押 鸦 鸭 呀 丫 yá 芽 牙 蚜 崖 衙 涯 yǎ 雅 哑 yà 亚 讶 yān 焉 咽 阉 烟 淹 yán 盐 严 研 蜒 岩 延 言 颜 阎 炎 沿 yǎn 奄 掩 眼 衍 演 yàn 艳 堰 燕 厌 砚 雁 唁 彦 焰 宴 谚 验 yāng 殃 央 鸯 秧 yáng 杨 扬 佯 疡 羊 洋 阳 yǎng 氧 仰 痒 养 yàng 样 漾 yāo 邀 腰 妖 yáo 瑶 摇

尧 遥 窑 谣 姚 yǎo 咬 舀 yào 药 要 耀 yē 椰 噎 yé 耶 爷 yě 野 冶 也 yè 页 掖 业 叶 曳 腋
夜 液 yī 一 壹 医 揖 铱 依 伊 衣 yí 颐 夷 遗 移 仪 胰 疑 沂 宜 姨 彝 yǐ 椅 蚁 倚 已 乙 矣 以
yì 艺 抑 易 邑 屹 亿 役 臆 逸 肄 疫 亦 裔 意 毅 忆 义 益 溢 诣 议 谊 译 异 翼 翌 绎 yīn 茵
因 殷 音 阴 姻 yín 吟 银 淫 寅 yǐn 饮 尹 引 隐 yìn 荫 印 yīng 英 樱 婴 鹰 应 缨 yíng 莹 萤
营 荧 蝇 迎 赢 盈 yǐng 影 颖 yìng 硬 映 yō 哟 yōng 拥 佣 臃 痈 庸 雍 yǒng 踊 蛹 咏 泳 涌
永 恿 勇 yòng 用 yōu 幽 优 悠 忧 yóu 尤 由 邮 铀 犹 油 游 yǒu 酉 有 友 yòu 右 佑 釉 诱 又
幼 yū 迂 淤 yú 于 盂 榆 虞 愚 舆 余 俞 逾 鱼 愉 渝 渔 隅 予 娱 yǔ 雨 与 屿 禹 宇 语 羽 yù
玉 域 芋 郁 吁 遇 喻 峪 御 愈 欲 狱 育 誉 浴 寓 裕 预 豫 驭 yuān 鸳 渊 冤 yuán 元 垣 袁 原
援 辕 园 员 圆 猿 源 缘 yuǎn 远 yuàn 苑 愿 怨 院 yuē 曰 约 yuè 越 跃 钥 岳 粤 月 悦 阅
yún 耘 云 郧 匀 yǔn 陨 允 yùn 运 蕴 酝 晕 韵 孕

## Z

za 匝 zú 砸 杂 zāi 栽 哉 灾 zǎi 宰 zài 载 再 在 zán 咱 zǎn 攒 zàn 暂 赞 zāng 赃 脏 zàng
葬 zāo 遭 糟 záo 凿 zǎo 藻 枣 早 澡 蚤 zào 躁 噪 造 皂 灶 燥 zé 责 择 则 泽 zéi 贼 zěn 怎
zēng 增 憎 曾 zèng 赠 zhā 扎 喳 渣 zhá 札 轧 铡 闸 zhǎ 眨 zhà 栅 榨 咋 乍 炸 诈 zhai 摘
斋 zhái 宅 zhǎi 窄 zhài 债 寨 zhān 瞻 毡 詹 粘 沾 zhǎn 盏 斩 辗 崭 展 zhàn 蘸 栈 占 战 站
湛 绽 zhāng 樟 章 彰 漳 张 zhǎng 掌 涨 zhàng 杖 丈 帐 账 仗 胀 瘴 障 zhāo 招 昭 zhǎo 找
沼 zhào 赵 照 罩 兆 肇 召 zhē 遮 zhé 折 哲 蛰 辙 zhě 者 锗 zhè 蔗 这 浙 zhēn 珍 真 斟 甄
帧 臻 贞 针 侦 zhěn 枕 疹 诊 zhèn 震 振 镇 阵 zhēng 蒸 挣 睁 征 狰 争 怔 zhěng 整 拯
zhèng 正 政 症 郑 证 zhī 芝 枝 支 吱 蜘 知 肢 脂 汁 之 织 zhí 职 直 植 殖 执 值 侄 zhǐ 扯 址
指 止 趾 只 旨 纸 zhì 志 挚 掷 至 致 置 帜 峙 制 智 秩 稚 质 炙 痔 滞 治 窒 zhōng 中 盅 忠
钟 衷 终 zhǒng 种 肿 zhòng 重 仲 众 zhōu 舟 周 州 诌 粥 zhóu 轴 zhǒu 肘 帚 zhòu 咒 皱 宙
昼 骤 zhū 珠 株 蛛 朱 猪 诸 诛 zhú 逐 竹 烛 zhǔ 煮 拄 瞩 嘱 主 zhù 著 柱 助 蛀 贮 铸 筑 住
注 祝 驻 zhuā 抓 zhuǎ 爪 zhuāi 拽 zhuān 专 砖 zhuǎn 转 zhuàn 撰 赚 篆 zhuāng 桩 庄 装
妆 zhuàng 撞 壮 状 zhuī 椎 锥 追 zhuì 赘 坠 缀 zhūn 谆 zhǔn 准 zhuō 捉 拙 桌 zhuó 卓 琢
茁 酌 啄 着 灼 浊 zī 兹 咨 资 姿 滋 淄 孜 zǐ 紫 仔 籽 滓 子 zì 自 渍 字 zōng 鬃 棕 踪 宗 综
zǒng 总 zòng 纵 zōu 邹 zǒu 走 zòu 奏 揍 zū 租 zú 足 卒 族 zǔ 祖 诅 阻 组 zuān 钻 zuǎn 纂
zuǐ 嘴 zuì 醉 最 罪 zūn 尊 遵 zuó 昨 zuǒ 左 佐 zuò 柞 做 作 坐 座

## （二）次常用字 3 008 个

### A

ā 呵 吖 锕 腌 á 呵 嘎 啊 ǎ 呵 啊 à 呵 啊 a 呵 啊 阿 āi 捱 铱 ái 捱 挨 ǎi 霭 哎 嗳 ài 瑷 砹 哎
暧 嗳 嗌 唉 嫒 ān 桉 厂 鹌 广 庵 谙 ǎn 埯 揞 铵 àn 黯 犴 āo 熬 áo 聱 獒 螯 鳌 遨 嗷 嚣 廒
麈 ǎo 拗 媪 ào 鏊 鳌 坳 拗 奡

## B

bā 岜 粑 bá 茇 菝 魃 八 bǎ 钯 bà 把 鲅 灞 ba 吧 罢 bāi 掰 bǎi 捭 伯 bài 呗 bān 瘢 癍 bǎn 坂 钣 舨 阪 bāng 浜 bàng 蒡 膀 bāo 齙 煲 炮 孢 bǎo 葆 鸨 褓 bào 曝 趵 刨 瀑 bēi 埤 萆 背 鹎 陂 bèi 鞴 蓓 孛 碚 邶 悖 褙 鐾 bei 呗 臂 bēn 贲 锛 bèn 畚 bèn 奔 夯 坌 bēng 嘣 běng 绷 bèng 瓮 蚌 绷 bí 荸 bǐ 吡 秕 俾 舭 匕 妣 bì 贲 埤 芘 荜 萆 薜 拂 哔 畀 跸 髀 铋 秘 筚 箅 篦 狴 庳 愎 滗 濞 泌 裨 璧 襞 嬖 弼 婢 biān 砭 蝙 笾 鳊 煸 biǎn 碥 匾 窆 褊 biàn 苄 忭 汴 弁 缏 bian 边 biāo 髟 杓 飙 镖 镳 瘭 骠 biǎo 裱 婊 biào 鳔 biē 瘪 bié 蹩 biè 别 bīn 玢 槟 豳 镔 傧 缤 bìn 鬓 殡 髌 膑 bīng 槟 并 bǐng 邴 禀 屏 bìng 摒 bō 趵 般 饽 剥 bó 薄 柏 孛 鹁 百 铍 魄 亳 bǒ 跛 簸 bò 薄 柏 掰 簸 檗 擘 bo 卜 啵 bū 逋 晡 钸 bú 醭 不 bǔ 卟 堡 bù 埠 怖 瓿

## C

cǎ 礤 cǎi 采 cān 骖 cǎn 惨 càn 璨 掺 粲 孱 cāng 伧 cáo 嘈 螬 艚 漕 cè 恻 cān 参 cén 岑 涔 cēng 噌 céng 曾 chā 杈 碴 嚓 锸 馇 差 chá 楂 搽 檫 猹 叉 chǎ 镲 衩 叉 chà 杈 刹 汊 衩 叉 姹 chāi 钗 差 chái 侪 chài 虿 瘥 chān 觇 chán 躔 蟾 镡 廛 单 澶 潺 禅 孱 婵 chǎn 蒇 辗 冶 骣 chàn 忏 羼 chāng 菖 伥 鲳 阊 娼 cháng 苌 裳 倘 徜 嫦 chǎng 场 氅 惝 昶 chàng 鬯 怅 chāo 吵 怊 焯 绰 剿 cháo 晁 chào 耖 chē 砗 chě 尺 chè 坼 chēn 琛 抻 嗔 chén 橙 沈 宸 谌 chěn 碜 chèn 榇 龀 秤 称 谶 chen 伧 chēng 柽 瞠 蛏 噌 铛 秤 chéng 埕 枨 酲 盛 铖 塍 裎 丞 chěng 骋 chèng 称 chī 眵 哧 螭 嗤 笞 魑 鸱 蚩 媸 chí 坻 墀 茌 踟 篪 chǐ 豉 褫 chì 敕 叱 傺 瘛 彳 饬 啻 chōng 舂 茺 幢 忡 憧 chóng 种 重 chòng 铳 冲 chōu 瘳 chóu 帱 俦 雠 惆 chū 樗 chú 蹰 蜍 刍 chǔ 楮 杵 处 褚 chù 亍 黜 畜 憷 绌 chuāi 揣 chuǎi 揣 chuài 揣 踹 嘬 啜 膪 chuān 氚 chuán 遄 舡 chuǎn 舛 chuàn 钏 chuāng 创 chuàng 怆 chuí 棰 椎 槌 锤 chūn 蝽 chún 莼 鹑 chuō 踔 chuò 辍 龊 啜 cī 刺 呲 差 cí 茈 糍 兹 鹚 祠 cì 伺 cōng 璁 苁 枞 聪 cóng 琮 从 淙 còu 楱 辏 腠 cú 殂 徂 cù 蔟 酢 蹙 蹴 猝 卒 cuān 撺 镩 氽 cuán 攒 cuàn 爨 cuī 榱 隹 衰 cuǐ 璀 cuì 萃 啐 毳 悴 cūn 皴 cún 蹲 cǔn 忖 cuō 蹉 cuó 痤 嵯 矬 瘥 瘥 cuǒ 撮 脞 cuò 厝 锉

## D

dā 耷 嗒 哒 答 褡 dá 靼 鞑 打 笪 怛 沓 妲 da 瘩 疸 dāi 呔 待 dǎi 逮 dài 玳 贷 埭 大 黛 岱 骀 迨 绐 dān 聃 殚 眈 箪 儋 瘅 担 dǎn 胆 掸（担）赕 疸 瘅 dàn 萏 石 担 啖 瘅 澹 dāng 铛 裆 dǎng 谠 dàng 菪 砀 挡 当 宕 凼 dāo 叨 氘 忉 dáo 叨 dào 焘 纛 帱 倒 dé 锝 de 地 得 底 děi 得 dēng 噔 簦 děng 戥 dèng 磴 蹬 嶝 镫 澄 dī 提 嘀 镝 氐 羝 dí 荻 觌 嘀 镝 的 籴 dǐ 坻 柢 砥 觚 氐 邸 诋 dì 棣 碲 睇 的 谛 娣 绨 diǎ 嗲 diān 巅 癫 diǎn 踮 diàn 玷 坫 钿 簟 癜 阽 diāo 貂 鲷 diǎo 鸟 diào 铞 铫 diē 跌 dié 堞 垤 耋 揲 喋 蹀 牒 佚 怹 鲽 dīng 玎 耵 酊 町 仃 疔 dǐng 酊 dìng 碇 啶 钉 铤 腚 diū 铥 dōng 鸫 咚 岽 氡 dǒng 峒 dòng 垌 硐 峒 胨 胴 dōu 都 兜 篼 dǒu 蚪 dòu 斗 窦 读 dū 嘟 dú 椟 顿 黩 髑 牍 渎 dǔ 笃 肚 dù 芏 蠹 duàn 椴 簖 煅

duì 碓 镦 敦 憞 怼 dūn 礅 镦 dǔn 趸 盹 dùn 砘 炖 沌 duō 咄 裰 duó 踱 铎 度 duǒ 哚 缍 duò 垛 柁 沲 驮

## E

ē 屙 阿 婀 é 莪 哦 锇 è 苊 萼 垩 恶 噩 轭 呃 颚 鹗 锷 腭 鳄 愕 阏 谔 e 呃 éi 诶 ěi 诶 èi 诶
ēn 蒽 èn 摁 ér 鸸 鲕 ěr 珥 铒 迩 èr 佴

## F

fá 垡 fǎ 砝 fà 发 fān 蕃 幡 fán 蘩 蕃 蹯 燔 泛（氾）fàn 梵 畈 fāng 枋 钫 邡 妨 fáng 坊 鲂 fǎng 彷 舫 fēi 霏 蜚 鲱 扉 妃 绯 féi 腓 淝 fěi 菲 榧 蜚 斐 翡 篚 悱 fèi 芾 镄 狒 痱 fēn 朆 fén 棼 豶 fèn 偾 分 鲼 瀵 fēng 葑 砜 沣 fěng 唪 fèng 葑 俸 缝 fǒu 缶 fū 麸 呋 跗 趺 稃 fú 夫 芙 苻 茯 荷 莩 枎 砩 黻 蚨 蝠 蜉 罘 幞 秎 佛 孚 郛 匐 凫 怫 祓 舭 绂 绋 fǔ 拊 黼 父 滏 fù 蝮 咐 赗 馥 服 鳆 鲋 驸

## G

gā 夹 嘎 咖 伽 胳 旮 gá 轧 尜 钆 gǎ 嘎 尕 gà 尬 gāi 垓 赅 陔 gài 丐 芥 戤 gān 坩 乾 苷 酐 矸 尴 疳 泔 gǎn 杆 橄 擀 澉 gàn 干 旰 淦 绀 gāng 杠 扛 罡 gàng 钢 筻 戆 gāo 槔 睾 槁 槔 杲 缟 gào 锆 郜 膏 诰 gē 圪 格 咯 屹 仡 袼 纥 gé 塥 鬲 搁 嗝 骼 镉 獦 颌 膈 胳 gě 葛 舸 合 个 各 盖 哿 gè 硌 虼 gén 哏 gěn 艮 畎 gèn 茛 亘 艮 gēng 赓 gěng 哽 鲠 颈 绠 gèng 更 gōng 共 蚣 肱 觥 红 gǒng 珙 gòng 供 gōu 鞲 枸 篝 佝 句 缑 gǒu 枸 岣 笱 gòu 觏 遘 彀 勾 诟 媾 gū 毂 鸪 菰 酤 轱 蛄 呱 骨 觚 gú 骨 gǔ 瞽 縠 蓇 贾 蛄 罟 鹘 钴 牯 鹄 臌 汩 诂 gù 梏 崮 锢 牿 估 鲴 痼 guā 栝 括 呱 鸹 胍 guǎ 呱 guà 卦 诖 guāi 掴 guān 莞 倌 鳏 矜 纶 guǎn 莞 guàn 鹳 掼 盥 涫 冠 观 guāng 桄 咣 胱 guǎng 犷 guàng 桄 guī 傀 皈 鲑 妫 guǐ 匦 晷 簋 庋 宄 guì 桧 炅 刿 鳜 刽 gǔn 鲧 衮 绲 guō 埚 聒 过 蝈 呙 崞 涡 guó 掴 帼 虢 馘 guǒ 椁 蜾 猓

## H

hā 铪 há 虾 蛤 hǎ 哈 hà 哈 hāi 嘿 咳 嗨 hái 还 hǎi 醢 胲 hān 顸 蚶 鼾 hán 邗 晗 焓 汗 hǎn 阚 hàn 菡 撖 颔 瀚 háng 珩 吭 行 颃 绗 hàng 巷 行 沆 hāo 蒿 薅 嚆 háo 号 蚝 嗥 貉 濠 hào 昊 颢 镐 皓 灏 好 hē 嗬 诃 hé 盇 翮 曷 蚵 颌 劾 阖 纥 hè 荷 壑 吓 喝 和 何 hēi 嗨 héng 珩 蘅 桁 行 hèng 横 hng 哼 hōng 薨 訇 hóng 蕻 荭 闳 黉 泓 hǒng 哄 hòng 蕻 哄 讧 hóu 骺 篌 瘊 糇 hòu 堠 侯 逅 後 鲎 hū 轷 唿 惚 糊 烀 滹 戏 hú 斛 鹕 槲 核 醐 囫 鹘 鹄 和 猢 斛 糊 hǔ 琥 浒 hù 瓠 虎 岵 笏 骠 怙 糊 沍 扈 戽 祜 huā 化 huá 划 哗 铧 华 豁 骅 huà 桦 华 huái 踝 huai 划 huān 獾 huán 鬟 萑 圜 锾 郇 洹 寰 缳 huàn 擐 皖 奂 漶 浣 洹 huāng 肓 huáng 璜 蝗 徨 徨 鳇 癀 潢 湟 隍 huàng 晃 huī 珲 虺 咴 晖 麾 诙 隳 堕 huí 茴 徊 洄 huǐ 虺 huì 彗 恚 蕙 荟 桧 蟪 哕 喙 溃 浍 缋 hūn 阍 hún 珲 馄 hùn 混 溷 诨 huō 秴 劐 攉 锪 huó 和 huǒ 夥 钬 huò 藿 嚯 蠖 镬 和 豁

## J

jī 玑 其 期 芨 赍 丌 矶 奇 剞 乩 咭 跻 叽 唧 羁 犄 稽 笄 几 齑 屐 畿
jí 藉 革 蕺 蒺 楫 殛 戢
岌 嵴 笈 佶 洁 诘 亟 亼 革 戟 掎 虮 麂 济 给 纪 脊 犱 髻 芰 荠 霁 跽 唶 觊 稷 偈 鲚 鲫 系 齐
洎 暨 骥 jiā 珈 葭 茄 挟 跏 镓 笳 伽 痂 浃 袈 迦 jiá 恝 戛 夹 郏 蛱 铗 袷 jiǎ 瘕 岬 胛 瘕 jià
假 jia 家 jiān 戋 鞯 蒹 菅 搛 犍 鲣 鹣 浅 渐 溅 湔 缣 jiǎn 戬 枧 睑 趼 囝 铜 笕 蕳 蹇 謇 裥
謇 jiàn 楗 监 踺 铜 毽 僭 牮 腱 间 谏 jiāng 茳 豇 礓 缰 jiǎng 搿 jiàng 虹 糨 将 浆 洚 强 犟
绛 jiāo 教 艽 茭 跤 蛟 僬 鹪 鲛 姣 jiáo 峤 jiǎo 挢 佼 皎 敫 湫 矫 jiào 校 醮 噍 嚼 峤 徼
觉 jiē 节 楷 喈 痎 结 jié 颉 碣 拮 揭 鲒 桀 羯 讦 诘 孑 婕 jiè 蚧 骱 价 解 jie 价 家 jīn 禁
衿 矜 jǐn 瑾 堇 槿 馑 廑 尽 䘵 jìn 觐 荩 噤 赆 仅 妗 缙 jīng 菁 腈 旌 泾 jǐng 儆 肼 憬 阱 刭
jìng 靓 胫 獍 弪 迳 劲 婧(旧读) jiōng 扃 jiǒng 炅 迥 jiū 鬏 赳 啾 鸠 阄 jiù 柩 桕 僦 鹫 jū 琚
趄 鞠 苴 椐 据 掬 车 且 雎 锯 锔 俱 裾 jú 桔 橘 锔 jǔ 苣 柜 枸 榉 龃 踽 jù 苣 醵 遽 瞿 钜 椇
犋 倨 飓 洰 窭 讵 屦 juān 圈 镌 蠲 涓 juǎn 锩 卷 juàn 鄄 圈 隽 俊 狷 桊 juē 噘 嗟 jué 珏 蕨
橛 桷 厥 劂 矍 蹶 噱 嚼 崛 镢 脚 獗 角 觖 爝 谲 乀 juě 蹶 juè 倔 jūn 筠 龟 麇 皲 jùn 菌 捃

## K

kā 咔 咖 kǎ 咔 佧 胩 kāi 锎 kǎi 垲 蒈 剀 锴 铠 恺 kài 忾 kān 戡 看 龛 kǎn 莰 槛 侃 kàn 瞰 嵌
阚 kāng 闶 kàng 钪 伉 闶 kāo 尻 kǎo 栲 kào 铐 犒 kē 珂 轲 瞌 呵 蝌 髁 钶 稞 疴 颏 窠 ké
颏 kě 坷 轲 岢 kè 可 嗑 蚵 锞 氪 恪 溘 骒 缂 kěn 龈(啃) kèn 裉 kēng 铿 kōng 崆 箜 倥
kǒng 倥 kòng 空 kōu 芤 眍 kòu 蔻 叩 筘 kū 堀 刳 骷 kù 喾 绔 kuǎ 侉 kuǎi 蒯 kuài 哙 会 郐
脍 狯 浍 kuān 髋 kuāng 匡 诓 kuáng 诳 kuǎng 框 夼 kuàng 圹 贶 邝 纩 kuī 悝 kuí 逵 揆 睽
喹 暌 蝰 馗 夔 隗 kuǐ 跬 kuì 聩 篑 匮 喟 篑 愧 kūn 琨 髡 醌 锟 鲲 kǔn 悃 阃 kuò 栝 蛞 适

## L

lā 啦 邋 lá 砬 拉 喇 尒 lǎ 拉 喇 là 落 剌 拉 瘌 la 蓝 lái 崃 铼 徕 涞 lài 赉 睐 籁 癞 濑 lán
岚 镧 澜 褴 lǎn 榄 罱 漤 lāng 啷 láng 螂 锒 稂 阆 làng 蒗 莨 阆 郎 láo 醪 唠 崂 铹 痨 lǎo
栳 铑 潦 lào 耢 落 唠 络 lē 肋 lé 叻 仂 鳓 泐 le 了 lēi 勒 擂 léi 樏 擂 累 羸 缧 缥 lěi 耒 诔
lèi 酹 累 lei 嘞 léng 塄 棱 lèng 愣 lī 哩 lí 璃 嫠 藜 蓠 丽 鹂 喱 蜊 罹 鲡 鲕 骊 蠡 缡 lǐ 醴 迤
哩 锂 俚 鳢 悝 澧 娌 蠡 lì 坜 苈 苙 枥 栎 呙 郦 砺 雳 轹 呖 跞 蛎 唳 詈 篥 笠 俪 猁 疠 疬 粝
溧 戾 lián 奁 蠊 臁 鲢 濂 裢 liǎn 琏 蔹 裣 liàn 楝 殓 潋 liáng 椋 莨 椋 量 踉 liǎng 俩 魉
liàng 靓 踉 凉 liāo 撂 liáo 鹩 撩 撂 嘹 獠 寮 缭 liǎo 蓼 钌 燎 liào 尥 撩 钌 了 liē 咧 liě 裂
咧 liè 鬣 趔 埒 捩 躐 洌 冽 lie 咧 lín 辚 瞵 啉 嶙 麟 郯 遴 lǐn 檩 廪 懔 lìn 蔺 躏 膦 淋 líng
聆 苓 棱 柃 椤 翎 瓴 羚 绫 lǐng 令 lìng 令 呤 liū 熘 liú 馏 遛 旒 浏 鎏 骝 liǔ 锍
绺 liù 碌 镏 馏 溜 陆 鹨 lo 咯 lōng 隆 lóng 珑 茏 栊 砻 胧 癃 泷 lǒng 垄 笼 lòng 弄 lōu
搂 lóu 耧 蒌 蝼 喽 髅 偻 lǒu 嵝 lòu 露 镂 瘘 lou 喽 lū 撸 噜 lú 垆 栌 轳 鸬 舻 胪 鲈 泸 lǔ 芦
橹 镥 lù 璐 蓼 辂 辘 鹭 簏 六 漉 渌 逯 绿 lu 轳 氇 lú 桐 闾 lǚ 捋 稆 偻 膂 褛 luán 栾 脔 銮
鸾 娈 lüè 掠 锊 lún 抡 囵 论 luō 落 捋 罗 luó 椤 镙 胴 猡 luǒ 倮 瘰 蠃 luò 珞 荦 硌 摞 咯 雒

烙漯泺 luo 罗

## M

ḿ呒 mā抹蚂麻摩嬷 má吗犸吗犸 mà杩唛蚂 ma蟆么 mái霾 mǎi荬 mài劢颟 mán埋鞔蔓鳗谩 mǎn螨 màn墁幔镘熳缦 máng硭邙 mǎng蟒漭 máo髦茆牦猫旄蝥 mǎo昴峁泖 mào珇耄懋袤瞀 me麽 méi莓楣崾锢猸糜湄鹛 měi浼 mèi魅袂谜 mēn闷 mén扪钔 mèn焖懑 mēng蒙 méng甍瞢礞虻艨朦岷 měng蒙蠓艋懵勐 mī咪 mí蘼猕縻麋祢 mǐ眯脒靡籼弭 mì嘧汨宓谧糸 miǎn眄黾腼沔湎渑 miāo喵 miáo鹋 miǎo杪眇邈淼缈 miào缪 miē咩乜 miè蠛篾 mín玟珉芪岷缗 mǐn黾鳘闵泯慜 míng茗瞑暝溟冥 mǐng酩 miù缪 mó无摸馍麽谟嫫 mò糠茉蓦万殁抹冒嘿镆秣貘貊脉磨瘼殁 mōu哞 móu眸蛑侔蝥鍪缪 mú模毪 mǔ姆坶苜钼亿沐牟

## N

ń嗯 ň嗯 ǹ嗯 nā南那 ná镎 nǎ那 nà捺呢肭衲 na呐哪 nǎi艿哪 nài萘奈佴鼐 nān囝囡 nán楠喃 nǎn赧蝻腩 nàn难 nāng囔 náng囊饢 nǎng攘曩饢 nāo孬 náo硇蛲呶铙猱努(呶) nǎo瑙垴 né哪 nè呐讷 ne呐呢 něi哪 nèi那 nèn恁 ńg嗯 ňg嗯 ǹg嗯 ní坭呢铌鲵猊怩 nǐ旎祢 nì匿睨昵伲泥尿 nián黏鲇鲶粘 niǎn辇 niàn埝甘酿 niàng酿 niǎo茑嬲袅 niào脲溺 niē颞蘖啮蹑臬陧乜 nín恁(您) níng聍苎拧咛甯 nìng拧佞宁 niū妞 niǔ狃忸 niù拗 nóng哝侬 nòu耨 nú孥驽 nǔ胬弩 nǔ钕 nǜ恧衄 nuó傩娜 nuò搦喏锘

## O

ō噢喔 ò哦 ōu区瓯沤讴 ǒu耦 òu怄呕

## P

pā葩扒派 pá耙杷扒钯筢 pái俳 pǎi排迫 pài湃哌 pān扳番 pán蹒蟠般胖爿 pàn拚泮襻袢 pāng膀滂 páng磅螃彷膀逄 pāo脬炮泡 páo鲍跑狍疱 pào疱炮 pēi醅 péi锫 pèi辔帔旆霈 pén湓 pèn喷 pēng澎怦 péng堋蟛澎 pī坏丕邳䴙鈹辟纰 pí鼙埤芘枇蚍蜱罴铍郫貔神陴陂 pǐ圮否擗吡仳庀癖劈疋 pì睥淠辟甓媲 piān犏扁翩 pián蹁便胼骈缏 piǎn谝 piàn片 piāo剽螵缥 piáo朴嫖 piǎo莩殍瞟漂缥 piào嘌漂骠 piē氕撇 piě苤撇 pīn拚姘 pín苹颦嫔 pìn榀牝 pīng俜娉 píng枰鲆冯 pō朴支钋泊泺陂 pó繁嘙鄱 pǒ叵钷笸 pò珀朴 póu掊裒 pǒu掊 pū噗 pú璞镤仆脯匍濮 pǔ蹼镨氆堡溥 pù暴铺堡

## Q

qī萋槭桤欹嘁蹊缉 qí齐琦亓圻耆綦萁芪荠蕲蜞蛴岐俟颀鳍麒淇祺骐 qǐ芑

杞屺稽綮绮 qì 葺碛妻憩齐汔亟 qiā 葜伽袷 qiǎ 卡 qià 髂 qiān 芊岍愆佥悭搴搴骞阡 qián 鬈荨捐虔钤犍箝 qiǎn 肷缱 qiàn 茜芡椠倩慊纤 qiāng 抢跄蜣锖锵锖戗将戕 qiáng 樯嫱 qiǎng 镪羟襁强 qiàng 跄呛戗炝 qiāo 硗雀跷劁缲 qiáo 荞荞蕉樵翘峤憔谯 qiǎo 雀悄愀 qiào 壳诮谯 qié 伽 qiè 挈趄砌切锲箧郄妾慊慊 qīn 衾 qín 芩檎覃嗪臻噙锓廑溱矜 qìn 揿吣 qīng 圊蜻鲭 qíng 檠黥 qǐng 謦苘 qìng 磬罄箐綮亲 qióng 跫跫盌邛茕筇穹 qiū 楸蚯龟鳅湫 qiú 裘逑蝤虬赇俅仇觩犰遒巯 qiǔ 糗 qū 麴麯蛐黢岖袪诎 qú 璩蘧蕖磲瞿氍蠼衢朐鸲劬癯 qǔ 苣曲 qù 阒闃 quān 悛 quán 鬈荃辁蜷辁筌诠 quǎn 畎绻 què 阙 què 慤阕阒 qūn 逡 qún 麇

R

rán 髯蚺 rǎn 苒 rāng 嚷 ráng 穰瓤 rǎng 攘 ráo 荛桡娆 rǎo 娆 rào 绕 rě 若喏 rén 任 rěn 荏稔 rèn 葚轫刃饪衽 róng 榕蝾嵘肜狨 róu 鞣蹂嵘 rú 薷颥嚅铷濡襦 rù 蓐溽洳缛 ruǎn 朊 ruí 蕤 ruì 芮枘睿蚋 ruò 箬偌

S

sā 仨挲 sǎ 撒 sà 卅脎飒 sāi 思噻 sài 塞 sān 毵 sǎn 散霰馓糁 sāng 丧 sǎng 磉搡颡 sāo 臊鳋缫缲 sào 埽梢扫臊瘙 sè 啬铯穑塞 shā 杉铩煞痧挲鲨裟 shà 厦霎嗄唼歃沙 shāi 酾 shǎi 色 shān 彡埏芟栅跚钐舢膻潸扇姗 shǎn 掸掺 shàn 苫掸蟮钐鳝疝鄯单剡禅讪骟嬗 shāng 殇觞熵汤 shǎng 垧上 shàng 绱 shāo 鞘蛸筲艄 sháo 苕杓 shào 捎少稍召劭 shē 畲猞 shé 折佘 shè 厍舍歙麝滠 shéi 谁 shēn 莘糁诜参 shén 甚什 shěn 哂矧谂 shèn 葚椹蜃胂 shēng 笙胜 shéng 渑 shěng 眚 shèng 晟嵊乘 shī 蓍酾嘘鲺 shí 埘莳鲥炻 shǐ 豕 shì 螫贳莳轼峙铈舐筮似弑谥 shi 殖匙 shóu 熟 shǒu 艏 shòu 狩绶 shū 菽摅毹殳姝纾叔 shú 秫塾 shǔ 数 shù 俞腧澍沐 shuā 唰 shuà 刷 shuài 蟀率 shuàn 涮 shuāng 泷孀 shuǐ 说 shuò 蒴搠铄数槊妁 sī 厮蛳咝锶澌厶缌鸶 sì 耜笥俟食泗汜祀驷姒 sōng 菘崧嵩松淞凇 sǒng 竦悚 sōu 螋嗖锼馊飕溲 sǒu 薮瞍嗾叟 sòu 擞 sū 稣 sù 蔌嗉簌觫夙愫涑谡缩 suān 狻 suī 荽眭睢濉尿 suí 遂 suì 燧邃谇 sūn 荪狲飧 sǔn 榫隼 suō 莎桫睃嗦溯羧挱娑 suǒ 唢

T

tā 遢跶踏铊溻 tǎ 鳎 tà 榻拓嗒闼漯沓 tāi 台 tái 薹苔跆鲐骀炱邰 tǎi 呔 tài 钛肽 tán 覃昙镡锬郯澹弹 tǎn 忐钽 tāng 樘趟镗铴羰 táng 瑭樘醣螗螳镗饧溏 tǎng 傥帑 tāo 焘韬饕叨 táo 啕鼗洮 tè 慝忑忒铽 tēi 忒 téng 滕滕 tī 体 tí 荑醍鹈缇绨 tǐ 倜 tì 逷悌裼绨 tián 畋钿佃阗 tiǎn 忝殄 tiàn 掭 tiāo 佻祧 tiáo 髫苕髫蜩鲦调 tiǎo 挑窕 tiào 粜 tiē 萜帖 tiè 餮帖 tíng 莛葶霆蜓婷 tǐng 梃町铤 tìng 梃 tōng 嗵通 tóng 桐苘砼峒侗佟仝潼 tǒng 恫 tòng 同恸通 tóu 骰 tǒu 钭 tú 荼菟酴 tǔ 钍 tù 堍菟吐 tuán 抟彖 tuī 忒 tuì 煺 tūn 暾 tún 囤豚饨 tǔn 氽 tùn 褪 tuō 毛 tuó 坨柁橐酡砣跎鼍铊佗鸵沱 tuǒ 庹 tuò 柝箨魄

# W

wā 凹 娲 wǎ 佤 wà 瓦 腽 wa 哇 wǎi 崴 wān 蜿 剜 wán 芄 纨 wǎn 琬 莞 菀 畹 脘 娩 绾 wàn 蔓 wāng 尢 wáng 芒 忘 wǎng 辋 罔 魍 惘 wàng 王 往 wēi 葳 葰 薇 崴 委 逶 偎 煨 隈 wéi 圩 帏 嵬 闱 涠 沩 wěi 玮 韪 唯 艉 鲔 猥 痿 炜 洧 诿 隗 娓 wèi 胃 遗 猬 为 wén 雯 璺 阌 wěi 刎 wèn 璺 泣 纹 wěng 蓊 wèng 蕹 wō 莴 喔 倭 wò 硪 龌 幄 肟 渥 wū 圬 恶 兀 邬 於 wú 浯 唔 蜈 鼯 亡 浯 wǔ 鹉 迕 牾 仵 庑 怃 忤 妩 wù 芴 恶 杌 兀 乌 痦 焐 錼 寤 阢 鹜 骛 婺

# X

xī 熹 菥 茜 栖 皙 樨 醯 曦 蹊 蜥 螅 蟋 唏 僖 嚱 舾 翕 歙 歆 郗 兮 奚 腊 羲 栖 淅 浠 夕 裼 嬉 xí 觋 隰 xǐ 葸 葰 徙 玺 禧 屣 xì 舄 饩 阋 禊 xiā 呷 xiá 瑕 柙 硖 黠 狎 暇 遐 xià 唬 罅 xiān 苫 酰 暹 跹 氙 灿 袄 xián 痫 鹇 娴 xiǎn 藓 燹 跣 蚬 铣 筅 鲜 狝 冼 洗 xiàn 苋 霰 见 岘 xiāng 葙 芗 骧 缃 xiáng 庠 降 xiǎng 饷 鲞 飨 xiàng 相 蠔 xiāo 枵 肖 逍 哓 蛸 箫 魈 枭 潇 骁 绡 xiáo 崤 xiǎo 筱 xié 颉 撷 叶 偕 勰 缬 xiě 血 xiè 契 薤 榍 榍 躞 獬 解 邂 亵 廨 燮 渫 瀣 写 绁 xīn 馨 昕 鑫 歆 xín 镡 寻 xìn 芯 囟 xíng 荥 硎 饧 陉 xǐng 擤 省 xìng 荇 悻 兴 xiōng 芎 xiū 髹 咻 鸺 貅 馐 庥 xiǔ 宿 xiù 岫 yóu 臭 溴 宿 xū 耋 项 圩 盱 吁 胥 xǔ 栩 醑 糈 浒 诩 xù 勖 煦 洫 溆 xu 蓿 xuān 萱 揎 暄 儇 煊 谖 xuán 璇 痃 漩 xuàn 楦 碹 镟 铉 旋 券 炫 泫 渲 xuē 削 xué 踅 噱 泶 xuě 鳕 xuè 谑 xūn 埙 薰 荤 醺 曛 獯 窨 xún 荀 峋 郇 鲟 恂 洵 浔 xùn 蕈 熏 徇 浚 巽

# Y

yā 垭 桠 雅 呀 哑 yá 琊 睚 岈 伢 yǎ 疋 痖 疋 yà 压 砑 揠 轧 迓 氩 娅 ya 呀 yān 鄢 燕 菸 崦 殷 腌 胭 恹 阏 湮 嫣 yán 芫 檐 铅 筵 闫 阽 妍 yǎn 琰 郾 扅 魇 罨 俨 偃 鼹 兖 剡 yàn 酽 餍 研（砚）赝 晏 咽 焱 滟 沿 谳 yāng 鞅 泱 yáng 蛘 徉 烊 炀 yàng 鞅 怏 恙 烊 yāo 要 吆 夭 约 幺 yáo 珧 轺 铫 侥 谣 肴 爻 繇 鳐 陶 yǎo 杳 崾 窈 yào 曜 钥 鹞 疟 yē 耶 掖 yé 揶 邪 铘 yè 靥 欹 咽 yī 噫 yí 黟 仪 猗 漪 宜 圯 黄 眙 咦 蛇 贻 嶷 迤 饴 痍 怡 诒 yǐ 苡 酏 蛾 钇 迤 舣 旖 衣 尾 yì 埸 懿 艾 薏 翳 殪 挹 轶 弋 呓 蜴 噫 嗌 峄 镒 镱 佚 仡 佾 劓 刈 瘗 癔 弈 奕 衣 翊 悒 怿 熠 羿 驿 缢 yīn 堙 喑 铟 氤 烟 湮 洇 yín 圻 垠 鄞 霪 龈 狺 夤 yǐn 蚓 吲 殷 瘾 yìn 茚 荫 饮 胤 窨 yīng 瑛 璎 莺 撄 嘤 罂 鹦 膺 yíng 茔 莹 荥 萦 楹 嬴 滢 潆 瀛 yǐng 郢 颖 瘿 yìng 媵 应 yō 唷 育 yo 哟 yōng 墉 鳙 鳙 雍 饔 慵 邕 yóng 喁 yǒng 俑 甬 yòng 佣 yōu 呦 攸 yóu 莜 莸 柚 尢 蚰 蝣 蝤 繇 鱿 疣 猷 yǒu 莠 卣 黝 铕 牖 yòu 柚 有 蚴 囿 侑 鼬 宥 yū 吁 瘀 於 纡 yú 瑜 萸 雩 与 揄 欤 禹 蝓 崳 竽 舁 舆 觎 腴 狳 馀 窬 谀 妤 yǔ 龉 圉 圄 伛 俣 庾 瘐 窳 予 yù 菀 蔚 蓣 雨 与 昱 蜮 钰 毓 谷 鹆 饫 阈 煜 燠 语 谕 聿 尉 熨 粥 鬻 鹬 妪 yuān 鸢 箢 眢 yuán 鼋 塬 芫 橼 螈 圜 爰 沅 媛 yuàn 瑗 垸 掾 媛 yuè 樾 栎 钺 龠 刖 乐 瀹 说 yūn 晕 氲 yún 芸 昀 员 筠 纭 yǔn 殒 狁 yùn 韫 均 员 愠 恽 郓 熨

## Z

zā 扎 拶 呧 zá 咱 zǎ 咋 zāi 甾 zǎi 载 崽 仔 zān 簪 糌 zǎn 趱 拶 昝 zàn 瓒 錾 zan 咱 zāng 臧 zǎng 驵 zàng 藏 脏 奘 zǎo 缲 zào 唣 zé 赜 啧 咋 帻 迮 箦 笮 舴 zè 仄 昃 侧 zèn 潛 zēng 罾 缯 zèng 锃 甑 缯 综 zhā 楂 查 揸 哳 咋 吒 齇 zhá 扎 喋 炸 zhǎ 砟 zhà 柞 蜡 蚱 吒 咤 痄 zhāi 侧 zhái 择 翟 zhài 砦 祭 瘵 zhān 占 旃 谵 zhǎn 搌 zhàn 颤 zhāng 璋 蟑 獐 鄣 嫜 zhǎng 仉 zhàng 嶂 嶂 涨 zhāo 朝 嘲 啁 钊 着 zháo 着 zhǎo 爪 zhào 棹 笊 诏 zhē 折 蜇 zhé 磔 蛰 摺 辄 谪 zhě 赭 褶 zhè 柘 鹧 zhe 着 zhèi 这 zhēn 蓁 榛 椹 桢 箴 胗 溱 浈 祯 zhěn 轸 畛 稹 缜 zhèn 圳 赈 朕 鸩 zhēng 正 丁 峥 钲 铮 筝 徵 鲭 症 zhèng 挣 铮 证 净 zhī 栀 指 只 卮 胝 氏 祗 zhí 埴 指 絷 摭 跖 踯 zhǐ 芷 枳 酯 轵 徵 徵 祉 咫 zhì 栉 桎 贽 掷 鸷 轾 郅 踬 蛭 帙 知 雉 豸 膣 觯 痣 忮 陟 鸷 彘 zhōng 舯 锺 螽 忪 zhǒng 踵 冢 zhòng 中 种 zhōu 啁 zhóu 碡 妯 zhòu 荮 酎 轴 胄 籀 繇 纣 绉 zhū 茱 槠 铢 邾 侏 猪 洙 潴 zhú 术 躅 竺 筑 舳 瘃 zhǔ 麈 渚 褚 属 zhù 翥 苎 杼 箸 伫 炷 zhuā 挝 zhuǎi 转 zhuài 拽 曳 嘬 zhuān 颛 zhuàn 转 啭 传 馔 沌 zhuǎng 奘 zhuàng 幢 僮 戆 zhuī 隹 骓 zhuì 惴 缒 zhūn 屯 肫 窀 zhuō 倬 焯 涿 zhuó 著 斫 擢 镯 浞 濯 禚 诼 缴 zī 髭 赵 辎 龇 赀 觜 訾 吱 呲 嵫 锱 仔 鲻 孳 粢 谘 缁 zǐ 籽 茈 梓 訾 秭 笫 姊 zì 眦 恣 zōng 枞 腙 zǒng 偬 zòng 粽 zōu 鄹 鲰 诹 陬 驺 zū 菹 zú 镞 zǔ 俎 zuān 躜 zuǎn 缵 zuàn 攥 赚 钻 zuī 堆 zuǐ 觜 咀 zuì 蕞 zūn 樽 鳟 zǔn 撙 zuō 嘬 作 zuó 琢 笮 作 zuǒ 撮 zuò 酢 唑 胙 怍 阼

本表是根据技术标准出版社 1981 年出版的中华人民共和国国家标准《信息交换用汉字编码字符集基本集(GB2311—80)》编制的。

这里列为常用字的,《字符集》原表称为第一级字,这里列为次常用字的,原表称为第二级字。

# 7 湖北常见语音错误、语音缺陷举例

## 一、常见语音错误举例

### (一) 声母

1. zh、ch、sh 读作 z、c、s，或 z、c、s 读作 zh、ch、sh。如："知、齿、是"读作"zi、ci、si"，"作、错、思"读作"zhuo、chuo、shi"。
2. zh、ch、sh 读作 j、q、x。如："专、唇、顺"读作"juan、qun、xun"。
3. n 读作 l。如："男女"读作"lanlü"。
4. f 读作 h，或 h 读作 f。如："红"读作"fong"，"飞"读作"hui"。
5. j、q、x 读作 g、k、h。如："街、敲、项"读作"gai、kao、hang"。
6. z、c、s 读作 j、q、x。如："醉"读作"ji"。
7. 不送气音读作送气音。如："捕、堤、概"读作"pu、ti、kai"。
8. 尖音明显，把 j、q、x 读作 z、c、s。如："小"读作"siao"。
9. r 读作 l、[z]或零声母。如："肉"读作"lou、[zou]、ou"。
10. 在零声母音节前加上后鼻辅音。如："藕、袄"读作"ngou、ngao"。

### (二) 韵母

1. 后鼻韵母读作前鼻韵母。如："汤、灯、洪"读作"tan、den、hun"。
2. ueng 读作 ong，en 读作 eng。如："滚、很"读作"gong、heng"。
3. 合口呼韵母 uei、uen、uan 丢失 u 韵头。如："最、吨、团"读作"zei、den、tan"。
4. u 读作 ou。如："粗鲁"读作"coulou"。
5. üe、iao 读作 yo。如："学、药"读作"yo"。
6. 撮口呼韵母读成齐齿呼韵母。如："去、全"读作"qi、qian"。
7. 撮口呼韵母读成韵母[ɿ]。如："雨"读作[ʂɿ]。
8. 合口呼韵母读成撮口呼韵母。如："专、春、书"读作"juan、qun、xu"。
9. ei 读作 i、e。如："梅、黑"读作"mi、he"。
10. ian 读作 in。如："面"读作"min"。
11. i 读作 ei。如："毕"读作"bei"。
12. "er"韵母读作 e 或[ɤ]，没有卷舌动作。如："儿"读作 e 或[ɤ]。
13. e 读作 uo、o。如："歌、河"读作"guo、huo"。

### (三) 声调

1. 阴平与阳平相混。如："泼"读作"pó"，"研"读作"yān"。

2. 阳平与上声相混。如:"跑"读作"páo","潜"读作"qiǎn"。

3. 去声读作阳平或读成平调(近似阴平)。如:"复习"读作"fúxí"或"fūxí"。

(四) 语流音变

1. "一、不"在语流中不变或变错。如:"一律"读作"yīlù","一会儿"读作"yìhuìr"。
2. 上声变调错误。如:"粉笔"读作"fěnbí"。
3. 必读轻声词没有读作轻声。如:"眼睛"读作"yǎnjīng"。
4. 儿化韵读成两个独立的音节。如:"花儿"读作"huā'ér"。
5. 语气词"啊"未根据语境按规律变读。如:"唱啊唱"读作"chàng a chàng"。

## 二、常见语音缺陷举例

(一) 声母

1. zh、ch、sh 发音部位靠前,或发音部位靠后。
2. j、q、x 带有轻微的尖音。
3. 边音 l 带有鼻音色彩,或鼻音 n 带有边音色彩。

(二) 韵母

1. n、ng 归音不明确。
2. 复韵母、鼻韵母中主要元音的开口度偏小,或舌位靠前、靠后。
3. 复韵母的动程明显不够。
4. u、ü 的圆唇度明显不够。
5. er 舌位靠后,或卷舌音色彩不明显。

(三) 声调

1. 阴平调调值明显偏低,或前平后扬。
2. 阳平调上升高度不到位,或有曲调特征。
3. 上声调只降不升,读作 21 或 211,或没有降到位,调值偏高。
4. 去声调起调偏低,有"平直"的感觉,或音时过长,尾音有上扬的倾向。

(四) 语流音变

1. 轻声词语中第二个音节不够轻、短,或调值偏高。
2. 儿化音卷舌不够,或按规律变读时,开口度偏大或偏小。
3. 语流中的轻重格式不当。

# 后 记

本书是在《普通话训练与测试》的基础上,参考了国家语言文字工作委员会《普通话水平测试实施纲要(2021年版)》修订而成,是学习"教师语言"课程的重要辅助性教材,是参加普通话水平测试的重要训练用书。

本书着重于普通话训练与测试,内容丰富实用,是汉江师范学院从事"教师语言"和"普通话训练"课程教学工作的教师们多年教学积累的集中呈现。

本书全面体现普通话训练与测试,以普遍性为主,具有很强的应用广泛性;同时,结合部分湖北语音词汇语法的特点进行解读,具有一定的湖北地方特色。

在编写时,编者参阅了一些同行的成果材料。一些在书中已注明,有些难免遗漏。对已注明和未注明的同行,深表谢忱!

本书在编写过程中,得到湖北省普通话水平测试中心及汉江师范学院普通话水平测试站的领导老师们的支持和帮助,在此表示衷心的感谢!

主　编<br>
2024年4月

图书在版编目(CIP)数据

普通话训练与测试/陈爱梅,王盛苗,谢忠凤主编. —修订版. —上海:复旦大学出版社,2024.5
ISBN 978-7-309-17388-8

Ⅰ.①普…　Ⅱ.①陈…②王…③谢…　Ⅲ.①普通话-师范大学-教材　Ⅳ.①H102

中国国家版本馆 CIP 数据核字(2024)第 080941 号

**普通话训练与测试(修订版)**
PUTONGHUA XUNLIAN YU CESHI(XIUDING BAN)
陈爱梅　王盛苗　谢忠凤　主编
责任编辑/朱安奇

复旦大学出版社有限公司出版发行
上海市国权路 579 号　邮编:200433
网址: fupnet@ fudanpress.com　http://www.fudanpress.com
门市零售: 86-21-65102580　团体订购: 86-21-65104505
出版部电话: 86-21-65642845
浙江临安曙光印务有限公司

开本 787 毫米×1092 毫米　1/16　印张 20.75　字数 480 千字
2024 年 5 月第 2 版第 1 次印刷

ISBN 978-7-309-17388-8/H・3379
定价: 55.00 元

如有印装质量问题,请向复旦大学出版社有限公司出版部调换。
版权所有　　侵权必究